HUOHUA
DE
PENGZHUANG

CONG SHUXUE FANGFA
DAO JINGCAI KETANG

火花的碰撞

从数学方法到精彩课堂

梁洋洋 \ 著

陕西新华出版传媒集团
陕西人民出版社

图书在版编目（CIP）数据

火花的碰撞：从数学方法到精彩课堂/梁洋洋著．—西安：陕西人民出版社，2022.3（2022.9重印）
ISBN 978-7-224-14413-0

Ⅰ.①火… Ⅱ.①梁… Ⅲ.①中学数学课—教学研究—初中 Ⅳ.①G633.602

中国版本图书馆CIP数据核字(2022)第028450号

责任编辑：左　文
封面设计：姚肖鹏

火花的碰撞——从数学方法到精彩课堂
HUOHUA DE PENGZHUANG——CONG SHUXUE FANGFA DAO JINGCAI KETANG

作　者	梁洋洋
出版发行	陕西新华出版传媒集团　陕西人民出版社
	（西安市北大街147号　邮编：710003）
印　刷	广东虎彩云印刷有限公司
开　本	787毫米×1094毫米　1/16
印　张	22.25
字　数	460千字
版　次	2022年3月第1版
印　次	2022年9月第2次印刷
书　号	ISBN 978-7-224-14413-0
定　价	62.00元

序

和数以万计的普通教师一样，工作中的我一直忙碌在讲台上，奔波在教室间。时光荏苒，从刚毕业时名字后面只有"教师"二字，到如今拥有一串荣誉，我用了30年。

爱之初心——从讲台上开始

从小看着老师站在讲台上，手里挥舞着白色的粉笔，我就特别羡慕。作为学生的我对老师有着天然的敬畏之心，我认为当老师是一件无比光荣的事情。加之我的姐姐也是一名人民教师，耳濡目染之下，一颗想当老师的种子在我心里落地生根。但在当时，成为老师需要付出极大的努力，小小的梦想支撑着我勇往直前。最终我终于如愿以偿成为一名教师。实现了梦想的我，心里默默下决心要成为一个学生喜欢的好老师，每一个教案都不能马虎对待，每一节课都要全力以赴。

但残酷的现实告诉我，仅凭一腔热血无法成为一名优秀的老师。教学的第一年，我遇见一名特别调皮捣蛋的学生。我苦口婆心一遍遍地对他进行思想教育，每一次学生都满口保证，可是转过头便忘得一干二净，下一次依然如此。这让我非常困惑：是我不会做思想工作，还是我不够严厉？到底是该狠狠地教训，还是继续宽容以待？强烈的矛盾感甚至让我开始怀疑自己并不适合做一名老师。

幸而世上难事都怕有心人，通过在日复一日的教学育人工作中不断地反思总结，我终于明白中学教育工作的关键是"走心"，千篇一律地讲大道理无法真正地解决问题，一定要对症下药，才能真正走进学生的内心。此外先做"严师"，再做"益友"，一丝不苟，严格要求，然后再言传身教地在每一个细节中慢慢改变学生。因此，日后我找学生谈话，都会深入了解和思考学生的困境与问题，通过换位思考、动情晓理等方法，让学生也"走心"。管理班级时，因材施教，胆大心细，公平公正，让同学们心悦诚服。因此，团结进取积极向上，成绩优异班风良好成为我历届所带的班级中一个鲜明的特色。每当学期初学生报名时，很多家长与学校沟通想把孩子交给我带。从那一刻起我知道，我已经成为一个合格的老师了。但我心中的弦时刻都不敢松懈，人生的路那么长，明天还有很多事情要做。

爱之挑战——从压力中奋进

2004年，我迎来了新的挑战。此时的我由于工作得到广大师生的认可，已经从乡村学校调入城区兴化学校一段时间了。在新的学校，我的工作能力也得到了大家的认可。那年，原定担任新初三年级组长兼班主任的教师，因故无法继续，学校急需一名有经验的老师勇挑重担，可是其他年级的老师没有一个人主动承担，因为全校的老师都知道：这一级学生太难管，特别是女生，用"疯"来形容她们一点都不为过。当过教师的人都知道，调皮的女生可比男生难管多了。此时，学校领导希望我接受重任，可是我之前从未担任过年级组长，何况没有初一、初二的过渡，直接从初三接任年级组长，面临的又是这样一级学生。年级事务要怎样有序进行，如何扭转班风学风，千头万绪的工作从何入手？我思前想后，这挑战实在太大，我不敢冒险。但是开学在即，一系列的工作必须马上展开，时间不等人。最终，在领导的多次谈话和支持下，我决定承担起这份重任，那时的我下定决心：不干不说，干就要干出结果，就要干得漂亮！

从担任年级组长的第一天开始，我每天都会早到半小时，站在楼道里，看看学生课前在干什么，有无疯打疯闹的现象。教室里的学生是在自主学习，还是一堆一堆闲聊，力争在班主任没有到来之前，出现的问题能够及时解决；课间休息时，一想到有可能出现的突发事件，我抓住时间在楼道巡查，同时也让学生们知道，随时随地有人在关注他们，也不至于玩闹得太过分；放学以后，老师们都陆续离开，我守在略显空荡的教学楼里，丝毫不敢掉以轻心，直到各班学生都离开才能回家。当然，在做好这些的同时，更要管好自己的班级，搞好自己的教学工作。半学期过去了，整个年级的学风浓了，班风正了，看到这些变化，我想：这才是初三年级应该有的样子。

中考终于结束了，对我来说这一年时间很慢，压力很大，我仿佛一下子老了好几岁。不过令全校都没想到的是，兴化学校的中考成绩，由原来全市排名20名左右提高到第四名。这个名次为之后学校的中考成绩一直在全市排名第一奠定了基础。古人说得好："一分耕耘，一分收获。"

爱之探索——从创新中发展

时代在变化，教育在发展，一成不变的教育理念终将被淘汰。在不断地实践和摸索中,我把学习到的新理念结合我校的实际情况,形成了兴化学校独特的高效课堂模式。

然而高效课堂模式在推广之初,却遭到了很多老师的质疑。一些老教师认为,课堂上,老师说得那么少,重点怎么讲得清楚。还有一些老师认为,这种模式以练为主,只适合理科教学,不适合文科。当然还有人认为,课堂纪律太乱,没法控制,不如老方法,课堂容易操控。但是我始终坚信,高效课堂,一定要推广。为了有效实施高效课堂,我首先在自己的课堂上展开高效课堂的示范引领,让老师们感受各个环节的具体过程。其次,对各教研组骨干教师,开展高效课堂培训活动,然后在各组内全面开展。最后,根据实际情况和各科特点,形成切实可行的教学流程,再在全校推广。

一段时间以后,高效课堂给师生们带来的变化是看得见的。首先,课堂生动起来了。一些环节需要学生讨论,原本死气沉沉的课堂,在这时变得热闹了。虽然很多学生仍然不愿参与,但是他们心动了,就有了下次参与的愿望。其次,课堂处处有惊喜。学生们用朴素的语言描绘着自己的看法感受,让老师们发现,一些平时不主动发言的学生,原来他们也有这样深刻的思考,能说出这样优美的语言。老师们笑言,看来真是要跟上时代的步伐呀!

爱之耕耘——从反思中提升

2016年,陕西省梁洋洋工作坊成立了。2017年,我被任命为兴化学校副校长。学校教学、工作坊以及学校的管理等事务使我变得更加忙碌。周内要干好学校的事,周末更要去周边县区进行"名师大篷车"等送教活动。其中,在为留守儿童"送温暖、献爱心"活动中,我包抓了五名留守儿童,既要关心他们的学习,同时还要留心他们的生活,利用一切可能,解决他们学习生活中遇到的问题。连轴转的工作压力,经常让我双腿浮肿,再加上职业病对颈椎的损害,整个人憔悴不堪,我只恨自己没有更多的精力。可雪上加霜的是,刚开学不久我的脚竟意外扭伤,红肿的脚面看起来很吓人,医生建议休息一个月。可是想起每天要处理那么多的事情,我怎么能请假?请假就得麻烦别的老师替我上课,更何况一个星期之后就是上海的交流会,难得的学习机会更不能放弃。于是我强忍着疼痛,每天在学生或老师的搀扶下,一瘸一拐地上四楼教室上课,再回到一楼的办公室处理其他事情。一个星期后,带着愈发红肿的伤脚,我收拾行李,匆匆赶往上海。

在上海,我一边培训,一边用微信处理学校和工作坊的相关事务。在工作坊的交流群里，我每天都会与成员们交流自己的学习心得，就培训的相关问题与大家展开讨论。当然，教学也是不能落下的，虽然人不在学校，可是班级群里的作业，每天都要及时更新。上海闷热的天气，让我扭伤的脚，直到培训结束，仍然没有消肿。

令人欣慰的是，我所带的班级，一直名列前茅，家长支持我，学生喜欢我，这些让所有的辛苦都变得值得，也给了我更进一步的动力。因此，我除了做好本职工作，还积极开展课题研究。用理论指导实践，实践验证理论。结合实际我撰写了12篇论文，已在国家级、省级、市级刊物上发表。其中2017年论文《浅谈在课堂中培养学生的合作学习能力》在国家级期刊《考试与评价》上发表。论文《初中数学课堂合作学习中存在的问题及应对措施》在国家级期刊《中学课程辅导》上发表。交流课"认识三角形（二）"在"第七届全国新世纪杯初中数学教学设计"评比中，荣获二等奖。论文《有效评价培养学生合作学习能力》和《学困生变形记》在《学习方法报》上发表等。

问题即课题，近几年以课堂教学为主线索，主持完成了全国教育科学"十三五"规划教育部重点课题"翻转教学形态的变革与创新研究"的子课题"信息技术环境下初中数学切片教研与微课应用研究"；陕西省学科带头人专项课题"数学课堂中培养初中生合作学习能力的实践性研究"；参与并完成省级课题"中学生课堂内驱力的策略研究"；主持完成了咸阳市级课题"中学生数学课堂高效分组讨论方式的实践性研究""信息技术环境下微课在中考复课中的运用""养成教育对构建和谐社会的促进作用""挖掘学科独特魅力，调动学生内驱力的研究"；主持完成了兴平市级课题六项。

2018年春天，我有幸参加了"丝路之春"当代名师大讲堂活动，作为陕甘晋优秀教师代表与苏派名师，就课堂教学与创新展开讨论。我的课题是《认识三角形》。一节课下来，我对学生进行了及时有效的评价，让老师们印象深刻。他们这样评价我的教学：对学生的评价方式太有创意了，总是能够发现每一个学生身上的闪光点，及时抓住，并创造适合这个学生的机会，让学生去展示自己的才华。当时，我为了鼓励一个看起来内向胆小的女生，对她说："你的字写得特别漂亮，你上去给我们把这个方法写一下。"我希望自己的用心，对学生发自内心的爱护，能给每一个学生创造适合自己的展示机会。这个小女生和我的学生们，会因为一节课，因为一个喜欢自己的老师，更加自信，更喜欢学习数学。

著名数学家史宁中教授说，我们要做一名优秀的数学教师，就要重视"过程的教育"，让学生自己探索从特殊到一般的答案，而不一定是通过讲道理分析出答案。通过"道理"直接给出结果固然是好的，但是通过有规律地计算寻求这个规律是得到一般结果的有效手段,这是我们过去教学中忽视的地方。教师要学会站在学生的立场思考问题,甚至与学生一起思考问题,只有这样才能引导学生思考。

同年,由我负责兴化学校教育共同体的活动,多次就中考复课开展活动,如"中考考点同课异构,核心成员切磋示范"活动,通过毕业班老师示范引领,老师间的观摩交流,及时发现问题、研讨策略,把数学教学方法的研究与中考紧密联系,促进老师共同进步,提高课堂教学的有效性,使兴平的中考成绩不断迈上新台阶!

爱心永恒——从幸福中收获

"一棵树摇动另一棵树,一朵云推动另一朵云,一个灵魂唤醒另一个灵魂。"这是著名哲学家雅斯贝斯曾说过的教育的本质。30年前,我只是想做一个学生喜欢的好老师,30年后,我仍然这样希望。虽然拥有陕西省学科带头人、陕西省教学能手、陕西省学科带头人工作坊主持人、咸阳市中小学教师培训专家组成员、咸阳市名师工作室主持人、咸阳市学科带头人、咸阳市教学能手、咸阳市优秀教师、最美兴平人、兴平市有突出贡献的优秀人才、兴平市孝老爱亲模范个人、兴平市名师工作室主持人等众多个人荣誉,而这些收获的背后是一颗热爱的心。

这30年来的成绩得益于省、市、县、校领导的支持、同事的帮助、身边榜样力量的引导,这才成就了我不断进取的决心、积极向上的态度。同时,也让自己在教研的路上能沿着数学方法、数学核心素养、中考数学的主线进展……回首这30年的道路,我想送给年轻教师们一句话:安心从教、静心从教、爱心从教,定会收获幸福。

目　录

教学篇

反思着——让思维产生碰撞 ··· 2
一、数与代数 ··· 4
　（一）实数 ··· 4
　（二）整式及其运算 ·· 17
　（三）分式及其运算 ·· 25
　（四）分式及分式方程 ··· 35
　（五）一元一次不等式（组） ·· 43
　（六）一次函数的图象与性质及应用 ·································· 52
　（七）反比例函数的图象与性质 ·· 67
　（八）二次函数的图象与性质 ··· 82
二、图形与几何 ·· 103
　（一）三视图 ··· 103
　（二）角、相交线、平行线 ··· 112
　（三）全等三角形 ·· 124
　（四）尺规作图 ··· 134
　（五）平行四边形及特殊的平行四边形的性质与判定 ············· 148
　（六）相似三角形 ·· 168
　（七）有关测量的实际应用问题 ······································· 183
　（八）圆有关的最值问题 ··· 195
　（九）图形的平移与旋转 ··· 204
　（十）圆的综合题 ·· 214
三、统计与概率 ·· 231

1

（一）统计初步 ·· 231
　　（二）概率 ·· 247
　四、综合与实践 ·· 261

教育篇

实践着——让课堂教学更高效 ·································· 286
　一、高效课堂的模仿过程 ·· 287
　二、高效课堂的实践探讨过程 ···································· 290
　　兴化学校"三五二"高效课堂模式 ······························ 290
　　兴化"三五二"高效课堂分组讨论 ······························ 293
　　兴化学校"三五二"高效课堂合作的"高效性" ···················· 296
　　初中数学课堂合作学习中存在的问题及应对措施 ·················· 298
　　浅谈小组合作学习的好处 ······································ 301
　　"错误资源"为什么会这么美？ ································· 303
　　"高效课堂"讲与不讲的理解 ··································· 305
　　浅谈在课堂中培养初中生合作学习能力 ·························· 307
　　向分组讨论要高效 ·· 310
　　数学中"小题大做" ··· 312
　　学困生较多时，如何进行合作学习？ ···························· 315
　　有效评价培养学生合作学习能力 ································ 317
　　谈在小组合作后学生如何进行有效展示 ·························· 319
　　青年教师是学校的希望 ·· 321

教研篇

研究着——让课题成为解决教学困惑的桥梁 ······················ 324
附　　录 ·· 332
后　　记 ·· 346

教学篇

反思着——让思维产生碰撞

在组织工作坊成员的四年多探索中,已经培养了一批优秀的工作坊成员(王清梅、李媛、金璇、白莉、张媛丽、胡淑庆、梁丽、李浩丽、马兰、康艳、赵扬帆以及王亚凤),他们不只是身上有标签——陕西省教学能手,更多的是他们具有对初中数学教材及中考考点的把控能力.我带着一群热情洋溢的数学人在研究数学的奥秘中,思维产生了意想不到的碰撞.于是,便形成了面向中考特色的专题总结.

在《初中义务教育阶段课程标准》中安排了四个方面的课程内容:"数与代数""图形与几何""统计与概率""综合与实践".

我的研讨先从课程内容开始,在学习中明确了:

1."数与代数"的主要内容有:数的认识,数的表示,数的大小,数的运算,数量的估计;字母表示数,代数式及其运算;方程、方程组、不等式、函数等.

在"数与代数"的教学中,应帮助学生建立数感和符号意识,发展运算能力和推理能力,初步形成模型思想.

数感主要是指关于数与数量表示、数量大小比较、数量和运算结果的估计、数量关系等方面的感悟.建立数感有助于学生理解现实生活中数的意义,理解或表述具体情境中的数量关系.

符号意识主要是指能够理解并且运用符号表示数、数量关系和变化规律;知道使用符号可以进行一般性的运算和推理.建立符号意识有助于学生理解符号的使用是数学表达和进行数学思考的重要形式.

运算能力主要是指能够根据运算法则和运算律正确地进行运算的能力.培养运算能力还有助于学生理解运算的算理,能够寻求合理简捷的运算途径解决问题.

建立和求解模型的过程包括:从现实生活或者具体情境中抽象出数学问题,用数学符号建立方程、不等式、函数等表示数学问题中的数量关系和变化规律,求出结果、并讨论结果的意义.这些内容的学习有助于学生初步形成模型思想,提高学习兴趣和应用意识.

2."图形与几何"的主要内容有:空间和平面的基本图形,图形的性质、分类和度量;图形的平移、旋转、轴对称、相似和投影;平面图形基本性质的证明;运用坐标描述图形的位置和运动.

在"图形与几何"的教学中,应帮助学生建立空间观念,注重培养学生的几何直观与推理能力.

空间观念主要是指根据物体特征抽象出几何图形,根据几何图形想象出所描述的实际物体；想象出物体的方位和相互之间的位置关系；描述图形的运动和变化；依据语言描述画出图形等.

几何直观主要是指利用图形描述和分析数学问题.借助几何直观可以把复杂的数学问题变得简明、形象,有助于探索解决问题的思路,预测结果.几何直观不仅在"图形与几何"的学习中发挥着不可替代的作用,而且贯穿在整个数学学习过程中.

推理是数学的基本思维方式,也是人们学习和生活中经常使用的思维方式.推理一般包括合情推理和演绎推理.合情推理是从已有的事实出发,凭借经验和直觉,通过归纳和类比等推测某些结果.演绎推理是从已有的事实(包括定义、公理、定理等)出发,按照规定的法则(包括逻辑和运算)证明结论.在解决问题的过程中,合情推理有助于探索解决问题的思路,发现结论；演绎推理用于证明结论的正确性.推理能力的发展应贯穿在整个数学学习过程中.

3."统计与概率"主要内容有：收集、整理和描述数据,包括简单抽样、整理调查数据、绘制统计图表等；处理数据,包括计算平均数、中位数、众数、极差、方差等；从数据中提取信息并进行简单的推断；简单随机事件及其发生的概率.

在"统计与概率"的教学中,应帮助学生逐渐建立起数据分析观念,了解随机现象.

数据分析观念包括：了解在现实生活中有许多问题应当先做调查研究、收集数据,通过分析作出判断,体会数据中是蕴涵着的信息；了解对于同样的数据可以有多种分析的方法,需要根据问题的背景选择合适的方法；通过数据分析体验随机性,一方面对于同样的事情每次收集到的数据可能会是不同的,另一方面只要有足够的数据就可能从中发现规律.

在概率的学习中,帮助学生了解随机现象是重要的.在义务教育阶段,所涉及的随机现象都基于简单随机事件：所有可能发生的结果是有限的、每个结果发生的可能性是相同的.

4."综合与实践"是一类以问题为载体、师生共同参与的学习活动,是帮助学生积累数学活动经验、培养学生应用意识与创新意识的重要途径.针对问题情境,学生综合所学的知识和生活经验,独立思考或与他人合作,经历发现和提出问题、分析和解决问题的全过程,感悟数学各部分内容之间、数学与生活实际之间、数学与其他学科之间的联系,加深对所学数学内容的理解.

"综合与实践"的教学活动应当保证每学期至少一次,可以在课堂上完成,也可以是课内与课外相结合.

在课堂中推进四项内容,并将课标对每一个知识点的要求融入课堂中,再与中考知识点相结合,用往年各省市的中考考点去诠释每一个知识点,相得益彰.

一、数与代数

（一）实数

☞【课标精读】

1. 了解平方根、算术平方根、立方根的概念，会用根号表示数的平方根和立方根.
2. 了解开方与乘方互逆运算，会用平方运算求某些非负数的平方根，会用立方运算求某些数的立方根.
3. 了解无理数和实数的概念.知道实数与数轴上的点是一一对应的，能求实数的相反数和绝对值.
4. 能用有理数估计一个无理数的大致范围.
5. 了解近似数，在解决实际问题中，会按问题的要求对结果取近似值.
6. 了解二次根式，最简二次根式的概念，了解二次根式的加、减、乘、除运算法则.会用它们进行有关的简单四则运算.

☞【类型精析】

实数是中考的重要考点，在陕西中考选择题第 1 题、第 11 题和解答题第 15 题出现，所占分值分别是 3 分、3 分和 5 分，总分 11 分.选择题和填空题在中考中主要考查数轴、相反数、绝对值、科学记数法、平方根、算术平方根、立方根、无理数、实数的概念、用有理数估计无理数的近似值以及根式的化简，解答题第 15 题主要考查实数的简单四则运算等.

年份	题号	考查点	命题材料	考查形式
2014	1、11	实数	1题算术平方根的概念； 11题负指数幂的运算法则	平方根与算术平方根； 负指数幂的运算
2015	1、11、15	实数	1题零指数幂的概念； 11题实数大小的比较方法； 15题实数运算	零指数幂； 实数大小的比较； 实数运算法则
2016	1、15	实数	1题乘法法则运算； 15题二次根式、绝对值、零指数幂的性质	乘法运算法则； 化简二次根式，去掉绝对值，再利用零指数幂的性质化简求出答案

续表

年份	题号	考查点	命题材料	考查形式
2017	1、11、15	实数	1题有理数的混合运算； 11题实数大小的比较； 15题二次根式的混合运算； 负整数指数幂	先计算乘方运算，再计算加减运算； 正数大于零，零大于负数，正数大于负数，比较即可； 二次根式的混合运算，负整数指数幂
2018	1、11、15	实数	1题倒数的定义； 11题两个数平方法； 15题二次根式的乘法运算，绝对值的意义和零指数幂的意义	互为倒数的两数乘积为1； 由于两数均为正数，所以该数的平方越大数越大； 先进行二次根式的乘法运算，再利用绝对值的意义和零指数幂的意义计算，然后合并即可
2019	1、11	实数	1题算术平方根； 11题负整数指数幂	对算术平方根的定义进行解答； 负整数指数幂的运算法则进行计算

☞【备考精华】

★考查的知识点清单梳理

知识点一：实数的概念及分类			关键点拨及对应举例
1. 实数	(1)按定义分 实数 $\begin{cases} 有理数\begin{cases}整数\\分数\end{cases}\\ 无理数\quad 无限不循环小数\end{cases}$ (2)按正、负性分 实数 $\begin{cases} 正实数\begin{cases}正有理数\\正无理数\end{cases}\\ 0\\ 负实数\begin{cases}负有理数\\负无理数\end{cases}\end{cases}$		(1)____既不属于正数，也不属于负数 (2)无理数的几种常见形式判断： ①含π的式子；②构造型，如3.010010001…（每两个1之间多个0）就是一个无限不循环小数；③开方开不尽的数，如$\sqrt{2}$，$\sqrt{3}$；④三角函数型，如$\sin60°$，$\tan25°$ (3)失分点警示：开得尽方的含根号的数属于有理数，如$\sqrt{4}=2$，$\sqrt[3]{-27}=-3$，它们都属于有理数
知识点二：实数的相关概念			关键点拨及对应举例
2. 数轴	(1)三要素：原点、正方向、单位长度 (2)特征：实数与数轴上的点一一对应；数轴右边的点表示的数总比左边的点表示的数大		例：数轴上−2.5表示的点到原点的距离是____
3. 相反数	(1)概念：只有符号不同的两个数 (2)代数意义：a，b互为相反数$\Leftrightarrow a+b=0$ (3)几何意义：数轴上表示互为相反数的两个点到原点的距离相等		a的相反数为$-a$，特别是0的绝对值是0 例：3的相反数是____，−1的相反数是____

续表

知识点二：实数的相关概念		关键点拨及对应举例
4.绝对值	(1)几何意义：数轴上表示的点到原点的距离 (2)运算性质： $\|a\|=\begin{cases}a(a\geqslant0)\\\underline{\quad}(a<0)\end{cases}$ $\|a-b\|=\begin{cases}a-b(a\geqslant b)\\\underline{\quad}(a<b)\end{cases}$ (3)非负性：$\|a\|\geqslant0$，若$\|a\|+b^2=0$，则$a=b=$___	(1)若$\|x\|=a(a\geqslant0)$，则$x=\pm a$ (2)绝对值等于它本身的数是非负数 例：5的绝对值是___；$\|-2\|=$___；绝对值等于3的是___；$\|1-5\|=$___
5.倒数	(1)概念：乘积为1的两个数互为倒数．a的倒数为___ $(a\neq0)$ (2)代数意义：$ab=1\Leftrightarrow a,b$互为倒数	例：-2的倒数是___；倒数等于它本身的数有___

知识点三：科学记数法、近似数		关键点拨及对应举例
6.科学记数法	(1)形式：$a\times10^n$，其中$1\leqslant\|a\|<10$，n为整数 (2)确定n的方法：对于数位较多的大数，n等于原数的整数位减去___；对于小数，写成$a\times10^{-n}$，$1\leqslant\|a\|<10$，n等于原数中左起至第一个非零数字前所有零的个数(含小数点前面的一个)	例：21000用科学记数法表示为___； 19万用科学记数法表示为___； 0.0007用科学记数法表示为___
7.近似数	(1)定义：一个与实际数值很接近的数 (2)精确度：由四舍五入到哪一位，就说这个近似数精确到哪一位	例：3.14159精确到百分位是___；精确到0.001是___

知识点四：实数的大小比较		关键点拨及对应举例
8.实数的大小比较	(1)数轴比较法：数轴上的两个数，右边的数总比左边的数大 (2)性质比较法：正数>0>负数；两个负数比较大小，绝对值大的反而___ (3)作差比较法：$a-b>0\Leftrightarrow a>b$；$a-b=0\Leftrightarrow a=b$；$a-b<0\Leftrightarrow a<b$ (4)平方法：$a>b\geqslant0\Rightarrow a^2>b^2$	例：把$1,-2,0,-2.3$按从大到小的顺序排列结果为___

知识点五：实数的运算			关键点拨及对应举例
9.常见运算	乘方	几个相同因数的积；负数的偶(奇)次方为正(负)	例：(1)计算：$1-2-6=$___； $(-2)^2=$___；$3^{-1}=$___；$\pi^0=$___ (2)64的平方根是___，算术平方根是___，立方根是___ 失分点警示：类似的算术平方根计算错误．例：相互对比填一填，16的算术平方根是___，$\sqrt{16}$的算术平方根是___
	零次幂	$a^0=$___ $(a\neq0)$	
	负指数幂	$a^{-p}=$___ $(a\neq0，p$为整数$)$	
	平方根、算术平方根	若$x^2=a(a\geqslant0)$，则$x=$___．其中___是算术平方根	
	立方根	若$x^3=a$，则$x=$___	

续表

知识点五:实数的运算		关键点拨及对应举例
10. 混合运算	先乘方、开方,再乘除,最后加减;同级运算,从左向右进行;如有括号,先做括号内的运算,按小括号、中括号、大括号依次进行.计算时,可以结合运算律,使问题简单化	例:计算 $2^2+\sqrt{4}-(2-5)\times\dfrac{1}{3}-\sqrt{32}\div\sqrt{2}$

☞【易错精剖】

易错点1. 求一个数的倒数、相反数

例1 若 a 与 -5 互为倒数,则 a 的相反数是(　　)

A. $-\dfrac{1}{5}$　　　　B. $\dfrac{1}{5}$　　　　C.5　　　　D. -5

【误解】1.倒数与相反数的概念混淆;2.负数的倒数的符号易错.

【精剖】a,b 互为倒数,则 $ab=1$.a 与 -5 互为倒数,则 $a=-\dfrac{1}{5}$,求一个数的相反数就是在这个数前加"$-$",所以 $-\dfrac{1}{5}$ 的相反数是 $\dfrac{1}{5}$.

【正解】B.

易错点2. 求绝对值

例2 若 $|a|=3$,则 $a=$ _____.

【误解】容易忽略存在两种情况,漏掉一种.

【精剖】绝对值是一个正数的数有两个,他们互为相反数,绝对值是3的数是 ± 3.

【正解】± 3.

易错点3. 绝对值的性质掌握不灵活

例3 若 $|a-3|=a-3$,则 a 的取值范围是 _____.

【误解】易忽略0的存在.

【精剖】正数的绝对值是它本身;负数的绝对值是它的相反数;0的绝对值是0.反之,绝对值是它本身的数是正数和0;绝对值是它的相反数的数是负数或0,由题意可知,$a-3$ 是正数或0,即 $a-3\geqslant 3$,所以 $a\geqslant 3$.

【正解】$a\geqslant 3$.

易错点4. 绝对值的化简计算

例4 如图,数轴上的有理数 a,b 满足 $|3a-b|-|a+2b|=|a|$,则 $\dfrac{a}{b}=$ _____.

【误解】1.绝对值的性质 $|a|=a(a\geqslant 0)$,$|a|=-a(a\leqslant 0)$ 理解不透;2.有理数加法法则理解不透.

【精剖】本题主要考查的是绝对值的化简、数轴的认识,根据 a,b 在数轴上的位置,判断出 $3a-b<0,a+2b>0,a<0$ 是解题的关键.

∵由题意可知:$3a-b<0,a+2b>0,a<0$,

∴$b-3a-(a+2b)=-a$.

整理得:$-b=3a$.

$-\dfrac{a}{b}=\dfrac{1}{3},\dfrac{a}{b}=-\dfrac{1}{3}$.

【正解】$-\dfrac{1}{3}$.

易错点 5. 实数的概念

例 5　下列说法:①实数包括有理数、无理数和 0;②有理数和无理数都是实数;③正实数和负实数统称为实数;④实数既是有理数又是无理数,其中正确的有(　　)

A.1 个　　　　　　B.2 个　　　　　　C.3 个　　　　　　D.4 个

【误解】对实数包括有理数和无理数这个概念理解不透彻;另外,易忽略 0 应该属于有理数范围.

【精剖】有理数中已经包含 0,所以①错、②正确、③忽略了 0、④错误.

【正解】A.

易错点 6. 数轴上找数漏解

例 6　数轴上点 A 表示的数是 -2,则与点 A 相距 4 个单位长度的点表示的数是(　　)

A.± 2　　　　　　B.-6　　　　　　C.2　　　　　　D.2 或 -6

【误解】易习惯只找右边的,忽略左边的.

【精剖】数轴上与 -2 相距 4 个单位长度的点有 2 个,左边的是 $-2-4=-6$,右边的是 $-2+4=2$.

【正解】D.

易错点 7. 数轴的比较

例 7　若 a,b 为有理数,$a>0,b<0$,且 $|a|<|b|$,则 $a,b,-a,|b|$ 的大小关系是(　　)

A.$b<-a<|b|<a$　　　　　　B.$b<-a<a<|b|$

C.$b<|b|<-a<a$　　　　　　D.$-a<|b|<b<a$

【误解】分析不出大小,没有思路.

【精剖】利用数轴比较大小是比较直观的一种方法,先把数在数轴上对应点的位置找出,然后利用数轴上的数从左到右按从小到大的顺序排列即可.

【正解】B.

易错点 8. 科学记数法

例 8　在《关于三、四线城市加快发展第二阶段行动计划》中,北京市提出了共计 4780 亿元的投资计划,将 4780 亿用科学记数法表示应为(　　)

A.47.8×10^{10}　　B.0.478×10^4　　C.4.78×10^{11}　　D.4.78×10^3

【误解】①a 的取值范围取错,应为 $1 \leqslant |a| < 10$;n 应比原整数位数少 1.
②忽略后面"亿".

【精剖】4780 亿$= 478000000000 = 4.78 \times 10^{11}$,其中确定 a 值时,注意 a 的范围:$1 \leqslant |a| < 10$.当原数的绝对值$\geqslant 10$ 时,n 等于原数整数位减 1.

【正解】C.

易错点 9. 用科学记数法记出数的精确度

例 9　5.08×10^4 这个近似数精确到了_____位.

【误解】直接看"×"号前面数的近似度.

【精剖】对于科学记数法记出的数,求精确度时,要先将这个数还原.$5.08 \times 10^4 = 50800$,8 这个数字在百位,所以精确到了百位.

【正解】百.

易错点 10. 实数中的运算

例 10　下列各式计算正确的是(　　)

A.$(-1)^0 - (\frac{1}{2})^{-1} = -1$

B.$\sqrt{2} + \sqrt{5} = \sqrt{7}$

C.$3 \times \frac{1}{3} \div 3 \times \frac{1}{3} = 1$

D.$-36 \div (12-3) = -36 \div 12 + 36 \div 3 = 9$

【误解】不能熟练掌握一些运算法则、算理等,B 中没有注意不是同类二次根式不能合并,C 中没有注意到运算顺序,D 中忘记除法没有分配律.

【精剖】A 选项正确,B 选项不能合并,C 选项要统一成乘法运算才能约分,D 选项除法没有分配律,应该先算括号里面的.

【正解】A.

易错点 11. 运算中符号的确定

例 11　计算 $-2^2 + (-2)^2 - (-\frac{1}{2})^{-1}$.

【误解】不能正确区分 $(-2)^2$ 和 -2^2 的关系,误认为 $-2^2 = 4$.

【精剖】原式$= -4 + 4 - (-2)$
　　　　$= 2$.

【正解】2.

易错点 12. 实数的比较

例 12 将 $(-\sqrt{5})^0$，$(-\sqrt{3})^3$，$(-\cos 30°)^{-2}$ 这三个实数按从小到大的顺序排列，正确的顺序是( )

A. $(-\sqrt{3})^3 < (-\sqrt{5})^0 < (-\cos 30°)^{-2}$

B. $(-\cos 30°)^{-2} < (-\sqrt{5})^0 < (-\sqrt{3})^3$

C. $(-\sqrt{5})^0 < (-\sqrt{3})^3 < (-\cos 30°)^{-2}$

D. $(-\cos 30°)^{-2} < (-\sqrt{3})^3 < (-\sqrt{5})^0$

【误解】①不进行化简，直接比较 ②很盲目，没有解题思路．

【精剖】$(-\sqrt{5})^0 = 1$，$(-\sqrt{3})^3 = -3\sqrt{3}$，$(-\cos 30°)^{-2} = \dfrac{4}{3}$，因为 $-3\sqrt{3} < 0$，$\dfrac{4}{3} > 1$，所以 $-3\sqrt{3} < 1 < \dfrac{4}{3}$，即 $(-\sqrt{3})^3 < (-\sqrt{5})^0 < (-\cos 30°)^{-2}$．

【正解】A．

易错点 13. 数的估算

例 13 已知 $m = \left(-\dfrac{\sqrt{3}}{3}\right) \times (-2\sqrt{21})$，则有( )

A. $5 < m < 6$ B. $4 < m < 5$

C. $-5 < m < -4$ D. $-6 < m < -5$

【误解】没有根据的猜测，而无理数的估算不是单纯估计和猜测，而是一种科学计算方法．

【精剖】先进行二次根式的乘法运算，在选择适当的方法进行估值判断．$m = \left(\dfrac{1}{3} \times 2\right) \times (\sqrt{3} \times \sqrt{21}) = \dfrac{2}{3} \times (\sqrt{3})^2 \times \sqrt{7} = 2\sqrt{7}$，因为 $25 < 28 < 36$，即 $5 < m < 6$．

【正解】A．

☞【真题精选】

类型一：实数的有关概念及简单计算

例 1 （2017 年陕西第 1 题）计算：$\left(-\dfrac{1}{2}\right)^2 - 1 = ($)

A. $-\dfrac{5}{4}$ B. $-\dfrac{1}{4}$ C. $-\dfrac{3}{4}$ D. 0

【分析】原式先计算乘方运算，再计算加减运算即可得到结果．

【解答】原式 $= \dfrac{1}{4} - 1 = -\dfrac{3}{4}$，

故选 C．

【点评】此题主要考查实数的运算,负分数的乘方是难点.

例2 (2018年陕西第1题)$-\dfrac{7}{11}$的倒数是( )

A.$\dfrac{7}{11}$　　　　B.$-\dfrac{7}{11}$　　　　C.$\dfrac{11}{7}$　　　　D.$-\dfrac{11}{7}$

【分析】根据倒数的定义,互为倒数的两数乘积为1,即可解答.

【解答】$-\dfrac{7}{11}$的倒数是$-\dfrac{11}{7}$.

故选 D.

【点评】此题主要考查倒数的概念及性质,属于基础题,注意掌握倒数的定义:若两个数的乘积是1,我们就称这两个数互为倒数.

例3 (2019年陕西第1题)计算:$(-3)^0=$( )

A.1　　　　B.0　　　　C.3　　　　D.$-\dfrac{1}{3}$

【解答】本题考查0指数幂,$a^0=1(a\neq 0)$,此题答案为1,故选 A.

类型二:实数的比较与分类

例4 (2017年陕西第11题)在实数$-5,-\sqrt{3},0,\pi,\sqrt{6}$中,最大的一个数是_____.

【分析】根据正数大于0,0大于负数,正数大于负数,比较即可.

【解答】根据实数比较大小的方法,可得

$\pi>\sqrt{6}>0>-\sqrt{3}>-5$,

故实数$-5,-\sqrt{3},0,\pi,\sqrt{6}$中最大的数是$\pi$.

故答案为 π.

【点评】此题主要考查了实数大小比较的方法,要熟练掌握,解答此题的关键是要明确:正实数>0>负实数,两个负实数绝对值大的反而小.

例5 (2018年陕西第11题)比较大小:3_____$\sqrt{10}$(填">""<"或"=").

【分析】首先把两个数平方法,由于两个数均为正数,所以该数的平方越大数越大.

【解答】$3^2=9,(\sqrt{10})^2=10$,

$\therefore 3<\sqrt{10}$.

【点评】此题主要考查了实数的大小的比较,比较两个实数的大小,可以采用作差法、取近似值法等.

例6 (2019年陕西第11题)已知实数$-\dfrac{1}{2},0.16,\sqrt{3},\pi,\sqrt{25},\sqrt[3]{4}$,其中为无理数的是_____.

【解答】无理数为无限不循环的小数,常见的有开方开不尽的数,本题为$\sqrt{3},\sqrt[3]{4}$,含有π或者关于π的代数式,本题为π,故本题答案为$\sqrt{3},\pi,\sqrt[3]{4}$.

类型三：实数混合运算

例7 (2017年陕西第15题)计算：$(-\sqrt{2})\times\sqrt{6}+|\sqrt{3}-2|-(\frac{1}{2})^{-1}$.

【分析】根据二次根式的性质以及负整数指数幂的意义即可求出答案.

【解答】原式 $=-\sqrt{12}+2-\sqrt{3}-2$
$=-2\sqrt{3}-\sqrt{3}$
$=-3\sqrt{3}$

【点评】本题考查学生的运算能力,解题的关键是熟练运用运算法则,本题属于基础题型.

例8 (2018年陕西第15题)计算：$(-\sqrt{3})\times(-\sqrt{6})+|\sqrt{2}-1|+(5-2\pi)^0$.

【分析】先进行二次根式的乘法运算,再利用绝对值的意义和零指数幂的意义计算,然后合并即可.

【解答】原式 $=\sqrt{3\times6}+\sqrt{2}-1+1$
$=3\sqrt{2}+\sqrt{2}-1+1$
$=4\sqrt{2}$

【点评】本题考查了二次根式的混合运算:先把二次根式化为最简二次根式,然后进行二次根式的乘除运算,再合并即可.在二次根式的混合运算中,如能结合题目特点,灵活运用二次根式的性质,选择恰当的解题途径,往往能事半功倍.

例9 (2019年陕西第15题)计算：$-2\times\sqrt[3]{-27}+|1-\sqrt{3}|-\left(\frac{1}{2}\right)^{-2}$.

【解答】原式 $=-2\times(-3)+\sqrt{3}-1-4$
$=1+\sqrt{3}$

【点评】本题属于基础题型.主要考查学生的运算能力,解题的关键是熟练运用运算法则.

☞**【得分精髓】**

类型一：有关概念的识别

例1 下面几个数：$0.1237,1.010010001\cdots,-\sqrt[3]{0.064},3\pi,\dfrac{22}{7},\sqrt{5}$,其中,无理数的个数有(　　)

A.1　　　　　　B.2　　　　　　C.3　　　　　　D.4

【解析】本题主要考查对无理数概念的理解和应用,其中,$1.010010001\cdots,3\pi,\sqrt{5}$是无理数.

【答案】本题主要考查平方根、算术平方根、立方根的概念,故选C.

例2 如图,以数轴的单位长线段为边做一个正方形,以数轴的原点为圆心,正方形对角线长为半径画弧,交数轴正半轴于点 A,则点 A 表示的数是( )

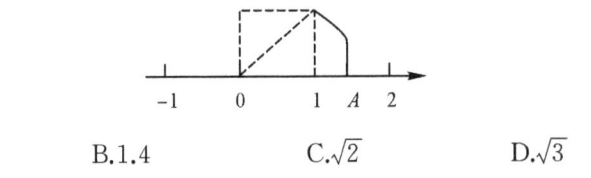

A.$\frac{1}{2}$ B.1.4   C.$\sqrt{2}$ D.$\sqrt{3}$

【解析】本题考查了数轴上的点与全体实数的一一对应的关系.∵正方形的边长为1,对角线为 $\sqrt{2}$,由圆的定义知 $|AO|=\sqrt{2}$,∴A 表示数为 $\sqrt{2}$,故选 C.

类型二:计算类型题

例3 设 $\sqrt{26}=a$,则下列结论正确的是( )
A.$4.5<a<5.0$ B.$5.0<a<5.5$
C.$5.5<a<6.0$ D.$6.0<a<6.5$

【解析】(估算)因为 $5=\sqrt{25}<\sqrt{26}$,$5.5=\sqrt{30.25}>\sqrt{26}$,故选 B.

例4 1.25 的算术平方根是_____,平方根是_____.

-27 的立方根是_____,$\sqrt{2\frac{1}{4}}=$_____,$\pm\sqrt{169}=$_____,$-\sqrt[3]{\frac{8}{27}}=$_____.

【解析】$\frac{\sqrt{5}}{2}$,$\pm\frac{\sqrt{5}}{2}$,-3,$\frac{3}{2}$,± 13,$-\frac{2}{3}$.

类型三:数形结合

例5 点 A 在数轴上表示的数为 $3\sqrt{5}$,点 B 在数轴上表示的数为 $-\sqrt{5}$,则 A,B 两点的距离为_____.

【解析】在数轴上找到 A,B 两点,$|AB|=4\sqrt{5}$.

例6 如图,数轴上表示1,$\sqrt{2}$ 的对应点分别为 A,B,点 B 关于点 A 的对称点为 C,则点 C 表示的数是( )

A.$\sqrt{2}-1$ B.$1-\sqrt{2}$
C.$2-\sqrt{2}$ D.$\sqrt{2}-2$

【解析】选 C.由图可知 $|AB|=\sqrt{2}-1$,因为 B,C 两点关于点 A 对称,所以 $|AC|=|AB|=\sqrt{2}-1$,因此点 C 表示的数为:$1-(\sqrt{2}-1)=2-\sqrt{2}$.

类型四:实数绝对值的应用

例7 化简下列各式:

(1)$|\sqrt{2}-1.42|$ (2)$|\pi-3.142|$ (3)$|\sqrt{2}-\sqrt{3}|$

【解析】要正确去掉绝对值符号,就要弄清绝对值符号内的数是正数、负数还是零,然后根据绝对值的定义正确去掉绝对值.

解：(1) $\because \sqrt{2} = 1.414\cdots < 1.42$

$\therefore |\sqrt{2} - 1.42| = 1.42 - \sqrt{2}$

(2) $\because \pi = 3.14159\cdots < 3.142$

$\therefore |\pi - 3.142| = 3.142 - \pi$

(3) $\because \sqrt{2} < \sqrt{3}$

$\therefore |\sqrt{2} - \sqrt{3}| = \sqrt{3} - \sqrt{2}$

类型五：实数非负性的应用

例8 已知：$\dfrac{\sqrt{3a-b} + |a^2-49|}{\sqrt{a+7}} = 0$，求实数 a, b 的值.

【解析】已知等式左边分母 $\sqrt{a+7}$ 不能为0，只能有 $\sqrt{a+7} > 0$，则要求 $a+7 > 0$，分子 $\sqrt{3a-b} + |a^2-49| = 0$，由非负数的和的性质知：$3a-b=0$ 且 $a^2-49=0$，由此得不等式组 $\begin{cases} 3a-b=0 \\ a^2-49=0 \\ a+7>0 \end{cases}$ 从而求出 a, b 的值.

解：由题意得 $\begin{cases} 3a-b=0 & ① \\ a^2-49=0 & ② \\ a+7>0 & ③ \end{cases}$

由②得 $a^2=49 \therefore a=\pm 7$,

由③得 $a>-7$，$\therefore a=-7$ 不合题意舍去,

$\therefore$ 只取 $a=7$,

把 $a=7$ 代入①得 $b=3a=21$,

$\therefore a=7, b=21$ 为所求.

类型六：实数应用题

例9 有一个边长为 11 cm 的正方形和一个长为 13 cm、宽为 8 cm 的矩形，要作一个面积为这两个图形的面积之和的正方形，问边长应为多少厘米.

【解析】设新正方形边长为 x cm,

根据题意得 $x^2 = 11^2 + 13 \times 8$

$\therefore x^2 = 225$

$\therefore x = \pm 15$

$\because$ 边长为正，$\therefore x=-15$ 不合题意舍去,

$\therefore$ 只取 $x=15$(cm).

答：新的正方形边长应取 15 cm.

类型七:易错题

例 10 判断下列说法是否正确

(1) $(-3)^2$ 的算术平方根是 -3

(2) $\sqrt{225}$ 的平方根是 ± 15

(3) 当 $x=0$ 或 2 时, $x\sqrt{x-2}=0$

(4) $\dfrac{\sqrt{3}}{2}$ 是分数

【解析】(1)错在对算术平方根的理解有误,算术平方根是非负数.故 $\sqrt{(-3)^2}=\sqrt{9}=3$.

(2) $\sqrt{225}$ 表示 225 的算术平方根,即 $\sqrt{225}=15$.实际上,本题是求 15 的平方根,故 $\sqrt{225}$ 的平方根是 $\pm\sqrt{15}$.

(3)注意:当 $x=0$ 时,$\sqrt{x-2}=\sqrt{0-2}=\sqrt{-2}$,显然此式无意义,发生错误的原因是忽视了"负数没有平方根",故 $x\neq 0$,所以当 $x=2$ 时,$x\sqrt{x-2}=0$.

(4)错在对实数的概念理解不清.$\dfrac{\sqrt{3}}{2}$ 形如分数,但不是分数,它是无理数.

☞【提分精练】

一、选择题(每题 4 分,共 24 分)

1. 下列实数中的无理数是(   )

   A.0.7　　　B.$\dfrac{1}{2}$　　　C.π　　　D.-8

2. 在 $\sqrt{2},-1,-3,0$ 这四个实数中,最小的是(   )

   A.$\sqrt{2}$　　　B.-1　　　C.-3　　　D.0

3. 下列说法错误的是(   )

   A.无理数的相反数还是无理数　　　B.无理数都是无限小数

   C.正数、负数统称有理数　　　　　D.实数与数轴上的点一一对应

4. 在实数 $0,-\sqrt{2},|-3|,-1$ 中,最小的是(   )

   A.0　　　B.$-\sqrt{2}$　　　C.$|-3|$　　　D.-1

5. 如图,四个实数 m,n,p,q 在数轴上对应的点分别为 M,N,P,Q,若 $n+q=0$,则 m,n,p,q 四个实数中,绝对值最大的一个是(   )

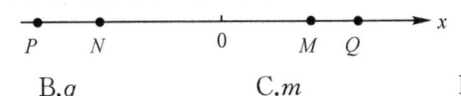

   A.p　　　B.q　　　C.m　　　D.n

6. 如图,在数轴上标注了四段范围,则表示$\sqrt{8}$的点落在( )

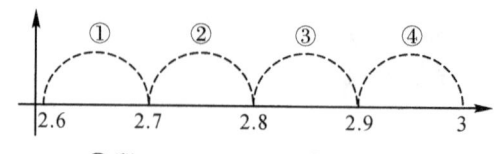

A. ①段   B. ②段   C. ③段   D. ④段

二、填空题(每题4分,共16分)

7. 16 的平方根是_____.

8. $\sqrt{25}$ 的算术平方根的相反数是_____.

9. 绝对值最小的实数是_____.

10. 设 n 为整数,且 $n<\sqrt{20}<n+1$,则 $n=$_____.

三、解答题(每题12分,共60分)

11. (2019年山东省济宁市)计算:$6\sin60°-\sqrt{12}+(\frac{1}{2})^0+|\sqrt{3}-2018|$.

12. (2019年浙江金华)计算:$|-3|-2\tan60°+\sqrt{12}+(\frac{1}{3})^{-1}$.

13. (2019年浙江衢州)计算:$|-3|+(\pi-3)^0-\sqrt{4}+\tan45°$.

14. (2019年贵州毕节)计算:$|-\frac{1}{2}|+(-1)^{2019}+2^{-1}-(2-\sqrt{2})^0+2\cos45°$.

15. (2019年湖北黄石)计算:$(2019-\pi)^0+|\sqrt{2}-1|-2\sin45°+(\frac{1}{3})^{-1}$.

(二)整式及其运算

☞【课标精读】

1. 了解整数指数幂的意义及其基本性质；会用科学记数法表示数(包括在计算器上表示).

2. 理解整式的概念,掌握合并同类项和去括号的法则,能进行简单的整式加法和减法运算；能进行简单的整式乘法运算(其中多项式相乘仅指一次式之间以及一次式与二次式相乘).

3. 能推导乘法公式：$(a+b)(a-b)=a^2-b^2$；$(a\pm b)^2=a^2\pm 2ab+b^2$,了解公式的几何背景,并能利用公式进行简单计算.

4. 能用提公因式法、公式法(直接利用公式不超过二次)进行因式分解(指数是正整数).

☞【类型精析】

整式及其运算是中考的一个重要考点,在陕西中考试题中主要在选择题第3题或者5题及填空题第12题或第13题中出现,所占分值为3分.主要考查整式的运算及因式分解.近6年(2014—2019年)陕西中考试题中,2017年未考,其余5年每年1道.其中,考查整式运算4次、因式分解1次.

年份	题号	考查点	考查内容	题型及分值
2014	12	因式分解	提公因式法分解因式	填空题3分
2015	3	整式的运算	积的乘方、幂的乘方、同底数幂的乘法、整式的除法	选择题3分
2016	3	整式的运算	单项式乘以单项式、积的乘方、整式的加法、整式的除法	选择题3分
2017	未考			
2018	5	整式的运算	单项式乘以单项式、幂的乘方、整式的加法、完全平方公式	选择题3分
2019	5	整式的运算	单项式乘以单项式、积的乘方、整式的加法、完全平方公式	选择题3分

☞【备考精华】

★考查的知识点清单梳理

知识点一:整式及运算			关键点拨与对应举例
1.整式的相关概念	(1)整式:单项式和多项式统称为整式. (2)单项式:数与字母的乘积.单独一个数或字母也是单项式. (3)多项式:几个单项式的和. (4)同类项:所含字母相同,并且相同字母的指数也相同的单项式.		(1)$-2, a, -p$ 都是单项式. (2)常数项都是同类项.例:-5, $4, \frac{3}{7}$ 都是同类项
2.整式的运算	幂的运算	(1)同底数幂的乘法:底数不变,指数相加,即 $a^m \cdot a^n = a^{m+n}$(m, n 都是正整数) (2)同底数幂的除法:底数不变,指数相减,即 $a^m \div a^n = a^{m-n}$(m, n 都是正整数) (3)幂的乘方:底数不变,指数相乘,即 $(a^m)^n = a^{mn}$(m, n 都是正整数) (4)积的乘方:各因式乘方的积,即 $(ab)^m = a^m b^m$(m, n 都是正整数)	幂的运算法则是最容易混淆的
	加减运算	合并同类项的法则:把同类项的系数相加,字母和字母的指数不变. 整式加减运算的实质是合并同类项.	例:$-2x - 5x = -7x$
	乘除运算	单项式乘以单项式:把系数、同底数幂分别相乘,作为积的因式,只在一个单项式里含有的字母,则连同它的指数作为积的一个因式. 单项式乘以多项式:用单项式分别去乘以多项式的每一项,再把所得的积相加.即 $m(a+b) = ma + mb$ 多项式乘以多项式:用一个多项式的每一项分别乘以另一个多项式的每一项,再把所得的积相加.即 $(m+n)(a+b) = ma + mb + na + nb$ 乘法公式:平方差公式:$(a+b)(a-b) = a^2 - b^2$ 完全平方公式:$(a \pm b)^2 = a^2 \pm 2ab + b^2$ (5)单项式除以单项式:将系数、同底数幂分别相除,作为商的因式,对于只在被除式中含有的字母,则连同它的指数作为商的一个因式. (6)多项式除以单项式:先用多项式的每一项除以这个单项式,再把所得的商相加.	平方差公式的变形: $(a-b)(-a-b) = (-b)^2 - a^2$ $= b^2 - a^2$ $(-a+b)(-a-b)$ $= (-a)^2 - b^2$ $= a^2 - b^2$ 方法点拨:相同两项的平方减去符号相反两项的平方

续表

知识点二:因式分解	关键点拨与对应举例
3.因式分解的方法	(1)提公因式法:$ma+mb+mc=m(a+b+c)$ 公因式的确定:①系数:取各项整数系数的最大公约数 ②字母:取各项相同的字母 ③指数:取各项相同字母的最低次数 (2)公式法:①平方差公式:$a^2-b^2=(a+b)(a-b)$ ②完全平方公式:$a^2\pm2ab+b^2=(a\pm b)^2$	1.公因式既可以是单项式,也可以是多项式. 2.在选用公式法进行分解因式时,要根据多项式的项数选择,如果是两项式,可以考虑使用平方差公式;如果是三项式可以考虑完全平方公式.
4.因式分解的步骤	(1)多项式各项有公因式,应先提取公因式,特别是有数字因数的. (2)如果各项没有公因式,可以尝试用公式法来分解因式. (3)检查因式分解是否彻底,必须分解到每一个多项式不能再分解为止,且最终结果都是积的形式. 以上步骤可以概括为:"一提二套三检查".	提公因式法因式分解时,重点是确定公因式.

☞【易错精剖】

易错点1.同底数幂的乘法法则记错

例1 计算$(-x)^3\cdot(-x)^5$.

【误解】$(-x)^3\cdot(-x)^5=(-x)^{3\times5}=-x^{15}$.

【精剖】该题应根据"同底数幂相乘,底数不变,指数相加"的性质进行计算,而错解犯了变指数相加为指数相乘的错误.

【正解】$(-x)^3\cdot(-x)^5=(-x)^{3+5}=(-x)^8=x^8$.

易错点2.幂的运算法则与整式加法法则混淆

例2 计算:(1)$a^{10}+a^{10}$;(2)$a^{10}\cdot a^{10}$.

【误解】(1)$a^{10}+a^{10}=a^{20}$;(2)$a^{10}\cdot a^{10}=2a^{10}$.

【精剖】本题中的(1)是整式的加法运算,应按合并同类项的法则进行,只把系数相加,字母和字母的指数不变;(2)是同底数幂的乘法,应是底数不变,指数相加.错解在把合并同类项与同底数幂相乘混淆了.

【正解】(1)$a^{10}+a^{10}=(1+1)a^{10}=2a^{10}$;(2)$a^{10}\cdot a^{10}=a^{10+10}=a^{20}$.

易错点3.幂的乘方运算法则与乘方概念混淆

例3 计算$(x^6)^2\cdot(-x^3)^2$.

【误解】$(x^6)^2\cdot(-x^3)^2=x^{36}\cdot x^9=x^{45}$.

【精剖】本题错在把指数进行乘方运算了,正确的解法应按幂的运算性质"底数不变,指数相乘"进行计算.

【正解】$(x^6)^2\cdot(-x^3)^2=x^{12}\cdot x^6=x^{18}$.

易错点 4. 积的乘方中数字因数忽略符号

例 4　计算 $(-2a^2b^2)^2$.

【误解】$(-2a^2b^2)^2=-2^2a^4b^4=-4a^4b^4$.

【精剖】错解中忽略了积中数字因数的符号，这类错误比较常见. $(-2)^2$ 表示 $(-2)\times(-2)$，结果应是正数.

【正解】$(-2a^2b^2)^2=(-2)^2(a^2)^2(b^2)^2=4a^4b^4$.

易错点 5. 运算法则不清

例 5　计算 $(-a)^3\cdot(-a)^2$.

【误解】$(-a)^3\cdot(-a)^2=[(-a)\cdot(-a)]^6=(a^2)^6=a^{12}$.

【精剖】错在将底数乘以底数，指数乘以指数了，实际上，应先进行幂的运算，然后再根据单项式的乘法法则进行计算.

【正解】$(-a)^3\cdot(-a)^2=(-a^3)\cdot(a^2)=-a^5$.

提示：当单项式的乘法运算中含有幂的乘方或积的乘方运算时，要先算乘方，然后再进行单项式的乘法运算.

易错点 6. 整式乘法运算中漏项

例 6　计算 $3x(2x^2-y+1)$.

【误解】$3x(2x^2-y+1)=3x\cdot 2x^2-3xy=6x^3-3xy$.

【精剖】错在 $3x$ 与 1 没有相乘，即漏乘了最后的常数项.

【正解】$3x(2x^2-y+1)=6x^3-3xy+3x$.

提示：单项式与多项式相乘，一要注意符号的确定；二要注意用单项式分别乘以多项式的每一项，尤其不要漏乘常数项.

易错点 7. 平方差公式中的"项"没有理解

例 7　计算 $(2a-3b)(2a+3b)$.

【误解】$(2a-3b)(2a+3b)=2a^2-3b^2$.

【精剖】错解的原因在于没有弄清楚平方差公式中的项，平方差公式是用相同项的平方减去互为相反项的平方，每一项是一个整体，应该给系数也要平方.

【正解】$(2a-3b)(2a+3b)=4a^2-9b^2$.

易错点 8. 完全平方公式中理解有误

例 8　计算 $(a-2)^2$.

【误解】$(a-2)^2=a^2-4$.

【精剖】这是学生在完全平方公式展开时最常见的一个错误，首先对公式掌握不到位，等号右边项的个数应该是三项；其次，首平方、尾平方都应该为正，中间为两项乘积的 2 倍.

【正解】$(a-2)^2=a^2-4a+4$.

易错点 9. 因式分解不彻底

例 9 因式分解 a^2b-b^3.

【误解】$a^2b-b^3=b(a^2-b^2)$

【精剖】因式分解没有分解彻底,提取公因式以后,还可以用公式法分解.这也是学生在因式分解过程中常出的错误.近五年来没有考查过因式分解,2020 年的中考很有可能再考.因式分解时一定要按照三个步骤进行:一提二套三检查,要彻底不能分解为止.

【正解】$a^2b-b^3=b(a^2-b^2)=b(a+b)(a-b)$.

☞【真题精选】

类型一：整式的基本运算

例 1 （2019 年陕西第 5 题）下列计算正确的是（　　）

A. $2a^2 \cdot 3a^2=6a^2$
B. $(-3a^2b)^2=6a^4b^2$
C. $(a-b)^2=a^2-b^2$
D. $-a^2+2a^2=a^2$

【解答】A 选项正确结果应为 $2\times 3a^{2+2}=6a^4$,B 选项正确结果应为 $9a^4b^2$,C 选项为完全平方差公式,正确结果应为 $a^2-2ab+b^2$,故选 D.

【点评】此题主要考查整式的运算,学生要正确理解每一种运算的法则.

例 2 （2018 年陕西第 5 题）下列计算正确的是（　　）

A. $a^2 \cdot a^2=2a^4$
B. $(-a^2)^3=-a^6$
C. $3a^2-6a^2=3a^2$
D. $(a-2)^2=a^2-4$

【解答】A 选项正确结果应为 $a^2 \cdot a^2=a^4$,C 选项正确结果应为 $3a^2-6a^2=-3a^2$,D 选项正确结果应为 $(a-2)^2=a^2-4a+4$,故选 B.

【点评】在整式运算过程中一定要注意符号的正确运用.

例 3 （2016 年陕西第 3 题）下列计算正确的是（　　）

A. $x^2+3x^2=4x^4$
B. $x^2y \cdot 2x^3=2x^4y$
C. $(6x^2y^2)\div(3x)=2x^2$
D. $(-3x)^2=9x^2$

【解答】A 选项正确结果应为 $x^2+3x^2=4x^2$,B 选项正确结果应为 $x^2y \cdot 2x^3=2x^5y$,C 选项正确结果应为 $(6x^2y^2)\div(3x)=2xy^2$,故选 D.

【点评】在运算过程中细心是很重要的.

例 4 （2015 年陕西第 3 题）下列计算正确的是（　　）

A. $a^2 \cdot a^2=a^6$
B. $(-2ab)^2=4a^2b^2$
C. $(a^2)^3=a^5$
D. $3a^2b^2\div a^2b^2=3ab$

【解答】A 选项正确结果应为 $a^2 \cdot a^2=a^4$,C 选项正确结果应为 $(a^2)^3=a^6$,D 选项正确结果应为 $3a^2b^2\div a^2b^2=3$,故选 B.

【点评】整式运算的法则一定要分清;任何非零数的零次幂都等于 1.

21

类型二：因式分解方法

例 5 （2014 年陕西第 12 题）因式分解：$m(x-y)+n(x-y)=$ _____ ．

【解答】因式分解先观察多项式有无公因式，如果有，先要提公因式；再观察还能否利用公式法分解，最终写出结果．

$m(x-y)+n(x-y)=(x-y)(m+n)$．

【点评】提取公因式是因式分解的首要步骤．

☞【得分精髓】

在陕西中考试题中，整式的运算考查虽然只占 3 分的分值，但是想把这 3 分收入囊中，还是需要有扎实的基本功及认真的态度．应注意以下几点：

1. 幂的运算法则要熟记，正确理解，不能混淆．如同底数幂相乘和幂的乘方，在计算积的乘方时，切勿忘记给系数同时进行乘方运算．

2. 整式加减运算的实质就是合并同类项，因此遇到整式加减运算时，首先要判断是否为同类项，然后再确定是否合并．如果是同类项就把它们的系数相加减，字母及字母的指数不变．若不是同类项，就不能进行运算．

3. 计算时要注意符号问题，先判断符号，再处理运算结果．多项式中的每一项都包括它前面的符号．

4. 在多项式的乘法中有三点需要注意：一是避免漏乘，二是避免符号错误，三是展开式中有同类项的一定要合并．

5. 正确理解平方差公式及完全平方公式的特点，正确运用公式进行计算．

6. 利用提公因式法因式分解时，若有一项被全部提出，切勿漏掉括号内的一项"1"．

7. 切忌分解不彻底，如保留中括号形式、仍有公因式等．

类型一：整式运算法则的运用

例 1 下列运算正确的是（　　）

A．$a^0=1$ B．$2a^3 \cdot 3a^3=5a^3$

C．$(-b^4)^3=b^{12}$ D．$-6a-2a=-8a$

【解析】A 选项忽略了 $a\neq 0$ 这个条件，正确结果应为 $a^0=1(a\neq 0)$，B 选项将单项式的乘法与合并同类项混淆了，正确结果应为 $2a^3 \cdot 3a^3=6a^6$，C 选项将符号处理错了，正确结果应为 $(-b^4)^3=-b^{12}$，故选 D．

例 2 （2019 年湖南第 3 题）下列运算正确的是（　　）

A．$3a+2b=5ab$ B．$(a^3)^2=a^6$

C．$a^6 \div a^3=a^2$ D．$(a+b)^2=a^2+b^2$

【解析】A 选项不能计算，C 选项将同底数幂的除法法则记错了，底数不变指数相减，正确结果应为 $a^6 \div a^3=a^3$，D 选项完全平方公式展开是错误的，正确结果应为 $(a+b)^2=a^2+2ab+b^2$，故选 B．

例3 (2019年山西)下列运算正确的是( )

A.$2a+3a=5a^2$　　　　　　　　B.$(a+2b)^2=a^2+4b^2$

C.$a^2 \cdot a^3=a^6$　　　　　　　　D.$(-ab^2)^3=-a^3b^6$

【解析】A选项不能计算,B选项完全平方公式展开是错误的,应为$(a+2b)^2=a^2+4ab+4b^2$,C选项同底数幂的乘法法则不对,底数不变,指数相加,应为$a^2 \cdot a^3=a^5$,故选D.

例4 (2019年天津)计算$x^5 \cdot x=$＿＿＿＿.

【解析】$x^5 \cdot x=x^6$,此题,会出现同底数幂的乘法法则用错,故结果为x^6.

例5 (2019年广东)分解因式:$x^2y+2xy+y=$＿＿＿＿.

【解析】$x^2y+2xy+y=y(x^2+2x+1)=y(x+1)^2$,此题中一方面容易漏掉"1",另一方面会分解不彻底.

☞【提分精练】

一、选择题(每题4分,共24分)

1. (2016年陕西副题第3题)计算:$(-2x^2y)^3=$( )

A.$-8x^6y^3$　　　B.$8x^6y^3$　　　C.$-6x^6y^3$　　　D.$6x^5y^3$

2. (2018年陕西副题第6题)下列计算正确的是( )

A.$a^2+a^3=a^5$　　　　　　　　B.$2x^2 \cdot (-\frac{1}{3}xy)=-\frac{2}{3}x^3y$

C.$(a-b)(-a-b)=a^2-b^2$　　　　D.$(-2x^2y)^3=-6x^6y^3$

3. (2016年山东聊城)把$8a^3-8a^2+2a$进行因式分解,结果正确的是( )

A.$8a^2(a-1)$　　　　　　　　B.$2a(4a^2-4a+1)$

C.$2a(2a-1)^2$　　　　　　　　D.$2a(2a+1)^2$

4. 下列计算正确的是( )

A.$a^5-a^4=a$　　　　　　　　B.$a^2b^4 \cdot (-2ab)=-2a^2b^4$

C.$3a^2b+2ab^2=5ab^2$　　　　D.$(-3a+b)^2=9a^2-6ab+b^2$

5. 已知$9x^2-mxy+16y^2$是完全平方公式,则m的值是( )

A.12　　　B.±12　　　C.±24　　　D.24

6. 已知$x^2-4x-1=0$,则代数式$(2x-3)^2-(x+y)(x-y)-y^2$的值是( )

A.12　　　B.-12　　　C.6　　　D.-6

二、填空题(每题4分,共16分)

7. (2014年陕西副题第11题)计算:$(-2ab) \cdot (\frac{1}{3}a)^3=$＿＿＿＿.

8. (2012年陕西副题第12题)分解因式:$x^3y-2x^2y^2+xy^3=$＿＿＿＿.

9. 分解因式:$-2x^2y+12xy-10y=$＿＿＿＿.

23

10. (2015年南京)分解因式:$(a-b)(a-4b)+ab=$ _____.

三、解答题(每题12分,共60分)

11. 分解因式:$x(x-3)-x+3$.

12. (2019年湖州)化简:$(a+b)^2-b(2a+b)$.

13. (2019年长春改编)先化简再求值:$(2a+1)^2-(a+1)(a-1)$,其中$a=\dfrac{1}{8}$.

14. 如果当$x=1$时,代数式$2ax^3+3bx+4$的值是5,那么当$x=-1$时,求代数式$2ax^3+3bx+4$的值.

15. 先化简,再求值:$[(2a+b)^2-(2a-b)(b+2a)]\div 2b$,其中$\sqrt{2a+1}+|1-b|=0$.

(三)分式及其运算

☞**【课标精读】**

了解分式和最简分式的概念,能利用分式的基本性质进行约分和通分;能进行简单的分式加、减、乘、除运算.

☞**【类型精析】**

分式及其运算是中考的重要考点,在陕西中考解答题 16 或 17 题出现,所占分值 5 分,与解分式方程为轮考点,近六年陕西中考 16 或 17 题分式及其运算考查题型大致分为两种类型:分式化简、分式化简求值.(如下表)

年份	题号	考查点	命题材料	考查形式
2014	17	分式化简求值	含两项分式且所代值为负	加减型化简求值
2015	17	分式方程		
2016	16	分式化简	含三项分式	加减乘除型化简
2017	16	分式方程		
2018	16	分式化简	含三项分式	加减乘除型化简
2019	16	分式化简	含三项分式	加减乘除型化简

☞**【备考精华】**

★考查的知识点清单梳理

知识点一:分式的概念		关键点拨与对应举例
1. 分式的概念	(1)概念:整式 A 除以整式 B,可以表示成 $\dfrac{A}{B}$ 的形式,如果除式 B 中含有字母,那么称 $\dfrac{A}{B}$ 为分式	判断 $\dfrac{A}{B}$ 是不是分式的关键是 B 中必须有字母
2. 分式有无意义的条件	分式 $\dfrac{A}{B}$:若 $B\neq 0$,则 $\dfrac{A}{B}$ 有意义;若 $B=0$,则 $\dfrac{A}{B}$ 无意义	例:当 x____时,分式 $\dfrac{x}{x-2}$ 有意义;当 $a=$____时分式 $\dfrac{2a}{a+3}$ 无意义
3. 分式值为 0 的条件	分式 $\dfrac{A}{B}$:若 $A=0$ 且 $B\neq 0$,则 $\dfrac{A}{B}=0$	分式值为 0 的条件是:分子等于 0 同时分母不能等于 0,二者缺一不可

续表

知识点二：分式的基本性质	关键点拨与对应举例
4. 分式的基本性质	分式的分子与分母都乘以（或除以）同一个不等于零的整式，分式的值不变. 用式子表示是：$\frac{A}{B} = \frac{A \times M}{B \times M}, \frac{A}{B} = \frac{A \div M}{B \div M}$（其中 M 是不等于零的整式）	基本性质中的 A、B、M 表示的是整式.其中 $B \neq 0$ 是已知条件中隐含着的条件，一般在解题过程中不另强调；$M \neq 0$ 是在解题过程中另外附加的条件，在运用分式的基本性质时，必须重点强调 $M \neq 0$ 这个前提条件
5. 分式的约分	利用分式的基本性质，把一个分式的分子和分母的公因式约去，这种变形称为分式的约分	约分的关键是确定分式的分子与分母的公因式再进行约分.分子、分母公因式的确定方法：将分子、分母分解因式后；系数取最大公约数；相同字母取其最低次幂，多项式取相同多项式的最低次幂
6. 最简分式	如果一个分式的分子与分母没有相同的因式，那么这个分式叫做最简分式	例：分式 ① $\frac{x}{2y}$，② $\frac{a+b}{a-b}$，③ $\frac{x-y}{x^2-y^2}$，④ $\frac{(x+y)^2}{x^2-y^2}$ 中，最简分式有_____
7. 分式的通分	利用分式的基本性质，使分式的分子和分母同乘适当的整式，不改变分式的值，把分母不同的分式化成相同分母的分式，这样的分式变形叫做分式的通分	通分的关键是确定各分式的最简公分母：系数取最小公倍数；相同字母取其最高次幂，多项式取相同多项式的最高次幂
知识点三：分式的混合运算	关键点拨与对应举例
8. 分式的加减法	分式的加减法法则： (1) 同分母的分式相加减，分母不变，把分子相加减； (2) 异分母的分式相加减，先通分，化为同分母的分式，然后再按同分母分式的加减法则进行计算	异分母分式加减法关键是通分成同分母分式，再按法则计算.另外，还要注意符号的变化
9. 分式的乘除法	分式的乘除法法则：两个分式相乘，把分子相乘的积作为积的分子，把分母相乘的积作为积的分母；两个分式相除，把除式的分子和分母颠倒位置后再与被除式相乘	准确运用法则及运算顺序进行计算，运算结果必须为最简分式或整式

续表

知识点三：分式的混合运算	关键点拨与对应举例
10.分式的混合运算	分式的混合运算顺序,先算乘方,再算乘除,最后算加减,有括号先算括号里面的	①分清运算级别,按照运算顺序"从高到低,从左到右,括号从小到大"的顺序进行; ②将各分式的分子、母分解因式后再进行运算; ③遇到除法运算时先化成乘法运算; ④运算结果必须为最简分式或整式

知识点四：分式的化简求值	关键点拨与对应举例
11.分式的化简求值	对于化简求值的题型要注意解题格式,要先化简,再代入字母的值求值	先将分式运用分式混合运算顺序和运算法则化为最简分式后,再将所给字母值代入求值

☞【易错精剖】

易错点1. 忽视限制条件

例1 若分式 $\dfrac{x^2-4}{x+2}$ 的值为0,则 x 的值为( )

A.2　　　　　　B.-2　　　　　　C.0　　　　　　D.±2

【误解】由已知,得 $x^2-4=0$,所以 $x=\pm2$.

【精剖】本题将 x 的值隐含在分式中,既要考虑分式值为0,又得保证分式有意义,而错解只考虑分式值为0,而忽视了分式有意义的条件是 $x+2\neq0$,即 $x\neq-2$.

【正解】答案为 $x=2$.故选 A.

易错点2. 考虑问题不周

例2 使式子 $\dfrac{x+3}{x-3}\div\dfrac{x+1}{x+2}$ 有意义的 x 的取值范围是( )

A.$x\neq3$ 且 $x\neq-2$　　　　　　B.$x\neq3$ 且 $x\neq-1$

C.$x\neq3$ 且 $x\neq-3$　　　　　　D.$x\neq3$ 且 $x\neq-2$ 且 $x\neq-1$

【误解】由已知,得 $x-3\neq0$,同时 $x+2\neq0$;所以当 $x\neq3$ 且 $x\neq-2$ 时,式子 $\dfrac{x+3}{x-3}\div\dfrac{x+1}{x+2}$ 有意义.

【精剖】错误的原因是考虑问题不周,只考虑 $x-3\neq0$ 和 $x+2\neq0$,而未考虑 $x+1\neq0$.

【正解】当 $x\neq3$ 且 $x\neq-2$ 且 $x\neq-1$ 时,式子 $\dfrac{x+3}{x-3}\div\dfrac{x+1}{x+2}$ 有意义.故选 D.

易错点 3. 忘记添加括号

例3　化简：$\dfrac{4x}{x^2-4}-\dfrac{x}{x-2}$.

【误解】原式 $=\dfrac{4x}{(x+2)(x-2)}-\dfrac{x(x+2)}{(x+2)(x-2)}$　　　　①

$=\dfrac{4x}{(x+2)(x-2)}-\dfrac{x^2+2x}{(x+2)(x-2)}$　　　　②

$=\dfrac{4x-x^2+2x}{(x+2)(x-2)}$　　　　③

$=\dfrac{6x-x^2}{(x+2)(x-2)}$　　　　④

【精剖】分数线具有括号的作用，第③步同分母分式相减时，给 x^2+2x 没有带括号.

【正解】上接第三步：原式 $=\dfrac{4x-(x^2+2x)}{(x+2)(x-2)}$

$=\dfrac{4x-x^2-2x}{(x+2)(x-2)}$

$=\dfrac{2x-x^2}{(x+2)(x-2)}$

$=\dfrac{x(2-x)}{(x+2)(x-2)}$

$=-\dfrac{x}{x+2}$

易错点 4. 随意颠倒运算顺序

例4　化简：$\dfrac{2a-4}{a^2+6a+9}\div\dfrac{a-2}{a+3}\cdot(a+3)$.

【误解】原式 $=\dfrac{2(a-2)}{a^2+6a+9}\div(a-2)$　　　　①

$=\dfrac{2}{a^2+6a+9}$　　　　②

【精剖】第一步运算顺序颠倒，先算后边的乘法再算前边的除法，忽略了乘除同级运算在一起没有括号的情况下应该从左到右依次进行运算.

【正解】原式 $=\dfrac{2(a-2)}{(a+3)^2}\times\dfrac{a+3}{a-2}\times(a+3)$

$=2$

易错点 5. 把解分式方程的去分母误用到分式运算中

例 5　化简：$\dfrac{x-2}{x^2-1}-\dfrac{2}{1-x}$.

【误解】原式 $=\dfrac{x-2}{(x+1)(x-1)}+\dfrac{2}{x-1}$ ①

$=\dfrac{x-2}{(x+1)(x-1)}+\dfrac{2(x+1)}{(x+1)(x-1)}$ ②

$=x-2+2(x+1)$ ③

$=3x$ ④

【精剖】第三步误将分式化简当作分式方程去掉了分母.

【正解】原式 $=\dfrac{x-2}{(x+1)(x-1)}+\dfrac{2}{x-1}$

$=\dfrac{x-2}{(x+1)(x-1)}+\dfrac{2(x+1)}{(x+1)(x-1)}$

$=\dfrac{3x}{x^2-1}$

易错点 6. 随意运用乘法分配律

例 6　化简：$\dfrac{m}{2m-4}\div\left(m-\dfrac{m^2}{m-2}\right)$.

【误解】原式 $=\dfrac{m}{2m-4}\div m-\dfrac{m}{2m-4}\div\dfrac{m^2}{m-2}$ ①

$=\dfrac{1}{2m-4}-\dfrac{1}{2m}$ ②

$=\dfrac{m-m+2}{2m(m-2)}$ ③

$=\dfrac{1}{m^2-2m}$ ④

【精剖】第一步错用乘法分配律将 $\dfrac{m}{2m-4}$ 分配到括号里边,乘法分配律不能给除法用.

【正解】原式 $=\dfrac{m}{2m-4}\div\dfrac{m(m-2)-m^2}{m-2}$

$=\dfrac{m}{2m-4}\div\dfrac{-2m}{m-2}$

$=\dfrac{m}{2(m-2)}\times\dfrac{m-2}{-2m}$

$=-\dfrac{1}{4}$

易错点 7. 自选值忽视分母不为 0 的条件

例 7 先化简 $\dfrac{x^2-1}{x^2-2x+1} \div \left(\dfrac{x+1}{x-1}+x+1\right)$，然后从 $-2,-1,0,1,2$ 这五个数中选一个你最喜欢的数代入求值.

【误解】原式 $= \dfrac{x^2-1}{x^2-2x+1} \div \dfrac{x+1+x^2-1}{x-1}$

$= \dfrac{(x+1)(x-1)}{(x-1)^2} \times \dfrac{x-1}{x(x+1)}$

$= \dfrac{1}{x}$

化简完后，有些学生给 x 取值为 -1 或 0 或 1 代入计算.

【精剖】从化简过程看 x 不能取 $-1,0,1$ 这三个值，而学生在取值代值时，没有充分考虑 x 取值的限制，随意取了一个自己喜欢的值代入计算.

【正解】原式 $= \dfrac{x^2-1}{x^2-2x+1} \div \dfrac{x+1+x^2-1}{x-1}$

$= \dfrac{(x+1)(x-1)}{(x-1)^2} \times \dfrac{x-1}{x(x+1)}$

$= \dfrac{1}{x}$

当 $x=2$ 时，原式 $=\dfrac{1}{2}$；或当 $x=-2$ 时，原式 $=-\dfrac{1}{2}$.

☞【真题精选】

类型一：分式化简

例 1（2016 年陕西中考）(5 分) 化简：$\left(x-5+\dfrac{16}{x+3}\right) \div \dfrac{x-1}{x^2-9}$.

【解答】根据分式的除法，可得答案.

原式 $= \dfrac{(x-1)^2}{x+3} \times \dfrac{(x+3)(x-3)}{x-1}$

$= (x-1)(x-3)$

$= x^2-4x+3$.

【点评】本题考查了分式混合运算，利用分式的除法转化成分式的乘法是解题关键. 解答时，熟练进行异分母分式加减法法则以及分式混合运算顺序是关键.

例 2（2018 年陕西中考）(5 分) 化简：$\left(\dfrac{a+1}{a-1}-\dfrac{a}{a+1}\right) \div \dfrac{3a+1}{a^2+a}$.

【解答】先将括号内分式通分、除式的分母因式分解，再计算减法，最后除法转化为乘法后约分即可得.

$$原式=\left[\frac{(a+1)^2}{(a+1)(a-1)}-\frac{a(a-1)}{(a+1)(a-1)}\right]\div\frac{3a+1}{a(a+1)}$$

$$=\frac{a^2+2a+1-a^2+a}{(a+1)(a-1)}\div\frac{3a+1}{a(a+1)}$$

$$=\frac{3a+1}{(a+1)(a-1)}\times\frac{a(a+1)}{3a+1}$$

$$=\frac{a}{a-1}.$$

【点评】本题主要考查分式的混合运算,解题的关键是熟练掌握分式混合运算顺序和运算法则.解答时,熟练进行异分母分式加减法法则以及分式混合运算顺序是关键.

类型二：分式化简求值

例3 (2014年陕西中考)(5分)先化简,再求值:
$\frac{2x^2}{x^2-1}-\frac{x}{x+1}$,其中 $x=-\frac{1}{2}$.

【解答】先将式子中两个分式通分成同分母的分式,再按同分母分式减法法则计算,最后约分即可化为最简分式代值计算即可.

$$原式=\frac{2x^2}{(x+1)(x-1)}-\frac{x(x-1)}{(x+1)(x-1)}$$

$$=\frac{2x^2-x^2+x}{(x+1)(x-1)}$$

$$=\frac{x(x+1)}{(x+1)(x-1)}$$

$$=\frac{x}{x-1}$$

当 $x=-\frac{1}{2}$ 时,原式 $=\frac{-\frac{1}{2}}{-\frac{1}{2}-1}=\frac{1}{3}$.

【点评】本题主要考查分式的加减混合运算求值,解题的关键是熟练掌握异分母分式加减运算法则和分式化简求值的步骤。解答时,熟练运用异分母分式加减法法则正确进行化简是关键.

☞【得分精髓】

类型一：分式的基本概念

(1)分式有意义的条件:分母不为0.

例1 (2014年贺州)分式 $\frac{2}{x-1}$ 有意义,则 x 的取值范围是(　　)

A.$x\neq 1$　　　　B.$x=1$　　　　C.$x\neq -1$　　　　D.$x=-1$

【解析】由题意得:$x-1\neq 0$,则 $x\neq 1$.

【答案】选 A.

(2)分式值为 0 的条件:分子等于 0 且分母不为 0.

例 2 (2014 年毕节)若分式 $\dfrac{x^2-1}{x-1}$ 的值为 0,则 x 的值为(　　)

A.0　　　　　　　B.1　　　　　　　C.-1　　　　　　　D.± 1

【解析】由题意得:$x^2-1=0$ 且 $x-1\neq 0$,则 $x=-1$.

【答案】选 C.

类型二:分式的基本性质

(1)分式的约分:约分的关键是确定分子与分母的公因式再进行约分.分子、分母公因式的确定方法:将分子、分母分解因式后,系数取最大公约数;相同字母取其最低次幂,多项式取相同多项式的最低次幂

例 3　下列约分正确的是(　　)

A.$\dfrac{x^6}{x^2}=x^3$　　　　　　　　　　B.$\dfrac{x+y}{x+y}=0$

C.$\dfrac{x+y}{x^2+xy}=\dfrac{1}{x}$　　　　　　　　D.$\dfrac{2xy^2}{4x^2y}=\dfrac{1}{2}$

【解析】根据约分的方法选 C.

(2)最简分式

例 4　分式 $\dfrac{a+2}{a^2+3}$,$\dfrac{a-b}{a^2-b^2}$,$\dfrac{4a}{12(a-b)}$,$\dfrac{1}{x-2}$ 中,最简分式有(　　)

A.1 个　　　　　　B.2 个　　　　　　C.3 个　　　　　　D.4 个

【解析】根据最简分式的定义选 B.

(3)分式的通分:通分的关键是确定各分式分母的最简公分母,各分式分母的最简公分母确定的方法:系数取各分母系数的最小公倍数;相同字母取其最高次幂,多项式取相同多项式的最高次幂

例 5　分式 $\dfrac{1}{2x^2}$,$\dfrac{-1}{x^2+xy}$ 的最简公分母为 _____.

【解析】由确定最简公分母的方法得到最简公分母为 $2x^2(x+y)$.

类型三:分式的运算

(1)分式的加减乘除运算

例 6　(2019 年陕西)化简:$\left(\dfrac{a-2}{a+2}+\dfrac{8a}{a^2-4}\right)\div\dfrac{a+2}{a^2-2a}$.

【解析】原式 $=\left[\dfrac{(a-2)^2}{a^2-4}+\dfrac{8a}{a^2-4}\right]\div\dfrac{a+2}{a^2-2a}$

$$= \frac{(a+2)^2}{(a+2)(a-2)} \times \frac{a(a-2)}{a+2}$$
$$= a$$

【答案】化简结果为 a.

(2)分式的化简求值

例7 先化简,再求值:$\frac{3-x}{2x-4} \div \left(x+2-\frac{5}{x-2}\right)$,其中 $x=-2$.

【解析】原式 $= \frac{3-x}{2x-4} \div \left(\frac{x^2-4}{x-2} - \frac{5}{x-2}\right)$

$$= \frac{3-x}{2x-4} \div \frac{x^2-9}{x-2}$$

$$= \frac{-(x-3)}{2(x-2)} \times \frac{x-2}{(x+3)(x-3)}$$

$$= -\frac{1}{2x+6}$$

当 $x=-2$ 时,原式 $= -\frac{1}{2\times(-2)+6} = -\frac{1}{2}$.

【答案】原式值为 $-\frac{1}{2}$.

☞【提分精练】

一、选择题(每题4分,共24分)

1. 下列各式:$\frac{1}{x+1}$,$\frac{a-2}{\pi}$,$\frac{a^2-b^2}{3}$,$\frac{1}{y}-x$,$\frac{1}{2}(x-1)$,$\frac{2}{x-y}$,其中分式有(　　)个
   A.1　　　　　　　B.2　　　　　　　C.3　　　　　　　D.4

2. 下列分式一定有意义的是(　　)
   A.$\frac{2}{x+1}$　　　B.$\frac{1}{a^2-3}$　　　C.$\frac{2}{x^2+1}$　　　D.$\frac{x+1}{x^2}$

3. 若分式 $\frac{a^2-4}{a+2}$ 的值为0,则 a 的值为(　　)
   A.2　　　　　　　B.0　　　　　　　C.-2　　　　　　D.± 2

4. 若 x,y 的值均扩大为原来的2倍,则下列分式的值保持不变的是(　　)
   A.$\frac{2x}{3y^2}$　　　B.$\frac{2x}{3y}$　　　C.$\frac{2x^2}{3y}$　　　D.$\frac{2x^3}{3y^2}$

5. 化简 $\frac{a}{a-b} - \frac{b}{a+b}$,结果正确的是(　　)
   A.$\frac{a-b}{a+b}$　　　B.1　　　　　　　C.a^2+b^2　　　D.$\frac{a^2+b^2}{a^2-b^2}$

33

6. 化简 $\left(x-\dfrac{y^2}{x}\right)\cdot\dfrac{x}{x-y}$ 的结果是(　　)

A. $x+y$　　　　B. $\dfrac{1}{x-y}$　　　　C. $x-y$　　　　D. $\dfrac{1}{x+y}$

二、填空题(每题 4 分,共 16 分)

7. 当 a _____ 时,分式 $\dfrac{a-3}{a+3}$ 有意义.

8. 要使分式 $\dfrac{a^2-9}{a+3}$ 的值为 0,则 a 的值是 _____.

9. 分式 $\dfrac{1}{m^2-2m}$,$\dfrac{3}{m^2+2m}$,$\dfrac{2}{2m-4}$ 的最简公分母是 _____.

10. 化简 $\dfrac{a^2-2a}{4-a^2}$ 的结果是 _____.

三、解答题(每题 12 分,共 60 分)

11. 化简:$\dfrac{x-2}{x^2-1}-\dfrac{2}{1-x}$.

12. 化简:$\dfrac{x}{x-y}-\dfrac{y}{x+y}+\dfrac{2xy}{x^2-y^2}$.

13. 化简:$\left(\dfrac{x+1}{x-1}-\dfrac{x}{x+1}\right)\div\dfrac{3x+1}{x^2+x}$.

14. 化简:$\dfrac{m+2}{m^2-4}\div\left(m-2+\dfrac{8m}{m-2}\right)$.

15. 先化简再求值:$\left(a+\dfrac{1}{a+2}\right)\cdot\dfrac{a+2}{a^2-1}$,其中 $a=-2$.

（四）分式及分式方程

☞【课标精读】

1. 能根据具体问题中的数量关系列出分式方程,体会方程是刻画现实世界数量关系的有效模型.

2. 能解可化为一元一次方程的分式方程(方程中分式不超过两个)会检验分式方程的根,并会判断增根.

3. 能解决一些与分式方程有关的实际问题,具有一定的分析问题、解决问题的能力和应用意识,并能根据具体问题的实际意义,检验方程的解是否合理.

☞【类型精析】

分式方程是陕西中考的一个重要考点,主要以分式方程的解法为主,题号位于陕西中考 16 题或 17 题,均为解答题,所占分值 5 分.2019 年以前的十年中,主要与分式化简(求值)轮考,其中奇数年考,考查形式比较固定,均为三项,其中两项为分式,另一项为常数 1 或 -1,且题目中设计的数字不会超过 4(如下表).

年份	题号	考查点	考查内容	分值
2017	16	分式方程的解法	解形式为 $X-X=1$ 的分式方程,其中未知数最高次数为 1	5
2015	16	分式方程的解法	解形式为 $X-X=1$ 的分式方程,其中未知数最高次数为 1	5
2013	17	分式方程的解法	解形式为 $X+X=1$ 的分式方程,其中未知数最高次数为 2	5
2011	17	分式方程的解法	解形为 $X-1=X$ 的分式方程,其中未知数最高次数为 1	5

注:2019 年未考查

☞【备考精华】

　　★考查的知识点清单梳理

知识点一：分式方程：(高频考点)		关键点拨与对应举例
1.定义	分母中含有未知数的方程叫做分式方程.	分式方程检验时,一般把未知数的值代入最简公分母中,使最简公分母为0的解是增根;使最简公分母不为0的解是原分式方程的解. 注意:分式方程的增根与无解并非同一个概念.分式方程无解,可能是解为增根,也可能是去分母后的整式方程无解;而分式方程的增根是去分母之后的整式方程的解,也是使分式方程的分母为0的解.
2.分式方程的解法	思想:分式方程 $\xrightarrow{转}$ 整式方程 步骤: 一化:即去分母; 二解:即解一元一方程; 三检验:即判断解得的未知数的值是增根还是原方程的根; 四写根:即是原方程的根或原方程无实数根.	
3.增根	使原分式方程分母为零的根.	
知识点二：分式方程的实际应用(冷考点,近10年未考查)		关键点拨与对应举例
4.实际应用	常见类型及其关系式: 工程问题:工作效率 $=\dfrac{1}{2}$ 销售问题:售价 $=$ 标价 $\times$ 折扣 行程问题:时间 $=\dfrac{路程}{速度}$ 说明:列分式方程解应用题必须验根,既要检验是否为分式方程的增根,增根应舍去,又要看是否符合实际意义.	注意:分式方程的应用题检验时不仅要保证所解得未知数的值是分式方程的解,还要保证实际问题有意义.

☞【易错精剖】

易错点1. 整式项漏乘最简公分母

例1 解方程 $\dfrac{2-x}{x-3}=\dfrac{1}{3-x}-2$.

【误解】方程两边都乘以 $(x-3)$,

得 $2-x=-1-2$,

解这个方程,得 $x=5$,

经检验, $x=5$ 是原分式方程的解.

【精剖】解分式方程需要去分母,根据等式的性质,在方程两边同乘以 $(x-3)$ 时,应注意方程的每一项都乘以最简公分母.本题错在去分母时, -2 这一项没有乘以 $(x-3)$.

【正解】方程两边都乘以 $(x-3)$,

得 $2-x=-1-2(x-3)$,

解得: $x=3$,

经检验, $x=3$ 是原方程的增根,

∴原方程无解.

易错点 2. 同乘以最简公分母某些项未变号

例 2 解方程 $\frac{3}{x^2-1}-\frac{1}{x+1}=0$

【误解】方程化为 $\frac{3}{(x+1)(x-1)}-\frac{1}{x+1}=0$,

方程两边同乘以 $(x+1)(x-1)$,

得 $3-x-1=0$, 解得 $x=2$.

所以方程的解为 $x=2$.

【精剖】当分式的分子是一个多项式, 去掉分母时, 应将多项式用括号括起来. 错解在没有用括号将 $(x-1)$ 括起来, 出现符号上的错误, 而且最后没有检验.

【正解】方程两边都乘以 $(x+1)(x-1)$,

得 $3-(x-1)=0$,

解这个方程, 得 $x=4$.

经检验, $x=4$ 是原方程的根.

易错点 3. 解分式方程后忘记验根

例 3 $\frac{1}{x-2}+3=\frac{1-x}{2-x}$

【误解】方程两边同乘以 $x-2$,

$1+3(x-2)=x-1$

解得: $x=2$

∴原分式方程的解为: $x=2$.

【精剖】因为解分式方程本身隐含着分母不为 0 的条件, 当把分式方程转化为整式方程后, 方程中未知数允许取值的范围扩大了, 如果转化后的整式方程的根恰好使原方程中分母的值为 0, 那么就会出现不适合原方程的根即增根, 所以解分式方程必须验根.

【正解】方程两边同乘以 $x-2$,

$1+3(x-2)=x-1$

解得: $x=2$

经检验, $x=2$ 为原方程的增根;

∴原分式方程无解.

☞**【真题精选】**

类型一：分式方程的解法

例1 （2013年陕西）解分式方程：$\frac{2}{x^2-4}+\frac{x}{x-2}=1$.

【解答】去分母，得 $2+x(x+2)=x^2-4$，

解得：$x=-3$，

经检验，$x=-3$ 是原分式方程的解.

【点评】解分式方程去分母转化为整式方程，求出整式方程的解得到 x 的值，经检验即可得到分式方程的解.

例2 （2017年陕西）解分式方程 $\frac{x+3}{x-3}-\frac{2}{x+3}=1$.

【解答】去分母，得 $(x+3)^2-2(x-3)=(x-3)(x+3)$，

去括号得，$x^2+6x+9-2x+6=x^2-9$，

移项，系数化为1，得 $x=-6$，

经检验，$x=-6$ 是原方程的解.

【点评】利用解分式方程的步骤和完全平方公式、平方差公式即可得出结论.

例3 （2011年陕西）解分式方程 $\frac{4x}{x-2}-1=\frac{3}{2-x}$.

【解答】去分母，得 $4x-(x-2)=-3$，

解得 $x=-\frac{5}{3}$，

经检验，$x=-\frac{5}{3}$ 是原分式方程的解.

【点评】此题考查解分式方程，属于 $X-1=X$ 型，其中 $x-2$ 与 $2-x$ 互为相反数，去分母时一定要注意变号，最后一定要检验．同时注意去括号法则的应用.

例4 （2015年陕西）解分式方程 $\frac{x-2}{x+3}-\frac{3}{x-3}=1$.

【解答】去分母，得 $x^2-5x+6-3x-9=x^2-9$，

解得：$x=\frac{3}{4}$，

经检验 $x=\frac{3}{4}$ 是原分式方程的解.

【点评】此题考查解分式方程，属于 $X-X=1$ 型，同时也考查了平方差公式与多项式乘法法则，切记一定要检验.

类型二：分式方程的应用

例5 张明与李强共同清点一批图书，已知张明清点完200本图书所用的时间与

李强清点完 300 本图书所用的时间相同,且李强平均每分钟比张明多清点 10 本,求张明平均每分钟清点图书的数量.

【解答】设张明平均每分钟清点图书 x 本,则李强平均每分钟清点 $(x+10)$ 本,

依题意,得 $\dfrac{200}{x}=\dfrac{300}{x+10}$,

得 $x=20$.

经检验 $x=20$ 是原方程的解.

答:张明平均每分钟清点图书 20 本.

【点评】根据题意寻找等量关系是解答的关键.张明清点完 200 本图书所用的时间＝李强清点完 300 本图书所用的时间.即可设未知数列方程来完成.

例 6　甲、乙两座火车站相距 1280 千米,采用"和谐"号动车组提速后,列车行驶速度是原来速度的 3.2 倍,从甲站到乙站的时间缩短了 11 小时,求列车提速后的速度.

【解答】解法 1:设列车提速前的速度为 x 千米/时,则提速后的速度为 $3.2x$ 千米/时,根据题意,得 $\dfrac{1280}{x}-\dfrac{1280}{3.2x}=11$,

解这个方程,得 $x=80$,

经检验,$x=80$ 是所列方程的根.

∴ $80\times 3.2=256$(千米/时).

所以,列车提速后的速度为 256 千米/时.

解法 2:设列车提速后从甲站到乙站所需时间为 x 小时,

则提速前列车从甲站到乙站所需时间为 $(x+11)$ 小时,

根据题意,得 $\dfrac{1280}{x+11}\times 3.2=\dfrac{1280}{x}$,

∴ $x=5$,

则列车提速后的速度为 $\dfrac{1280}{x+11}\times 3.2=256$(千米/时).

答:列车提速后的速度为 256 千米/时.

【点评】本题为行程问题.在明确时间、速度、路程之间的关系的基础上,找到等量关系设未知数,列方程.

☞【得分精髓】

解分式方程要注意:

1. 去分母时,给方程两边同乘以最简公分母,不要漏乘常数项.

2. 解分式方程时,要将所得的根代入最简公分母中检验,切记一定要检验.

3. 解分式方程去分母时,当分子为多项式且前面为"－"时,去掉分母后注意各项要变号.

4. 注意解分式方程与分式化简的区别,两者都需找最简公分母,但分式化简的目

的是约分,而分式方程的目的是去分母,切勿混淆.

类型一：利用平方差公式解分式方程.

例1 （2014年舟山）解方程：$\dfrac{x}{x+1}-\dfrac{4}{x^2-1}=1$.

【考点】分式方程、平方差公式.

【解析】(1)按照基本步骤解分式方程,其关键是确定各分式的最简公分母.若分母为多项式时,应首先进行分解因式.将分式方程转化为整式方程,乘最简公分母时,应乘原分式方程的每一项,不要漏乘常数项；(2)检验是否产生增根：分式方程的增根是分式方程去分母后整式方程的某个根,但因为它使分式方程的某些分母为零,故应是原方程的增根,须舍去.

解：去分母,得 $x(x-1)-4=x^2-1$,

去括号,得 $x^2-x-4=x^2-1$,

得 $x=-3$,

经检验 $x=-3$ 是分式方程的解.

例2 （2020年陕西中考预测）解分式方程：$\dfrac{1-x}{x}+1=\dfrac{2}{x^2+x}$.

【考点】分式方程、因式分解、平方差公式.

【解析】此题分母中 x^2+x 可以分解成 $x(x+1)$,再找最简公分母,去分母解答检验.

解：去分母得 $(1-x)(1+x)+x(1+x)=2$,

解得 $x=1$,

经检验 $x=1$ 是原分式方程的解.

例3 （2019年西安交大附中模拟）解分式方程：$\dfrac{x}{x-1}+\dfrac{2}{1+x}=1$.

【考点】分式方程、平方差公式.

【解析】此题考查分式方程的解法、平方差公式,注意最简公分母的正确寻找,注意不要给整式项漏乘最简公分母.

解：去分母,得 $x(x+1)+2(x-1)=(x+1)(x-1)$,

解得 $x=\dfrac{1}{3}$,

经检验 $x=\dfrac{1}{3}$ 是原分式方程的根.

类型二：利用因式分解及相反数的意义解分式方程

例4 （2018年西安高新一中模拟）解分式方程：$\dfrac{3}{x-3}-1=\dfrac{1}{3-x}$.

【考点】分式方程、相反数意义.

【解析】本题去分母时要正确找准最简公分母,同时注意去括号时符号的变化.

解:去分母,得 $3-(x-3)=-1$.

解得:$x=7$,

经检验 $x=7$ 是原分式方程的解.

例5 (2019年西安高新一中模拟)解分式方程:$\dfrac{x}{x-1}=\dfrac{2x}{3-3x}+1$.

【考点】分式方程、因式分解.

【解析】本题属于 $X=X+1$ 型,去分母时 $3-3x$ 可以分解成 $3(1-x)$,再找最简公分母化整式方程解之.

解:去分母,得 $3x=-2x+3(x-1)$,

解得:$x=-\dfrac{3}{2}$,

经检验 $x=-\dfrac{3}{2}$ 是原分式方程的解.

☞【提分精练】

一、选择题(每题4分,共24分)

1.(2018年成都)分式方程 $\dfrac{x+1}{x}+\dfrac{1}{x-2}=1$ 的解是(　　)

A.$x=1$　　　　B.$x=-1$　　　　C.$x=3$　　　　D.$x=-3$

2.当 k 等于(　　)时,$\dfrac{k}{k-5}-2$ 与 $\dfrac{k+1}{k}$ 是互为相反数

A.$\dfrac{6}{5}$　　　　B.$\dfrac{5}{6}$　　　　C.$\dfrac{3}{2}$　　　　D.$\dfrac{2}{3}$

3.(2018年张家界)若关于 x 的分式方程 $\dfrac{m-2}{x+1}=1$ 的解为 $x=2$,则 m 的值为(　　)

A.5　　　　B.4　　　　C.3　　　　D.2

4.(2018年黑龙江)已知关于 x 的分式方程 $\dfrac{m-2}{x+1}=1$ 的解是负数,则 m 的取值范围是(　　)

A.$m\leqslant 3$　　　　B.$m\leqslant 3$ 且 $m\neq 2$　　　　C.$m<3$　　　　D.$m<3$ 且 $m\neq 2$

5.(2018年张家界)若关于 x 的分式方程 $\dfrac{m-3}{x-1}=1$ 的解为 $x=2$,则 m 的值为(　　)

A.5　　　　B.4　　　　C.3　　　　D.2

6.(2018年通辽)学校为创建"书香校园"购买了一批图书.已知购买科普类图书花费10000元,购买文学类图书花费9000元,其中科普类图书平均每本的价格比文学类图书平均每本的价格贵5元,且购买科普书的数量比购买文学书的数量少100本.

求科普类图书平均每本的价格是多少元？若设科普类图书平均每本的价格是 x 元，则可列方程为( )

A. $\dfrac{10000}{x}-\dfrac{9000}{x-5}=100$ B. $\dfrac{9000}{x-5}-\dfrac{10000}{x}=100$

C. $\dfrac{10000}{x-5}-\dfrac{9000}{x}=100$ D. $\dfrac{9000}{x}-\dfrac{10000}{x-5}=100$

二、填空题（每题 4 分，共 16 分）

7．(2014 年巴中)若分式方程 $\dfrac{x}{x-1}-\dfrac{m}{1-x}=2$ 有增根，则这个增根是_____．

8．(2018 年潍坊)当 $m=$_____时，解分式方程 $\dfrac{x-5}{x-3}=\dfrac{m}{3-x}$ 会出现增根．

9．(2018 年广州)方程 $\dfrac{1}{x}=\dfrac{4}{x+6}$ 的解是_____．

10．(2018 年嘉兴)甲、乙两个机器人检测零件，甲比乙每小时多检测 20 个，甲检测 300 个比乙检测 200 个所用的时间少 10%，若设甲每小时检测 x 个，则根据题意，可列出方程：_____．

三、解答题（每题 12 分，共 60 分）

11．(2018 年广西)解分式方程：$\dfrac{x}{x-1}-1=\dfrac{2x}{3x-3}$．

12．(2018 年株洲)关于 x 的分式方程 $\dfrac{2}{x}+\dfrac{3}{x-a}=0$ 解为 $x=4$，求常数 a 的值．

13．(2018 年贺州)解分式方程：$\dfrac{4}{x^2-1}+1=\dfrac{x-1}{x+1}$．

14．(2014 年新疆)解分式方程：$\dfrac{3}{x^2-9}+\dfrac{x}{x-3}=1$．

15．(2018 年东营)小明和小刚相约周末到雪莲大剧院看演出，他们的家分别距离剧院 1200 m 和 2000 m，两人分别从家中同时出发，已知小明和小刚的速度比是 3∶4，结果小明比小刚提前 4 min 到达剧院．求两人的速度．

(五)一元一次不等式(组)

☞【课标精读】

1. 结合具体问题,了解不等式的意义,探索不等式的基本性质.
2. 能解数字系数的一元一次不等式,并能在数轴上表示出解集;会用数轴确定由两个一元一次不等式组成的不等式组的解集.
3. 能根据具体问题中的数量关系,列出一元一次不等式,解决简单的问题.

☞【类型精析】

一元一次不等式(组)是中考的重要考点,在陕西中考选择题或者填空题出现,所占分值是3分.一般考查解一元一次不等式(组);在数轴上表示一元一次不等式(组)解集;利用一元一次不等式(组)解决简单问题等.近几年陕西中考一元一次不等式(组)考点如下:

年份	题号	考查点
2014	5	解一元一次不等式组并在数轴上表示解集
2015	7	解一元一次不等式组并求最大整数解
2016	11	解一元一次不等式
2017	21	一元一次不等式与一次函数的最值
2018	21	一元一次不等式组与一次函数的最值

☞【备考精华】

★考查的知识点清单梳理

知识点一:不等式的有关概念	关键点拨与对应举例
1. 用符号"<"(或"≤"),">"(或"≥")连接的式子叫做不等式. 能使不等式成立的未知数的值,叫做不等式的解.一个含有未知数的不等式的所有解,组成了这个不等式的解集 2. 只含有一个未知数,且未知数的次数是1的不等式,称为一元一次不等式 3. 一般地,关于同一个未知数的几个一元一次不等式合在一起,组成一个不等式组.一元一次不等式组中各个不等式的解集的公共部分,叫做这个一元一次不等式组的解集	用符号"≠"连接的式子也是不等式 若关于 x 的不等式 $-2x^{m-1}+4>0$ 是一元一次不等式,则 $m=$ _____

续表

知识点二：不等式的基本性质	关键点拨与对应举例
4. 不等式的基本性质 (1)不等式的两边都加(或减)同一个整式,不等号的方向_____；即若$a>b$,则$a\pm c\_b\pm c$; (2)不等式的两边乘(或除以)同一个正数,不等号的方向_____；即若$a>b,c>0$,则ac_bc,或$\frac{a}{c}\_\frac{b}{c}$; (3)不等式的两边乘(或除以)同一个负数,不等号的方向_____.即若$a>b,c<0$,则ac_bc,或$\frac{a}{c}\_\frac{b}{c}$.	(广安中考)若$m>n$,下列不等式不一定成立的是_____ A. $m+3>n+3$ B. $-3m<-3n$ C. $\frac{m}{3}>\frac{n}{3}$ D. $m^2>n^2$

知识点三：解一元一次不等式(组)	关键点拨与对应举例

5. 解一元一次不等式

解一元一次不等式的一般步骤：去分母、去括号、移项、合并同类项、化系数为"1"(注意：当系数为负数时,不等号的方向要改变).

不等式	在数轴上表示
$x>a$	
$x\geq a$	
$x<a$	
$x\leq a$	

解下面的不等式,并在数轴上表示它们的解集：
(1) $-3x-1>5$;
(2) $\frac{x-2}{4}<\frac{x-1}{3}$

6. 解一元一次不等式组

不等式组($a>b$)	在数轴上表示	解集	口诀
$\begin{cases}x>a\\x>b\end{cases}$		$x>a$	同大取大
$\begin{cases}x<a\\x<b\end{cases}$		$x<b$	同小取小
$\begin{cases}x<a\\x>b\end{cases}$		$b<x<a$	大小、小大取中间
$\begin{cases}x>a\\x<b\end{cases}$		无解	大大、小小找不到

知识点四：一元一次不等式的应用	关键点拨与对应举例
7. 用一元一次不等式(组)解决问题 用一元一次不等式解决问题的一般步骤： (1)审题,找出题中不等关系(找关键词,例如"大于""超过""小于""不足""至少""不低于""至多""不超过"等); (2)设未知数； (3)列不等式(组)； (4)解不等式(组)； (5)检验解集是否符合实际情况； (6)作答	(陕西中考副题)张老师准备用200元购买A、B两种笔记本共30本,并将这些笔记本奖给期末进步的学生.已知A种笔记本每本5元,B种笔记本每本8元,则张老师最多能购买B种笔记本( )本 A. 18　　B. 17 C. 16　　D. 15

☞【易错精剖】

易错点1. 应用不等式的基本性质时,考虑不周全

例1 若$m>n$,则下列不等式中成立的是( )

A.$m+a<n+b$　　　B.$ma<nb$　　　C.$ma^2>na^2$　　　D.$a-m<a-n$

【误解】由不等式基本性质2,得$ma^2>na^2$,所以选C.

【精剖】本题考查不等式基本性质的应用.A、B选项中不等式两边同时加上、乘以的不是同一个整式,C选项中,因为$a^2\geqslant 0$,所以$ma^2\geqslant na^2$.D选项$m>n$,所以$-m<-n$,两边同时加上a得$a-m<a-n$.

【正解】D.

易错点2. 解一元一次不等式出现错误

例2 解不等式组$\dfrac{x-1}{3}-\dfrac{x-2}{2}>1$.

【误解】两边同时乘以6得:$2(x-1)-3(x-2)>6$,

去括号、合并同类项得:$-x>2$,

化系数为"1"得:$x>-2$.

【精剖】本题错误的原因在化系数为"1"时候,两边同时除以"-1",不等号的方向却没有改变.

【正解】两边同时乘以6得:$2(x-1)-3(x-2)>6$,

去括号、合并同类项得:$-x>2$,

化系数为"1"得:$x<-2$.

易错点3. 忽视分类讨论

例3 代数式$x-1$与$x-2$的符号相同,则x的取值范围为_____.

【误解】由题得,$\begin{cases}x-1>0\\x-2>0\end{cases}$,解得$x>2$时,代数式$x-1$与$x-2$的符号相同.

【精剖】错误的原因是忽视了$\begin{cases}x-1<0\\x-2<0\end{cases}$的情况,解不等式组得$x<1$时.

【正解】$x>2$ 或 $x<1$.

易错点4. 忽视题目中的条件

例4 (重庆中考)某次知识竞赛共有20道题,答对一题得10分,答错或不答扣5分,小华得分要超过120分,他至少要答对的题的个数为( )

A.13　　　　　B.14　　　　　C.15　　　　　D.16

【误解】(1)可设小华答对x道题,因为答对一题得10分,小华得分要超过120分,所以$10x>120$,解得$x>12$,所以小华至少要答对13道题.

(2)可设小华答对x道题,则他答错或不答$(20-x)$道.因为答对一题得10分,答错或不答扣5分,所以$10x-5(20-x)>120$,解得$x>14\dfrac{2}{3}$.所以小华至少要答对14道题.

【精剖】(1)忽视了条件"答错或不答扣5分";(2)弄错了满足$x>14\frac{2}{3}$的最小整数解.

【正解】设小华答对了x道题,则他答错或不答了$(20-x)$道.因为答对一题得10分,答错或不答扣5分,所以:$10x-5(20-x)>120$,解得$x>14\frac{2}{3}$.所以小华至少答对15道题.故选C.

易错点5. 忽视"<"和"≤"(或">"和"≥")

例5 若关于x的不等式$x<m$只有两个正整数解,则m的取值范围为_____.

【误解】因为$x<m$只有两个正整数解,所以这两个正整数解为1和2,所以$2\leq m<3$.

【精剖】没有验证当$m=2$或3时,不等式的正整数解的个数是否是两个.因为$x<m$只有两个正整数解,所以m应该在2到3之间,当$m=2$时,不等式只有一个正整数解,当$m=3$时,不等式正好有两个正整数解,所以$2<m\leq3$.

【正解】$2<m\leq3$.

☞**【真题精选】**

类型一:解一元一次不等式(组)

例1 (陕西中考)把不等式组$\begin{cases}x+2>1\\3-x\geq0\end{cases}$的解集表示在数轴上,正确的是( )

A. [数轴图:-1 0 1 2 3]
B. [数轴图:-1 0 1 2 3]
C. [数轴图:-1 0 1 2 3]
D. [数轴图:-1 0 1 2 3]

【分析】先求出不等式组中每一个不等式的解集,再求出它们的公共部分,然后把不等式的解集表示在数轴上即可.

【解答】解不等式组$\begin{cases}x+2>1\\3-x\geq0\end{cases}$得$\begin{cases}x>-1\\x\leq3\end{cases}$,

故选D.

【点评】把每个不等式的解集在数轴上表示出来(">"、"≥"向右画;"<"、"≤"向左画).解答时,要正确地解每一个一元一次不等式;在数轴上表示解集时"≥""≤"要用实心圆点表示;"<"">"要用空心圆点表示.

类型二:一元一次不等式(组)的最大(小)整数解

例2 (陕西中考)不等式组$\begin{cases}\frac{1}{2}x+1\geq-3\\x-2(x-3)>0\end{cases}$的最大整数解为( )

A.8 B.6 C.5 D.4

【分析】先求出各个不等式的解集,再求出不等式组的解集,最后求出答案即可.

【解答】$\begin{cases} \frac{1}{2}x+1 \geqslant -3 & ① \\ x-2(x-3) > 0 & ② \end{cases}$

∵解不等式①得:$x \geqslant -8$,

解不等式②得:$x < 6$,

∴不等式组的解集为$-8 \leqslant x < 6$,

∴不等式组的最大整数解为 5,

故选 C.

【点评】本题考查了解一元一次不等式组、不等式组的整数解的应用.解此题的关键是能根据不等式的解集求出不等式组的解集,难度适中.解答时,要善于从图象中获取所需要的信息,建立一次函数表达式是关键.

类型三:一元一次不等式的实际应用

例 3 (陕西中考)小宏准备用 50 元钱买甲、乙两种饮料共 10 瓶.已知甲饮料每瓶 7 元,乙饮料每瓶 4 元,则小宏最多能买_____瓶甲饮料.

【分析】可设小宏买 x 瓶甲饮料,然后用 x 表示出小宏买乙饮料的瓶数,根据小宏买甲、乙两种饮料所花费用不能超过 50 元列出不等式,解不等式,并求出满足条件的 x 的最大正整数解,即为最多能买甲种饮料的瓶数.

【解答】设小宏买 x 瓶甲种饮料,则买乙种饮料$(10-x)$瓶,

根据题意,得:$7x+4(10-x) \leqslant 50$.

解得:$x \leqslant \frac{10}{3}$.

所以,小宏最多能买 3 瓶甲饮料.

【点评】本题考查用一元一次不等式解决实际问题.解决此题的关键就是找出不等关系,列出不等式.解答时,要充分发掘题目隐藏条件,找出不等关系是关键.

☞【得分精髓】

考查点 1. 不等式的基本性质

应用不等式的基本性质时候,如果给不等号的两边同时乘(除以)同一个式子,一定要先判断这个式子的符号.如果式子是正的,不等号的方向不变;如果式子是负的,不等号的方向改变;如果无法判断,那么我们就需要分类讨论.

例 1 关于 x 的不等式 $(1-a)x > 2$ 的解集为 $x < \frac{2}{1-a}$,则 a 的取值范围为_____.

【解析】解这个不等式时候,需要给两边同时除以 $1-a$.由解集为 $x < \frac{2}{1-a}$ 可知,不等号的方向发生了改变,因此 $1-a < 0$,解得 $a > 1$.

【答案】$a > 1$.

47

考查点2. 一元一次不等式(组)的特殊解

例2 不等式组 $\begin{cases} 3x-4 \geqslant 0 \\ x-2 \leqslant 1 \end{cases}$ 的所有整数解的积为_____.

【解析】解不等式组得：$\frac{4}{3} \leqslant x \leqslant 3$. 所以满足条件的整数解有：2,3. 所有整数解的积为：$2 \times 3 = 6$.

【答案】6.

考查点3. 一元一次不等式的实际应用

例3 (哈尔滨中考)寒梅中学为了丰富学生的课余生活,计划购买围棋和中国象棋供棋类兴趣小组活动使用.若购买3副围棋和5副中国象棋需用98元,若购买8副围棋和3副中国象棋需用158元;

(1)求每副围棋和每副中国象棋各多少元;

(2)寒梅中学决定购买围棋和中国象棋共40副,总费用不超过550元,那么寒梅中学最多可以购买多少副围棋?

【解析】第一问,可以设每副围棋 x 元,每副中国象棋 y 元,利用方程组可以求 x 和 y. 第二问,设购买围棋 m 副,根据"总费用不超过550元"列出不等式,求解即可.

解：(1)设每副围棋 x 元,每副中国象棋 y 元,根据题意得：

$\begin{cases} 3x+5y=98, \\ 8x+3y=158, \end{cases}$ 解得 $\begin{cases} x=16, \\ y=10. \end{cases}$

答：每副围棋16元,每副中国象棋10元.

(2)设寒梅中学购买围棋 m 副,则购买中国象棋 $(40-m)$ 副,根据题意得：
$16m+10(40-m) \leqslant 550$, 解得 $m \leqslant 25$.

答：寒梅中学最多可以购买25副围棋.

考查点4. 求满足条件的参数取值范围

例4 (眉山中考)已知关于 x 的不等式组 $\begin{cases} x>2a-3 \\ 2x \geqslant 3(x-2)+5 \end{cases}$ 仅有三个整数解,则 a 的取值范围是( )

A. $\frac{1}{2} \leqslant a<1$ B. $\frac{1}{2} \leqslant a \leqslant 1$ C. $\frac{1}{2}<a \leqslant 1$ D. $a<1$

【解析】解不等式②得 $x \leqslant 1$, 所以不等式组的解集为 $2a-3<x \leqslant 1$. 又因为不等式组仅有三个整数解,所以 $-2 \leqslant 2a-3<1$, 所以 $\frac{1}{2} \leqslant a<1$.

【答案】A.

【提分精练】

一、选择题(每题4分,共24分)

1. 若 $x<y$,则下列不等式中正确的是( )
   A. $1-x<1-y$ B. $3x<3y$ C. $\dfrac{x}{2}>\dfrac{y}{2}$ D. $2x<-2y$

2. (宿迁中考)不等式 $x-1\leq 2$ 的非负整数解有( )
   A. 1 个   B. 2 个   C. 3 个   D. 4 个

3. (陕西中考)不等式组 $\begin{cases} x-\dfrac{1}{2}>0 \\ 1-2x<3 \end{cases}$ 的解集为( )
   A. $x>\dfrac{1}{2}$ B. $x<-1$
   C. $-1<x<\dfrac{1}{2}$ D. $x>-\dfrac{1}{2}$

4. (孝感中考)某不等式组的解集在数轴上表示如图所示,则该不等式组是( )

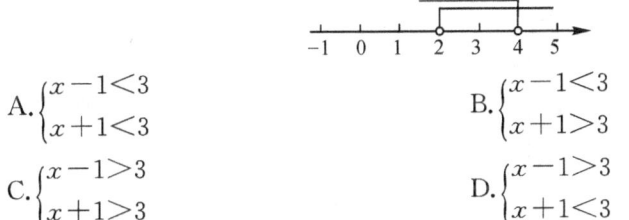

   A. $\begin{cases} x-1<3 \\ x+1<3 \end{cases}$ B. $\begin{cases} x-1<3 \\ x+1>3 \end{cases}$
   C. $\begin{cases} x-1>3 \\ x+1>3 \end{cases}$ D. $\begin{cases} x-1>3 \\ x+1<3 \end{cases}$

5. (绵阳中考)红星商店计划用不超过4200元的资金购进甲、乙两种单价分别为60元、100元的商品共50件.据市场行情,销售甲、乙商品各一件分别可获利10元、20元,两种商品均售完.若所获利润大于750元,该商店的进货方案有( )
   A. 3 种   B. 4 种   C. 5 种   D. 6 种

6. (呼和浩特中考)若不等式 $\dfrac{2x+5}{3}-1\leq 2-x$ 的解集中 x 的每一个值,都能使关于 x 的不等式 $3(x-1)+5>5x+2(m+x)$ 成立,则 m 的取值范围是( )
   A. $m>-\dfrac{3}{5}$ B. $m<-\dfrac{1}{5}$ C. $m<-\dfrac{3}{5}$ D. $m>-\dfrac{1}{5}$

二、填空题(每题4分,共16分)

7. (陕西中考)不等式 $-\dfrac{1}{2}x+3<0$ 的解集是_____.

8. (达州中考)如图所示,点 C 位于点 A、B 之间(不与 A、B 重合),点 C 表示 $1-2x$,则 x 的取值范围是_____.

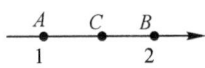

9. (铜仁中考)若不等式组 $\begin{cases} x<3a+2 \\ x<a-4 \end{cases}$ 的解集是 $x<a-4$,则 a 的取值范围是_____.

10. (鄂州中考)若关于 x,y 的二元一次方程组 $\begin{cases} x-3y=4m+3 \\ x+5y=5 \end{cases}$ 的解满足 $x+y \leqslant 0$,则 m 的取值范围是_____.

三、解答题(每题12分,共60分)

11. (天津中考)解不等式组 $\begin{cases} x+1 \geqslant -1, & ① \\ 2x-1 \leqslant 1, & ② \end{cases}$

请结合题意填空,完成本题的解答.
(1)解不等式①,得_____;
(2)解不等式②,得_____;
(3)把不等式①和②的解集在数轴上表示出来:

-1 -2 -3 0 1 2 3

(4)原不等式组的解集为_____.

12. (黄石中考)解不等式组:$\begin{cases} \dfrac{1}{2}(x+1) \leqslant 2, \\ \dfrac{x+2}{2} \geqslant \dfrac{x+3}{3} \end{cases}$,并求出不等式组的所有整数解之和.

13. 某商店5月1日举行促销优惠活动,当天到该商店购买商品有两种方案,方案一:用168元购买会员卡成为会员后,凭会员卡购买商店内任何商品,一律按商品价格的8折优惠;方案二:若不购买会员卡,则购买商店内任何商品,一律按商品价格的9.5折优惠.已知小敏5月1日前不是该商店的会员.请帮忙分析,小敏采取哪种方案更优惠?

14. 已知关于 x 的方程 $4(x+2)-2=5+3a$ 的解不小于方程 $\dfrac{(3a+1)x}{3}=\dfrac{a(2x+3)}{2}$ 的解,试求 a 的取值范围.

15. (连云港中考)某村在推进美丽乡村活动中,决定建设幸福广场,计划铺设相同规格的红色和蓝色地砖.经过调查获取信息如下:

地砖	购买数量低于5000块	购买数量不低于5000块
红色地砖	原价销售	以八折销售
蓝色地砖	原价销售	以九折销售

如果购买红色地砖4000块,蓝色地砖6000块,需付款86000元;如果购买红色地砖10000块,蓝色地砖3500块,需付款99000元.

(1)红色地砖与蓝色地砖的单价各是多少元?

(2)经过测算,需要购置地砖12000块,其中蓝色地砖的数量不少于红色地砖的一半,并且不超过6000块,如何购买付款最少?请说明理由.

(六)一次函数的图象与性质及应用

☞【课标精读】

1. 结合具体情境体会一次函数的意义,能根据已知条件确定一次函数的表达式.
2. 会利用待定系数法确定一次函数的表达式.
3. 能画出一次函数的图象,根据一次函数的图象和表达式 $y=kx+b(k\neq 0)$ 探索并理解 $k>0$ 和 $k<0$ 时,图象的变化情况.
4. 理解正比例函数.
5. 体会一次函数与二元一次方程的关系.
6. 能用一次函数解决简单实际问题.

☞【类型精析】

一次函数是中考的重要考点,在陕西中考选择题第5题、第7题和解答题第21题出现,所占分值分别是3分、3分和7分,总分13分.选择题一般考查正比例函数的图象及性质、一次函数的图象及性质.解答题第21题主要考查以一次函数为知识点的实际应用问题,近几年陕西中考第21题考查题型大致分为三种类型:表格型、图象型和文字型(如下表).

年份	题号	考查点	命题材料	考查形式
2014	21	一次函数的应用	快递樱桃	文字型
2015	21	一次函数的应用	延安组团两日游	文字型
2016	21	一次函数的应用	中学生参赛行程	分段函数图象
2017	21	一次函数的应用	甜瓜问题	分析表格
2018	21	一次函数的应用	红枣大米销售问题	分析表格
2019	21	一次函数的应用	气温变化问题	文字型

☞【备考精华】

★考查的知识点清单梳理

知识点一:一次函数的概念及其图象、性质		关键点拨与对应举例
1.一次函数的相关概念	(1)概念:一般来说,形如 $y=kx+b(k,b$ 为常数,$k\neq 0)$ 的函数叫做一次函数.特别地,当 $b=0$ 时,$y=kx$(k 是常数,$k\neq 0$),这时称为正比例函数; (2)图象形状:一次函数 $y=kx+b$ 是一条经过点(0,____)和(____,0)的直线.特别地,正比例函数 $y=kx$ 的图象是一条恒经过点(____,____)的直线	例:当 $k=$____时,函数 $y=kx+k-1$ 是正比例函数

续表

	知识点一：一次函数的概念及其图象、性质	关键点拨与对应举例
2.一次函数的性质	k,b符号：$k>0,b>0$；$k>0,b<0$；$k>0,b=0$；$k<0,b>0$；$k<0,b<0$；$k<0,b=0$ 大致图象：（图略） 经过象限：一、二、三；一、三、四；一、三；一、二、四；二、三、四；二、四 图象性质：y随x的增大而____（前三列）；y随x的增大而____（后三列）	(1)一次函数$y=kx+b$中，k确定了倾斜方向和倾斜程度，b确定了与y轴交点的位置 (2)比较两个一次函数函数值的大小：可用性质法，借助函数的图象，也可以运用数值代入法 例：已知函数$y=-2x+b$，函数值y随x的增大而_____（填"增大"或"减小"）
3.一次函数与坐标轴交点坐标	(1)交点坐标：求一次函数与x轴的交点，只需令$y=$____，解出x即可；求与y轴的交点，只需令$x=$____，求出y即可．故一次函数$y=kx+b(k\neq 0)$的图象与x轴的交点是$(-\frac{b}{k},0)$，与y轴的交点是$(0,b)$； (2)正比例函数$y=kx(k\neq 0)$的图象恒过点$(0,0)$	例：一次函数$y=x+2$与x轴交点的坐标是$(-2,0)$，与y轴交点的坐标是$(0,2)$

	知识点二：确定一次函数的表达式	关键点拨与对应举例
4.确定一次函数表达式的条件	(1)常用方法：待定系数法，其一般步骤为： ①设：设函数表达式为_____（$k\neq 0$）； ②代：将已知点的坐标代入函数表达式，解方程或方程组； ③解：求出k与b的值，得到函数表达式 (2)常见类型： ①已知两点确定表达式； ②已知两对函数对应值确定表达式； ③平移转化型：如已知函数是由$y=2x$平移所得到的，且经过点$(0,1)$，则可设要求函数的解析式为$y=2x+b$，再把点$(0,1)$的坐标代入即可	(1)确定一次函数的表达式需要两组条件，而确定正比例函数的表达式，只需一组条件即可 (2)只要给出一次函数与y轴交点坐标即可得出b的值，b值为其纵坐标，可快速解题．如：已知一次函数经过点$(0,2)$，则可知$b=2$
5.一次函数图象的平移	规律：①一次函数图象平移前后k不变，或两条直线可以通过平移得到，则可知它们的k值相同； ②若向上平移h单位，则b值增大h；若向下平移h单位，则b值减小h 记忆规律：左加右减自变量，上加下减常数项	例：将一次函数$y=-2x+4$的图象向下平移两个单位长度，所得图象的函数关系式为_____

53

续表

知识点三：一次函数与方程(组)、不等式的关系		关键点拨与对应举例
6.一次函数与方程	一元一次方程 $kx+b=0$ 的根就是一次函数 $y=kx+b$ (k、b 是常数，$k\neq0$)的图象与 x 轴交点的横坐标	例：(1)已知关于 x 的方程 $ax+b=0$ 的解为 $x=1$，则函数 $y=ax+b$ 与 x 轴的交点坐标为 $(1,0)$； (2)一次函数 $y=-3x+12$ 中，当 $x\geq4$ 时，y 的值为负数
7.一次函数与方程组	二元一次方程组 $\begin{cases}y=k_1x+b\\y=k_2x+b\end{cases}$ 的解 $\Leftrightarrow$ 两个一次函数 $y=k_1x+b$ 和 $y=k_2x+b$ 图象的交点坐标	
8.一次函数与不等式	(1)函数 $y=kx+b$ 的函数值 $y>0$ 时，自变量 x 的取值范围就是不等式 $kx+b>0$ 的解集； (2)函数 $y=kx+b$ 的函数值 $y<0$ 时，自变量 x 的取值范围就是不等式 $kx+b<0$ 的解集	

知识点四：一次函数的实际应用		关键点拨与对应举例
9.一般步骤	(1)设出实际问题中的变量； (2)建立一次函数关系式； (3)利用待定系数法求出一次函数关系式； (4)确定自变量的取值范围； (5)利用一次函数的性质求相应的值，对所求的值进行检验，是否符合实际意义； (6)作答	一次函数本身并没有最值，但在实际问题中，自变量的取值往往有一定的限制，其图象为射线或线段.涉及最值问题的一般思路：确定函数表达式→确定函数增减性→根据自变量的取值范围确定最值
	(1)表格型 (2)图象型 (3)文字型	

☞【易错精剖】

易错点1. 忽视限制条件

例1 已知关于 x 的一次函数 $y=(m-2)x^{m^2-3}+m+1$ 是一次函数，则 m 的值为(　　)

A.2　　　　　B.-2　　　　　C.2 或 -2　　　　　D.无法确定

【误解】由已知，得 $m^2-3=1$，所以 $m=\pm2$.

【精剖】本题将 m 的值隐含在一次函数的表达式中，既要考虑函数有意义，又得保证 x 的指数为1，而错解只考虑指数等于1，而忽视了函数有意义的条件是 $m-2\neq0$，即 $m\neq2$.

【正解】$m=-2$.

易错点 2. 考虑问题不周

例 2 当 m _____ 时,函数 $y=(m+2)x+4x-5$ 是一次函数.

【误解】由已知,得 $m+2\neq 0$,所以当 $m\neq -2$ 时,$y=(m+2)x+4x-5$ 是关于 x 的一次函数.

【精剖】错误的原因是考虑问题不周,只考虑 $m+2\neq 0$,实际上当 $m+2=0$,即 $m=-2$ 时,$y=4x-5$ 也是一次函数.

【正解】$m\neq -6$ 时,$y=(m+2)x+4x-5$ 是关于 x 的一次函数.

易错点 3. 忽视特殊情况

例 3 若直线 $y=-3x+k$ 不经过第三象限,则 k 的取值范围是 _____.

【误解】由已知得当 $k>0$ 时,直线 $y=-3x+k$ 不经过第三象限.

【精剖】直线 $y=-3x+k$ 不经过第三象限,则可能过第一、二、四象限,此时 $k>0$;也可能只过第二、四象限和原点,此时 $k=0$.

【正解】$k\geqslant 0$.

易错点 4. 忽视分类讨论

例 4 若直线 $y=kx+2$ 与两坐标轴围成的三角形的面积是 6 个平方单位,则 $k=$ _____.

【误解】设直线与 x 轴,y 轴交于 A,B 两点,则 $B(0,2)$,有 $\frac{1}{2}\cdot OA\cdot OB=6$,可求得 $OA=6$.所以 $A(6,0)$,所以 $k=-\frac{1}{3}$.

【精剖】错解在没有分类探究 k 的可能取值.实际上,当点 A 的横坐标大于 0 时,可得 $k=-\frac{1}{3}$;也可能点 A 的横坐标小于 0,当点 A 的横坐标小于 0 时,则 $A(-6,0)$,此时,可求得 $k=\frac{1}{3}$.

【正解】$k=\frac{1}{3}$ 或 $-\frac{1}{3}$.

易错点 5. 混淆点的坐标和距离之间的关系

例 5 函数 $y=-4x+3$ 的图象上存在点 P,点 P 到 x 轴的距离等于 4,求点 P 的坐标.

【误解】根据题意,得 $y=4$,即 $-4x+3=4$,所以 $x=-\frac{1}{4}$,所以 $P\left(-\frac{1}{4},4\right)$.

【精剖】错解在将距离 4 当作点 P 的纵坐标,混淆了坐标和距离之间的关系.

【正解】设点 P 的坐标为 (x,y),则 $|y|=4$,即 $y=\pm 4$,当 $y=-4$ 时,则 $-4x+$

$3=-4$,可得 $x=\frac{7}{4}$,所以点 P 的坐标为 $\left(-\frac{1}{4}, 4\right)$ 或 $\left(\frac{7}{4}, -4\right)$.

易错点 6. 忽视实际问题

例 6 某班同学在研究弹簧的长度跟外力的变化关系时,实验记录了得到的相应数据如下表:

砝码的质量 x/g	0	50	100	150	200	250	300	400	500
指针位置 y/cm	2	3	4	5	6	7	7.5	7.5	7.5

则 y 关于 x 的函数图象是(   )

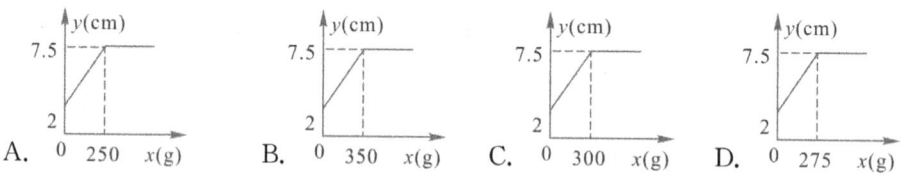

【误解】根据表格知当取 $x=300$ 后面的数时,$y=7.5$ 恒不变,故选 C.

【精剖】欲确定 y 关于 x 的函数图象,须先依据题意写出 y 与 x 之间的函数关系式,同时还应求出弹簧长度发生变化的范围,这一点对确定函数图象至关重要,因为当 $x=0$ 时,$y=2$,当 x 在此基础上每增加 50 g,弹簧的长度便增加 1 cm,由此可知该函数的关系式为:$y=2+\frac{1}{50}x$,为确定弹簧长度发生变化的范围,根据表格中的数据,再令 $y=7.5$,求出此时 $x=275$,可知当 $x>275$ 时,弹簧的长度不再发生变化,据此可知本题应选的函数图象为 D.

【正解】D.

易错点 7. 忽视增减性

例 7 (四川中考)一次函数 $y=kx+b$,当 $1\leqslant x \leqslant 4$ 时,$3\leqslant y \leqslant 6$,则 $\frac{b}{k}$ 的值是_____.

【误解】由于忽视了一次函数的增减性,往往由惯性思维出发,按增函数确定解析式,因而只有一种结果.

【精剖】由于 k 的符号不能确定,故应分 $k>0$ 和 $k<0$ 两种进行解答. 本题考查的是一次函数的性质,在解答此题时要注意分类讨论,不要漏解.

【正解】当 $k>0$ 时,此函数是增函数.

∵当 $1\leqslant x \leqslant 4$ 时,$3\leqslant y \leqslant 6$.

∴当 $x=1$ 时,$y=3$;当 $x=4$ 时,$y=6$.

∴ $\begin{cases} k+b=3, \\ 4k+b=6, \end{cases}$ 解得 $\begin{cases} k=1 \\ b=2 \end{cases}$

∴ $\frac{b}{k}=2$.

当 $k<0$ 时,此函数是减函数,

∵当 $1\leqslant x\leqslant 4$ 时,$3\leqslant y\leqslant 6$,

∴当 $x=1$ 时,$y=6$;当 $x=4$ 时,$y=3$.

∴$\begin{cases}k+b=6\\4k+b=3\end{cases}$,解$\begin{cases}k=-1\\b=7\end{cases}$得

∴$\dfrac{b}{k}=-7$.

故答案为 2 或 -7.

☞【真题精选】

类型一：表格型

例 1 （2017年陕西中考）（7分）在精准扶贫中,某村的李师傅在县政府的扶持下,去年下半年,他对家里的 3 个温室大棚进行修整改造,然后,1 个大棚种植香瓜,另外 2 个大棚种植甜瓜,今年上半年喜获丰收,现在他家的甜瓜和香瓜已全部售完,他高兴地说："我的日子终于好了."最近,李师傅在扶贫工作者的指导下,计划在农业合作社承包 5 个大棚,以后就用 8 个大棚继续种植香瓜和甜瓜,他根据种植经验及今年上半年的市场情况,打算下半年种植时,两个品种同时种,一个大棚只种一个品种的瓜,并预测明年两种瓜的产量、销售价格及成本如下：

品种项目	产量(斤/棚)	销售价(元/斤)	成本(元/棚)
香瓜	2000	12	8000
甜瓜	4500	3	5000

现假设李师傅今年下半年香瓜种植的大棚数为 x 个,明年上半年 8 个大棚中所产的瓜全部售完后,获得的利润为 y 元.

根据以上提供的信息,请你解答下列问题：

(1)求出 y 与 x 之间的函数关系式；

(2)求出李师傅种植的 8 个大棚中,香瓜至少种植几个大棚才能使获得的利润不低于 10 万元.

【分析】(1)利用总利润=种植香瓜的利润+种植甜瓜的利润即可得出结论；

(2)利用(1)得出的结论大于等于 100000 建立不等式,即可确定出结论.

【解答】(1)由题意得,

$y=(2000\times 12-8000)x+(4500\times 3-5000)(8-x)$

$=7500x+68000$

(2)由题意得,$7500x+6800\geqslant 100000$,

∴$x\geqslant 4\dfrac{4}{15}$,

∵ x 为整数,

∴ 李师傅种植的 8 个大棚中,香瓜至少种植 5 个大棚.

【点评】此题是一次函数的应用,主要考查了一次函数的应用以及解一元一次不等式,解题的关键是:(1)根据数量关系,列出函数关系式;(2)根据题意建立不等式,是一道基础题目.解答时求出一次函数的解析式是关键.

类型二:图象型

例 2 (2016 年陕西中考)昨天早晨 7 点,小明乘车从家出发,去西安参加中学生科技创新大赛,赛后,他当天按原路返回,如图,是小明昨天出行的过程中,他距西安的距离 y(千米)与他离家的时间 x(时)之间的函数图象.

根据下面图象,回答下列问题:

(1)求线段 AB 所表示的函数关系式;

(2)已知昨天下午 3 点时,小明距西安 112 千米,求他何时到家?

【分析】(1)可设线段 AB 所表示的函数关系式为:$y=kx+b$,根据待定系数法列方程组求解即可;

(2)先根据速度=路程÷时间求出小明回家的速度,再根据时间=路程÷速度,列出算式计算即可求解.

【解答】(1)设线段 AB 所表示的函数关系式为:$y=kx+b$,

依题意有 $\begin{cases} b=192 \\ 2k+b=0 \end{cases}$,解得 $\begin{cases} k=-96 \\ b=192 \end{cases}$.

故线段 AB 所表示的函数关系式为:$y=-96x+192(0 \leqslant x \leqslant 2)$;

(2)$12+3-(7+6.6)=15-13.6=1.4$(小时),

$112 \div 1.4=80$(千米/时),$3+1=4$(时).

答:他下午 4 时到家.

【点评】本题是一次函数的应用,主要考查利用图象审清题意的能力.解答时,要善于从图象中获取所需要的信息,建立一次函数表达式是关键.

类型三:文字型

例 3 (2015 年陕西中考)胡老师计划组织朋友暑假去革命圣地延安两日游,经了解,现有甲、乙两家旅行社比较合适,报价均为每人 640 元,且提供的服务完全相同.针对组团两日游的游客,甲旅行社表示,每人都按八五折收费;乙旅行社表示,若人数不超过 20 人,每人都按九折收费,超过 20 人,则超出部分每人按七五折收费,假设组团参加甲、乙两家旅行社两日游的人数均为 x 人.

(1)请分别写出甲、乙两家旅行社收取组团两日游的总费用 y(元)与 x(人)之间的函数关系式;

(2)若胡老师组团参加两日游的人数共有32人,请你计算,在甲、乙两家旅行社中,帮助胡老师选择收取总费用较少的一家.

【分析】(1)根据总费用等于人数乘以打折后的单价,易得 $y_甲=640×0.85x$,对于乙旅行社的总费用,分类讨论:当 $0≤x≤20$ 时, $y_乙=640×0.9x$;当 $x>20$ 时, $y_乙=640×0.9×20+640×0.75(x-20)$;

(2)把 $x=32$ 分别代入(1)中对应得函数关系计算 $y_甲$ 和 $y_乙$ 的值,然后比较大小即可.

【解答】(1)甲旅行社的总费用: $y_甲=640×0.85x=544x$(元);

乙旅行社的总费用:当 $0≤x≤20$ 时, $y_乙=640×0.9x=576x$(元);当 $x>20$ 时, $y_乙=640×0.9×20+640×0.75(x-20)=480x+1920$(元);

(2)当 $x=32$ 时, $y_甲=544×32=17408$(元), $y_乙=480×32+1920=17280$(元),因为 $y_甲>y_乙$,

所以胡老师选择乙旅行社.

【点评】本题考查了一次函数的应用:利用实际问题中的数量关系建立一次函数关系,特别对乙旅行社的总费用要采用分段函数解决问题.

☞【得分精髓】

考查点1. 一次函数图象的平移

直线 $y=kx+b(k≠0)$ 在平移过程中 k 值不变.平移的规律是若上下平移,则直接在常数 b 后加上或减去平移的单位数;若向左(或向右)平移 m 个单位,则直线 $y=kx+b(k≠0)$ 变为 $y=k(x+m)+b$[或 $k(x-m)+b$],其口诀是上加下减,左加右减.

例1 如图,一次函数 $y=kx+b$ 的图象与正比例函数 $y=2x$ 的图象平行且经过点 $A(1,-2)$,则 $kb=$ _____.

【解析】∵ $y=kx+b$ 的图象与正比例函数 $y=2x$ 的图象平行,∴ $k=2$.

∵ $y=kx+b$ 的图象经过点 $A(1,-2)$,

∴ $2+b=-2$,解得 $b=-4$.

∴ $kb=2×(-4)=-8$.

【答案】-8.

考查点2. 一次函数与一次方程(组),一元一次不等式(组)相结合问题

例2 一次函数 $y=kx+b(k,b$ 为常数,且 $k≠0)$ 的图象如图所示.根据图象信息可求得关于 x 的方程 $kx+b=0$ 的解为 _____.

【解析】∵一次函数 $y=kx+b$ 过点 $(2,3),(0,1)$,

∴ $\begin{cases} 2k+b=3 \\ b=1 \end{cases}$,解得 $\begin{cases} k=1 \\ b=1 \end{cases}$

∴一次函数的解析式为$y=x+1$.

当$y=0$时,$x+1=0$,$x=-1$.

∴一次函数$y=x+1$的图象与x轴交于点$(-1,0)$.

∴关于x的方程$kx+b=0$的解为$x=-1$.

【答案】$x=-1$.

考查点3. 一次函数图象与两坐标轴围成的三角形面积问题

这一类问题主要考查在给定一次函数解析式或一次函数图象的前提下,求图象与坐标轴围成的三角形的面积.在这类问题中,如果三角形的一边与一坐标轴重合,那么可直接应用三角形及坐标求面积,如果三角形的任何一边均不与坐标轴重合,那么一般来说,我们可以利用"割补法"化不规则的三角形为规则的三角形,从而求得三角形的面积.

例3 在平面直角坐标系中,一次函数的图象与坐标轴围成的三角形,叫做此一次函数的坐标三角形.例如,图中的一次函数的图象与x,y轴分别交于点A,B,则$\triangle OAB$为此函数的坐标三角形.

(1)求函数$y=-\dfrac{3}{4}x+3$的坐标三角形的三条边长;

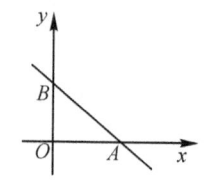

(2)若函数$y=-\dfrac{3}{4}x+b$(b为常数)的坐标三角形周长为16,求此三角形面积.

【解析】(1)∵直线$y=-\dfrac{3}{4}x+3$与x轴的交点坐标为$(4,0)$,与y轴交点坐标为$(0,3)$,

∴函数$y=-\dfrac{3}{4}x+3$的坐标三角形的三条边长分别为3,4,5.

(2)直线$y=-\dfrac{3}{4}x$与x轴的交点坐标为$(\dfrac{4}{3}b,0)$,与y轴的交点坐标为$(0,b)$,

当$b>0$时,$b+\dfrac{4}{3}b+\dfrac{5}{3}b=16$,得$b=4$,此时,坐标三角形的面积为$\dfrac{32}{3}$;

当$b<0$时,$-b-\dfrac{4}{3}b-\dfrac{5}{3}b=16$,得$b=-4$,此时,坐标三角形面积为$\dfrac{32}{3}$.

综上,当函数$y=-\dfrac{3}{4}x+b$的坐标三角形周长为16时,面积为$\dfrac{32}{3}$.

考查点4. 用一次函数解决相关问题

(1)利用一次函数解决决策性问题

一次函数的方案决策题,先是建立两个函数表达式,再分类讨论,利用自变量的取值不同,得出不同方案,并根据自变量的取值范围确定出最佳方案.

例4 某医药公司把一批药品运往外地,现有两种运输方式可供选择.

方式一:使用快递公司的邮车运输,装卸收费400元,另外每公里再加收4元;

方式二:使用快递公司的火车运输,装卸收费820元,另外每公里再加收2元;

(1)请分别写出邮车、火车运输的总费用 y_1(元)、y_2(元)与运输路程 x(公里)之间的函数关系式;

(2)你认为选用哪种运输方式较好,为什么?

【解析】 (1)由题意,得 $y_1=4x+400$,$y_2=2x+820$.

(2)令 $4x+400=2x+820$,解得 $x=210$,

所以当运输路程小于210 km时,$y_1<y_2$,选择邮车运输较好;

当运输路程等于210 km时,$y_1=y_2$,选择两种方式一样;

当运输路程大于210 km时,$y_1>y_2$,选择火车运输较好.

(2)利用一次函数解决分段函数问题

诸如资源收费问题多以分段函数的形式出现,正确理解分段函数是解决问题的关键,一般应从如下几方面入手:(1)寻找分段函数的分段点;(2)针对每一段函数关系,求解相应的函数解析式;(3)利用条件求未知问题.

例5 为了促进节能减排,倡导节约用电,某市将实行居民生活用电阶梯电价方案,图中折线反映了每户每月用电电费 y(元)与用电量 x(千瓦时)间的函数关系式.

(1)根据图象,阶梯电价方案分为三个档次,填写下表:

档次	第一档	第二档	第三档
每月用电量 x(千瓦时)	$0<x\leq140$	_____	_____

(2)小明家某月用电120千瓦时,需要交电费_____元;

(3)求第二档每月电费 y(元)与用电量 x(千瓦时)之间的函数关系式;

(4)在每月用电量超过230千瓦时时,每多用1千瓦时电要比第二档多付电费 m 元,小刚家某月用电290千瓦时,交电费153元,求 m 的值.

【解析】(1)第二档 $140<x\leq230$,第三档 $x>230$.

(2)54.

(3)设第二档每月电费 y(元)与用电量 x(千瓦时)之间的函数关系式为 $y=ax+c$.

将(140,63),(230,108)代入,得

∴ $\begin{cases} 140a+c=63 \\ 230a+c=108 \end{cases}$,解得 $\begin{cases} c=-7 \\ a=\dfrac{1}{2} \end{cases}$,

则第二档每月电费 y(元)与用电量 x(千瓦时)之间的函数关系式为 $y=\dfrac{1}{2}x-7(140<x\leq230)$.

(4)根据图象,得用电 230 千瓦时,需要付费 108 元,用电 140 千瓦时,需要付费 63 元,故 108－63＝45(元),230－140＝90(千瓦时),45÷90＝0.5(元),则第二档电费为 0.5 元/千瓦时.

∵小刚家某月用电 290 千瓦时,交电费 153 元,290－230＝60(千瓦时),153－108＝45(元),45÷60＝0.75(元),m＝0.75－0.5＝0.25,

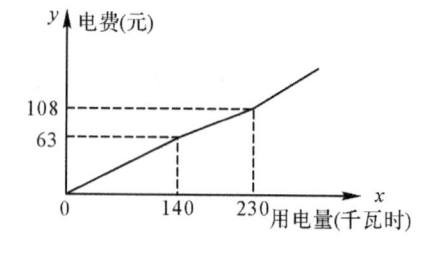

故 m 的值为 0.25.

(3)利用一次函数解决生活实际问题

结合函数图象及性质,弄清图象上的一些特殊点的实际意义及作用,寻找解决问题的突破口,这是解决一次函数应用题常见的思路.图形信息题是近几年的中考热点考题,解此类问题应做到三个方面:(1)看图找点,(2)见形想式,(3)建模求解.

例 6 周末,小明骑自行车从家里出发到野外郊游.从家出发 0.5 小时后到达甲地,游玩一段时间后按原速前往乙地.小明离家 1 小时 20 分钟后,妈妈驾车沿相同路线前往乙地,如图是他们离家的路程 y(km)与小明离家时间 x(h)的函数图象.已知妈妈驾车的速度是小明骑车速度的 3 倍.

(1)求小明骑车的速度和在甲地游玩的时间;

(2)小明从家出发多少小时后被妈妈追上?此时离家多远?

(3)若妈妈比小明早 10min 到达乙地,求从家到乙地的路程.

【解析】(1)小明骑车速度为 10÷0.5＝20(km/h),

在甲地游玩的时间是 1－0.5＝0.5(h).

(2)妈妈驾车速度为 20×3＝60(km/h),

设直线 BC 解析式为 $y＝20x+b_1$.

把 $B(1,10)$ 代入,可得 $10＝20×1+b_1$,$b_1＝-10$

∴BC 的解析式为:$y＝20x-10$.

设 DE 的解析式为:$y＝60x+b_2$.

把点 $D(\frac{4}{3},0)$ 代入,得 $b_2＝-80$,

∴DE 的解析式为:$y＝60x-80$.

∴$\begin{cases} y＝20x-10, \\ y＝60x-80, \end{cases}$ 解得 $\begin{cases} x＝1.75, \\ y＝25. \end{cases}$

∴交点 $F(1.75,25)$.

因此,小明出发 1.75h(105min)被妈妈追上,此时离家 25 km.

(3)设从妈妈追上小明的地点到乙地的路程为 n km.

由题得,$\frac{n}{20}-\frac{n}{60}=\frac{10}{60}$,∴$n=5$.

∴从家到乙地的路程为 $5+25=30$(km).

(4)利用一次函数求最值问题

在一次函数应用题中,求最值应用题综合性较强,难度较大.此类题要注意将复杂问题转化为几个简单问题,步步深入,由易到难地寻求解答,建立正确的函数解析式,并注意自变量的范围,这是解题的关键.

例 7 (甘南中考)某酒厂每天生产 A,B 两种品牌的白酒共 600 瓶,A,B 两种品牌的白酒每瓶的成本和利润如下表:

	A	B
成本(元/瓶)	50	35
利润(元/瓶)	20	15

设每天生产 A 种品牌白酒 x 瓶,每天获利 y 元.

(1)请写出 y 关于 x 的函数关系式;

(2)如果该酒厂每天至少投入成本 26400 元,那么每天至少获利多少元?

【解析】(1)A 种品牌白酒 x 瓶,则 B 种品牌白酒 $(600-x)$ 瓶,依题意,得 $y=20x+15(600-x)=5x+9000$.

(2)A 种品牌白酒 x 瓶,则 B 种品牌白酒 $(600-x)$ 瓶,依题意,得 $50x+35(600-x)\geqslant 26400$,解得 $x\geqslant 360$,

∴每天至少获利 $y=5x+9000=10800$(元).

(5)利用一次函数解决方案设计问题

解决此类问题,首先要仔细审题,从实际问题背景中分析变量之间的关系,建立一次函数关系式,再结合一次函数的增减性和一元一次不等式等知识来解决问题,从而使选择的方案优化.

例 8 服装店准备购进甲、乙两种服装,甲种每件进价 80 元,售价 120 元;乙种每件进价 60 元,售价 90 元.计划购进两种服装共 100 件,其中甲种服装不少于 65 件.

(1)若购进这 100 件服装的费用不得超过 7500 元,则甲种服装最多购进多少件?

(2)在(1)条件下,该服装店在 5 月 1 日当天对甲种服装以每件优惠 $a(0<a<20)$ 元的价格进行优惠促销活动,乙种服装价格不变,那么该服装店应如何调整进货方案才能获得最大利润?

【解析】(1)设购进甲种服装 x 件,由题意可知:$80x+60(100-x)\leqslant 7500$,解得:$x\leqslant 75$.

【答案】甲种服装最多购进 75 件.

(2)设总利润为 w 元,因为甲种服装不少于 65 件,所以 $65 \leqslant x \leqslant 75$,$w=(40-a)x+30(100-x)=(10-a)x+3000$.

方案 1:当 $0<a<10$ 时,$10-a>0$,w 随 x 的增大而增大,所以当 $x=75$ 时,w 有最大值,则购进甲种服装 75 件,乙种服装 25 件;

方案 2:当 $a=10$ 时,所有方案获利相同,所以按哪种方案进货都可以;

方案 3:$10<a<20$ 时,$10-a<0$,w 随 x 的增大而减小,所以当 $x=65$ 时,w 有最大值,则购进甲种服装 65 件,乙种服装 35 件.

☞【提分精练】

一、选择题(每题 4 分,共 24 分)

1. (2019 年陕西中考)若正比例函数 $y=-2x$ 的图象经过点 $O(a-1,4)$,则 a 的值为(　　)

   A.-1　　　　　　B.0　　　　　　C.1　　　　　　D.2

2. (2017 年陕西中考)若一个正比例函数的图象经过 $A(3,-6)$,$B(m,-4)$ 两点,则 m 的值为(　　)

   A.2　　　　　　B.8　　　　　　C.-2　　　　　　D.-8

3. (2019 年陕西中考)在平面直角坐标系中,将函数 $y=3x$ 的图象向上平移 6 个单位长度,则平移后的图象与 x 轴的交点坐标为(　　)

   A.(2,0)　　　　B.$(-2,0)$　　　　C.(6,0)　　　　D.$(-6,0)$

4. (2018 年陕西中考)若直线 l_1 经过点 (0,4),l_2 经过点 (3,2),且 l_1 与 l_2 关于 x 轴对称,则 l_1 与 l_2 的交点坐标为(　　)

   A.$(-2,0)$　　　　B.(2,0)　　　　C.$(-6,0)$　　　　D.(6,0)

5. (2016 年陕西)已知一次函数 $y=kx+5$ 和 $y=k'x+7$,假设 $k>0$ 且 $k'<0$,则这两个一次函数的图象的交点在(　　)

   A.第一象限　　　B.第二象限　　　C.第三象限　　　D.第四象限

6. 将直线 $L_1:y=2x-2$ 沿 y 轴向上平移 4 个单位得到 L_2,则 L_1 与 L_2 的距离为(　　)

   A.$\dfrac{\sqrt{5}}{5}$　　　　B.$\dfrac{2\sqrt{5}}{5}$　　　　C.$\dfrac{3\sqrt{5}}{5}$　　　　D.$\dfrac{4\sqrt{5}}{5}$

二、填空题(每题 4 分,共 16 分)

7. (2019 年梧州中考)直线 $y=3x+1$ 向下平移 2 个单位,所得直线的解析式是_____.

8. 已知函数 $y=kx-6$ 和 $y=-2x+a$,且 $k>0$,$a<-6$,则这两个一次函数图象的交点在第_____象限.

9. 如图,已知 ▱$AOBC$ 的两个顶点 $B(3,0)$,$C(2,1)$,则 A,B 两点所在的直线表

达式为_____.

10. 已知直线 $L_1:y=2x+4$ 与直线 $L_2:y=kx+b(k\neq 0)$ 交于 y 轴上一点,且直线 L_1、L_2 与 x 轴围成的三角形面积为 2,则 k 的值为_____.

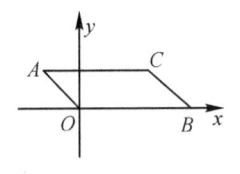

三、解答题(每题 12 分,共 60 分)

11. (2014 年陕西中考)小李从西安通过某快递公司给在南昌的外婆寄一盒樱桃,快递时,他了解到这个公司除收取每次 6 元的包装费外,樱桃不超过 1 kg 收费 22 元,超过 1 kg,则超出部分按每千克 10 元加收费用.设该公司从西安到南昌快寄樱桃的费用为 y(元),所寄樱桃为 x(kg).

(1)求 y 与 x 之间的函数关系式;

(2)已知小李给外婆快寄了 2.5 kg 樱桃,请你求出这次快寄的费用是多少元?

12. (2019 年陕西中考)根据记录,从地面向上 11 km 以内,每升高 1 km,气温降低 6℃;又知在距离地面 11 km 以上高空,气温几乎不变.若地面气温为 m(℃),设距地面的高度为 x(km)处的气温为 y(℃).

(1)写出距地面的高度在 11 km 以内的 y 与 x 之间的函数表达式;

(2)上周日,小敏在乘飞机从上海飞回西安途中,某一时刻,她从机舱内屏幕显示的相关数据得知,飞机外气温为 −26℃时,飞机距离地面的高度为 7 km,求当时这架飞机下方地面的气温;小敏想,假如飞机当时在距离地面 12 km 的高空,飞机外的气温是多少度呢?请求出假如当时飞机距离地面 12 km 时,飞机外的气温.

13. P、Q 两城间有一条长为 180 千米的高速公路,甲、乙两车同时从 P 城出发沿这条高速公路匀速驶向 Q 城,甲车到达 Q 城 0.5 小时后沿原路匀速返回.如图是他们距 P 城的距离 y(千米)与行驶时间 x(小时)之间的函数图象.

(1)求甲车返回过程中 y 与 x 之间的函数关系式;

(2)乙车行驶 $\dfrac{19}{7}$ 小时时与甲车相遇,求乙车的行驶速度.

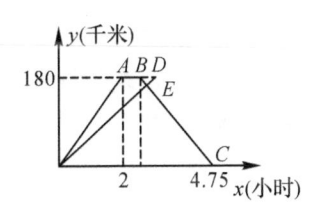

14. 经过一年多的精准帮扶,小明家的网络商店(简称网店)将红枣、小米等优质土特产迅速销往全国,小明家网店中红枣和小米这两种商品的相关信息如下表:

商品	红枣	小米
规格	1kg/袋	2kg/袋
成本(元/袋)	40	38
售价(元/袋)	60	54

根据上表提供的信息,解答下列问题:

(1)已知今年前五个月,小明家网店销售上表中规格的红枣和小米共3000 kg,获得利润4.2万元,求这前五个月小明家网店销售这种规格的红枣多少袋;

(2)根据之前的销售情况,估计今年6月到10月这后五个月,小明家网店还能销售上表中规格的红枣和小米共2000 kg,其中,这种规格的红枣的销售量不低于600 kg. 假设这后五个月,销售这种规格的红枣味 x(kg),销售这种规格的红枣和小米获得的总利润为 y(元),求出 y 与 x 之间的函数关系式,并求出这后五个月,小明家网店销售这种规格的红枣和小米至少获得总利润多少元.

15. (黄石中考)某年5月,我国南方某省 A,B 两市遭受严重洪涝灾害,1.5万人被迫转移,邻近县市 C,D 获知 A,B 两市分别急需救灾物资200吨和300吨的消息后,决定调运物资支援灾区.已知 C 市有救灾物资240吨,D 市有救灾物资260吨,现将这些救灾物资全部调往 A,B 两市.已知从 C 市运往 A,B 两市的费用分别为每吨20元和25元,从 D 市运往 A,B 两市的费用分别为每吨15元和30元,设从 D 市运往 B 市的救灾物资为 x 吨.

(1)请填写下表:

	A(吨)	B(吨)	总计(吨)
C			240
D		x	260
总计(吨)	200	300	500

(2)设 C,D 两市的总运费为 w 元,求 w 与 x 之间的函数关系式,并写出自变量 x 的取值范围;

(3)经过抢修,从 D 市到 B 市的路况得到了改善,缩短了运输时间,运费每吨减少 m 元($m>0$),其余路线运输不变,若 C,D 两市的总费用的最小值不小于10320元,求 m 的取值范围.

(七)反比例函数的图象与性质

☞【课标精读】

1. 结合具体情境体会反比例函数的意义,能根据已知条件确定反比例函数的表达式.

2. 能画出反比例函数的图象,根据图象和表达式 $y=\dfrac{k}{x}(k\neq 0)$ 探索并理解 $k>0$ 和 $k<0$ 时,图象的变化情况.

3. 能用反比例函数解决简单实际问题.

☞【类型精析】

反比例函数的图象与性质在陕西中考试题中,每年必考1题,分值为3分.近几年都是以填空题的形式进行考查.

年份	题号	考查点	考查内容	题型及分值
2014	15	确定反比例函数的解析式	利用三角形面积解决反比例函数的问题	填空题3分
2015	14	确定 k 的值	反比例函数图象经过一个点,确定解析式	填空题3分
2016	13	确定 k 的值	利用三角形面积解决反比例函数的问题	填空题3分
2017	13	确定 k 的取值范围	正比例函数与反比例函数的综合应用	填空题3分
2018	13	确定反比例函数的表达式	反比例函数图象经过一个点,确定解析式	填空题3分
2019	13	求点的坐标	矩形的性质与反比例函数的综合应用	填空题3分

☞【备考精华】

★考查的知识点清单梳理

知识点一:反比例函数的图象及性质					关键点拨与对应举例
1.反比例函数的概念	(1)定义:形如 $y=\dfrac{k}{x}(k\neq 0)$ 的函数,自变量 x 不能为零. (2)形式:反比例函数有三种形式 ① $y=\dfrac{k}{x}$ ② $k=xy$ ③ $y=kx^{-1}$(k 为常量,且 $k\neq 0$)				判断一个函数是否为反比例函数,只要看它是否符合以上三种形式即可. 例:函数 $y=-2x^{3a}$,当 $a=-\dfrac{1}{3}$ 时,该函数是反比例函数.
2.反比例函数的图象及性质	k 的符号	图象	经过的象限	增减性	判断点是否在反比例函数图象上的方法:①把点的横、纵坐标代入看是否满足解析式.②把点的横纵坐标相乘,判断乘积是否等于 k
	$k>0$		图象经过一、三象限	在每个象限内 y 随 x 的增大而减小	
	$k<0$		图象经过二、四象限	在每个象限内 y 随 x 的增大而增大	
	反比例函数的图象特征	由两条曲线组成,叫做双曲线.图象的两个分支无限接近 x 轴和 y 轴,但都不会与 x 轴和 y 轴相交 (3)图象是中心对称图形,对称中心是原点.也是轴对称图形,对称轴分别是一、三象限和二、四象限的角平分线			例:若点 (m,n) 在反比例函数 $y=\dfrac{k}{x}$ 的图象上,则点 $(-m,-n)$ 也在该图象上.
3.反比例函数解析式的确定	(1)已知该图象上任意一点的横纵坐标,利用待定系数法,代入 $y=\dfrac{k}{x}$ 中,求出 k 的值即可. (2)已知图象上任一点与原点的连线和两个坐标轴围成的三角形的面积利用反比例函数 k 的几何意义,$|k|=2s$,求出 $|k|$,再根据图象所在象限确定 k 的值.				例:反比例函数图象经过点 $(-3,4)$,则该函数的解析式为 $y=-\dfrac{12}{x}$

知识点二:反比例函数 k 的几何意义	关键点拨与对应举例
意义:从反比例函数 $y=\dfrac{k}{x}(k\neq 0)$ 图象上任意一点向 x 轴和 y 轴作垂线,垂线与坐标轴所围成的矩形面积为 $|k|$,以该点、一个垂足和原点为顶点的三角形的面积为 $\dfrac{1}{2}|k|$ k 值的确定:当图象位于一、三象限时,$k>0$.当图象位于二、四象限时,$k<0$	例:已知过反比例函数图象上任意一点作坐标轴的垂线所围成矩形的面积为3,则该反比例函数的解析式为 $y=\dfrac{3}{x}$ 或 $y=-\dfrac{3}{x}$.

续表

知识点三：反比例函数与一次函数的综合	关键点拨与对应举例
确定交点坐标： 方法一：对于正比例函数而言，可以利用关于原点对称的性质，已知一个交点的坐标为(m,n)则另一个交点的坐标为$(-m,-n)$ 方法二：联立两个函数解析式，利用方程求解 确定函数解析式：利用待定系数法，先确定交点坐标，再分别代入两个函数解析式中求解 在同一坐标系中判断函数图象：充分利用函数图象与各字母系数的关系	涉及与面积有关的问题时①要善于把点的横纵坐标转化为图形的边长，对于不好直接求的面积往往可分割转化为"坐标轴三角形"来求解；②充分利用k的几何意义解决问题

☞【易错精剖】

易错点 1. 反比例函数及表达式

例 1 （2011 年长沙）反比例函数 $y=\dfrac{k}{x}$ 的图象经过点 $A(-2,3)$，则 k 的值为 _____．

【误解】在带入计算时，容易出现错误．

【精剖】要会灵活运用反比例函数的三种表达式：① $y=\dfrac{k}{x}$　② $k=xy$　③ $y=kx^{-1}$（k 为常量，且 $k\neq 0$）．已知图象上一点，求 k 的值，直接利用②即可，简单不易出错．

【正解】-6．

【分析】本题属于容易题，直接将点 $A(-2,3)$ 代入反比例函数 $y=\dfrac{k}{x}$ 中，得 $k=-6$．

例 2 如图，一次函数图象与 x 轴相交于点 B，与反比例函数图象相交于点 $A(1,-6)$；$\triangle AOB$ 的面积为 6．求一次函数和反比例函数的解析式．

【误解】一方面，不能将三角形面积和点的坐标联系起来，不会利用已知三角形的面积来确定点 B 的坐标；另一方面，得到 OB 的长度，忽视点 B 的位置，误将点 B 的坐标定位 $(2,0)$．

【精剖】反比例函数往往在中考试题中与一次函数结合起来考查，本题属于此种类型．考生只要掌握好待定系数法求函数解析式，反比例函数需要已知一个点，一次函数需要已知两个点，解对方程，问题就很简单．

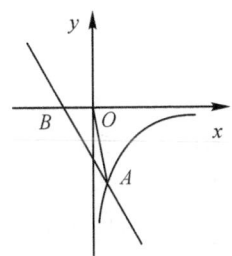

【正解】设反比例函数为 $y=\dfrac{k_1}{x}$，

∵ 点 $A(1,-6)$ 在反比例函数图象上，

∴$-6=\dfrac{k_1}{1}$,即$k_1=-6$,

∴反比例函数的解析式为$y=-\dfrac{6}{x}$.

∵$S_{\triangle AOB}=\dfrac{1}{2}\cdot OB\cdot 6=6$ ∴$OB=2$,

∴点B的坐标为$(-2,0)$,

设一次函数的解析式为$y=k_2x+b$,

∵点$A(1,-6),B(-2,0)$在函数图象上,

∴$\begin{cases}k_2+b=-6,\\-2k_2+b=0,\end{cases}$ 解得:$\begin{cases}k_2=-2,\\b=-4.\end{cases}$

∴一次函数的解析式为$y=-2x-4$.

易错点 2. 反比例函数的图象及性质

例3 在同一坐标系中,函数$y=\dfrac{k}{x}$和$y=kx+3(k\neq 0)$的图象大致是( )

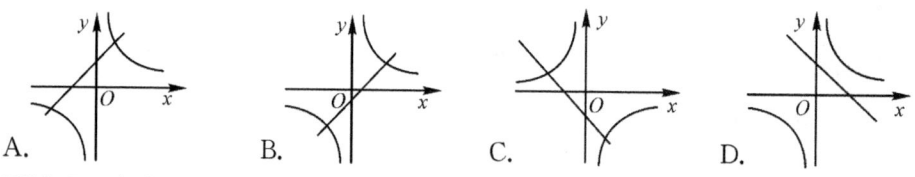

A.　　　　　B.　　　　　C.　　　　　D.

【误解】只考虑k一致即可,忽略一次函数中b的正负性,错选B或C.

【精剖】此题分类讨论:当$k>0$时,$y=\dfrac{k}{x}$在第一、三象限,$y=kx+3$过第一、二、三象限;$k<0$时,$y=\dfrac{k}{x}$在第二、四象限,$y=kx+3$过第一、二、四象限.

【正解】A.

例4 已知点$A(x_1,y_1),B(x_2,y_2)$是反比例函数$y=\dfrac{5}{x}$的图象上的两点,若$x_1<0<x_2$,则有( )

A. $y_1<0<y_2$　　　　　　B. $y_2<0<y_1$

C. $y_1<y_2<0$　　　　　　D. $y_2<y_1<0$

【误解】利用反比例函数的增减性:$k>0$时,y随x的增大而减小;$k<0$时,y随x的增大而增大.∵$x_1<x_2,5>0$.∴$y_1>y_2$忽略到前提条件:在同一象限内,而错选为B或D.

【精剖】由题意可知:$x_1<0,y_1<0;x_2>0,y_2>0$,点A、B位于不同象限,$y_1<0<y_2$.而另一种考法:两点在同一象限(同一支上),则要考查函数的增减性;当$k>0$时,

$y=\dfrac{k}{x}$在第一、三象限,在同一象限内,y随x的增大而减小;$k<0$时,$y=\dfrac{k}{x}$在第二、四象限,在同一象限内,y随x的增大而增大.

【正解】A.

例5 如图,点P是反比例函数$y=\dfrac{6}{x}$图象上的一点,则矩形$PEOF$的面积是_____.

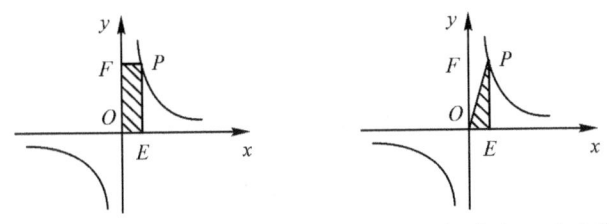

【误解】由于没有掌握反比例函数解析式中k的几何意义,而对此题无从下手.

【精剖】此题及变式考题在中考中常见.本题中,矩形$PEOF$的面积$=PE\times OE=|x_Py_P|=|xy|=6$.即:反比例函数中矩形面积$=|k|$.另一种考法:此题中求$\triangle PEO$的面积,$\triangle PEO$的面积$=$矩形$PEOF$的面积的一半$=3$,即:反比例函数中三角形面积$=\dfrac{1}{2}|k|$.

【正解】6.

易错点3. 用反比例函数解决实际问题

例6 如图,一次函数$y=kx+b$与反比例函数$y=\dfrac{m}{x}$的图象交于$A(2,3)$,$B(-3,n)$两点.

(1)求一次函数与反比例函数的解析式;

(2)根据所给条件,请直接写出不等式$kx+b>\dfrac{m}{x}$的解集_____;

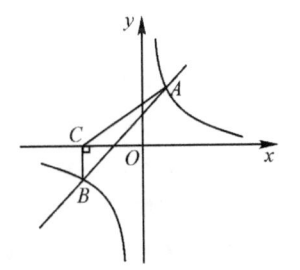

(3)过点B作$BC\perp x$轴,垂足为C,求$S_{\triangle ABC}$.

【误解】根据待定系数法求出一次函数及反比例函数解析式以后,不会求解$kx+b>\dfrac{m}{x}$不等式.

【精剖】此题考查中考的三个考点:1.用待定系数法确定函数解析式;2.利用数形结合法,比较两个函数值的大小;3.转化思想,将不易求解的图形的面积,利用分割法转化成几个简单图形来求解.

【正解】(1)∵点$A(2,3)$在$y=\dfrac{m}{x}$的图象上,

∴$m=6$,∴反比例函数的解析式为$y=\dfrac{6}{x}$,

∴$n=\dfrac{6}{-3}=-2$,

∵点$A(2,3),B(-3,-2)$在$y=kx+b$的图象上,

∴$\begin{cases}3=2k+b,\\-2=-3k+b,\end{cases}$ ∴$\begin{cases}k=1,\\b=1,\end{cases}$

∴一次函数的解析式为$y=x+1$.

(2)由(1)可得$x+1>\dfrac{6}{x}$结合图象解得:$-3<x<0$或$x>2$;

(3)方法一:设AB交x轴于点D,则D的坐标为$(-1,0)$,

∴$CD=2$,∴$S_{\triangle ABC}=S_{\triangle BCD}+S_{\triangle ACD}=\dfrac{1}{2}\times 2\times 2+\dfrac{1}{2}\times 2\times 3=5$.

方法二:以BC为底,则BC边上的高为$3+2=5$,

∴$S_{\triangle ABC}=\dfrac{1}{2}\times 2\times 5=5$.

例7 (2011年郴州)用洗衣粉洗衣物时,漂洗的次数与衣物中洗衣粉的残留量近似地满足反比例函数关系.寄宿生小红、小敏晚饭后用同一种洗衣粉各自洗一件同样的衣服,漂洗时,小红每次用一盆水(约10升),小敏每次用半盆水(约5升),如果她们都用了5克洗衣粉,第一次漂洗后,小红的衣服中残留的洗衣粉还有1.5克,小敏的衣服中残留的洗衣粉还有2克.

(1)请帮助小红、小敏求出各自衣服中洗衣粉的残留量y与漂洗次数x的函数关系式;

(2)当洗衣粉的残留量降至0.5克时,便视为衣服漂洗干净,从节约用水的角度来看,你认为谁的漂洗方法值得提倡,为什么?

【误解】不能正确理解题意,从实际问题中不能提炼出数学知识是实际应用题的关键,也是最容易出错的地方.

【精剖】第(1)问在实际生活背景下出题,考生读懂题设条件是关键,采用待定系数法,将相关点代入求出反比例函数解析式,易错点自变量x的取值范围要结合实际意义,取正整数;而第(2)问培养考生节约用水的意识,已知y的值来求对应x的值.

【正解】(1)设小红的函数关系式为$y_1=\dfrac{k_1}{x}$,小敏的函数关系式为$y_2=\dfrac{k_2}{x}$.把$\begin{cases}x_1=1\\y_1=1.5\end{cases}$和$\begin{cases}x_2=1\\y_2=2\end{cases}$分别代入两个关系式得:

$1.5=\dfrac{k_1}{1}$ $2=\dfrac{k_2}{1}$ 解得:$k_1=1.5$ $k_2=2$

所以小红的函数关系式为 $y_1=\dfrac{3}{2x}$，小敏的函数关系式为 $y_2=\dfrac{2}{x}$（x 为正整数）

(2)把 $y=0.5$ 分别代入两个函数得：$\dfrac{3}{2x_1}=0.5$，$\dfrac{2}{x_2}=0.5$

∴$x_1=3$　$x_2=4$，从而 $10\times 3=30$(升)　$5\times 4=20$(升)

答：小红共用30升水，小敏共用20升水，小敏的方法更值得提倡.

☞【真题精选】

例1　(2019年陕西)如图，D 是矩形 $AOBC$ 的对称中心，$A(0,4)$，$B(6,0)$，若一个反比例函数的图象经过点 D，交 AC 于点 M，则点 M 的坐标为_____

【解答】如图所示，连接 AB，作 $DE\perp OB$ 于 E，∴$DE\parallel y$ 轴，

∵D 是矩形 $AOBC$ 的中心，∴D 是 AB 的中点，∴DE 是 $\triangle AOB$ 的中位线，∵$OA=4$，$OB=6$，∴$DE=\dfrac{1}{2}OA=2$，$OE=\dfrac{1}{2}OB=3$

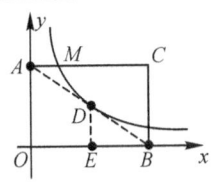

∴$D(3,2)$，设反比例函数的解析式为 $y=\dfrac{k}{x}$，∴$k=3\times 2=6$，反比例函数的解析式为 $y=\dfrac{6}{x}$，∵$AM\parallel x$ 轴，∴M 的纵坐标和 A 的纵坐标相等为4，代入反比例函数得 A 的横坐标为 $\dfrac{3}{2}$，故 M 的坐标为 $(\dfrac{3}{2},4)$.

【点评】本题是考查反比例函数与矩形性质的综合题，求出点 D 的坐标是解答本道题的关键。

例2　(2018年陕西)若一个反比例函数的图象经过点 $A(m,m)$ 和 $B(2m,-1)$，则这个反比例函数的表达式为_____.

【解答】因为 A，B 两点都在反比例函数图象上，所以 $m\cdot m=2m\cdot(-1)$

即 $m^2=-2m$，解得 $m_1=0$，$m_2=-2$　又因为 $k\neq 0$，所以 $m=-2$

则 $k=m^2=(-2)^2=4$，此函数的表达式为：$y=\dfrac{4}{x}$

【点评】本道题是考查反比例函数图象与表达式的意义理解.在反比例函数图象上点的横坐标与纵坐标之积等于 k.

例3　(2017年陕西)(3分)已知 A，B 两点分别在反比例函数 $y=\dfrac{3m}{x}(m\neq 0)$ 和 $y=\dfrac{2m-5}{x}(m\neq\dfrac{5}{2})$ 的图象上，若点 A 与点 B 关于 x 轴对称，则 m 的值为_____.

【解答】设点 A 的坐标为 $(a,\dfrac{3m}{a})$，由于点 A 与点 B 关于 x 轴对称，则点 B 的坐标

为$(a,-\frac{3m}{a})$,将$B(a,-\frac{3m}{a})$代入$y=\frac{2m-5}{x}$,$-\frac{3m}{a}=\frac{2m-5}{a}$,解得$m=1$.

【点评】本题考查反比例函数图象与坐标轴对称点的坐标特点.利用对称特点代入解析式便可解答.

例4 (2016年陕西)已知一次函数$y=2x+4$的图象分别与x轴、y轴交于A,B两点.若这个一次函数的图象与一个反比例函数图象在第一象限交于C,且$AB=2BC$,则这个反比例函数的表达式_____.

【解答】∵一次函数$y=2x+4$的图象分别交x轴、y轴于A,B两点,
∴$A(-2,0),B(0,4)$
过C作$CD\perp x$轴于D
∴$OB\parallel CD$
∴$\triangle ABO\backsim\triangle ACD$
∴$\frac{OB}{CD}=\frac{AO}{AD}=\frac{AB}{AC}$
∴$CD=6,AD=3$
∴$OD=1$ ∴$C(1,6)$

设反比例函数的解析式为$y=\frac{k}{x}$,则$k=6$

∴反比例函数的解析式为$y=\frac{6}{x}$

故答案为:$y=\frac{6}{x}$.

【点评】本道题综合性较强,考查了一次函数的性质,相似三角的性质及反比例函数的性质.求出点C坐标是解答本道题的关键.

例5 (2015年陕西)如图,在平面直角坐标系中,过点$M(-3,2)$分别作x轴、y轴的垂线与反比例函数$y=\frac{4}{x}$的图象交于A,B两点,则四边形$MAOB$的面积为_____.

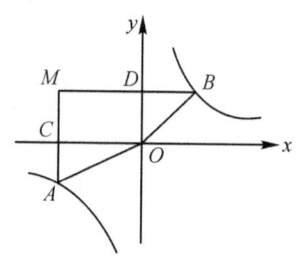

【解答】设点A的坐标为(a,b),点B的坐标为(c,d),

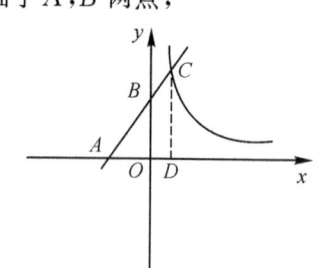

∵ 反比例函数 $y=\dfrac{4}{x}$ 的图象过 A，B 两点，

∴ $ab=4$，$cd=4$

∴ $S_{\triangle AOC}=\dfrac{1}{2}|ab|=2$，$S_{\triangle BOD}=\dfrac{1}{2}|cd|=2$，

∵ 点 $M(-3,2)$，

∴ $S_{矩形MCDO}=3\times2=6$，

∴ 四边形 $MAOB$ 的面积 $=S_{\triangle AOC}+S_{\triangle BOD}+S_{矩形MCDO}=2+2+6=10$，

故答案为 10.

【点评】本题主要考查反比例函数的对称性和 k 的几何意义，根据条件得出 $S_{\triangle AOC}=\dfrac{1}{2}|ab|=2$，$S_{\triangle BOD}=\dfrac{1}{2}|cd|=2$ 是解题的关键，注意 k 的几何意义的应用.

☞【得分精髓】

1. 描述反比例函数值的增减情况时，必须指出"在每个象限内……"，否则，笼统地说"当 $k>0$ 时，y 随 x 的增大而减小"，就会与事实不符，产生矛盾.

2. 反比例函数图象的位置和函数的增减性，是由反比例函数系数 k 的符号决定的. 反过来，由反比例函数图象（双曲线）的位置和函数的增减性，也可以推断出 k 的符号. 如 $y=\dfrac{k}{x}$ 在第一、第三象限，则可知 $k>0$.

3. 反比例函数 $y=\dfrac{k}{x}(k\neq0)$ 中比例系数 k 的绝对值 $|k|$ 的几何意义.

如图所示，过双曲线上任一点 $P(x,y)$ 分别作 x 轴、y 轴的垂线，E，F 分别为垂足，则 $|k|=|xy|=|x|\cdot|y|=PF\cdot PE=S_{矩形OEPF}$.

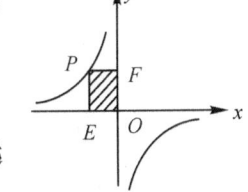

4. 反比例函数 $y=\dfrac{k}{x}(k\neq0)$ 中，$|k|$ 越大，双曲线 $y=\dfrac{k}{x}$ 越远离坐标原点；$|k|$ 越小，双曲线 $y=\dfrac{k}{x}$ 越靠近坐标原点.

5. 双曲线是中心对称图形，对称中心是坐标原点；双曲线又是轴对称图形，对称轴是直线 $y=x$ 和直线 $y=-x$.

6. 交点存在性判断：当已知函数 $y=ax+b$ 及 $y=\dfrac{k}{x}$ 的解析式，求它们的交点坐标时，可以根据函数与方程的关系，将两个函数关系式联立得到一元二次方程，再根据根的判别式可判断出交点个数.

7. 求交点坐标方法：当存在交点时，求解联立得到的一元二次方程即可. 特别

地,当一次函数是正比例函数,且已知一交点坐标时,可利用中心对称得到另一交点坐标.

考查点1. 反比例函数的图象及其性质

例1 已知 $A(x_1,y_1),B(x_2,y_2)$ 都在 $y=\dfrac{6}{x}$ 图象上.若 $x_1 x_2=-3$ 则 $y_1 y_2$ 的值为_____.

【解析】∵ 点 A,B 都在 $y=\dfrac{6}{x}$ 图象上,

∴ $x_1 y_1=6,x_2 y_2=6$ 则 $x_1 y_1 x_2 y_2=36$

∴ $x_1 x_2 y_1 y_2=36$

∵ $x_1 x_2=-3$, ∴ $y_1 y_2=-12$

例2 (2013年陕西)如果一个正比例函数的图象与反比例函数 $y=\dfrac{6}{x}$ 的图象交于 $A(x_1,y_1),B(x_2,y_2)$ 两点,那么 $(x_2-x_1)(y_2-y_1)$ 的值为_____.

【解析】∵ 正比例函数的图象与反比例函数图象的两个交点 A,B 关于原点对称

∴ $x_1=-x_2, y_1=-y_2$,

则 $(x_2-x_1)(y_2-y_1)=2x_2 \times 2y_2=4x_2 y_2=4 \times 6=24$.

考查点2. 确定反比例函数的解析式

例3 (2014年陕西)已知 $P_1(x_1,y_1),P_2(x_2,y_2)$ 是同一个反比例函数图象上的两点.若 $x_2=x_1+2$,且 $\dfrac{1}{y_2}=\dfrac{1}{y_1}+\dfrac{1}{2}$,则这个反比例函数的表达式为_____.

【解析】设这个反比例函数的表达式为 $y=\dfrac{k}{x}$,

∵ $P_1(x_1,y_1),P_2(x_2,y_2)$ 是同一个反比例函数图象上的两点

∴ $x_1 y_1=x_2 y_2=k$,

∴ $\dfrac{1}{y_1}=\dfrac{x_1}{k}, \dfrac{1}{y_2}=\dfrac{x_2}{k}$,

∵ $\dfrac{1}{y_2}=\dfrac{1}{y_1}+\dfrac{1}{2}$,

∴ $\dfrac{x_2}{k}=\dfrac{x_1}{k}+\dfrac{1}{2}$,

∴ $\dfrac{1}{k}(x_2-x_1)=\dfrac{1}{2}$,

∵ $x_2=x_1+2$,

$\therefore \frac{1}{k} \times 2 = \frac{1}{2}$,

$\therefore k = 4$.

即,这个反比例函数的表达式为 $y = \frac{4}{x}$.

例4 (2012年陕西)在同一平面直角坐标系中,若一个反比例函数的图象与一次函数 $y = -2x + 6$ 的图象无公共点,则这个反比例函数的表达式是_____(只写出符合条件的一个即可).

【解析】设反比例函数的解析式为 $y = \frac{k}{x}$,

∵反比例函数的图象与一次函数 $y = -2x + 6$ 的图象无公共点,

$\therefore \frac{k}{x} = -2x + 6$ 无实根,即 $2x^2 - 6x + k = 0$ 无实根,

$\therefore (-6)^2 - 8k < 0$ 解得 $k > \frac{9}{2}$.

$\therefore$ 反比例函数的解析式为 $y = \frac{6}{x}$(答案不唯一,只要满足 $k > \frac{9}{2}$ 即可).

考查点3. 反比例函数的综合应用

例5 (2011年陕西)如图,过 y 轴上任意一点 P,作 x 轴的平行线,分别与反比例函数 $y = -\frac{4}{x}$ 和 $y = \frac{2}{x}$ 的图象交于 A 点和 B 点,若 C 为 x 轴上任意一点,连接 AC,BC,则△ABC 的面积为( )

A.3

B.4

C.5

D.6

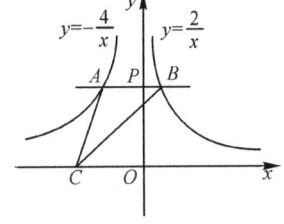

【解析】先设 $P(0, b)$,由直线 $AB \parallel x$ 轴,则 A,B 两点的纵坐标都为 b,而 A,B 分别在反比例函数 $y = -\frac{4}{x}$ 和 $y = \frac{2}{x}$ 的图象上,可得到 A 点坐标为 $(-\frac{4}{b}, b)$、B 点坐标为 $(\frac{2}{b}, b)$,从而求出 AB 的长,然后根据三角形的面积公式计算即可.

解:设 $P(0, b)$,

∵直线 $AB \parallel x$ 轴,

$\therefore A$,B 两点的纵坐标都为 b,

而点 A 在反比例函数 $y = -\frac{4}{x}$ 的图象上,

∴当 $y=b$, $x=-\frac{4}{b}$, 即 A 点坐标为 $(-\frac{4}{b}, b)$,

又∵点 B 在反比例函数 $y=\frac{2}{x}$ 的图象上,

∴当 $y=b$, $x=\frac{2}{b}$, 即 B 点坐标为 $(\frac{2}{b}, b)$,

∴$AB=\frac{2}{b}-(-\frac{4}{b})=\frac{6}{b}$,

∴$S_{\triangle ABC}=\frac{1}{2} \cdot AB \cdot OP=\frac{1}{2} \cdot \frac{6}{b} \cdot b=3$.

【答案】A.

【点评】本题考查了点在函数图象上,点的横纵坐标满足函数图象的解析式.也考查了与坐标轴平行的直线上的点的坐标特点以及三角形的面积公式.

☞【提分精练】

一、选择题(每题4分,共24分)

1.(2016年甘肃)反比例函数 $y=\frac{2}{x}$ 的图象在(　　)

A. 第一、二象限　　　　　　　　B. 第一、三象限

C. 第二、三象限　　　　　　　　D. 第二、四象限

2. 函数 $y=ax-a$ 与 $y=\frac{a}{x}(a \neq 0)$ 在同一条直角坐标系中的图象可能是(　　)

A.　　　　B.　　　　C.　　　　D.

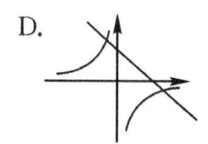

3.(2016年福建)反比例函数 $y=-\frac{3}{x}$ 的图象上有 $P_1(x_1, -2)$, $P_2(x_2, -3)$ 两点,则 x_1 与 x_2 的大小关系是(　　)

A. $x_1 > x_2$　　　　　　　　B. $x_1 = x_2$

C. $x_1 < x_2$　　　　　　　　D. 不确定

4.如图,已知函数 $y=\frac{k}{x}(k<0, x<0)$ 的图象经过直角三角形 OAB 斜边 OA 的中点 D,且与直角边 AB 相交于点 C.若点 A 的坐标为 $(-6, 4)$,则 $\triangle AOC$ 的面积为(　　)

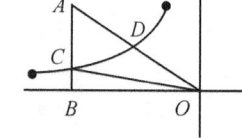

A.12　　　　　　　　　　　　B.9

C.6　　　　　　　　　　　　　D.4

5.如图,在同一平面直角坐标系中,一次函数 $y_1=kx+b(k,b$ 是常数,且 $k\neq 0)$ 与反比例函数 $y_2=\dfrac{c}{x}(c$ 是常数,且 $c\neq 0)$ 的图象相交于 $A(-3,-2),B(2,3)$ 两点,则不等式 $y_1>y_2$ 的解集是( )

A.$-3<x<2$

B.$x<-3$ 或 $x>2$

C.$-3<x<0$ 或 $x>2$

D.$0<x<2$

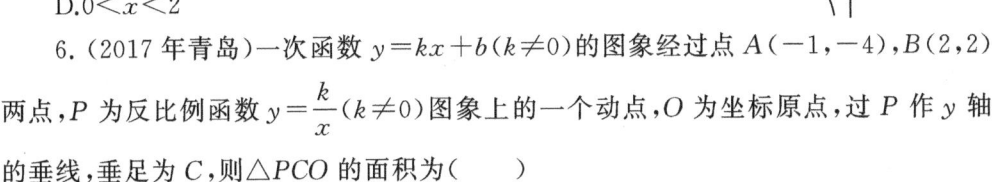

6.(2017年青岛)一次函数 $y=kx+b(k\neq 0)$ 的图象经过点 $A(-1,-4),B(2,2)$ 两点,P 为反比例函数 $y=\dfrac{k}{x}(k\neq 0)$ 图象上的一个动点,O 为坐标原点,过 P 作 y 轴的垂线,垂足为 C,则 $\triangle PCO$ 的面积为( )

A.2　　　　　B.4　　　　　C.8　　　　　D.不确定

二、填空题(每题4分,共16分)

7.(2013年陕西副题15题)若一个反比例函数的图象经过两点 $A(2,m),B(m-3,4)$,则 m 的值为_____.

8.(2012年陕西副题15题)已知一个反比例函数的图象位于第二、四象限内,点 $P(x_0,y_0)$ 在这个反比例函数的图象上,且 $x_0y_0>-4$.请你写出这个反比例函数的表达式_____.(写出符合题意的一个即可)

9.(2015年陕西副题13题)在平面直角坐标系中,反比例函数 $y=\dfrac{k}{x}$ 的图象位于第二、四象限,且经过点 $(1,k^2-2)$,则 k 的值为_____.

10.(2017年陕西副题13题)若正比例函数 $y=-\dfrac{1}{2}x$ 的图象与反比例函数 $y=\dfrac{2k-1}{x}(k\neq \dfrac{1}{2})$ 的图象有公共点,则 k 的取值范围是_____.

三、解答题(每题12分,共60分)

11.(2017年河北保定涿州市模拟)如图,一次函数 $y=kx+b$ 的图象与反比例函数 $y=\dfrac{m}{x}$ 的图象相交于点 $A(-2,1)$,点 $B(1,n)$.

(1)求此一次函数和反比例函数的解析式;

(2)请直接写出满足不等式 $kx+b-\dfrac{m}{x}<0$ 的解集.

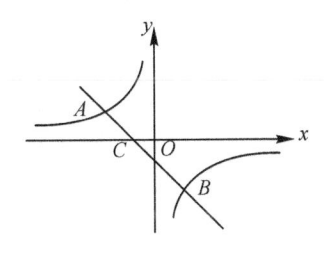

12. (2017年河北唐山市三模)如图,一次函数的图象与 x 轴、y 轴分别相交于 A,B 两点,且与反比例函数 $y=\dfrac{k}{x}(k\neq 0)$ 的图象在第一象限交于点 C,如果点 B 的坐标为 $(0,2)$,$OA=OB$,B 是线段 AC 的中点.

(1)求点 A 的坐标及一次函数解析式;

(2)求点 C 的坐标及反比例函数的解析式.

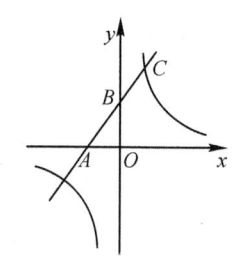

13. 已知反比例函数 $y=\dfrac{k}{x}(k$ 为常数,$k\neq 0)$ 的图象经过点 $A(2,3)$.

(1)求这个函数的解析式;

(2)判断点 $B(-1,6)$、$C(3,2)$ 是否在这个函数的图象上,并说明理由;

(3)当 $-3<x<-1$ 时,求 y 的取值范围.

14. 如图，一次函数 $y=kx+b$ 与反比例函数 $y=\dfrac{4}{x}(x>0)$ 的图象交于点 $A(m,4)$，$B(2,n)$ 两点，与坐标轴分别交于 M,N 两点.

(1)求一次函数的解析式；

(2)根据图象直接写出 $kx+b-\dfrac{4}{x}>0$ 中 x 的取值范围；

(3)求 $\triangle AOB$ 的面积.

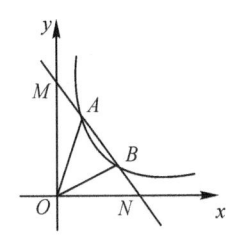

15. (2017年菏泽)如图，一次函数 $y=kx+b$ 与反比例函数 $y=\dfrac{a}{x}$ 的图象在第一象限交于 A,B 两点，B 点的坐标为 $(3,2)$，连接 OA,OB，过 B 作 $BD\perp y$ 轴，垂足为 D，交 OA 于 C，若 $OC=CA$.

(1)求一次函数和反比例函数的表达式；

(2)求 $\triangle AOB$ 的面积.

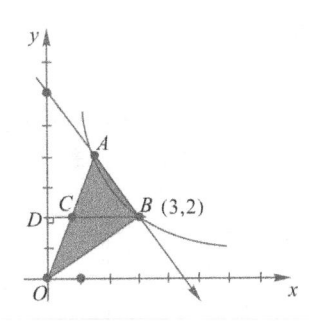

（八）二次函数的图象与性质

☞【课标精读】

二次函数是中考必考的知识点.要熟练掌握二次函数解析式的几种求法：(1)一般式法；(2)顶点式法；(3)交点式法.同时,二次函数的图象及其性质一定要非常熟悉.比如二次函数的对称性、增减性、最大值最小值以及二次函数系数的取值与其图象及性质之间的关系.应用二次函数的性质解答实际问题是重点也是难点.

☞【类型精析】

二次函数是中考的重要考点,在陕西中考选择题第 10 题(第 8 题)、解答题第 24 题(第 25 题)出现,所占分值分别是 3 分、10 分.选择题一般考查二次函数的图象及其性质,解答题第 24 题常会涉及二次函数图象的平移、对称,且会涉及动点的存在性问题,例如：三角形面积问题,三角形相似、全等存在性问题,特殊三角形的存在性问题,特殊四边形存在性问题等.

年份	题号	考查点	命题材料	考查形式
2014	10 24	二次 函数	10 题二次函数的性质与图象的关系 24 题考查了平行四边形的存在性	10 题二次函数的性质与图形的关系 24 题考查以定直线为边、为对角线的分类方式
2015	10 24	二次 函数	10 题抛物线与 x 轴的交点 24 题平行四边形	10 题函数值为零,可得相应的方程,根据根的判别式,公式法求方程的根 24 题二次函数综合题
2016	10 24	二次 函数	10 题考查二次函数与 x 轴交点坐标,锐角三角函数的定义 24 题为二次函数的综合应用,考查待定系数法、函数与方程的关系、等腰三角形的性质、坐标平移和分类讨论思想等	10 题关键是熟练掌握求抛物线与 x 轴交点坐标的方法,记住特殊锐角三角函数值 24 题在(1)中考查一元二次方程与二次函数之间的关系,在(2)中确定出 B 点的坐标是解题的关键,注意抛物线顶点坐标的求法
2017	10 24	二次 函数	10 题抛物线与 x 轴的交点 24 题中心对称、平行四边形的判定、菱形的判定	10 题函数与方程的关系,一元二次方程的求根公式 24 题二次函数的性质与图象
2018	10 24	二次 函数	10 题抛物线与 x 轴的交点 24 题抛物线与 x 轴的交点	10 题关键是得出 a 的取值范围 24 题 x 轴的交点坐标问题转化为解关于 x 的一元二次方程,也考查了二次函数图象与几何变换
2019	10 24	二次 函数	10 题二次函数的变换 24 题二次函数的变换	10 题图象关于 y 轴对称 24 题关于原点对称及三角形相似的综合题

【备考精华】

★考查的知识点清单梳理

知识点一：二次函数的概念及解析式		关键点拨与对应举例
1. 二次函数的定义	形如 $y=ax^2+bx+c$ (a,b,c 是常数，$a\neq 0$) 的函数，叫做二次函数	例：如果函数 $y=(a-1)x^2$ 是二次函数，那么 a 的取值范围是 $a\neq 1$
2. 解析式	(1)三种解析式：①一般式：$y=ax^2+bx+c$ ($a\neq 0$)；②顶点式：$y=a(x-h)^2+k$ ($a\neq 0$)，其中二次函数的顶点坐标是 (h,k)；③交点式：$y=a(x-x_1)(x-x_2)$ ($a\neq 0$)，其中 x_1,x_2 为抛物线与 x 轴交点的横坐标；(2)待定系数法：巧设二次函数的解析式；根据已知条件，得到关于待定系数的方程(组)；解方程(组)，求出待定系数的值，从而求出函数的解析式	若已知条件是图象上的三个点或三对 x 与 y 的对应值，可设一般式；若已知顶点坐标或对称轴方程与最值，可设顶点式；若已知抛物线与 x 轴的两个交点坐标，可设交点式

知识点二：二次函数的图象与性质			关键点拨与对应举例
3. 二次函数的图象和性质	图象	$y=ax^2+bx+c(a>0)$ / $y=ax^2+bx+c(a<0)$	(1)比较二次函数函数值大小的方法：①直接代入求值法；②性质法：当自变量在对称轴同侧时，根据函数的性质判断；当自变量在对称轴异侧时，可先利用函数的对称性转化到同侧，再利用性质比较；③图象法：画出草图，描点后比较函数值大小 (2)失分点警示：在自变量限定范围求二次函数的最值时，首先考虑对称轴是否在取值范围内，而不能盲目根据公式求解 例：当 $0\leq x\leq 5$ 时，抛物线 $y=x^2+2x+7$ 的最小值为 7
	开口	向上 / 向下	
	对称轴	$x=-\dfrac{b}{2a}$	
	顶点坐标	$\left(-\dfrac{b}{2a},\dfrac{4ac-b^2}{4a}\right)$	
	增减性	当 $x>-\dfrac{b}{2a}$ 时，y 随 x 的增大而增大；当 $x<-\dfrac{b}{2a}$ 时，y 随 x 的增大而减小 / 当 $x>-\dfrac{b}{2a}$ 时，y 随 x 的增大而减小；当 $x<-\dfrac{b}{2a}$ 时，y 随 x 的增大而增大	
	最值	当 $x=-\dfrac{b}{2a}$，$y_{最小}=\dfrac{4ac-b^2}{4a}$ / 当 $x=-\dfrac{b}{2a}$，$y_{最大}=\dfrac{4ac-b^2}{4a}$	

续表

	知识点二：二次函数的图象与性质		关键点拨与对应举例
4. 系数 a、b、c	a	决定抛物线的开口方向及开口大小	当 $a>0$ 时，抛物线开口向上； 当 $a<0$ 时，抛物线开口向下； $\|a\|$ 越大，抛物线开口越小	某些特殊形式代数式符号的确定： ①$a\pm b+c$ 即为 $x=\pm1$ 时，y 的值；②$4a\pm2b+c$ 即为 $x=\pm2$ 时，y 的值；③$2a+b$ 的符号，需判断对称轴 $-\dfrac{b}{2a}$ 与 1 的大小．若对称轴在直线 $x=1$ 的左边，则 $-\dfrac{b}{2a}<1$，再根据 a 的符号即可得出结果；④$2a-b$ 的符号，需判断对称轴与 -1 的大小．
	b	决定对称轴（$x=-\dfrac{b}{2a}$）的位置	当 a，b 同号，$-\dfrac{b}{2a}<0$，对称轴在 y 轴左边； 当 $b=0$ 时，$-\dfrac{b}{2a}=0$，对称轴为 y 轴； 当 a，b 异号，$-\dfrac{b}{2a}>0$，对称轴在 y 轴右边	
	c	决定抛物线与 y 轴的交点的位置	当 $c>0$ 时，抛物线与 y 轴的交点在正半轴上； 当 $c=0$ 时，抛物线经过原点； 当 $c<0$ 时，抛物线与 y 轴的交点在负半轴上	
	b^2-4ac	决定抛物线与 x 轴的交点个数	$b^2-4ac>0$ 时，抛物线与 x 轴有两个交点； $b^2-4ac=0$ 时，抛物线与 x 轴有一个交点； $b^2-4ac<0$ 时，抛物线与 x 轴没有交点	

	知识点三：二次函数的平移	关键点拨与对应举例
5. 平移与解析式的关系	$y=ax^2$ 的图象 $\xrightarrow[\text{平移}\|h\|\text{个单位}]{\text{向左}(h<0)\text{或向右}(h>0)}$ $y=a(x-h)^2$ 的图象 $\xrightarrow[\text{平移}\|k\|\text{个单位}]{\text{向上}(k>0)\text{或向下}(k<0)}$ $y=a(x-h)^2+k$ 的图象 注意：二次函数的平移实质是顶点坐标的平移，因此只要找出原函数顶点的平移方式即可确定平移后的函数解析式	失分点警示： 抛物线平移规律是"上加下减，左加右减"，左右平移易弄反． 例：将抛物线 $y=x^2$ 沿 x 轴向右平移两个单位后所得抛物线的解析式是 $y=(x-2)^2$

续表

知识点四：二次函数与一元二次方程以及不等式	关键点拨与对应举例
6.二次函数与一元二次方程	二次函数 $y=ax^2+bx+c(a\neq 0)$ 的图象与 x 轴交点的横坐标是一元二次方程 $ax^2+bx+c=0$ 的根 当 $b^2-4ac>0$ 时.二次函数的图象与 x 轴有两个不同的交点； 当 $b^2-4ac=0$ 时.二次函数的图象与 x 轴只有一个交点； 当 $b^2-4ac<0$ 时.二次函数的图象与 x 轴没有交点.	例：已知二次函数 $y=x^2-3x+m$（m 为常数）的图象与 x 轴的一个交点为 $(1,0)$，则关于 x 的一元二次方程 $x^2-3x+m=0$ 的两个实数根为 2,1
7.二次函数与不等式	抛物线 $y=ax^2+bx+c$ 在 x 轴上方的部分点的纵坐标都为正,所对应的 x 的所有值就是不等式 $ax^2+bx+c>0$ 的解集；在 x 轴下方的部分点的纵坐标均为负,所对应的 x 的值就是不等式 $ax^2+bx+c<0$ 的解集	

☞【易错精剖】

易错点1. 二次函数的概念

例1 若 $y=(m-1)x^{m^2+m}$ 是二次函数,则 m 的值是（　　）

A. $m=-2$　　　　　　　　　　B. $m=1$

C. $m=2$ 或 $m=1$　　　　　　　D. $m=-2$ 或 $m=-1$

【误解】易忽略二次函数 $y=ax^2+bx+c$ 中 $a\neq 0$ 这个条件.

【精剖】由二次函数定义可知：$m^2+m=2$,

解得：$m=1$ 或 $m=-2$,

又 $\because m-1\neq 0$,即 $m\neq 1$,

$\therefore m=-2$.

【正解】A

易错点2. 求二次函数的顶点坐标

例2 抛物线 $y=x^2-2x+3$ 的顶点坐标是_____

【误解】①顶点纵坐标公式 $\dfrac{4ac-b^2}{4a}$ 与一元二次方程求根公式 $x=\dfrac{-b\pm\sqrt{b^2-4ac}}{2a}$ 混淆.②配方过程中出现错误.

【精剖】$\because a=1,b=-2,c=3$

$\therefore -\dfrac{b}{2a}=-\dfrac{-2}{2\times 1}=1,\dfrac{4ac-b^2}{4a}=2$

$\therefore$ 顶点坐标为 $(1,2)$

也可用配方法：$y=x^2-2x+3=(x-1)^2+2$

【正解】$(1,2)$.

易错点3. 平移抛物线

例3 如果将抛物线 $y=x^2+4x+1$ 平移,使它与抛物线 $y=x^2+1$ 重合,那么平移的方式可以是(   )

A.向左平移2个单位,向上平移4个单位

B.向左平移2个单位,向下平移4个单位

C.向右平移2个单位,向上平移4个单位

D.向右平移2个单位,向下平移4个单位

【误解】①平移时没换成顶点式 ②平移规定"上加下减,左加右减"搞错.

【精剖】∵抛物线 $y=x^2+4x+1=(x+2)^2-3$ 的顶点坐标为 $(-2,-3)$,抛物线 $y=x^2+1$ 的顶点坐标为 $(0,1)$,

∴顶点由 $(-2,-3)$ 到 $(0,1)$ 需要向右平移2个单位再向上平移4个单位.

【正解】C

易错点4. 二次函数的增减性

例4 已知点 $A(-2,a),B(-1,b),C(3,c)$ 均在抛物线 $y=-2(x+1)^2+3$ 上,则 a,b,c 的大小关系为(   )

A.$a<c<b$ B.$b<a<c$ C.$c<a<b$ D.$a<b<c$

【误解】比较大小时,没分清已知点在对称轴同侧还是异侧,若在异侧需要利用对称性转换到对称轴同侧才能判断.

【精剖】∵抛物线 $y=-2(x+1)^2+3$ 的开口向下,对称轴为直线 $x=-1$,

而 $B(-1,b)$ 在直线 $x=-1$ 上,$C(3,c)$ 离直线 $x=-1$ 最远,$A(-2,a)$ 离直线 $x=-1$ 的距离较近,

∴$c<a<b$.

【正解】C

易错点5. 二次函数图象与系数关系

例5 如图为二次函数 $y=ax^2+bx+c$ 的图象,在下列说法中:①$ac<0$;②方程 $ax^2+bx+c=0$ 的根是 $x_1=-1,x_2=3$;③$a+b+c<0$;④当 $x>1$ 时,y 随 x 的增大而减小;⑤$2a-b=0$;⑥$b^2-4ac>0$.下列结论一定成立的是(   )

A.①②④⑥   B.①②③⑥

C.②③④⑤⑥   D.①②③④

【误解】二次函数的图象特征对应 a,b,c 的符号记忆不深刻,理解不透彻.

【精剖】由图象可得,

$a>0,c<0$,

∴$ac<0$,故①正确,

方程 $0=ax^2+bx+c$ 的根是 $x_1=-1,x_2=3$,故②正确,

当 $x=1$ 时,$y=a+b+c<0$,故③正确,

∵该抛物线的对称轴是直线 $x=\dfrac{-1+3}{2}=1$,

∴当 $x>1$ 时,y 随 x 的增大而增大,故④错误,

$-\dfrac{b}{2a}=1$,得 $2a+b=0$,故⑤错误,

∵抛物线与 x 轴两个交点,

∴$b^2-4ac>0$,故⑥正确.

【正解】B.

易错点6. 二次函数与一次函数图象的综合

例6 在同一平面直角坐标系中,一次函数 $y=ax+b$ 和二次函数 $y=ax^2+bx+c$ 的图象可能为(　　)

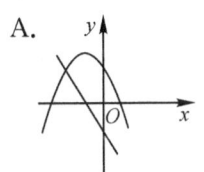

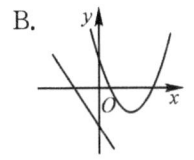

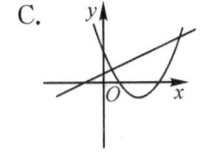

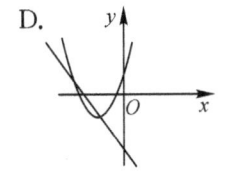

A. B. C. D.

【误解】两种函数共存于同一坐标系时,做不到把系数的所有符号都判断出来再确定,即考虑不周全.

【精剖】A.由抛物线可知,$a<0,x=-\dfrac{b}{2a}<0$,得 $b<0$,由直线可知,$a<0,b<0$,故本选项正确;B.由抛物线可知,$a>0$,由直线可知,$a<0$,故本选项错误;C.由抛物线可知,$a>0,x=-\dfrac{b}{2a}>0$,得 $b<0$,由直线可知,$a>0,b>0$,故本选项错误;D.由抛物线可知,$a>0$,由直线可知,$a<0$,故本选项错误.

【正解】A.

☞**【真题精选】**

类型一：二次函数图象与性质选择题

例1 （2017年陕西中考）已知抛物线 $y=x^2-2mx-4(m>0)$ 的顶点 M 关于坐标原点 O 的对称点为 M',若点 M' 在这条抛物线上,则点 M 的坐标为(　　)

A.$(1,-5)$　　　　B.$(3,-13)$　　　　C.$(2,-8)$　　　　D.$(4,-20)$

【解答】先利用配方法求得点 M 的坐标,再利用关于原点对称点的特点得到点 M' 的坐标,最后将点 M' 的坐标代入抛物线的解析式求解即可.

解:$y=x^2-2mx-4=x^2-2mx+m^2-m^2-4=(x-m)^2-m^2-4$.

∴点 $M(m,-m^2-4)$.

∴点 $M'(-m,m^2+4)$.

∴$m^2+2m^2-4=m^2+4$.

解得:$m=\pm 2$.

∵$m>0$,

∴$m=2$.

∴$M(2,-8)$.

故选 C.

【点评】本题主要考查的是二次函数的性质、关于原点对称的点的坐标特点,求得点 M' 的坐标是解题的关键.

例 2 (2018 年陕西中考)对于抛物线 $y=ax^2+(2a-1)x+a-3$,当 $x=1$ 时,$y>0$,则这条抛物线的顶点一定在(　　)

A.第一象限　　　　　　　　B.第二象限

C.第三象限　　　　　　　　D.第四象限

【解答】把 $x=1$ 代入解析式,根据 $y>0$,得出关于 a 的不等式,得出 a 的取值范围后,利用二次函数的性质解答即可.

把 $x=1,y>0$ 代入解析式可得:$a+2a-1+a-3>0$,

解得:$a>1$,

所以可得:$-\dfrac{b}{2a}=-\dfrac{2a-1}{2a}<0,\dfrac{4ac-b^2}{4a}=\dfrac{4a(a-3)-(2a-1)^2}{4a}=\dfrac{-8a-1}{4a}<0$,

所以这条抛物线的顶点一定在第三象限,

故选 C.

【点评】此题考查抛物线与 x 轴的交点,关键是得出 a 的取值范围,利用二次函数的性质解答.

例 3 (2019 年陕西中考)在同一平面直角坐标系中,若抛物线 $y=x^2+(2m-1)x+2m-4$ 与 $y=x^2-(3m+n)x+n$ 关于 y 轴对称,则符合条件的 m,n 的值为(　　)

A.$m=\dfrac{5}{7},n=-\dfrac{18}{7}$　　　　　　B.$m=5,n=-6$

C.$m=-1,n=6$　　　　　　D.$m=1,n=-2$

【解答】关于 y 轴对称,a,c 不变,b 变为相反数,∴$\begin{cases}2m-1=3m+n\\n=2m-4\end{cases}$ 解之得 $\begin{cases}m=1\\n=-2\end{cases}$,故选 D.

【点评】本题主要考查两个二次函数关于 y 轴对称的特点,关于 y 轴对称与 y 轴交点一定相同,所以 C 不变.抛物线开口大小及开口方向一定相同,所以 a 不变.两个对称轴一定关于 y 轴对称,所以 b 变为相反数.

类型二:二次函数图象与性质的应用

例 4 (2017 年陕西中考)在同一直角坐标系中,抛物线 $C_1:y=ax^2-2x-3$ 与抛物线 $C_2:y=x^2+mx+n$ 关于 y 轴对称,C_2 与 x 轴交于 A,B 两点,其中点 A 在点 B 的左侧.

(1)求抛物线 C_1,C_2 的函数表达式;

(2)求 A,B 两点的坐标;

(3)在抛物线 C_1 上是否存在一点 P,在抛物线 C_2 上是否存在一点 Q,使得以 AB 为边,且以 A,B,P,Q 四点为顶点的四边形是平行四边形?若存在,求出 P,Q 两点的坐标;若不存在,请说明理由.

【解答】(1)由对称可求得 a,n 的值,则可求得两函数的对称轴,可求得 m 的值,则可求得两抛物线的函数表达式;

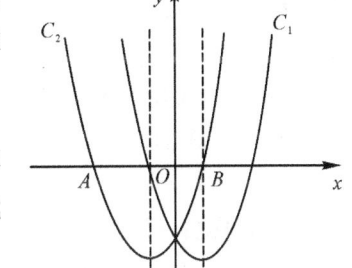

(2)由 C_2 的函数表达式可求得 A,B 的坐标;

(3)由题意可知 AB 只能为平行四边形的边,利用平行四边形的性质,可设出 P 点坐标,表示出 Q 点坐标,代入 C_2 的函数表达式可求得 P,Q 的坐标.

(1)∵ C_1,C_2 关于 y 轴对称,

∴ C_1 与 C_2 的交点一定在 y 轴上,且 C_1 与 C_2 的形状、大小均相同,

∴ $a=1$,$n=-3$,

∴ C_1 的对称轴为 $x=1$,

∴ C_2 的对称轴为 $x=-1$,

∴ $m=2$,

∴ C_1 的函数表示式为 $y=x^2-2x-3$,C_2 的函数表达式为 $y=x^2+2x-3$;

(2)在 C_2 的函数表达式为 $y=x^2+2x-3$ 中,令 $y=0$ 可得 $x^2+2x-3=0$,解得 $x=-3$ 或 $x=1$,

∴ $A(-3,0)$,$B(1,0)$;

(3)存在.

∵ AB 的中点为 $(-1,0)$,且点 P 在抛物线 C_1 上,点 Q 在抛物线 C_2 上,

∴ AB 只能为平行四边形的一边,

∴ $PQ \parallel AB$ 且 $PQ=AB$,

由(2)可知 $AB=1-(-3)=4$,

∴ $PQ=4$,

设 $P(t,t^2-2t-3)$,则 $Q(t+4,t^2-2t-3)$ 或 $(t-4,t^2-2t-3)$,

①当 $Q(t+4,t^2-2t-3)$ 时,则 $t^2-2t-3=(t+4)^2+2(t+4)-3$,解得 $t=-2$,

∴ $t^2-2t-3=4+4-3=5$,

∴ $P(-2,5),Q(2,5)$;

②当 $Q(t-4,t^2-2t-3)$ 时,则 $t^2-2t-3=(t-4)^2+2(t-4)-3$,解得 $t=2$,

∴ $t^2-2t-3=4-4-3=-3$,

∴ $P(2,-3),Q(-2,-3)$,

综上可知,存在满足条件的点 P,Q,其坐标为 $P(-2,5),Q(2,5)$ 或 $P(2,-3),Q(-2,-3)$.

【点评】本题考查二次函数的综合应用,涉及待定系数法、对称的性质、函数图象与坐标轴的交点、平行四边形的性质、方程思想及分类讨论思想等知识.在(1)中由对称性质求得 a,n 的值是解题的关键,在(2)中注意函数图象与坐标轴的交点的求法即可,在(3)中确定出 PQ 的长度,设 P 点坐标表示出 Q 点的坐标是解题的关键.本题知识点较多,综合性较强,难度适中.

例5 (2018年陕西中考)已知抛物线 $L:y=x^2+x-6$ 与 x 轴相交于 A,B 两点(点 A 在点 B 的左侧),并与 y 轴相交于点 C.

(1)求 A、B、C 三点的坐标,并求 $\triangle ABC$ 的面积;

(2)将抛物线 L 向左或向右平移,得到抛物线 L',且 L' 与 x 轴相交于 A',B' 两点(点 A' 在点 B' 的左侧),并与 y 轴相交于点 C',要使 $\triangle A'B'C'$ 和 $\triangle ABC$ 的面积相等,求所有满足条件的抛物线的函数表达式.

【解答】(1)解方程 $x^2+x-6=0$ 得 A 点和 B 点坐标,计算自变量为 0 的函数值得到 C 点坐标,然后利用三角形面积公式计算 $\triangle ABC$ 的面积;

(2)利用抛物线平移得到 $A'B'=AB=5$,再利用 $\triangle A'B'C'$ 和 $\triangle ABC$ 的面积相等得到 $C'(0,-6)$,则设抛物线 L' 的解析式为 $y=x^2+bx-6$,所以 $m+n=-b,mn=-6$,然后利用 $|n-m|=5$ 得到 $b^2-4\times(-6)=25$,于是解出 b,得到抛物线 L' 的解析式.

(1)当 $y=0$ 时,$x^2+x-6=0$,解得 $x_1=-3,x_2=2$,

∴ $A(-3,0),B(2,0)$,

当 $x=0$ 时,$y=x^2+x-6=-6$,

∴ $C(0,-6)$,

∴ $\triangle ABC$ 的面积 $=\dfrac{1}{2}\cdot AB\cdot OC=\dfrac{1}{2}\times(2+3)\times 6=15$;

(2)∵ 抛物线 L 向左或向右平移,得到抛物线 L',

∴ $A'B'=AB=5$,

∵ $\triangle A'B'C'$ 和 $\triangle ABC$ 的面积相等,

∴$OC'=OC=6$,即$C'(0,-6)$,

设抛物线L'的解析式为$y=x^2+bx-6$,

设$A'(m,0),B'(n,0)$,则m,n为方程$x^2+bx-6=0$的两根,

∴$m+n=-b,mn=-6$,

∵$|n-m|=5$,

∴$(n-m)^2=25$,

∴$(m+n)^2-4mn=25$,

∴$b^2-4\times(-6)=25$,解得$b=7$或-7,

∴抛物线L'的解析式为$y=x^2+7x-6$或$y=x^2-7x-6$.

【点评】本题考查了抛物线与x轴的交点:把求二次函数$y=ax^2+bx+c(a,b,c$是常数,$a\neq0)$与x轴的交点坐标问题转化为解关于x的一元二次方程.也考查了二次函数图象与几何变换.

例6 (2019年陕西中考)在平面直角坐标系中,已知抛物线$L:y=ax^2+(c-a)x+c$经过点$A(-3,0)$和点$B(0,-6)$,L关于原点O对称的抛物线为L'

(1)求抛物线L的表达式

(2)点P在抛物线L'上,且位于第一象限,过点P作$PD\perp y$轴,垂足为D.若$\triangle POD$与$\triangle AOB$相似,求符合条件的点P的坐标

【解答】抛物线$L:y=ax^2+(c-a)x+c$经过点$A(-3,0),B(0,-6)$,解析式中只含有两个待定系数,只需将已知的两点代入,得出方程组解答就可求出c,a的值,抛物线L'与L关于原点O对称,只需求出A,B两点关于原点O对称的A',B'坐标,可求出L'的表达式.$\triangle POD$与$\triangle AOB$相似一定要分类讨论.

(1)由题意,得$\begin{cases}9a-3(c-a)+c=0\\c=-6\end{cases}$,解之,得$\begin{cases}a=-1\\c=-6\end{cases}$,

∴$L:y=-x^2-5x-6$

(2)∵点A、B在L'上的对应点分别为$A'(3,0)$、$B'(0,6)$

∴设抛物线L'的表达式$y=x^2+bx+6$

将$A'(-3,0)$代入$y=x^2+bx+6$,得$b=-5$.

∴抛物线L'的表达式为$y=x^2-5x+6$

$A(-3,0),B(0,-6)$,

∴$AO=3,OB=6$.

设$P(m,m^2-5m+6)(m>0)$.

∵$PD\perp y$轴,

∴点D的坐标为$(0,m^2-5m+6)$

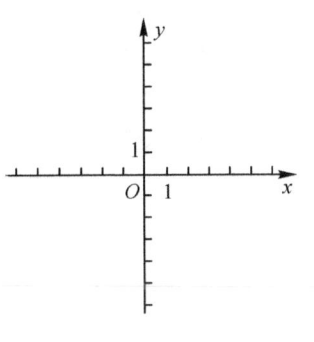

∵ $PD=m$, $OD=m^2-5m+6$

Rt△POD 与 Rt△AOB 相似,

∴ $\dfrac{PD}{AO}=\dfrac{OD}{BO}$ 或 $\dfrac{PD}{BO}=\dfrac{OD}{AO}$

① 当 $\dfrac{PD}{AO}=\dfrac{OD}{BO}$ 时,即 $\dfrac{m}{3}=\dfrac{m^2-5m+6}{6}$,解之,得 $m_1=1$, $m_2=6$

∴ $P_1(1,2)$, $P_2(6,12)$

② 当 $\dfrac{PD}{BO}=\dfrac{OD}{AO}$ 时,即 $\dfrac{m}{6}=\dfrac{m^2-5m+6}{3}$,解之,得 $m_3=\dfrac{3}{2}$, $m_4=4$

∴ $P_3(\dfrac{3}{2},\dfrac{3}{4})$, $P_4(4,2)$

∵ P_1, P_2, P_3, P_4 均在第一象限

∴ 符合条件的点 P 的坐标为 $(1,2)$ 或 $(6,12)$ 或 $(\dfrac{3}{2},\dfrac{3}{4})$ 或 $(4,2)$.

【点评】求抛物线的解析式只需利用待定系数法求解,抛物线关于原点的对称实质是关键点关于原点的对称。

☞【得分精髓】

考查点1. 由抛物线的位置确定系数的符号

方法:弄清抛物线的位置与系数 a,b,c 之间的关系,是解决问题的关键.

(1)抛物线开口向上, $a>0$;抛物线开口向下, $a<0$;

(2)对称轴为 $x=-\dfrac{b}{2a}$;

(3)与 y 轴交点为 $(0,c)$.

例1 二次函数 $y=ax^2+bx+c$ 的图象如图所示,则点 $M(b,\dfrac{c}{a})$ 在( )

A.第一象限

B.第二象限

C.第三象限

D.第四象限

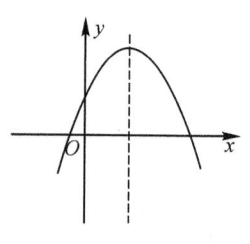

【解析】因为开口向下,所以 $a<0$;

因为与 y 轴的交点在 y 轴正半轴上,所以 $c>0$;

因为对称轴在 y 轴右侧,所以 $-\dfrac{b}{2a}>0$,所以 $b>0$;

所以 $M(b,\dfrac{c}{a})$ 在第四象限.

【答案】D.

例2 已知二次函数$y=ax^2+bx+c(a\neq 0)$的图象如图所示,则下列结论中正确的个数是( )

①a,b同号;②当$x=1$和$x=3$时,函数值相等;
③$4a+b=0$;④当$y=-2$时,x的值只能取0.

A.1个

B.2个

C.3个

D.4个

【解析】因为抛物线开口向上,所以$a>0$;

因为与y轴交点$(0,-2)$在y轴负半轴,所以$c=-2$;

因为对称轴在y轴右侧,所以$-\dfrac{b}{2a}>0$,即$b<0$.

①错误;

因为抛物线与x轴交点为$(-1,0)$,$(5,0)$,

所以抛物线对称轴为:$x=\dfrac{5+(-1)}{2}=2$;

因为$x=1$和$x=3$关于$x=2$对称,

所以②正确.

因为抛物线与x轴交点为$(-1,0)$,$(5,0)$,

所以$\begin{cases}0=a-b-2,\\ 0=25a+5b-2,\end{cases}$ 解得$\begin{cases}a=\dfrac{2}{5},\\ b=-\dfrac{8}{5}.\end{cases}$

所以③正确.

④错误.因为当$y=-2$时,作$y=-2$的直线,与抛物线有2个交点,即有2个值.

【答案】B.

例3 已知二次函数$y=ax^2+bx+c$的图象与x轴交于点$(-2,0)$,$(x_1,0)$,且$1<x_1<2$,与y轴的正半轴的交点在点$(0,2)$的下方.下列结论:①$a<b<c$;②$2a+c>0$;③$4a+c<0$;④$2a-b+1>0$,其中正确结论的个数为( )

A.1个　　　　B.2个　　　　C.3个　　　　D.4个

【解析】因为抛物线与x轴两交点为$(-2,0)$,$(x_1,0)$,且$1<x_1<2$,所以对称轴$x=\dfrac{-2+x_1}{2}=-\dfrac{b}{2a}$.

则$-\dfrac{1}{2}<-\dfrac{b}{2a}<0$.

且因为与y轴交点在y轴正半轴上,

所以$a<0$,∴$a<b<0$.

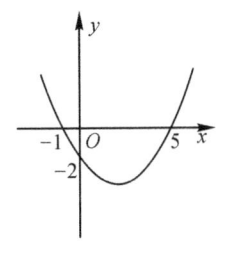

由抛物线与 y 轴的正半轴的交点在 $(0,2)$ 的下方,得 $c>0$.

即 $a<b<c$,①正确;

根据一元二次方程根与系数关系得:$-2x_1=\dfrac{c}{a}$,

$\therefore -4<\dfrac{c}{a}<-2$,

$\therefore 2a+c>0,4a+c<0$.

$\therefore$ ②③正确.

④由抛物线过 $(-2,0)$,则 $4a-2b+c=0$,而 $c<2$,则 $4a-2b+2>0$,即 $2a-b+1>0$.④正确.

【答案】D.

考查点 2. 用待定系数法求二次函数的解析式

方法:根据已知条件,选取合适的解析式,是快速解题的关键.

例 4 已知:关于 x 的一元二次方程 $ax^2+bx+c=3$ 的一个根为 $x=2$,且二次函数 $y=ax^2+bx+c$ 的对称轴是直线 $x=2$,则抛物线的顶点坐标为(　　)

A.$(2,-3)$　　　　　B.$(2,1)$　　　　　C.$(2,3)$　　　　　D.$(3,2)$

【解析】因为对称轴为 $x=2$,设抛物线解析式为:$y=a(x-2)^2+c$

因为 $y=3$ 时,根为 $x=2$,代入得:$3=c$

所以顶点坐标为 $(2,3)$.

【答案】C.

例 5 如图(单位:m),等腰直角三角形 ABC 以 2 米/秒的速度沿直线 L 向正方形移动,直到 AB 与 CD 重合.等腰直角三角形 ABC 的腰和正方形边长都为 10m.设 x 秒时,三角形与正方形重叠部分的面积 y m².

(1)写出 y 与 x 的关系式;

(2)当 $x=2,3.5$ 时,y 分别是多少?

(3)当重叠部分的面积是正方形面积的一半时,三角形移动了多长时间?求抛物线顶点坐标、对称轴.

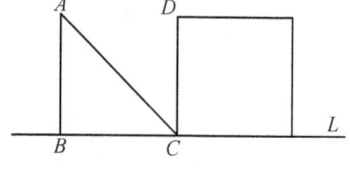

【解析】(1)因为移动过程中,等腰直角三角形和正方形重合部分为等腰直角三角形,且直角边都是 $2x$.

所以 $y=2x^2$.

(2)当 $x=2$ 时,代入得:$y=2\times2^2=8$,

当 $x=3.5$ 时,代入得:$y=2\times3.5^2=24.5$.

(3)正方形面积为:$10\times10=100$,

所以正方形面积一半为:50,

所以 $50=2x^2$,

解得:$x=5$(保留),$x=-5$(舍去).

例6 已知抛物线 $y=\dfrac{1}{2}x^2+x-\dfrac{5}{2}$.

(1)求它的顶点坐标和对称轴;

(2)若该抛物线与 x 轴的两个交点为 A,B,求线段 AB 的长.

【解析】(1) $y=\dfrac{1}{2}x^2+x-\dfrac{5}{2}$

$y=\dfrac{1}{2}(x^2+2x+1-1)-\dfrac{5}{2}$

$y=\dfrac{1}{2}(x+1)^2-3$

∴顶点坐标为 $(-1,-3)$.

对称轴为直线 $x=-1$.

(2)令 $y=0$,得 $0=\dfrac{1}{2}(x+1)^2-3$

解得:$\begin{cases} x_1=-1+\sqrt{6} \\ x_2=-1-\sqrt{6} \end{cases}$

则 AB 的长为:$-1+\sqrt{6}-(-1-\sqrt{6})=2\sqrt{6}$.

例7 已知:二次函数 $y=ax^2-(b+1)x-3a$ 的图象经过点 $P(4,10)$,交 x 轴于 $A(x_1,0),B(x_2,0)$ 两点$(x_1<x_2)$,交 y 轴负半轴于 C 点,且满足 $3AO=OB$.

(1)求二次函数的解析式;

(2)在二次函数的图象上是否存在点 M,使锐角 $\angle MCO>\angle ACO$?若存在,请你求出 M 点的横坐标的取值范围;若不存在,请你说明理由.

【解析】(1)如图,∵抛物线交 x 轴于点 $A(x_1,0),B(x_2,0)$

则 $x_1 \cdot x_2=-3<0$

∵$x_1<x_2$

∴$x_2>0,x_1<0$

∵$3OA=OB$,∴$x_2=-3x_1$.∴$x_1 \cdot x_2=-3x_1^2=-3$

∴$x_1=-1$∴$x_2=3$∴$A(-1,0)$

将点 $A(-1,0),P(4,10)$ 代入解析式,解得 $a=2,b=3$

∴二次函数的解析式为 $y=2x^2-4x-6$.

(2)存在点 M 使 $\angle MCO<\angle ACO$.

点 A 关于 y 轴的对称点 $A'(1,0)$,

∴直线 $A'C$ 解析式为 $y=6x-6$,直线 $A'C$ 与抛物线交点为 $(0,-6),(5,24)$.

∴符合题意的 x 的范围为 $-1<x<0$ 或 $0<x<5$.

当点 M 的横坐标满足 $-1<x<0$ 或 $0<x<5$ 时,$\angle MCO>\angle ACO$.

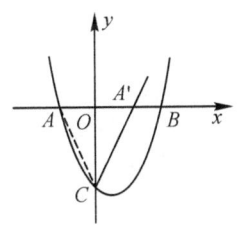

例8 "已知函数 $y=\frac{1}{2}x^2+bx+c$ 的图象经过点 $A(c,-2)$ ☐，求证：这个二次函数图象的对称轴是 $x=3$."题目中的矩形框部分是一段被墨水污染了无法辨认的文字.

(1)根据已知和结论中现有的信息，你能否求出题中的二次函数解析式？若能，请写出求解过程，并画出二次函数图象；若不能，请说明理由；

(2)请你根据已有的信息，在原题中的矩形框中，添加一个适当的条件，把原题补充完整.

【解析】(1)根据 $y=\frac{1}{2}x^2+bx+c$ 的图象经过点 $A(c,-2)$，图象的对称轴是 $x=3$，

得 $\begin{cases} \frac{1}{2}c^2+bc+c=-2 \\ -\frac{b}{2\times\frac{1}{2}}=3 \end{cases}$

解得：$\begin{cases} b=-3 \\ c=2 \end{cases}$

所以所求二次函数解析式为 $y=\frac{1}{2}x^2-3x+2$ 图象如图所示.

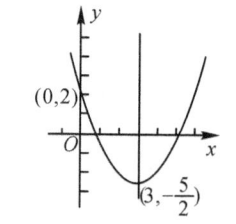

(2)在解析式中令 $y=0$，得 $\frac{1}{2}x^2-3x+2=0$，

解得：$x_1=3+\sqrt{5}$，$x_2=3-\sqrt{5}$，

所以可以填"抛物线与 x 轴的一个交点的坐标是 $(3+\sqrt{5},0)$"或"抛物线与 x 轴的一个交点的坐标是 $(3-\sqrt{5},0)$".

令 $x=3$ 代入解析式，得 $y=-\frac{5}{2}$，

所以抛物线 $y=\frac{1}{2}x^2-3x+2$ 的顶点坐标为 $(3,-\frac{5}{2})$，

所以也可以填抛物线的顶点坐标为 $(3,-\frac{5}{2})$ 等.

考查点3. 运用抛物线的对称性解题

方法：抛物线上纵坐标相同的两点是对称点；抛物线上有两点 $(x_1,n)(x_2,n)$，则抛物线的对称轴方程为 $x=\frac{x_1+x_2}{2}$.

例9 已知 $A(x_1,2015)$，$B(x_2,2015)$ 是二次函数 $y=ax^2+bx+5$ 的图象上的两点，则当 $x=x_1+x_2$ 时，求二次函数的值.

【解析】因为 A，B 两点的纵坐标相同，

所以 A，B 两点横坐标关于对称轴 $x=-\frac{b}{2a}$ 对称，

$x=x_1+x_2=-\dfrac{b}{a}$代入方程得:

$y=a\left(-\dfrac{b}{a}\right)^2+b\left(-\dfrac{b}{a}\right)+5=5$.

例10 已知点 $A(4,y_1),B(\sqrt{2},y_2),C(-2,y_3)$ 都在二次函数 $y=(x-2)^2-1$ 的图象上,求 y_1,y_2,y_3 的大小关系.

【解析】二次函数 $y=(x-2)^2-1$ 的对称轴为:$x=2$,

因为 $A(4,y_1),B(\sqrt{2},y_2),C(-2,y_3)$,

所以 -2 离对称轴最远,4 离对称轴次之,$\sqrt{2}$ 离对称轴最近,

因为二次函数开口向上,

所以离对称轴越远,y 值越大.

【答案】$y_3>y_1>y_2$.

考查点 4. 用二次函数解决最值问题

方法:利用配方法,将二次函数配成 $y=a(x+k)^2+c$ 的形式,从而解决最值问题.

例11 某产品每件成本10元,试销阶段每件产品的销售价 x(元)与产品的日销售量 y(件)之间的关系如下表:

x(元)	15	20	30	…
y(件)	25	20	10	…

若日销售量 y 是销售价 x 的一次函数.

(1)求出日销售量 y(件)与销售价 x(元)的函数关系式;

(2)要使每日的销售利润最大,每件产品的销售价应定为多少元?此时每日销售利润是多少元?

【解析】(1)设此一次函数表达式为 $y=kx+b$.则 $\begin{cases}15k+b=25\\20k+b=20\end{cases}$

解得 $k=-1,b=40$.

即一次函数表达式为 $y=-x+40$.

(2)设每件产品的销售价应定为 x 元,所获销售利润为 w 元,

$w=(x-10)(40-x)=-x^2+50x-400=-(x-25)^2+225$.

产品的销售价应定为25元,此时每日获得最大销售利润为225元.

例12 你知道吗?平时我们在跳大绳时,绳甩到最高处的形状可近似地看为抛物线.如图所示,正在甩绳的甲、乙两名学生拿绳的手间距为4 m,距地面均为1 m,学生丙、丁分别站在距甲拿绳的手水平距离1 m,2.5 m 处.绳子在甩到最高处时刚好通过他们的头顶.已知学生丙的身高是1.5 m,则学生丁的身高为(建立的平面直角坐标系如下图所示)( )

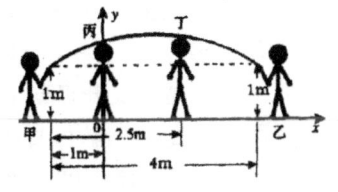

A.1.5 m B.1.625 m C.1.66 m D.1.67 m

【解析】设抛物线解析式为：$y=ax^2+bx+c$，

根据题干信息可知三个点$(-1,1)$，$(3,1)$，$(0,1.5)$代入得：

$$\begin{cases} 1=a\times(-1)^2+b\times(-1)+c \\ 1=a\times 3^2+b\times 3+c \\ 1.5=c \end{cases}$$

解得：$\begin{cases} a=\dfrac{1}{6} \\ b=\dfrac{1}{3} \\ c=\dfrac{3}{2} \end{cases}$

所以抛物线解析式为：$y=\dfrac{1}{6}x^2+\dfrac{1}{3}x+\dfrac{3}{2}$.

代入 $x=1.5$，得 $y=1.625$.

【答案】B.

考查点5. 二次函数的图象

方法：涉及二次函数图象，要抓住几点：开口方向；顶点坐标；对称轴；图象与 x 轴、y 轴的交点.

例13 已知二次函数 $y=\dfrac{1}{2}x^2+6x+10$

(1)试确定其图象经过哪几个象限；

(2)若直线 $y=a$ 与该二次函数的图象没有交点，求 a 的取值范围.

【解析】(1) $y=\dfrac{1}{2}x^2+6x+10$ 配方得：

$y=\dfrac{1}{2}(x+6)^2-8$，

所以顶点坐标$(-6,-8)$.

因为 $a>0$，所以抛物线开口向上，

因为 $c=10$，所以抛物线与 y 轴交点在 y 轴正半轴上，

综上得抛物线过一、二、三象限.

(2)因为直线 $y=a$ 与抛物线没有交点，

又因为抛物线开口向上，且顶点坐标为$(-6,-8)$，

所以当 $a<-8$ 时，直线与抛物线无交点.

例14 已知抛物线 $y=ax^2-(a+c)x+c$（其中 $a\neq c$）的图象不经过第二象限. 求这条抛物线的顶点所在的象限.

【解析】若 $a>0$，则抛物线开口向上.

所以必经过第二象限,

因为图象不经过第二象限,

所以 $a<0$.

因为抛物线与 y 轴的交点为 $(0,c)$,

又因为抛物线不经过第二象限,

所以 $c \leq 0$.

设顶点坐标为 (x,y),

则 $\begin{cases} x = \dfrac{a+c}{2a} > 0, \\ y = \dfrac{4ac-(a+c)^2}{4a} > 0. \end{cases}$

【答案】顶点在第一象限.

考查点6. 二次函数与应用问题

方法:将问题转化为关于二次函数的解析式的问题来解决.

例15 销售某种商品,如果单价上涨 $m\%$,则售出的数量将减少 $\dfrac{m}{150}$.为了使该商品的销售总金额最大,m 应为多少?

【解析】设该商品原来的价格为 a,售出量为 b,

则销售总金额 $S = a(1+m\%) \times b(1-\dfrac{m}{150})$,

化简得:$S = \dfrac{ab}{100 \times 150} \times [-(m-25)^2 + 15625]$,

得当 $m = 25$ 时,S 有最大值.

☞【提分精练】

一、选择题(每题4分,共24分)

1.下列函数中属于一次函数的是( ),属于反比例函数的是( ),属于二次函数的是( )

A. $y = x(x+1)$ B. $xy = 1$

C. $y = 2x^2 - 2(x+1)^2$ D. $y = \sqrt{3x^2+1}$

2.在二次函数①$y = 3x^2$;②$y = \dfrac{2}{3}x^2$;③$y = \dfrac{4}{3}x^2$ 中,图象在同一水平线上的开口大小顺序用题号表示应该为( )

A.①>②>③ B.①>③>②

C.②>③>① D.②>①>③

3.对于抛物线 $y=ax^2$,下列说法中正确的是(　　)

A.a 越大,抛物线开口越大　　　　　B.a 越小,抛物线开口越大

C.$|a|$ 越大,抛物线开口越大　　　　D.$|a|$ 越小,抛物线开口越大

4.下列说法中错误的是(　　)

A.在函数 $y=-x^2$ 中,当 $x=0$ 时 y 有最大值 0

B.在函数 $y=2x^2$ 中,当 $x>0$ 时 y 随 x 的增大而增大

C.抛物线 $y=2x^2$,$y=-x^2$,$y=-\frac{1}{2}x^2$ 中,抛物线 $y=2x^2$ 的开口最小,抛物线 $y=-x^2$ 的开口最大

D.不论 a 是正数还是负数,抛物线 $y=ax^2$ 的顶点都是坐标原点

5.$y=x^2+kx+1$ 与 $y=x^2-x-k$ 的图象相交,若有一个交点在 x 轴上,则 k 为(　　)

A.0　　　　B.-1　　　　C.2　　　　D.$\frac{1}{4}$

6.若方程 $ax^2+bx+c=0$ 的两个根是 -3 和 1,那么二次函数 $y=ax^2+bx+c$ 的图象的对称轴是直线(　　)

A.$x=-3$　　　　B.$x=-2$　　　　C.$x=-1$　　　　D.$x=1$

二、填空题(每题 4 分,共 16 分)

7.在下列函数中 ①$y=-2x^2$;②$y=-2x+1$;③$y=x$;④$y=x^2$,回答:

(1)_____ 的图象是直线,_____ 的图象是抛物线.

(2)函数 _____ y 随着 x 的增大而增大.函数 _____ y 随着 x 的增大而减小.

(3)函数 _____ 的图象关于 y 轴对称.函数 _____ 的图象关于原点对称.

(4)函数 _____ 有最大值为 _____.函数 _____ 有最小值为 _____.

8.已知函数 $y=(m^2-3m)x^{m^2-2m-1}$ 的图象是抛物线,则函数的解析式为 _____,抛物线的顶点坐标为 _____,对称轴方程为 _____,开口 _____.

9.已知函数 $y=mx^{m^2-2m+2}+(m-2)x$.

(1)若它是二次函数,则 $m=$ _____,函数的解析式是 _____,其图象是一条 _____,位于第 _____ 象限.

(2)若它是一次函数,则 $m=$ _____,函数的解析式是 _____,其图象是一条 _____,位于第 _____ 象限.

10.已知函数 $y=mx^{m^2+m}$,则当 $m=$ _____ 时它的图象是抛物线;当 $m=$ _____ 时,抛物线的开口向上;当 $m=$ _____ 时抛物线的开口向下.

三、解答题(每题 12 分,共 60 分)

11.函数 $y=(m-3)x^{m^2-3m-2}$ 为二次函数.

(1)若其图象开口向上,求函数关系式;

(2)若当 $x>0$ 时，y 随 x 的增大而减小，求函数的关系式，并画出函数的图象．

12．抛物线 $y=ax^2$ 与直线 $y=2x-3$ 交于点 $A(1,b)$．
(1)求 a，b 的值；
(2)求抛物线 $y=ax^2$ 与直线 $y=-2$ 的两个交点 B，C 的坐标(B 点在 C 点右侧)；
(3)求 $\triangle OBC$ 的面积．

13．已知抛物线 $y=ax^2$ 经过点 $A(2,1)$．
(1)求这个函数的解析式；
(2)写出抛物线上点 A 关于 y 轴的对称点 B 的坐标；
(3)求 $\triangle OAB$ 的面积；
(4)抛物线上是否存在点 C，使 $\triangle ABC$ 的面积等于 $\triangle OAB$ 面积的一半，若存在，求出 C 点的坐标；若不存在，请说明理由．

14. 已知抛物线 $y=ax^2+(\frac{4}{3}+3a)x+4$ 与 x 轴交于 A,B 两点，与 y 轴交于点 C. 是否存在实数 a，使得 $\triangle ABC$ 为直角三角形. 若存在，请求出 a 的值；若不存在，请说明理由.

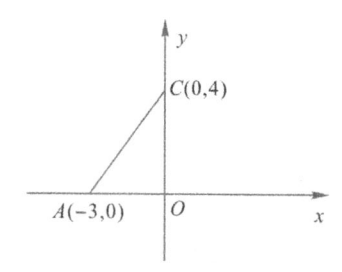

15. 已知抛物线 $y=-x^2+mx-m+2$.

(1)若抛物线与 x 轴的两个交点 A,B 分别在原点的两侧，并且 $AB=\sqrt{5}$，试求 m 的值；

(2)设 C 为抛物线与 y 轴的交点，若抛物线上存在关于原点对称的两点 M,N，并且 $\triangle MNC$ 的面积等于 27，试求 m 的值.

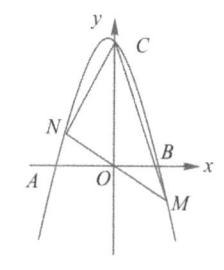

二、图形与几何

（一）三视图

☞【课标精读】

1. 会画简单几何体的主视图、左视图、俯视图，能判断简单物体的视图，并会根据视图描述简单的几何体.
2. 通过实例，了解上述视图与展开图在现实生活中的应用.

☞【类型精析】

三视图是中考的高频考点，在陕西中考选择题考查，所占分值3分，为容易题.主要考查常见几何体及其组合体的主视图、俯视图、左视图、小正方块组成的几何体的三视图，近几年陕西中考考查情况如下表.

年份	题号	考查点	命题材料	考查形式
2008	2	三视图	圆锥与圆柱组合体	主视图
2010	4	三视图	圆锥与正方体组合体	俯视图
2011	2	三视图	正方体，圆锥，圆柱，球	主视图，俯视图
2012	2	三视图	三个小正方体组成的几何体	左视图
2013	2	三视图	圆柱和长方体组合体	俯视图
2014	2	三视图	正方体被截取一个直三棱柱得到的几何体	左视图
2015	2	三视图	螺母	俯视图
2016	2	三视图	三个大小相同的小立方块组成的几何体	左视图
2017	2	三视图	长方体和圆柱的组合体	主视图
2019	2	三视图	两个正方体组成的几何体	俯视图

☞【备考精华】

★考查的知识点清单梳理

知识点一：三视图的概念		关键点拨与对应举例
1.视图的概念	当我们从某一角度观察物体时，可以把所看到的形状用平面图形画出来，这就是物体的一个视图	视图是平面图形
2.三视图的概念	主视图：从正面看到的由前向后观察物体的视图 左视图：从左面看到的由左向右观察物体的视图 俯视图：从上面看到的由上向下观察物体的视图	明确三种视图观察的方向是关键

知识点二：几种常见几何体三视图				关键点拨与对应举例
	几何体	主视图	左视图	俯视图	
3.常见几何体三视图	圆柱	矩形	矩形	圆	(1)通过牢记正方体、圆柱、圆锥、球、长方体几种常见几何体三视图的特点进行判断，特别注意：画圆锥俯视图时，不要漏掉圆心处的实点； (2)常见几何体的三视图要遵循"主视图与俯视图长对正，主视图与左视图高平齐，左视图与俯视图宽相等"的规则
	圆锥	三角形	三角形	带圆心圆	
	球	圆	圆	圆	

知识点三：小正方块组成的几何体的三视图		关键点拨与对应举例
4.小正方块组成的几何体的三视图方法指导	(1)主视图是从前向后看，视图中从左向右有 a 列，每一列最高有 b 层，对应到主视图中即有 a 列，每一列有 b 个正方形，并注意每列中正方形的摆放位置； (2)左视图是从左向右看，视图中从左向右有 c 列，每一列最高有 d 层，对应到左视图中即有 c 列，每一列有 d 个正方形，并注意每列中正方形的摆放位置； (3)俯视图是从上向下看，视图中从上向下有 e 行，每一行有 f 个，对应到俯视图中即有 e 行，每一行有 f 个正方形，并注意每行中正方形的摆放位置	例：如图，由6个相同的小正方体组合成一个立体图形，它的俯视图为(　　) 正面 A. B. C. D.

☞【易错精剖】

易错点1. 虚实线混淆

例1 如图所示，该几何体的主视图是(　　)

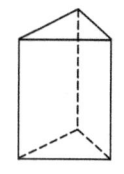

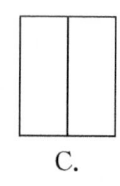

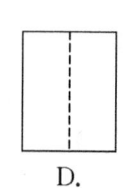

A.　　B.　　C.　　D.

【误解】从正面看到的是矩形,漏画看不见的棱,或者将看不见的棱画成实线.

【精剖】在画视图时,要注意实线与虚线的画法,看得见部分的轮廓线通常画成实线,看不见部分的轮廓线通常画成虚线.从正面看可得到一个长方形,中间有一条竖虚线.

【正解】D.

易错点 2. 曲面几何体的视图转化错误

例 2　如图所示的几何体是由一个长方体和一个圆柱体组成的,则它的主视图是(　　)

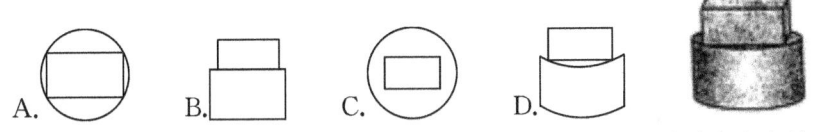

A.　　B.　　C.　　D.

【误解】圆柱的主视图误认为曲面,导致误选 D,或者弄错方向,选为从上面看到的视图 A.

【精剖】圆柱,圆锥和球都是含有曲面的几何体,因此一定要牢记它们各自的三种视图,均应为平面图形;同时要明确主视图是从正面看到的视图,左视图是从左面看到的视图,俯视图是就从上面看到的视图.

【正解】B.

易错点 3. 正方形的摆放位置错误

例 3　(2019 年海南)如图是由 5 个大小相同的小正方体摆成的几何体,它的俯视图是(　　)

A.　　B.　　C.　　D.

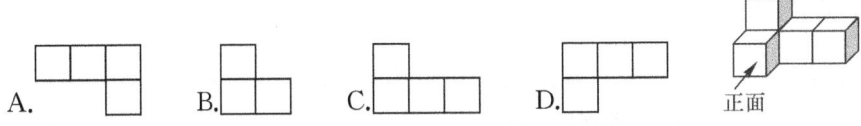

【误解】把第二行的那一个正方形的位置摆放到了右边.

【精剖】画小正方体组成几何体俯视图时,应先从上往下确定行数为 2,再确定第一行为 3 个正方形,第二行为 1 个正方形,特别注意正方形摆放的位置.

【正解】D.

易错点 4. 漏掉了圆锥俯视图圆心处的实点

例 4　如图是由正方体和圆锥组成的几何体,它的俯视图是(　　)

A.　　B.　　C.　　D.

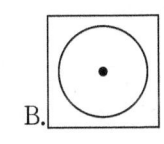

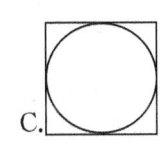

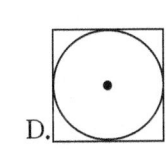

【误解】圆未充满正方形或把圆锥俯视图圆心处的实心漏掉.

【精剖】先确定俯视图是从上向下观察物体得到的视图,即明确观察方向,在根据组合体中几何体的摆放确定圆已与正方形相切,最后根据圆锥俯视图的特点确定出正确答案.

【正解】D.

易错点 5. 三视图还原几何体出错

例 5 一个几何体的三视图如图所示,则这个几何体是( )

A.三棱锥

B.三棱柱

C.圆柱

D.长方体

【误解】有一个视图为三角形,就选了三棱锥,忽视了其余 2 个视图为矩形.

【精剖】根据三视图的知识,正视图为两个矩形,侧视图为一个矩形,俯视图为一个三角形,故这个几何体为直三棱柱.

【正解】B.

☞【真题精选】

类型一：常见几何体的三视图

例 1 (2019 年新疆)下列四个几何体中,主视图为圆的是( )

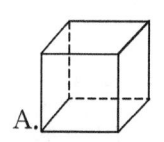

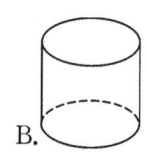

【分析】主视图为从正面看到的视图,正方体主视图为正方形,圆柱主视图为矩形,圆锥主视图为三角形,球的主视图为圆.

【解答】D.

【点评】此题是一道容易题,主要考查了常见几何体三视图的判断,牢记常见几何体各自三视图的特征即可解决.解答时看清是判断三种视图的哪一种视图,明确方向是关键.

类型二：实物的三视图

例 2 (2015 年陕西)如图是一个螺母的示意图,它的俯视图是( )

【分析】俯视图是从这个螺母的上面竖直向下观察得到的图形,从上面竖直往下看

这个螺母得到的是一个正六边形,且六边形的中心有一个圆.

【解答】B.

【点评】解答时,注意六边形的中心是一个圆,没有圆心.

类型三:不规则几何体的三视图

例3 (2014年陕西)下面是一个正方体被截去一个直三棱柱得到的几何体,则该几何体的左视图是( )

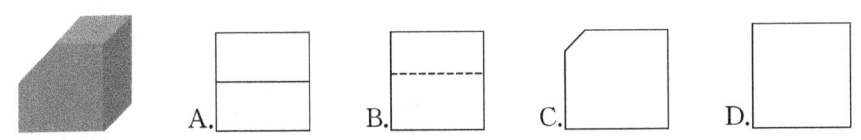

【分析】左视图是从左向右观察物体的视图,看到的是长方形和中间一条看得见的轮廓线,看得见的轮廓线画实线.

【解答】A.

【点评】本题考查了不规则几何体的三视图;解答时注意观察的方向和虚实线的确定.

类型四:常见几何体组合体的三视图

例4 (2019年陕西中考)如图,是由两个正方体组成的几何体,则该几何体的俯视图为_____.

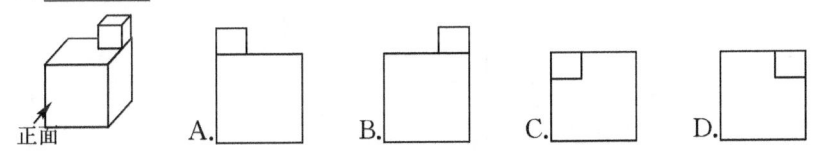

【分析】本题考查三视图,俯视图为从上往下看,所以小正方形应在大正方形的右上角.

【解答】D.

【点评】特别注意上层小正方体的摆放位置.

类型五:小正方体组成几何体的三视图

例5 (2016年陕西中考)如图,下面的几何体由三个大小相同的小立方块组成,则它的左视图是( )

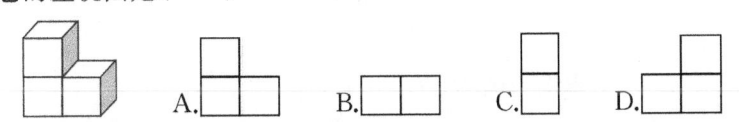

【分析】本题考查小正方体组成的几何体的三视图,左视图为从左向右看,有1列,这列最高有2层,所以对应到俯视图中有1列,这列有2个正方形.

【解答】C.

【点评】小正方体组合几何体的三视图要明确观察的方向,列(行)数及其相应正方形的个数,正方形的摆放位置.

☞【得分精髓】

考查点 1. 三视图

例 1 (2019 年江西)如图是手提水果篮抽象的几何体,以箭头所指的方向为主视图方向,则它的俯视图为(　　)

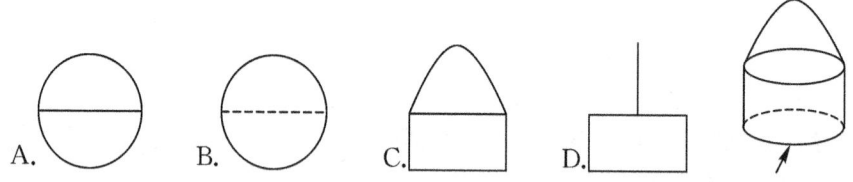

A.　　B.　　C.　　D.

【解析】主视图是从前向后观察得到的视图,明确箭头方向是正面,俯视图是从上向下观察得到的视图,看到一个圆和一条看得见的轮廓线,画成实线.

【答案】A.

考查点 2. 画三视图应遵循的规则

例 2 (2019 年河北)图 2 是图 1 中长方体的三视图,若用 S 表示面积,$S_{主}=x^2+2x$,$S_{左}=x^2+x$,则 $S_{俯}=$(　　)

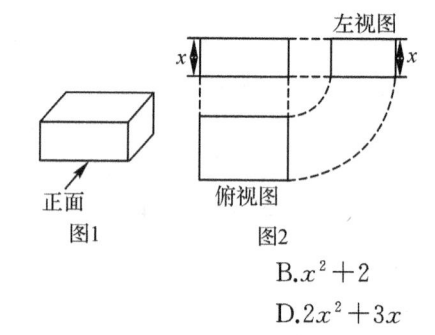

A. x^2+3x+2　　　　　　　　B. x^2+2
C. x^2+2x+1　　　　　　　　D. $2x^2+3x$

【解析】画三视图时,主、俯视图要长对正,确定出长为 $(x+2)$,左、俯视图要宽相等,确定出宽为 $(x+1)$,所以 $S_{俯}=(x+2)(x+1)=x^2+3x+2$.

【答案】A.

☞【提分精练】

一、选择题(每题 6 分,共 66 分)

1. 下列四个立体图形中,主视图为圆的是(　　)

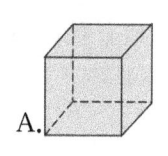

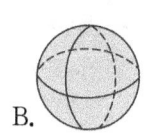

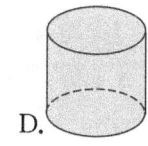

A.　　B.　　C.　　D.

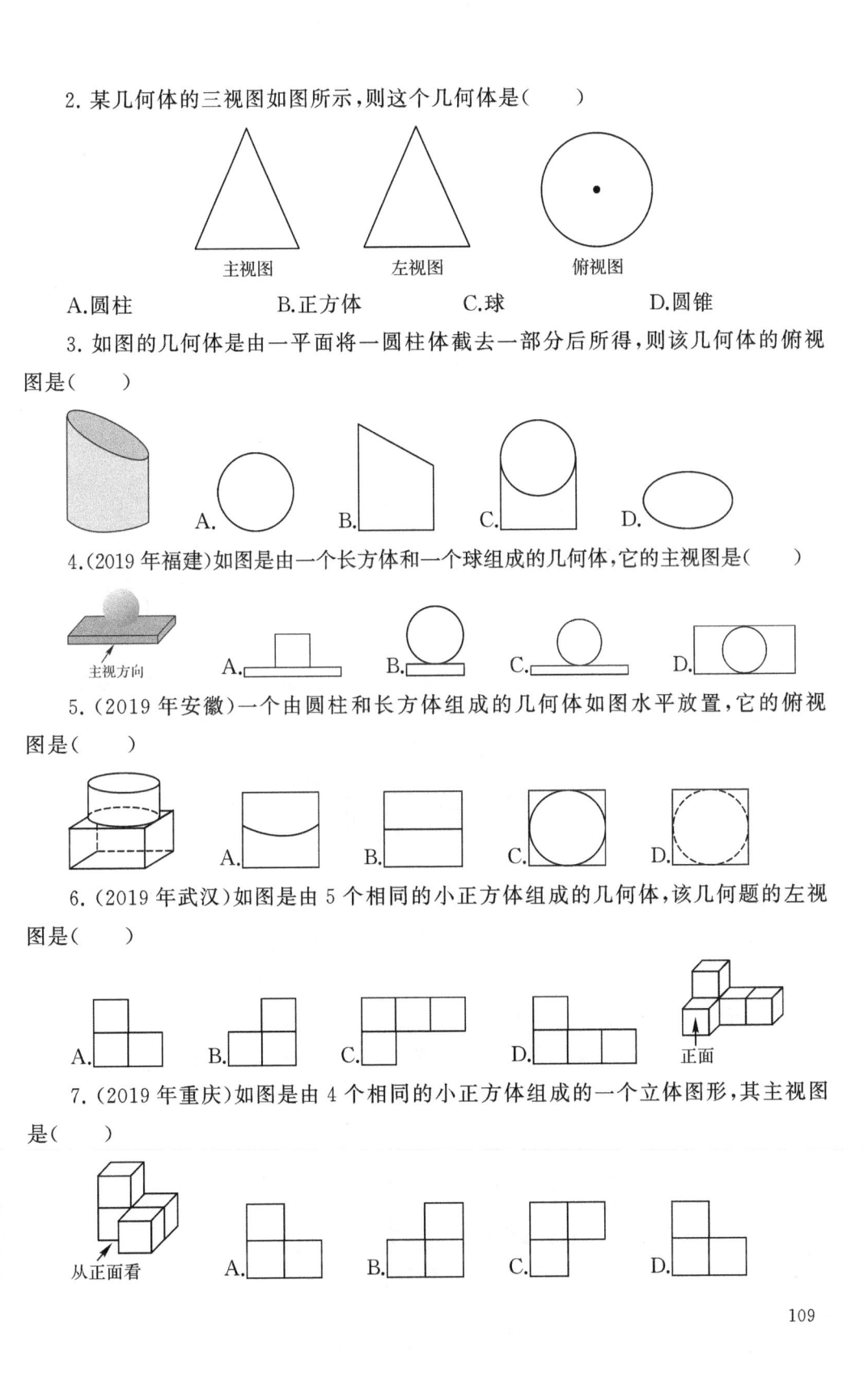

2. 某几何体的三视图如图所示,则这个几何体是( )

A.圆柱　　　　B.正方体　　　　C.球　　　　D.圆锥

3. 如图的几何体是由一平面将一圆柱体截去一部分后所得,则该几何体的俯视图是( )

4. (2019年福建)如图是由一个长方体和一个球组成的几何体,它的主视图是( )

5. (2019年安徽)一个由圆柱和长方体组成的几何体如图水平放置,它的俯视图是( )

6. (2019年武汉)如图是由5个相同的小正方体组成的几何体,该几何题的左视图是( )

7. (2019年重庆)如图是由4个相同的小正方体组成的一个立体图形,其主视图是( )

8. 如图,这个几何体的主视图是( )

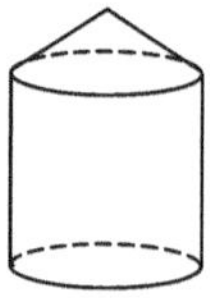

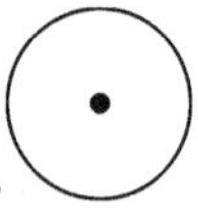

9. 下面四个几何体中,同一个几何体的主视图和俯视图相同的共有( )

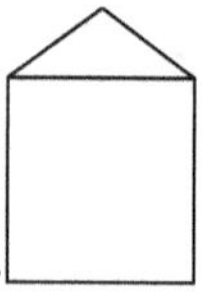

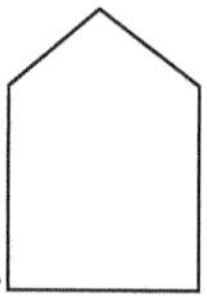

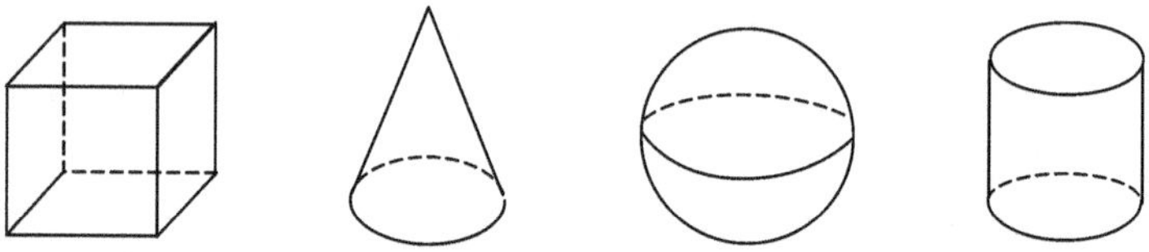

正方体　　圆锥　　球　　圆柱

A.1个　　B.2个　　C.3个　　D.4个

10. 如图,是由三个相同的小正方体组成的几何体,该几何体的左视图是( )

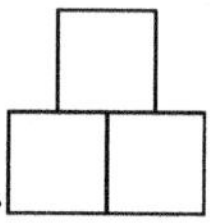

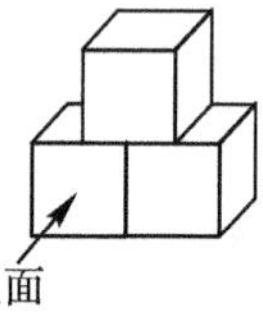

11. (2019年河南)如图①是由大小相同的小正方体搭成的几何体,将上层的小正方体平移后得到图②.关于平移前后几何体的三视图,下列说法正确的是( )

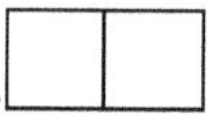

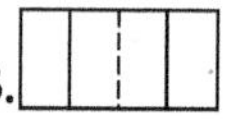

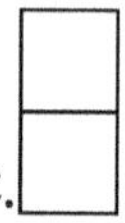

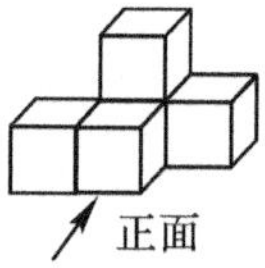

A.主视图相同　　　　　　　　　B.左视图相同
C.俯视图相同　　　　　　　　　D.三种视图都不相同图

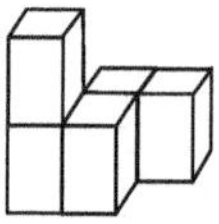

二、填空题(每题6分,共24分)

12. 三视图都一样的几何体可能是_____.(写一个即可)

13. (2019年北京)在如图所示的几何体中,其三视图中有矩形的是_____.(写出所有正确答案的序号)

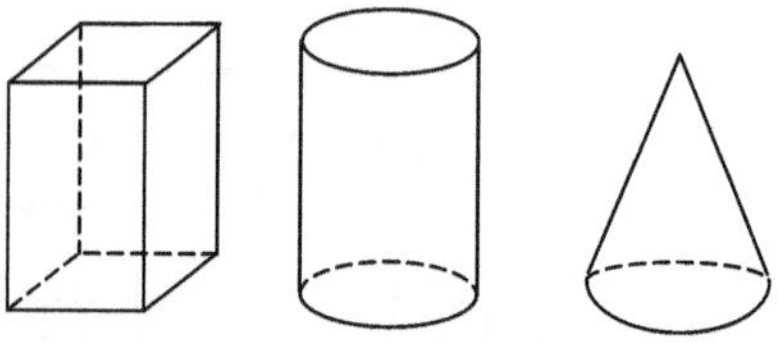

①长方体　②圆柱　③圆锥

14. 由一些大小相同的小正方体搭成的几何体的主视图和俯视图,如图所示,则搭成该几何体的小正方体最多是_____个.

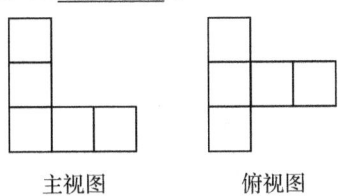

主视图　　俯视图

15. 如图是一个长方体的三视图(单位:cm),根据图中数据计算这个长方体的体积是_____.

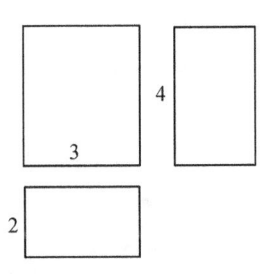

三、画出下列立体图形的三视图(10分)

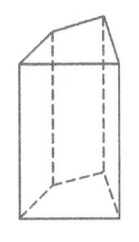

（二）角、相交线、平行线

☞【课标精读】

1. 点、线、面、角

(1)通过实物和具体模型,了解从物体抽象出来的几何体、平面、直线和点.

(2)会比较线段的长短,理解线段的和、差,以及线段中点的意义.

(3)掌握基本事实:两点确定一条直线.

(4)掌握基本事实:两点之间线段最短.

(5)理解两点间距离的意义,能度量两点间的距离.

(6)理解角的概念,能比较角的大小.

(7)认识度、分、秒,会对度、分、秒进行简单的换算,并会计算角的和、差.

2. 相交线与平行线

(1)理解对顶角、余角、补角等概念,探索并掌握对顶角相等、同角(等角)的余角相等,同角(等角)的补角相等的性质.

(2)理解垂线、垂线段等概念,能用三角尺或量角器过一点画已知直线的垂线.

(3)理解点到直线的距离的意义,能度量点到直线的距离.

(4)掌握基本事实:过一点有且只有一条直线与已知直线垂直.

(5)识别同位角、内错角、同旁内角.

(6)理解平行线概念;掌握基本事实:两条直线被第三条直线所截,如果同位角相等,那么两直线平行.

(7)掌握基本事实:过直线外一点有且只有一条直线与这条直线平行.

(8)掌握平行线的性质定理:两条平行直线被第三条直线所截,同位角相等.了解平行线性质定理的证明.

(9)能用三角尺和直尺过已知直线外一点画这条直线的平行线.

(10)探索并证明平行线的判定定理:两条直线被第三条直线所截,如果内错角相等(或同旁内角互补),那么两直线平行;平行线的性质定理:两条平行直线被第三条直线所截,内错角相等(或同旁内角互补).

(11)了解平行于同一条直线的两条直线平行.

☞【类型精析】

角、相交线、平行线是中考的重要考点,在陕西中考选择题第2、3、4、7题出现过,所占分值均是3分.选择题一般考查平行线的性质、角平分线的性质及两角互补互余的性质.近几年陕西中考考查题型如下:

年份	题号	考查点	命题材料	考查形式
2014	7	角、相交线、平行线	求角度	选择题
2015	4	角、相交线、平行线	求角度	选择题
2016	4	角、相交线、平行线	求角度	选择题
2017	4	角、相交线、平行线	求角度	选择题
2018	3	角、相交线、平行线	找补角	选择题
2019	3	角、相交线、平行线	求角度	选择题

☞【备考精华】

★考查的知识点清单梳理

知识点一：线段和直线		关键点拨与对应举例
1. 直线的基本事实	两点确定一条直线	例：
2. 线段的基本事实	两点之间，线段最短	$\underset{A\ \ \ \ B\ \ \ \ \ \ \ \ \ \ C}{\text{图1}}$
3. 线段的和与差	如图1，在线段 AC 上取一点 B，则有：$AB+BC=AC$；$AB=AC-BC$；$BC=AC-AB$	$\underset{A\ \ \ \ \ \ \ \ M\ \ \ \ \ \ \ \ B}{\text{图2}}$
4. 线段的中点	如图2，点 M 是线段 AB 的中点，即有 $AM=MB=\dfrac{1}{2}AB$	

知识点二：角及角平分线		关键点拨与对应举例
5. 度分秒的换算	$1°=60′$，$1′=60″$	$12.3°=$ ____°____′
6. 余角、补角	余角定义：如果两个角的和等于 90°，那么这两个角互为余角 性质：同角（或等角）的余角相等 补角的定义：如果两个角的和等于 180°，那么这两个角互为补角 性质：同角（或等角）的补角相等	例：若 $\angle 1+\angle 2=90°$，则 $\angle 1$ 与 $\angle 2$ 互余， 若 $\angle 3+\angle 4=180°$，则 $\angle 3$ 与 $\angle 4$ 互补， 一个角的补角比这个角的余角大 90°
7. 角平分线的性质定理及逆定理	性质：角平分线上的点到角两边的距离相等 逆定理：角的内部到角两边距离相等的点在角平分线上	例： 图3

知识点三：相交线		关键点拨与对应举例
8. 对顶角	性质：对顶角相等	例：如图4 $\angle 1$ 与 $\angle 3$，$\angle 2$ 与 $\angle 4$，$\angle 5$ 与 $\angle 7$，$\angle 6$ 与 $\angle 8$

续表

	知识点三：相交线	关键点拨与对应举例
9. 邻补角	性质：邻补角之和等于180°	例：如图4 ∠1与∠4，∠2与∠3，∠5与∠8，∠6与∠7等
10. 三线八角	同位角：∠1与∠5，∠2与∠6，∠3与∠7，∠4与∠8 内错角：∠2与∠8，∠3与∠5 同旁内角：∠2与∠5，∠3与∠8	例： 图4
11. 垂线的性质	(1)在同一平面内，过一点有且只有一条直线与已知直线垂直； (2)直线外一点到这条直线的垂线段的长度，叫做点到直线的距离； (3)连接直线外一点与直线上各点的所有线段中，垂线段最短	例： 图5
12. 线段垂直平分线	性质：线段垂直平分线上的点到线段两端点的距离相等 逆定理：到线段两端点距离相等的点在这条线段的垂直平分线上	例： 图6

	知识点四：平行线	关键点拨与对应举例
13. 平行公理及推论	公理：经过直线外一点，有且只有一条直线与已知直线平行 推论：(1)如果两条直线都与第三条直线平行，那么这两条直线也互相平行。即若 $l_1 \parallel l_2$，$l_2 \parallel l_3$，则 $l_1 \parallel l_3$ (2)同一平面内，垂直于同一直线的两条直线互相平行	例： 图7
14. 平行线的性质与判定	性质：同位角相等，两直线平行； 内错角相等，两直线平行； 同旁内角互补，两直线平行 判定：两直线平行，同位角相等； 两直线平行，内错角相等； 两直线平行，同旁内角互补	例： 图8
15. 平行线之间的距离	从一条平行线上任意一点到另一条平行线作垂线，垂线段的长度叫两条平行线之间的距离，平行线之间的距离处处相等	例： 图9

☞【易错精剖】

易错点1. 考虑问题不周

例1 平面上有三条直线,则交点可能是（ ）

A.1个　　　　　　　　　　　　B.1个或3个

C.1个或2个或3个　　　　　　　D.0个或1个或2个或3个

【误解】两条直线相交点只有1个,第三条直线可过前两条直线的交点,也可与前两条直线相交.所以有1个或3个交点.

【精剖】本题考查了对相交线的理解和应用,目的是培养学生的空间想象能力,能画出所有符合条件的图形是解此题的关键.根据题意画出图形,根据图形判断即可.

【正解】三条直线的分布情况可能是如图4种：

交点个数分别是0个或1个或2个或3个,故选D.

易错点2. 忽视限制条件

例2 如图,直线AB,CD相交于点O,$\angle DOF=90°$,OF平分$\angle AOE$,若$\angle BOD=32°$,则$\angle EOF$的度数为（ ）

A.$32°$

B.$48°$

C.$58°$

D.$64°$

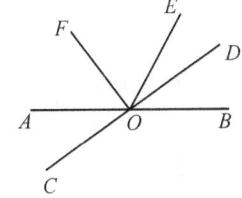

【误解】忽视$\angle DOF=90°$这一条件错误计算出$\angle EOF=\angle EOF=48°$.

【精剖】直接利用邻补角的定义得出$\angle AOF$的度数,进而利用角平分线的定义得出答案.此题主要考查了角平分线的定义以及邻补角,正确得出$\angle AOF$度数是解题关键.

【正解】$\because \angle DOF=90°$,$\angle BOD=32°$,

$\therefore \angle AOF=90°-32°=58°$,

$\because OF$平分$\angle AOE$,

$\therefore \angle AOF=\angle EOF=58°$.

故选C.

易错点 3. 概念不清

例 3　如图,点 P 到直线 l 的距离是(　　)

A.线段 PA 的长度

B.线段 PB 的长度

C.线段 PC 的长度

D.线段 PD 的长度

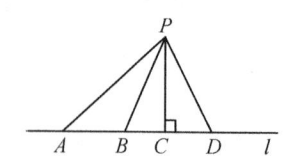

【误解】通过观察得出结论,PB 是点 P 到直线 l 的距离。对点到直线距离概念不理解.

【精剖】根据垂线段的性质"直线外和直线上所有点的连线中,垂线段最短"作答.本题考查了点到直线的距离问题,关键是根据点到直线的距离的定义和垂线段的性质解答.

【正解】点 P 到直线 l 的距离是线段 PC 的长度,故选 C.

易错点 4. 与平行线的性质混淆

例 4　下列图形中,∠1 与∠2 不是同位角的是(　　)

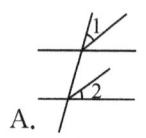

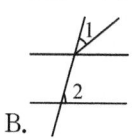

A.　　B.　　C.　　D.

【误解】同位角的概念不清楚,特别是其中两条直线相交时,所以选 C.

【精剖】本题考查了同位角,解答此类题确定三线八角是关键,可直接从截线入手.对平面几何中概念的理解,一定要紧扣概念中的关键词语,要做到对它们正确理解,对不同的几何语言的表达要注意理解它们所包含的意义.同位角就是两个角都在截线的同旁,又分别处在被截的两条直线同侧的位置的角.

【正解】A 不是同位角,B、C、D 是同位角.故选 A.

易错点 5. 计算不彻底

例 5　如图,∠AOB=40°,OP 平分∠AOB,点 C 为射线 OP 上一点,作 $CD \perp OA$ 于点 D,在∠POB 的内部作 $CE \parallel OB$,则∠DCE=_____度.

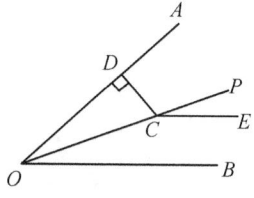

【误解】OP 平分∠AOB.所以∠AOC=$\frac{1}{2}$∠AOD=$\frac{1}{2}$×40°=20°.又因 $CD \perp OA$,所以∠OCD=90°−20°=70°,∠DCE=180°−∠OCD=180°−70°=110°,计算过程不完整.

【精剖】依据∠AOB=40°,OP 平分∠AOB,可得∠AOC=∠BOC=20°,再根据 CD⊥OA 于点 D,CE∥OB,即可得出∠DCP=90°+20°=110°,∠PCE=∠POB=20°,依据∠DCE=∠DCP+∠PCE 进行计算即可.

本题考查了平行线的性质和三角形的外角性质的应用,解题时注意:三角形的一个外角等于和它不相邻的两个内角之和.

【正解】∵∠AOB=40°,OP 平分∠AOB,

∴∠AOC=∠BOC=20°,

又∵CD⊥OA 于点 D,CE∥OB,

∴∠DCP=90°+20°=110°,∠PCE=∠POB=20°,

∴∠DCE=∠DCP+∠PCE=110°+20°=130°,

故答案为:130°.

☞【真题精选】

类型一:利用平行线的性质及两角互余的性质求角度

例1 (2017年陕西中考)如图,直线 $a\parallel b$,Rt△ABC 的直角顶点 C 落在直线 b 上.若∠1=25°,则∠2 的大小为(　　)

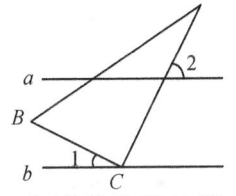

A.55°

B.75°

C.65°

D.85°

【分析】根据平行线的性质求出∠3,根据平角的定义、直角三角形的性质计算即可.

【解答】∵$a\parallel b$,

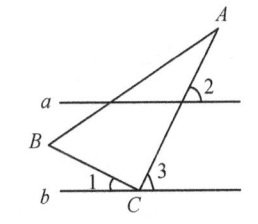

∴∠3=∠2,

∵∠ACB=90°　∴∠1+∠3=90°

∵∠1=25°,

∴∠3=90°-25°=65°,

故答案为:65°.

【点评】本题考查的是直角三角形的性质、平行线的性质,掌握两直线平行,同位角相等是解题的关键.解答时利用互余求出∠3 的度数是关键.

类型二:利用平行线的性质及两角互补的性质求补角

例2 (2018年陕西中考)如图,若 $l_1\parallel l_2,l_3\parallel l_4$,则图中与∠1 互补的角有(　　)

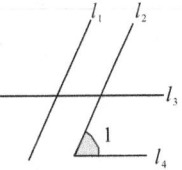

A.1个

B.2个

C.3个

D.4个

【分析】根据平行线的性质求出∠1的补角,根据平行线的性质、对顶角相等即可得出结论.

【解答】∵l_3∥l_4∴∠1与它的同旁内角互补,

∵l_1∥l_2,且对顶角相等∴与∠1互补的角有4对,选D.

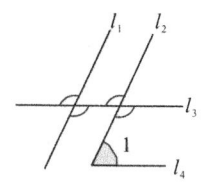

【点评】本题考查的是平行线的性质、对顶角的性质,掌握两直线平行,同位角相等;两直线平行,同旁内角互补是解题的关键.解答时利用"两直线平行,同位角相等""两直线平行,同旁内角互补"是关键.

类型三:利用平行线的性质及角平分线的性质求角度

例3 (2019年陕西中考)如图,OC是∠AOB的角平分线,l∥OB,若∠1=52°,则∠2的度数为( )

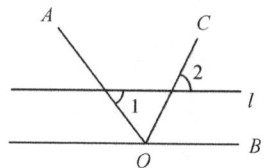

A.52°

B.54°

C.64°

D.69°

【分析】根据平行线的性质求出∠1的同旁内角,根据角平分线的性质及两直线平行同位角相等,即可得出结论.

【解答】∵l∥OB,∴∠1+∠AOB=180°,∴∠AOB=128°,∵OC平分∠AOB,

∴∠BOC=64°,又l∥OB,且∠2与∠BOC为同位角,∴∠2=64°,故选C.

【点评】本题考查的是平行线的性质、角平分线的性质,掌握两直线平行,同旁内角互补及角平分线所分得的两个角相等是解题的关键.解答时利用角平分线的性质,两直线平行,同位角相等;两直线平行,同旁内角互补是关键.

☞**【得分精髓】**

考查点1.余角、补角及角平分线的定义

例1 如图,直线AB,CD相交于O,OD平分∠AOF,OE⊥CD于点O,∠1=50°,求∠COB,∠BOF的度数.

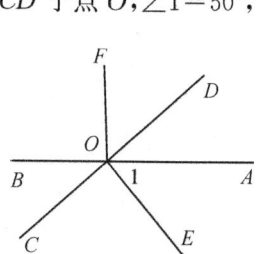

【解析】∵OE⊥CD于点O,∠1=50°,

∴∠AOD=90°−∠1=40°,

∵∠BOC与∠AOD是对顶角,∴∠BOC=∠AOD=40°,

∵OD平分∠AOF,∴∠DOF=∠AOD=40°,

∴∠BOF=180°−∠BOC−∠DOF=180°−40°−40°=100°

【答案】∠BOC=40°,∠BOF=100°.

考查点2.角平分线的性质以及垂线段最短

例2 如图,∠AOB=2∠BOC,CD⊥OB于D,点P是射线OA上的一个动点,

若 $OC=10, OD=8$,则 PC 的最小值为（　　）

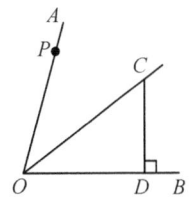

A.5
B.6
C.7
D.8

【解析】当 $CP \perp OA$ 时，PC 的值最小，$\because \angle AOB = 2\angle BOC$，$CD \perp OB$ 于 D，$\therefore \angle AOC = \angle BOC$，$\therefore OC$ 平分 $\angle AOB$，$\therefore PC = CD$，

在 Rt$\triangle COD$ 中，$OC=10, OD=8$，

$\therefore CD = \sqrt{OC^2 - OD^2} = \sqrt{10^2 - 8^2} = 6$

$\therefore PC$ 的最小值为 6.

【答案】B.

考查点 3. 同位角、内错角、同旁内角的定义

例3　如图，在三角形 ABC 中，以 C 为顶点，在三角形 ABC 外画 $\angle ACD = \angle A$，且点 A, D 在直线 BC 的同一侧，再延长 BC 至点 E.在所画的图形中，$\angle A$ 与哪些角是内错角？$\angle B$ 与哪些角是同位角？$\angle ACB$ 与哪些角是同旁内角？

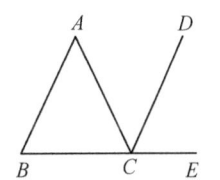

【解析】根据同位角的定义，结合截线与被截直线，在截线的同一侧，在被截直线的同一方向的角是同位角，可以确定同位角；根据内错角的定义，在被截直线之间，在截线的两侧的角是内错角，确定截线与被截直线，结合定义可以得到内错角；根据同旁内角的定义，在被截直线之间，在截线的同侧的两个角是同旁内角，可以得到同旁内角.

【答案】$\angle A$ 的内错角有两个，分别是 $\angle ACD, \angle ACE$；$\angle B$ 的同位角有两个，分别是 $\angle DCE, \angle ACE$；$\angle ACB$ 的同旁内角有两个，分别是 $\angle A, \angle B$.

考查点 4. 平行线的性质及平行公理

例4　下列说法正确的有（填序号）：_____.

①同位角相等；②一条直线有无数条平行线；③在同一平面内，两条不相交的线段是平行线；④在同一平面内，如果 $a \parallel b, b \parallel c$，则 $a \parallel c$；⑤过一点有且只有一条直线与已知直线平行.

【解析】①应是两直线平行，同位角相等，故本小题错误；②一条直线有无数条平行线，正确；③因为线段有端点，所以有长短，不相交也不一定平行，故在同一平面内，两条不相交的线段不一定是平行线，故本小题错误；④在同一平面内，如果 $a \parallel b, b \parallel c$，则 $a \parallel c$，符合平行公理，正确；⑤应为过直线外一点可以而且只可以画一条直线与已知直线平行，故本小题错误.

【答案】②④.

考查点 5. 平行线的判定与性质

例5　如图，已知 $CD \perp AB$ 于 D，点 F 是 BC 上任意一点，$FE \perp AB$ 于 E，且 $\angle 1 = \angle 2 = 30°, \angle 3 = 84°$，求 $\angle 4$ 的度数.

119

【解析】∵$CD \perp AB$,$FE \perp AB$,∴$\angle BEF = \angle BDC = 90°$,
∴$FE \parallel CD$,∴$\angle 2 = \angle BCD$,
∵$\angle 1 = \angle 2 = 30°$,∴$\angle 1 = \angle BCD = 30°$,
∴$DG \parallel BC$,∴$\angle 3 = \angle ACB = \angle 4 + \angle BCD$,
∴$\angle 4 = 84° - 30° = 54°$.

【答案】$\angle 4 = 54°$.

☞【提分精练】

一、选择题（每题4分，共24分）

1. 在同一平面内，两条直线的位置关系一定是（ ）

A. 平行

B. 相交

C. 相交或平行

D. 垂直

2. 如图，$\angle 1 = 15°$,$\angle AOC = 90°$,点 B,O,D 在同一直线上，则 $\angle 2$ 的度数为（ ）

A. 75°　　　　　B. 15°　　　　　C. 105°　　　　　D. 165°

3. 如图，$AB \perp CD$,且 $AB = CD$.E,F 是 AD 上两点，$CE \perp AD$,$BF \perp AD$.若 $CE = a$,$BF = b$,$EF = c$,则 AD 的长为（ ）

A. $a + c$

B. $b + c$

C. $a - b + c$

D. $a + b - c$

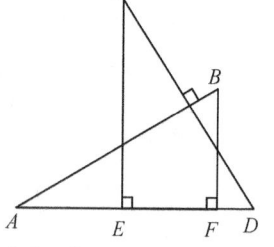

4. 如图，OP 平分 $\angle AOB$,$PC \perp OA$ 于 C,点 D 是 OB 上的动点，若 $PC = 6$ cm,则 PD 的长可以是（ ）

A. 7 cm

B. 4 cm

C. 5 cm

D. 3 cm

5. 如图，$\angle BAC = 90°$,$AD \perp BC$,垂足为 D,则下面的结论中正确的个数为（ ）

①AB 与 AC 互相垂直；②AD 与 AC 互相垂直；③点 C 到 AB 的垂线段是线段 AB；④线段 AB 的长度是点 B 到 AC 的距离；⑤线段 AB 是 B 点到 AC 的距离.

A. 2

B. 3

C. 4

D. 5

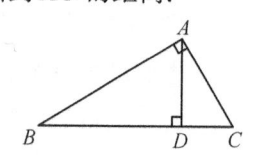

6. 给出下列说法：

(1)两条直线被第三条直线所截,同位角相等；

(2)过平面内一点有且只有一条直线与已知直线平行；

(3)相等的两个角是对顶角；

(4)从直线外一点到这条直线的垂线段,叫做这点到直线的距离；

(5)不相交的两条直线叫做平行线；

(6)垂直于同一条直线的两条直线平行.

其中正确的有( )

A.0个   B.1个   C.2个   D.3个

二、填空题(每题4分,共16分)

7. 如图,直线 AB,CD 相交于 O,$OE \perp AB$,O 为垂足,$\angle COE = 34°$,则 $\angle BOD =$ _____°.

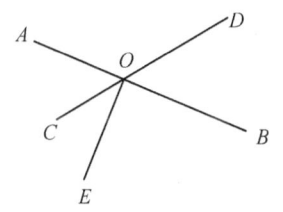

8. 如图,直线 a、b 与直线 c 相交,且 $a \parallel b$,$\angle \alpha = 105°$,则 $\angle \beta =$ _____.

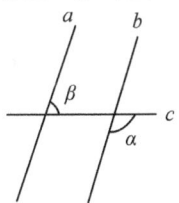

9. 如图所示,$\angle F$ 的内错角是 _____.

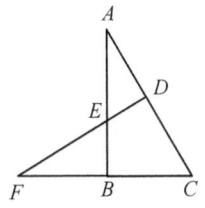

10. 如图,在 □$ABCD$ 中,P 是 CD 边上一点,且 AP 和 BP 分别平分 $\angle DAB$ 和 $\angle CBA$,若 $AD = 5$,$AP = 8$,则 $\triangle APB$ 的周长是 _____.

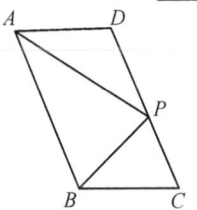

121

三、解答题(每题12分,共60分)

11. 如图,直线 AB, CD 相交于点 O, OA 平分 $\angle EOC$.
(1)若 $\angle EOC = 70°$,求 $\angle BOD$ 的度数.
(2)若 $\angle EOC : \angle EOD = 4 : 5$,求 $\angle BOD$ 的度数.

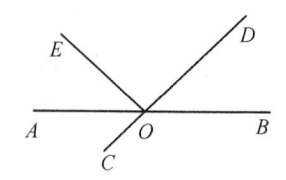

12. 已知: $DE \perp AO$ 于 E, $BO \perp AO$, $\angle CFB = \angle EDO$,
证明: $CF \parallel DO$.

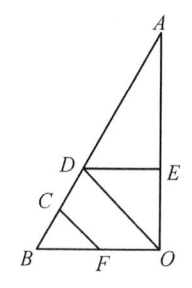

13. 如图,在 $\triangle ABC$ 中, $AB = 3$, $AC = 4$, $BC = 5$, P 为边 BC 上一动点, $PE \perp AB$ 于 E, $PF \perp AC$ 于 F, M 为 EF 中点,求 AM 的最小值.

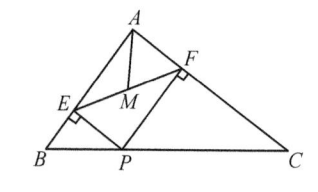

14. 如图,∠ABC=∠DEC,BP 平分∠ABC,EF 平分∠DEC,请说明 BP∥EF.

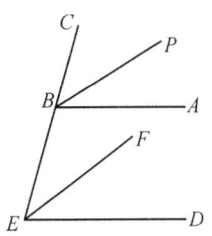

15. 如图 1,CE 平分∠ACD,AE 平分∠BAC,且∠EAC+∠ACE=90°.
(1)请判断 AB 与 CD 的位置关系,并说明理由;
(2)如图 2,当∠E=90°,且 AB 与 CD 的位置关系保持不变,当直角顶点 E 点移动时,写出∠BAE 与∠ECD 的数量关系,并说明理由;
(3)如图 3,P 为线段 AC 上一定点,点 Q 为直线 CD 上一动点,且 AB 与 CD 的位置关系保持不变,当点 Q 在射线 CD 上运动时(点 C 除外),∠CPQ+∠CQP 与∠BAC 有何数量关系?写出结论,并加以证明.

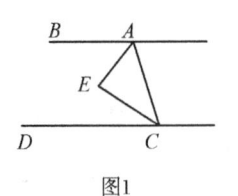

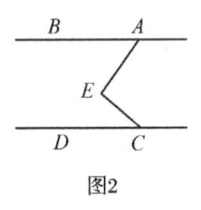

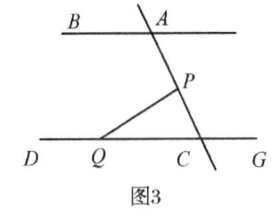

图1　　　　图2　　　　图3

(三)全等三角形

☞【课标精读】

1. 理解全等三角形的概念,能识别全等三角形中的对应边、对应角.
2. 掌握基本事实:两边及其夹角分别相等的两个三角形全等.
3. 掌握基本事实:两角及其夹边分别相等的两个三角形全等.
4. 掌握基本事实:三边分别相等的两个三角形全等.
5. 证明定理:两角及其中一组等角的对边分别相等的两个三角形全等.
6. 探索并掌握判定直角三角形全等的"斜边、直角边"定理.

☞【类型精析】

全等三角形是中考的重要考点,在陕西中考第18题或者第19题或者第23题出现,所占分值是5分或者6分或者7分或者8分.解答题第18题或者第19题主要考查对全等三角形的性质的理解或者全等三角形的判定灵活运用问题,近几年陕西中考第18题或者第19题主要考查了数学学科核心素养中的数学建模和数学运算.(如下表)

年份	题号	考查点	命题材料	考查形式
2014	18	全等三角形的应用	证明两直角三角形全等	全等三角形的性质和判定综合应用
2015	19	全等三角形的应用	证明两直角三角形全等	全等三角形的性质和判定综合应用
2016	19	全等三角形的应用	证明两三角形全等	全等三角形的性质和判定综合应用
2017	19	全等三角形的应用	证明两三角形全等	全等三角形的性质和判定综合应用
2018	18	全等三角形的应用	证明两三角形全等	全等三角形的性质和判定综合应用
2019	18	全等三角形的应用	证明两三角形全等	全等三角形的性质和判定综合应用

☞【备考精华】

★考查的知识点清单梳理

知识点一：全等三角形的概念	关键点拨与对应举例
1.全等三角形的相关概念	(1)概念：能够完全重合的两个三角形叫做全等三角形(注意对应的顶点写在对应的位置上)； (2)对应顶点：全等三角形中互相重合的顶点叫做对应顶点.对应边：全等三角形中互相重合的边叫做对应边 对应角：全等三角形中互相重合的角叫做对应角	全等用符号"≌"表示，读作"全等于".例：如△ABC≌△DEF，读作"三角形ABC全等于三角形DEF"
知识点二：全等三角形的性质		**关键点拨与对应举例**
2.全等三角形的性质	性质： (1)全等三角形的对应边相等、对应角相等； (2)全等三角形的周长相等、面积相等； (3)全等三角形的对应边上的中线、角平分线、高线分别相等	记两个全等三角形时，通常把表示对应顶点的字母写在对应的位置上
知识点三：全等三角形的判定		**关键点拨与对应举例**
3.全等三角形的判定	判定： (1)边边边(SSS)：三边对应相等的两个三角形全等； (2)边角边(SAS)：两边和它们的夹角对应相等的两个三角形全等； (3)角边角(ASA)：两角和它们的夹边对应相等的两个三角形全等； (4)角角边(AAS)：两角和其中一个角的对边对应相等的两个三角形全等； (5)斜边、直角边(HL)：斜边和一条直角边对应相等的两个直角三角形全等(只适用于两个直角三角形)	时刻注意图形中的隐含条件，如"公共角""公共边""对顶角".例：能确定△ABC≌△DEF的条件是(　　) A.$AB=DE$, $BC=EF$, $\angle A=\angle E$ B.$AB=DE$, $BC=EF$, $\angle C=\angle E$ C.$\angle A=\angle E$, $AB=EF$, $\angle B=\angle D$ D.$\angle A=\angle E$, $AB=DE$, $\angle B=\angle E$
知识点四：全等三角形的实际应用		**关键点拨与对应举例**
4.一般步骤	1.证明两线段相等：(1)两全等三角形中对应边相等；(2)同一三角形中等角对等边；(3)等腰三角形顶角的平分线或底边的高平分底边；(4)线段垂直平分线上任意一点到线段两端点距离相等；(5)角平分线上任一点到角的两边距离相等；(6)等于同一线段的两条线段相等 2.证明两角相等：(1)两全等三角形的对应角相等；(2)同一三角形中等边对等角；(3)等腰三角形中，底边上的中线(或高)平分顶角；(4)两条平行线的同位角、内错角相等；(5)同角(或等角)的余角(或补角)相等	(1)三角形中有6个元素(三边三角)：如果两个三角形中有多于3个元素(4个、5个或6个)对应相等，则一定全等；如果两个三角形中有3个元素对应相等，则有时能确定全等，有时不能确定全等；如果两个三角形中有少于3个元素(1个或2个)对应相等，则不能确定全等；(2)判定两个三角形全等必须有一组边对应相等；(3)全等三角形面积相等
5.常见题型	(1)全等三角形的性质的灵活运用； (2)全等三角形的判定的灵活运用； (3)全等三角形的性质和判定的综合应用	

☞【易错精剖】

易错点 1. 考虑问题不周

例1 已知:点 H 是 $\triangle ABC$ 的高 AD,BE 的交点,且 $DH=DC$,则下列结论:①$BD=AD$;②$BC=AC$;③$BH=AC$;④$CE=CD$ 中,正确的有( )

A.1个　　　　B.2个　　　　C.3个　　　　D.4个

【误解】在书写全等三角形时没有把表示对应顶点的字母写在对应的位置上,错选 C.

【精剖】$\because BE\perp AC$,$AD\perp BC$ $\therefore \angle AEH=\angle ADB=90°$,$\because \angle HBD+\angle BHD=90°$,$\angle EAH+\angle AHE=90°$,$\angle BHD=\angle AHE$,$\therefore \angle HBD=\angle EAH$,又 $\because DH=DC$,$\therefore \triangle BDH\cong\triangle ADC$(AAS),$\therefore BD=AD$,$BH=AC$;从而得出①③符合题意;又已知 $\because BC=AC$,$\therefore \angle BAC=\angle ABC$,$\because$ 由①知,在 $Rt\triangle ABD$ 中,$BD=AD$,$\therefore \angle ABC=45°$,$\therefore \angle BAC=45°$,$\therefore \angle ACB=90°$,$\because \angle ACB+\angle DAC=90°$,$\angle ACB<90°$,②不符合题意;$\because CE=CD$,$\angle ACB=\angle ACB$,$\angle ADC=\angle BEC=90°$,$\therefore \triangle BEC\cong\triangle ADC$,由于缺乏条件,无法证得 $\triangle BEC\cong\triangle ADC$,④不符合题意.

【正解】B.

易错点 2. 错用两边及一角对应相等说明全等

例2 下列条件中,不能确定 $\triangle ABC\cong\triangle A'B'C'$ 的是( )

A.$BC=B'C'$,$AB=A'B'$,$\angle B=\angle B'$

B.$\angle B=\angle B'$,$AC=A'C'$,$AB=A'B'$

C.$\angle A=\angle A'$,$AB=A'B'$,$\angle C=\angle C'$

D.$BC=B'C'$,$AB=A'B'$,$AC=A'C'$

【误解】对全等三角形判定方法不理解,错选 A.

【精剖】根据全等三角形的判定定理 SSS、SAS、AAS,对以下选项进行一一分析,并作出判断.(1)根据"全等三角形的判定定理 SAS"可以证得两边及其夹角对应相等的两个三角形全等,故本选项不符合题意;(2)根据 SSA 不可以证得两个三角形全等,故本选项符合题意;(3)根据"全等三角形的判定定理 AAS"可以证得两个角及其中一角所对的边对应相等的两个三角形全等,故本选项不符合题意;(4)根据 SSS,可以证得两个三角形全等,故本选项不符合题意.

【正解】B.

易错点 3. 错用部分当整体说明全等

例3 如图,已知 $AB=AC$,$BD=CE$,试说明 $\triangle ABE$ 与 $\triangle ACD$ 全等的理由.

【误解】$\because AB=AC$ $\therefore \angle B=\angle C$,

在 $\triangle ABE$ 和 $\triangle ACD$ 中

$\because AB=AC$,$\angle B=\angle C$,$BD=CE$,

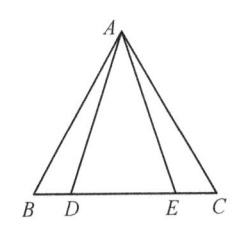

∴△ABE≌△ACD(SAS).

【精剖】错解在把三角形边上的一部分当作说明条件,这不符合三角形全等的判定方法.

【正解】∵AB=AC ∴∠B=∠C

∵BD=CE ∴BD+DE=CE+DE,即 BE=CD

在△ABE 和△ACD 中,

∵AB=AC,∠B=∠C,BE=CD,

∴△ABE≌△ACD(SAS).

☞【真题精选】

例1 (2019年陕西中考)如图,点 A,E,F 在直线 l 上,$AE=BF$,AC∥BD,且 $AC=BD$.求证:$CF=DE$.

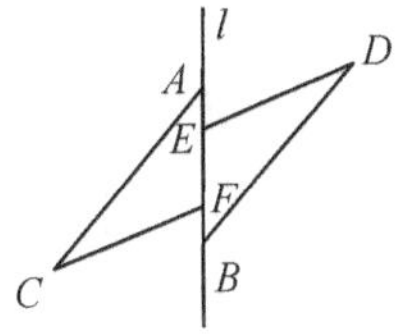

【分析】要证 $CF=DE$,首先找到 CF 和 DE 所在的△ACF 和△BDE.

【解答】∵$AE=BF$,

∴$AF=BE$.

∵AC∥BD,

∴∠CAF=∠DBE,

又 $AC=BD$,

∴△ACF≌△BDE,

∴$CF=DE$.

【点评】已知 $AC=BD$,$AE=BF$ 得到两组相等的边,由 AC∥BD 可得∠CAF=∠DBE,即可证明△ACF≌△BDE.解答时由 AC∥BD 可得这两边的夹角相等,这是关键.

例2 (2018年陕西中考)如图,AB∥CD,E,F 分别为 AB,CD 上的点,且 EC∥BF,连接 AD,分别与 EC,BF 相交于点 G,H,若 $AB=CD$,求证:$AG=DH$.

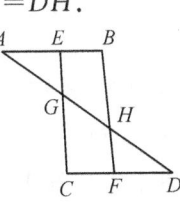

【分析】由 AB∥CD,EC∥BF 知四边形 $BFCE$ 是平行四边形.∠A=∠D,从而得出∠AEG=∠DFH,$BE=CF$,结合 $AB=CD$,知 $AE=DF$,根据 ASA 可得△AEG≌△DFH,据此即可得证.

【解答】∵AB∥CD、EC∥BF,

∴四边形 $BFCE$ 是平行四边形,∠A=∠D,

∴∠BEC=∠BFC,$BE=CF$,

∴∠AEG=∠DFH,

∵$AB=CD$,

∴$AE=DF$,

在△AEG 和△DFH 中,

$$\because \begin{cases} \angle A = \angle D \\ AE = DF \\ \angle AEG = \angle DFH \end{cases},$$

$$\therefore \triangle AEG \cong \triangle DFH(ASA),$$

$$\therefore AG = DH.$$

【点评】本题主要考查全等三角形的判定与性质,解题的关键是掌握平行线的性质与平行四边形的判定与性质及全等三角形的判定与性质.解答时熟练掌握全等三角形的判定与性质及平行线的性质与平行四边形的判定与性质是关键.

例3 (2017年陕西中考)如图,在正方形 $ABCD$ 中,E,F 分别为边 AD 和 CD 上的点,且 $AE=CF$,连接 AF,CE 交于点 G.求证:$AG=CG$.

【分析】根据正方形的性质,可得 $\angle ADF=\angle CDE=90°$,$AD=CD$,根据全等三角形的判定与性质,可得答案.

【解答】证明:$\because$ 四边形 $ABCD$ 是正方形,

$\therefore \angle ADF = \angle CDE = 90°$,$AD = CD$.

$\because AE = CF$,

$\therefore DE = DF$.

在 $\triangle ADF$ 和 $\triangle CDE$ 中 $\begin{cases} AD=CD, \\ \angle ADF=\angle CDE, \\ DF=DE. \end{cases}$

$\therefore \triangle ADF \cong \triangle CDE(SAS),$

$\therefore \angle DAF = \angle DCE,$

在 $\triangle AGE$ 和 $\triangle CGF$ 中,$\begin{cases} \angle GAE=\angle GCF, \\ \angle AGE=\angle CGF, \\ AE=CF. \end{cases}$

$\therefore \triangle AGE \cong \triangle CGF(AAS),$

$\therefore AG = CG.$

【点评】本题主要考查了正方形的性质、全等三角形的判定与性质.解答时熟练掌握正方形的性质及全等三角形的判定与性质是关键.

☞【得分精髓】

考查点1. 全等三角形中的开放性问题

全等三角形是初中数学中最基础、最重要的一部分内容,本题是全开放型的创新题,这种类型的题目开放程度非常高,能激起同学们的挑战欲望和创新热情.

例1 如图,AB,CD 相交于点 O,$AB=CD$,试添加一个条件使得 $\triangle AOD \cong \triangle COB$,你添加的条件是_____(只需写一个).

【解析】两个三角形全等的条件有"SAS""ASA""AAS""SSS".结合题设中的已知,选择恰当的三角形全等条件是解决此类问题的关键.已知条件有 $AB=CD$,隐含条件有 $\angle AOD=\angle COB$,可选择"SAS",填 $OA=OC$ 或 $OB=OD$.

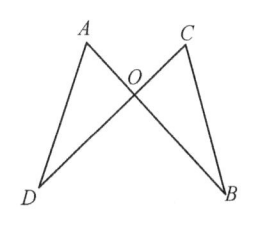

【答案】$OA=OC$ 或 $OB=OD$.

考查点 2. 全等三角形的性质与判定的综合应用

近几年的各地中考中,全等三角形常以开放探究的形式出现,可能设置的问题结论不唯一,或条件不完备,即需要解题者依据题意确定结论或补全条件,或通过变换操作,或有关图形的动态变化导致某些图形、情境的变化,进而构建不同的数学模型,或选择不同的解题策略进行解答.

例 2 如图,已知点 B,F,C,E 在一条直线上,$FB=CE,AC=DF$.

能否由上面的已知条件说明 $AB\parallel ED$?如果能,请给出说明;如果不能,请从下列三个条件中选择一个合适的条件,添加到已知条件中,使 $AB\parallel ED$ 成立,并说明理由.供选择的三个条件(请从其中选择一个):

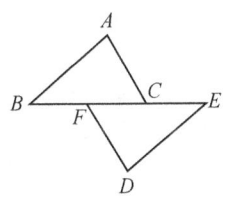

①$AB=ED$;②$BC=EF$;③$\angle ACB=\angle DFE$.

【解析】由条件可知两三角形中具备两边对应相等,可补充边借助"边边边"定理突破,也可补充这两边的夹角,借助"边角边"定理进行分析.

【答案】由上面两条件不能说明 $AB\parallel ED$.有两种添加方法能说明 $AB\parallel ED$.

第一种:添加①$AB=ED$.

理由:因为 $FB=CE$,所以 $BC=EF$.

又 $AC=DF,AB=ED$,

所以 $\triangle ABC\cong\triangle DEF$.

所以 $\angle B=\angle E$,

所以 $AB\parallel ED$.

第二种:添加③$\angle ACB=\angle DFE$.

理由:因为 $FB=CE$,

所以 $BC=EF$.

又 $\angle ACB=\angle DFE,AC=DF$,

所以 $\triangle ABC\cong\triangle DEF$.

所以 $\angle B=\angle E$,

所以 $AB\parallel ED$.

考查点 3. 证明线段、角等问题时往往转化为证明三角形全等

两次三角形全等的证明,在证明线段、角等问题时往往转化为证明三角形全等,从而达到证明的目的.

例3 如图,$AB=AE$,$\angle B=\angle E$,$BC=ED$,F是CD的中点,则$AF\perp CD$吗?试说明理由.

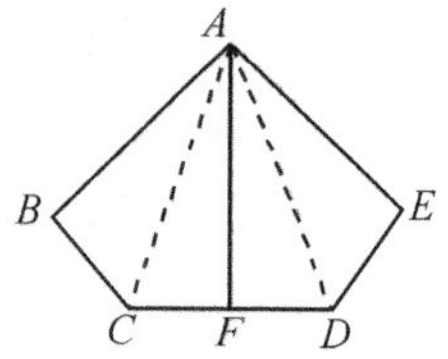

【解析】如图,连接AC,AD,由$AB=AE$,$\angle B=\angle E$,$BC=DE$,根据"SAS"可知$\triangle ABC\cong\triangle AED$,

根据全等三角形的对应边相等可知$AC=AD$.

由$AC=AD$,$CF=DF$,$AF=AF$(公共边),

根据"SSS"可知$\triangle ACF\cong\triangle ADF$.

根据全等三角形的对应角相等可知$\angle AFC=\angle AFD=90°$.

即$AF\perp CD$.

考查点4. 利用三角形全等测距离

测量无法到达的距离时,可以将实际问题转化为数学问题来解决,巧妙利用三角形全等进行转化,从而达到测量的目的.

例4 如图,A,B两个建筑物分别位于河的两岸,要测得它们之间的距离,可以从B出发沿河岸画一条射线BF,在BF上截取$BC=CD$,过D作$DE/\!/AB$,使E,C,A在同一条直线上,则DE的长就是A,B之间的距离,请你说明道理.

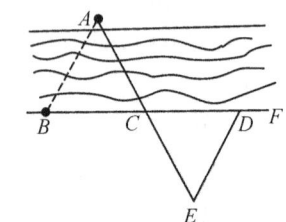

【解析】$\because DE/\!/AB$(作图),

$\therefore \angle A=\angle E$,$\angle ABC=\angle CDE$(两直线平行,内错角相等).

又$\because BC=CD$(已知),$\therefore \triangle ABC\cong\triangle EDC$(AAS),

$\therefore AB=DE$(全等三角形的对应边相等).

☞**【提分精练】**

一、选择题(每题4分,共24分)

1. 如图$AE/\!/DF$,$AE=DF$,使$\triangle EAC\cong\triangle FDB$,需要添加下列选项中的(　　)

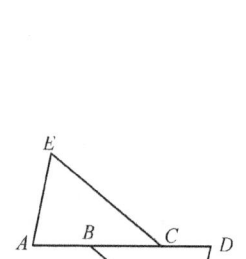

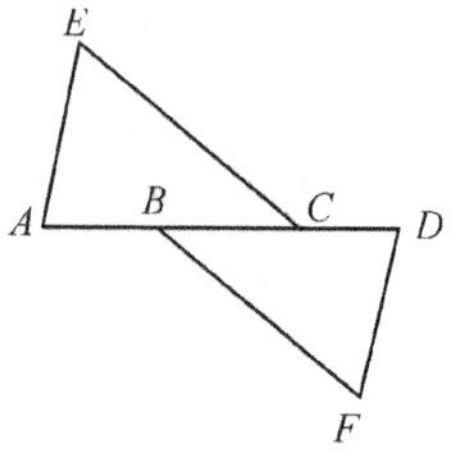

A. $AB=CD$

B. $EC=BF$

C. $\angle A=\angle D$

D. $AB=BC$

2. 如图,$AB=AC$,添加下列条件,能用SAS判断$\triangle ABE\cong\triangle ACD$的是(　　)

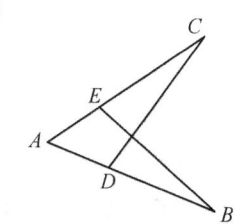

A. $\angle B=\angle C$

B. $\angle AEB=\angle ADC$

C. $AE=AD$

D. $BE=DC$

3. 在下列说法中,正确的有(　　)个

①三角对应相等的两个三角形全等;②三边对应相等的两个三角形全等;③两角、

一边对应相等的两个三角形全等;④两边、一角对应相等的两个三角形全等

A.1　　　　　B.2　　　　　C.3　　　　　D.4

4. 如图,$AC=CD$,$\angle B=\angle E=90°$,$AC\perp CD$,则不正确的结论是(　　)

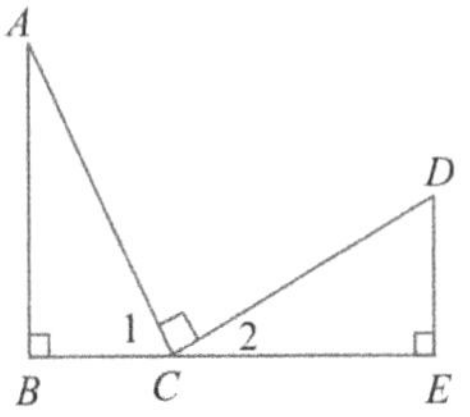

A.$\angle A$ 与 $\angle D$ 互为余角

B.$\angle A=\angle 2$

C.$\triangle ABC\cong\triangle CED$

D.$\angle 1=\angle 2$

5. 如图,已知 $\angle ABC=\angle DCB$,下列条件不能证明 $\triangle ABC\cong\triangle DCB$ 的是(　　)

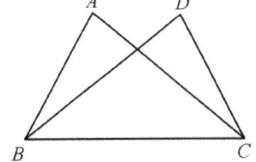

A.$\angle A=\angle D$

B.$AB=DC$

C.$\angle ACB=\angle DBC$

D.$AC=BD$

6. 两组邻边分别相等的四边形叫做"筝形",如图,四边形 $ABCD$ 是一个筝形,其中 $AD=CD$,$AB=CB$,在探究筝形的性质时,得到如下结论:①$AC\perp BD$;②$AO=CO=\dfrac{1}{2}AC$;③$\triangle ABD\cong\triangle CBD$,其中正确的结论有(　　)

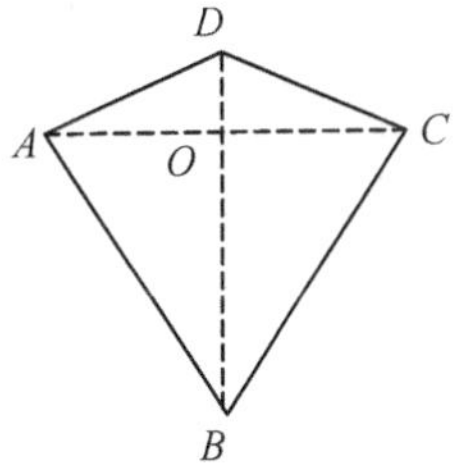

A.0 个

B.1 个

C.2 个

D.3 个

二、填空题(每题 4 分,共 16 分)

7. 如图,已知 $BC=EC$,$\angle BCE=\angle ACD$,要能说明 $\triangle ABC\cong\triangle DEC$,则应添加的一个条件为_____.(答案不唯一,只需填一个)

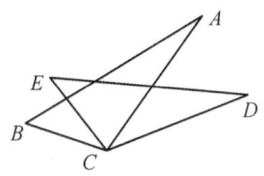

8. 如图,$\angle 1=\angle 2$.(1)当 $BC=BD$ 时,$\triangle ABC\cong\triangle ABD$ 的依据是_____;

(2)当 $\angle 3=\angle 4$ 时,$\triangle ABC\cong\triangle ABD$ 的依据是_____.

131

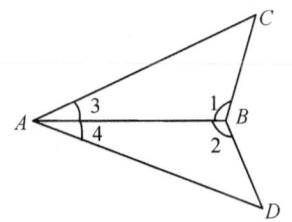

9. 如图,$AD=AB$,$\angle C=\angle E$,$\angle CDE=55°$,则$\angle ABE=$ _____.

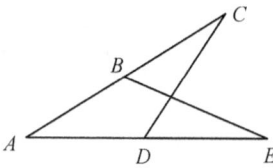

10. 如图,有一个直角三角形ABC,$\angle C=90°$,$AC=8$,$BC=3$,P,Q两点分别在边AC和过点A且垂直于AC的射线AX上运动,且$PQ=AB$.问当$AP=$ _____ 时,才能使△ABC和△PQA全等.

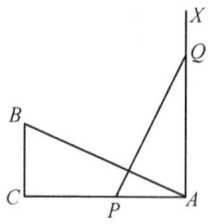

三、解答题(每题12分,共60分)

11. 已知:如图,AD为$\angle BAC$的平分线,且$DF\perp AC$于F,$\angle B=90°$,$DE=DC$.试问BE与CF的关系,并加以说明.

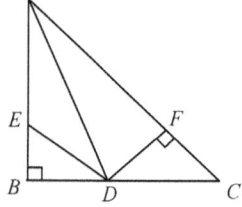

12. 如图,△ABC和△DAE中,$\angle BAC=\angle DAE$,$AB=AE$,$AC=AD$,连接BD,CE.求证:△$ABD\cong$△AEC.

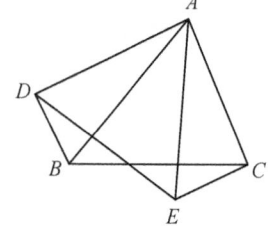

13. 如图,已知$AD=BE$,$BC=EF$,$AC=DF$.求证:(1)$BC\parallel EF$;(2)$\angle C=\angle BOD$.

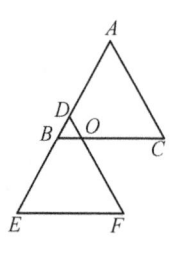

132

14. 如图,点 E,F 分别是矩形 $ABCD$ 的边 AB,CD 上的一点,且 $DF=BE$.求证:$AF=CE$.

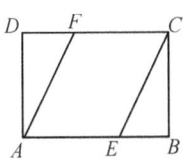

15. 问题提出

(1)如图 1,已知 $\triangle ABC$,请画出 $\triangle ABC$ 关于直线 AC 对称的三角形.

问题探究

(2)如图 2,在矩形 $ABCD$ 中,$AB=4$,$AD=6$,$AE=4$,$AF=2$,是否在边 BC、CD 上分别存在点 G,H,使得四边形 $EFGH$ 的周长最小?若存在,求出它周长的最小值;若不存在,请说明理由.

问题解决

(3)如图 3,有一矩形板材 $ABCD$,$AB=3$ 米,$AD=6$ 米,现想从此板材中裁出一个面积尽可能大的四边形 $EFGH$ 部件,使 $\angle EFG=90°$,$EF=FG=\sqrt{5}$ 米,$\angle EHG=45°$.经研究,只有当点 E,F,G 分别在边 AD,AB,BC 上,且 $AF<BF$,并满足点 H 在矩形 $ABCD$ 内部或边上时,才有可能裁出符合要求的部件,试问能否裁得符合要求的面积尽可能大的四边形 $EFGH$ 部件?若能,求出裁得的四边形 $EFGH$ 部件的面积;若不能,请说明理由.

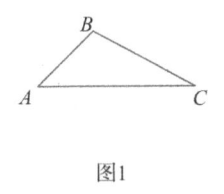

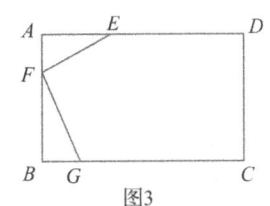

(四)尺规作图

☞【课标精读】

1.能用尺规完成以下基本作图:作一条线段等于已知线段;作一个角等于已知角;作一个角的平分线;作一条线段的垂直平分线;过一点作已知直线的垂线.

2.会利用基本作图作三角形:已知三边、两边及其夹角、两角及其夹边作三角形;已知底边及底边上的高线作等腰三角形;已知一直角边和斜边作直角三角形.

3.会利用基本作图完成:过不在同一直线上的三点作圆;作三角形的外接圆、内切圆;作圆的内接正方形和正六边形.

4.在尺规作图中,了解作图的道理,保留作图的痕迹,不要求写出作法.

☞【类型精析】

尺规作图是陕西中考从2015年起新增考点,属于必考内容,会出现在解答题第17题的位置,分值为5分,题目难易程度属于较易题,但近几年陕西平均得分率并不高,主要考查五种基本作图及对知识之间的联系与理解.近几年陕西中考对17题的考查如下表:

年份	题号	考查点	命题材料	考查形式
2015	18	尺规作图	利用中线将三角形的面积平分	用尺规作线段的垂直平分线
2016	17	尺规作图	将一个三角形分为两个相似的三角形	用尺规过线段外一点作线段的垂线
2017	17	尺规作图	角平分线的性质	用尺规作角平分线
2018	17	尺规作图	正方形的性质	用尺规作两个三角形相似
2019	17	尺规作图	三角形外接圆的定义	用尺规作线段的垂直平分线

☞【备考精华】

★考查的知识点清单梳理

知识点一:尺规作图的定义		关键点拨与对应举例
定义	尺规作图是指用没有刻度的直尺和圆规作图	最基本、最常用的尺规作图称为基本作图,一些复杂的尺规作图都是由基本作图组成的

知识点二:五种常见的尺规作图			关键点拨与对应举例
五种尺规作图	步骤	图示	举例
1.作一条线段等于已知线段	已知:如图,线段 a 求作:线段 AB,使 $AB=a$ 作法:作射线 AP, 在射线 AP 上截取 $AB=a$, 则线段 AB 就是所求作的图形		例如:以已知线段 a,b,c 为边作△ABC
2.作一个角等于已知角	作法: (1)作射线 $O'A'$; (2)以 O 为圆心,任意长度为半径画弧,交 OA 于 M,交 OB 于 N; (3)以 O' 为圆心,以 OM 的长为半径画弧,交 $O'A'$ 于 M'; (4)以 M' 为圆心,以 MN 的长为半径画弧,交前弧于 N'; (5)连接 $O'N'$ 并延长到 B',则∠$A'O'B'$ 就是所求作的角		例如:作一个角等于已知角的2倍
3.作已知线段的垂直平分线	已知:如图,线段 MN 求作:点 O,使 $MO=NO$(即 O 是 MN 的中点) 作法: (1)分别以 M,N 为圆心,大于 $\frac{1}{2}MN$ 的相同线段长度为半径画弧,两弧相交于 P,Q; (2)作直线 PQ 交 MN 于 O,则 PQ 就是所求作的 MN 的垂直平分线		例如:生活实际问题,给三个村庄中间挖一口井,使得这口井到三个村庄的距离相等. (线段垂直平分线上的点到线段两端的距离相等)

	知识点二:五种常见的尺规作图		关键点拨与对应举例
4.作已知角的角平分线	已知:如图,∠AOB 求作:射线 OP,使∠AOP = ∠BOP(即 OP 平分∠AOB) 作法: (1)以 O 为圆心,任意长度为半径画弧,分别交 OA,OB 于 M、N; (2)分别以 M、N 为圆心,大于 $\frac{1}{2}MN$ 的线段长为半径画弧,两弧交∠AOB 内于 P,作射线 OP,则射线 OP 就是∠AOB 的角平分线		例如:线段 a,b,c 表示三条公路,在这三条公路中间修建一个加油站,使得加油站到这三条公路的距离相等 (角平分线上点到角两边的距离相等)
5.过一点作已知直线的垂线	经过直线上一点做已知直线的垂线 已知:如图,P 是直线 AB 上一点. 求作:直线 CD,是 CD 经过点 P,且 $CD⊥AB$. 作法: (1)以 P 为圆心,任意长为半径画弧,交 AB 于 M、N; (2)分别以 M、N 为圆心,大于 $\frac{1}{2}MN$ 的长为半径画弧,两弧交于点 Q; (3)过 D,Q 作直线 CD,则直线 CD 是求作的直线		例如:过圆上一点作圆的切线
	经过直线外一点作已知直线的垂线 已知:如图,直线 AB 及外一点 P 求作:直线 CD,使 CD 经过点 P,且 $CD⊥AB$ 作法: (1)以 P 为圆心,任意长为半径画弧,交 AB 于 M、N; (2)分别以 M、N 为圆心,大于 $\frac{1}{2}MN$ 长度的一半为半径画弧,两弧交于点 Q; (3)过 P,Q 作直线 CD,则直线 CD 就是所求作的直线		例如:过点 A 作△ABC 的高线

【易错精剖】

易错点1. 对垂直平分线的性质理解不够

例1 在 AB 上找一点 P,使 P 到 M,N 两点的距离相等.

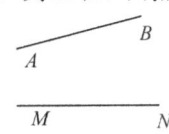

【误解】找出 AB 的中点,认为 AB 的中点就是点 P. 学生认为 AB 的中点到 A,B 两点的距离相等,那么到 M,N 的距离也应相等.

【精剖】到两点距离相等,应作连接这两点的线段的垂直平分线,垂直平分线与 AB 的交点就是点 P.

【正解】作 MN 的垂直平分线,垂直平分线与 AB 的交点即为所求点 P.

易错点2. 知识混淆

例2 已知直线 l 和 l 外两点 A,B,点 A,B 在 l 同侧,求作一点 P,使点 P 在直线 l 上,并且使 $PA+PB$ 最短.

【误解】(1)过 A 作 $AP \perp l$,连接 PB,将点到直线的距离垂线段最短,与这道题的原理混淆了.

(2)连接 AB,作 AB 的垂直平分线,认为 AB 的垂直平分线与直线 l 的交点为所求点 P.

【精剖】要求最短,而在几何作图中,只有两点之间线段最短,和点到线段的距离垂线段最短.这里有两点,所以选择第一种,但要在直线 l 上找,所以要作出对称点构造相等关系.

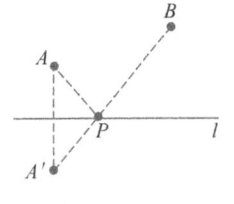

【正解】作出 A 点关于 l 的对称点 A',由两点之间线段最短,连接 $A'B$,交 l 于 P,连接 AP 由对称的性质可知 $AP=A'P$,所以 $PA+PB=PA'+PB$.

易错点3. 审题不仔细,忽略限制条件

例3 如图,已知在正方形 $ABCD$ 中,M 是 BC 边上一定点,连接 AM,请用尺规作图法,在 AM 上求作一点 P,使得 $\triangle DPA \sim \triangle ABM$.(不写作法保留作图痕迹)

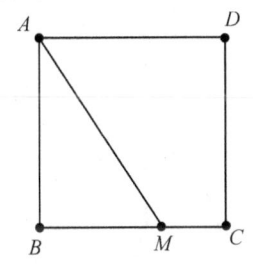

【误解】在 CD 上截取 $DP=BM$，连接 AP．由 SAS 判定 $\triangle ADP \cong \triangle ABM$，得出结论．

【精剖】在 AM 上求作一点 P 是本题的首要条件，因为 $\triangle ABM$ 为直角三角形，所以结合题目条件，必须使 $DP \perp AM$．即过点 D 作 AM 边的垂线．得出 $\triangle DPA$ 为直角三角形，又因为 $\angle BAM + \angle DAP = 90°$，$\angle BAM + \angle BMA = 90°$，所以 $\angle DAP = \angle BMA$，利用两角分别相等判断 $\triangle DPA \backsim \triangle ABM$．

【正解】如图所示，过点 D 作 AM 边的垂线，垂足为点 P，$\triangle DPA \backsim \triangle ABM$，即点 P 为所要求作的点．

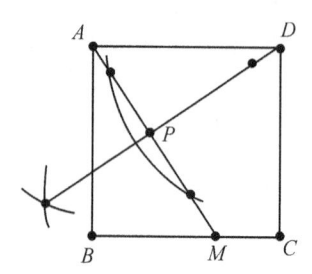

☞【真题精选】

类型一：以作垂直平分线为基础的作图

例1 （2019年陕西中考）如图，在 $\triangle ABC$ 中，$AB=AC$，AD 是 BC 边上的高．请用尺规作图法，求作 $\triangle ABC$ 的外接圆．(保留作图痕迹，不写作法)

【分析】本题要作三角形的外接圆，即要找到三角形的外心，三角形的外心为三角形三条边垂直平分线的交点，因为是等腰三角形且 AD 是 BC 边上的高．根据等腰三角形三线合一的性质，所以 AD 是 BC 边的垂直平分线，再作 AB 或 AC 一条边的垂直平分线与 AD 的交点即为 $\triangle ABC$ 的外心．以 O 为圆心，以 OA 为半径作圆即可．

【解答】如图所示：$\odot O$ 为所求作的外接圆．

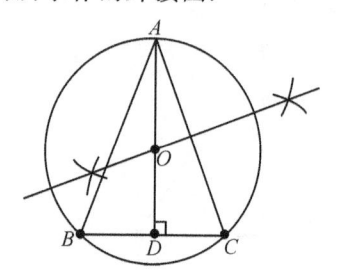

【点评】作三角形外接圆或内切圆的核心为找到三角形的外心和内心,因此外心和内心的定义是关键,同学们一定要牢记.

类型二:以作垂线为基础的作图

例 2 (2018 年陕西中考)如图,已知在正方形 ABCD 中,M 是 BC 边上一定点,连接 AM,请用尺规作图法,在 AM 上求作一点 P,使得△DPA∽△ABM(不写作法保留作图痕迹)

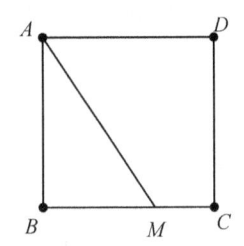

【分析】在 AM 上求作一点 P 是本题的首要条件,因为△ABM 为直角三角形,所以结合题目条件,必须使 DP⊥AM,即过点 D 作 AM 边的垂线,得出△DPA 为直角三角形.又因为∠BAM+∠DAP=90°,∠BAM+∠BMA=90°,所以∠DAP=∠BMA,利用两角分别相等,判断△DPA∽△ABM.

【解答】如图所示,过点 D 作 AM 边的垂线,垂足为点 P,△DPA∽△ABM,即点 P 为所要求作的点.

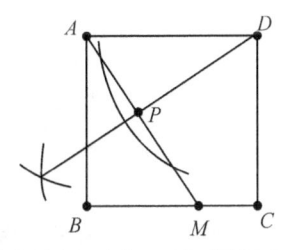

【点评】尺规作图首先要明确作图要求,理解圆规和直尺的功能及其在作图中的作用,并认真分析已知条件,借助草图来理解作图的依据和方法.

例 3 (陕西中考第 17 题)如图,已知△ABC,∠BAC=90°,请用尺规过点 A 作一条直线,使其将△ABC 分成两个相似的三角形.(保留作图痕迹,不写作法)

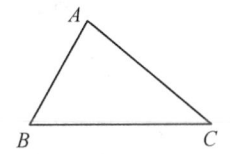

【分析】过点 A 作 AD⊥BC 于 D,利用等角的余角相等可得到∠BAD=∠C,则可判断△ABD 与△CAD 相似.

【解答】如图,AD 为所作.

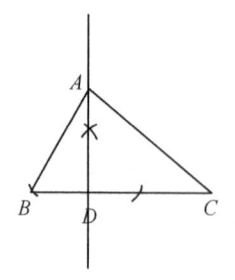

【点评】本题考查了"母子型"图中相似的条件:即斜边上的高将已知直角三角形分成了两个与它相似的直角三角形.考查作图——过直线外一点作已知直线的垂线.

类型三:以作角平分线为基础的作图

例4 (2017年陕西中考)如图,在钝角△ABC中,过钝角顶点B作BD⊥BC交AC于点D.请用尺规作图法在BC边上求作一点P,使得点P到AC的距离等于BP的长.(保留作图痕迹,不写作法)

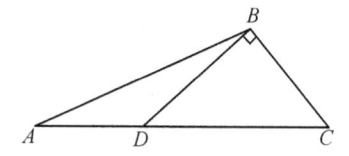

【分析】根据题意可知,作∠BDC的平分线交BC于点P即可.

【解答】如图,点P即为所求.

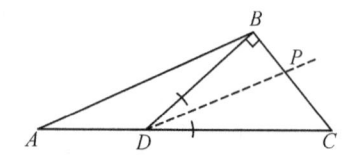

【点评】本题考查的是一种基本作图,熟知角平分线的作法和性质是解答此题的关键.

类型四:以作中线为基础的作图

例5 (陕西中考第18题)如图,已知△ABC,请用尺规过点A作一条直线,使其将△ABC分成面积相等的两部分.(保留作图痕迹,不写作法)

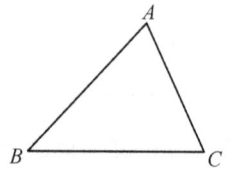

【分析】作BC边上的中线,即可把△ABC分成面积相等的两部分.

【解答】如图,直线AD即为所求:

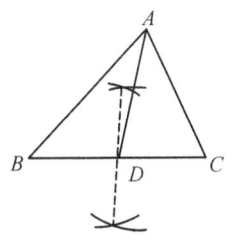

【点评】此题主要考查三角形中线的作法,同时要掌握若两个三角形等底等高,则它们的面积相等.

☞【得分精髓】

考查点1. 区分五种基本作图

例1 (2018年河北)尺规作图要求:Ⅰ.过直线外一点作这条直线的垂线;Ⅱ.作线段的垂直平分线;Ⅲ.过直线上一点作这条直线的垂线;Ⅳ.作角的平分线.如图是按上述要求排乱顺序的尺规作图:

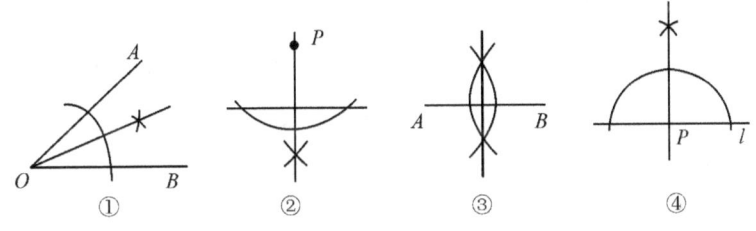

则正确的配对是(　　)

A.①－Ⅳ,②－Ⅱ,③－Ⅰ,④－Ⅲ　　　　B.①－Ⅳ,②－Ⅲ,③－Ⅱ,④－Ⅰ

C.①－Ⅱ,②－Ⅳ,③－Ⅲ,④－Ⅰ　　　　D.①－Ⅳ,②－Ⅰ,③－Ⅱ,④－Ⅲ

【解析】利用过直线外一点作这条直线的垂线的作法、线段垂直平分线的作法,以及过直线上一点作这条直线的垂线、角平分线的作法,分别得出符合题意的答案.

Ⅰ.过直线外一点作这条直线的垂线;Ⅱ.作线段的垂直平分线;

Ⅲ.过直线上一点作这条直线的垂线;Ⅳ.作角的平分线.

如图是按上述要求排乱顺序的尺规作图:

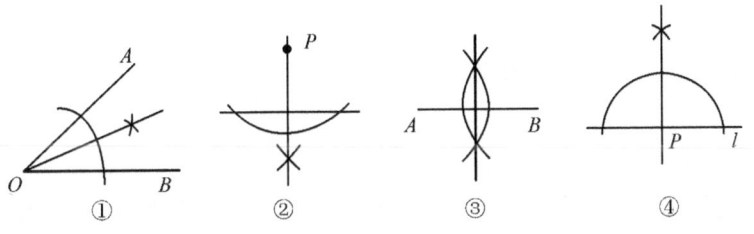

则正确的配对是:①－Ⅳ,②－Ⅰ,③－Ⅱ,④－Ⅲ.

【答案】D.

考查点 2. 尺规作图与菱形的判定

例 2 （2018 年嘉兴）用尺规在一个平行四边形内作菱形 ABCD，下列作法中错误的是（   ）

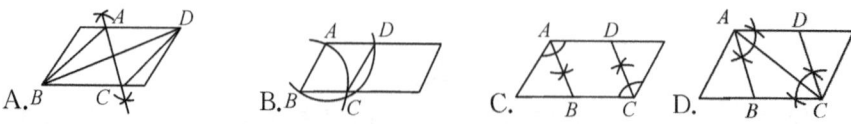

A. B. C. D.

【解析】根据菱形的判定和作图根据解答即可.

A.由作图可知，$AC \perp BD$，且平分 BD，即对角线平分且垂直的四边形是菱形，正确；

B.由作图可知 $AB=BC$，$AD=AB$，即四边相等的四边形是菱形，正确；

C.由作图可知 $AB=DC$，$AD=BC$，只能得出 $ABCD$ 是平行四边形，错误；

D.由作图可知对角线 AC 平分对角，可以得出是菱形，正确.

【答案】C.

考查点 3. 明确作图意图，利用垂直平分线性质得出结论

例 3 （2018 年襄阳）如图，在 $\triangle ABC$ 中，分别以点 A 和点 C 为圆心，大于 $\frac{1}{2}AC$ 长为半径画弧，两弧相交于点 M，N，作直线 MN 分别交 BC，AC 于点 D，E. 若 $AE=3$ cm，$\triangle ABD$ 的周长为 13 cm，则 $\triangle ABC$ 的周长为（   ）

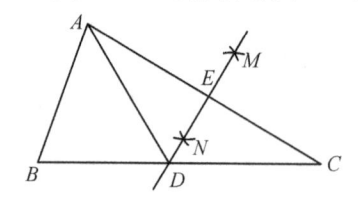

A.16 cm B.19 cm C.22 cm D.25 cm

【解析】利用线段的垂直平分线的性质即可解决问题.

∵ DE 垂直平分线段 AC，

∴ $DA=DC$，$AE=EC=6$ cm，

∵ $AB+AD+BD=13$ cm，

∴ $AB+BD+DC=13$ cm，

∴ $\triangle ABC$ 的周长 $=AB+BD+BC+AC=13+6=19$ cm，

【答案】B.

考查点 4. 直角三角形的性质

例 4 （2018 年郴州）如图，$\angle AOB=60°$，以点 O 为圆心，以任意长为半径作弧交 OA，OB 于 C，D 两点；分别以 C，D 为圆心，以大于 $\frac{1}{2}CD$ 的长为半径作弧，两弧相交

于点 P；以 O 为端点作射线 OP，在射线 OP 上截取线段 $OM=6$，则 M 点到 OB 的距离为（ ）

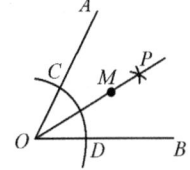

A.6
B.2
C.3
D.$3\sqrt{3}$

【解析】直接利用角平分线的作法得出 OP 是 $\angle AOB$ 的角平分线，再利用直角三角形的性质得出答案.

过点 M 作 $ME \perp OB$ 于点 E，
由题意可得：OP 是 $\angle AOB$ 的角平分线，

则 $\angle POB = \dfrac{1}{2} \times 60° = 30°$，

$\therefore ME = \dfrac{1}{2}OM = 3$.

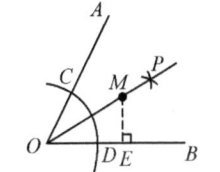

【答案】C.

☞【提分精练】

一、选择题（每题4分，共24分）

1. 尺规作图：经过已知直线外一点作这条直线的垂线，下列作图中正确的是（ ）

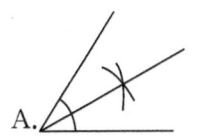

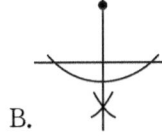

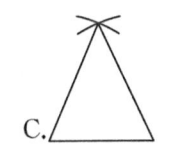

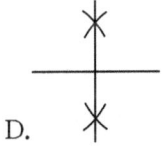

A.　　B.　　C.　　D.

2. 如图，用尺规作图作 $\angle AOC = \angle AOB$ 的第一步是以点 O 为圆心，以任意长为半径画弧①，分别交 OA，OB 于点 E，F，那么第二步的作图痕迹②的作法是（ ）

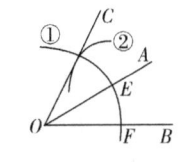

A.以点 F 为圆心，OE 长为半径画弧
B.以点 F 为圆心，EF 长为半径画弧
C.以点 E 为圆心，OE 长为半径画弧
D.以点 E 为圆心，EF 长为半径画弧

3. 下列四种基本尺规作图分别表示：①作一个角等于已知角；②作一个角的平分线；③作一条线段的垂直平分线；④过直线外一点 P 作已知直线的垂线，则对应选项中作法错误的是（ ）

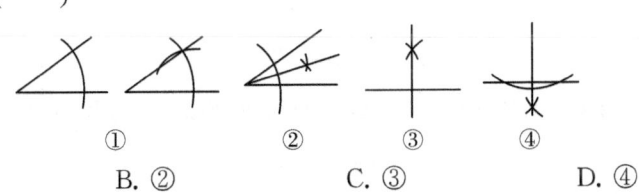

A. ①　　B. ②　　C. ③　　D. ④

4. 如图,依据尺规作图的痕迹,计算 $\angle\alpha=$ _____ °.

A.66°

B.56°

C.68°

D.22°

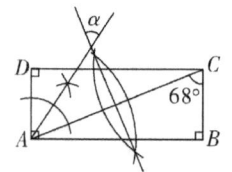

5. 如图,在 □ABCD 中,$AB=2, BC=3$.以点 C 为圆心,适当长为半径画弧,交 BC 于点 P,交 CD 于点 Q,再分别以点 P, Q 为圆心,大于 $\frac{1}{2}PQ$ 的长为半径画弧,两弧相交于点 N,射线 CN 交 BA 的延长线于点 E,则 AE 的长是( )

A.$\frac{1}{2}$

B.1

C.$\frac{6}{5}$

D.$\frac{3}{2}$

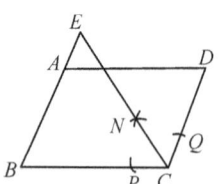

6. 如图,已知 □AOBC 的顶点 $O(0,0), A(-1,2)$,点 B 在 x 轴正半轴上按以下步骤作图:①以点 O 为圆心,适当长度为半径作弧,分别交边 OA, OB 于点 D, E;②分别以点 D, E 为圆心,大于 $\frac{1}{2}DE$ 的长为半径作弧,两弧在 $\angle AOB$ 内交于点 F;③作射线 OF,交边 AC 于点 G,则点 G 的坐标为( )

A.$(\sqrt{5}-1, 2)$

B.$(\sqrt{5}, 2)$

C.$(3-\sqrt{5}, 2)$

D.$(\sqrt{5}-2, 2)$

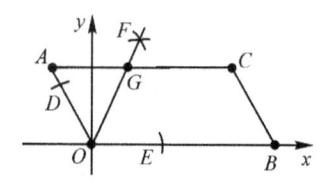

二、填空题(每题 4 分,共 16 分)

7. 如图,在 △ABC 中,用直尺和圆规作 AB, AC 的垂直平分线,分别交 AB, AC 于点 D, E,连接 DE.若 $BC=10$ cm,则 $DE=$ _____ cm.

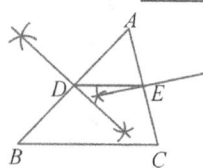

8. 如图,在 Rt△ABC 中,$\angle C=90°, AC=3, BC=5$,分别以点 A, B 为圆心,大于 $\frac{1}{2}AB$ 的长为半径画弧,两弧交点分别为点 P, Q,过 P, Q 两点作直线交 BC 于点 D,

则 CD 的长是_____.

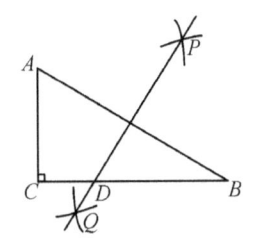

9. 如图,在 Rt△ABC 中,∠B=90°,以顶点 C 为圆心,适当长为半径画弧,分别交 AC,BC 于点 E,F,再分别以点 E,F 为圆心,大于 $\frac{1}{2}EF$ 的长为半径画弧,两弧交于点 P,作射线 CP 交 AB 于点 D.若 BD=3,AC=10,则△ACD 的面积是_____.

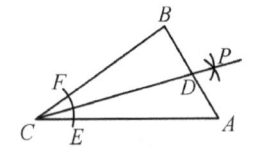

10. 如图,在△ABC 中,按以下步骤作图:①分别以点 A 和点 C 为圆心,以大于 $\frac{1}{2}AC$ 的长为半径作弧,两弧相交于 M,N 两点;②作直线 MN 交 BC 于点 D,连接 AD.若 AB=BD,AB=6,∠C=30°,则△ACD 的面积为_____.

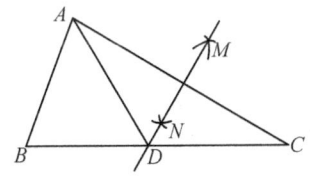

三、解答题(每题 12 分,共 60 分)

11. 已知两边及夹角作三角形.
已知:如图,线段 m,n,∠α.
求作:△ABC,使∠A=∠α,AB=m,AC=n.

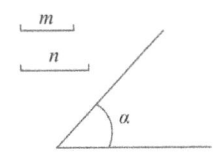

12. 如图,在△ABC 中,∠A>∠B.

(1)作边 AB 的垂直平分线 DE,与 AB,BC 分别相交于点 D,E(用尺规作图,保留作图痕迹,不要求写作法);

(2)在(1)的条件下,连接 AE.若∠B=50°,求∠AEC 的度数.

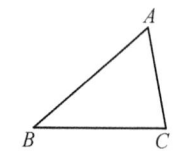

13. 如图,△ABC 中,∠ACB>∠ABC.

(1)用直尺和圆规在∠ACB 的内部作射线 CM,使∠ACM=∠ABC;
(不要求写作法,保留作图痕迹)

(2)若(1)中的射线 CM 交 AB 于点 D,AB=9,AC=6,求 AD 的长.

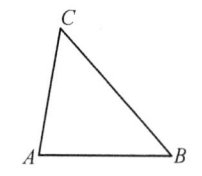

14. 已知:如图,∠ABC,射线 BC 上一点 D.

求作:等腰△PBD,使线段 BD 为等腰△PBD 的底边,点 P 在∠ABC 内部,且点 P 到∠ABC 两边的距离相等.

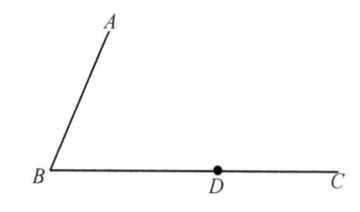

15. 如图,⊙O 为锐角△ABC 的外接圆,半径为 5.

(1)用尺规作图作出∠BAC 的平分线,并标出它与劣弧BC 的交点 E(保留作图痕迹,不写作法);

(2)若(1)中的点 E 到弦 BC 的距离为 3,求弦 CE 的长.

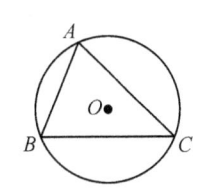

（五）平行四边形及特殊的平行四边形的性质与判定

☞【课标精读】

1. 理解平行四边形、矩形、菱形、正方形的概念，以及它们之间的关系；了解四边形的不稳定性．

2. 探索并证明平行四边形的性质定理：平行四边形的对边相等、对角相等、对角线互相平分；探索并证明平行四边形的判定定理：一组对边平行且相等的四边形是平行四边形；两组对边分别相等的四边形是平行四边形；对角线互相平分的四边形是平行四边形．

3. 探索并证明矩形、菱形、正方形的性质定理：矩形的四个角都是直角，对角线相等；菱形的四条边相等，对角线互相垂直，以及它们的判定定理：三个角是直角的四边形是矩形，对角线相等的平行四边形是矩形；四边相等的四边形是菱形，对角线互相垂直的平行四边形是菱形．正方形具有矩形和菱形的一切性质．

☞【类型精析】

平行四边形及特殊的平行四边形的性质与判定是中考的重要考点，在陕西中考选择题、填空题和解答题中都会出现，且近几年分值比例较往年有所增加．选择题、填空题一般考查平行四边形和特殊的平行四边形的性质和判定、结合勾股定理求线段．解答题常与全等三角形的判定及面积结合考查．近几年出现在陕西考题中的位置和分值如下表：

年份	题号	考查点	考查形式
2014	9	菱形的性质	菱形面积的两种计算方法
	14	正方形的性质	与正方形的旋转和勾股定理结合考查
2015	9	平行四边形和正方形的性质	利用勾股定理列方程
2016	8	正方形的性质	与全等三角形的判定和性质结合考查
	14	菱形的性质	与等边三角形、等腰三角形的判定和性质结合考查
	19	平行四边形的性质	与全等三角形的判定、平行线的性质结合考查
2017	8	矩形的性质	与勾股定理和三角形的面积公式结合考查
	14	正方形的判定与性质	作辅助线构造出正方形
	19	正方形的性质	与三角形全等结合考查

续表

年份	题号	考查点	考查形式
2018	4	矩形的性质	在平面直角坐标系中利用矩形性质得出点坐标,进而求出 k 值
	8	菱形、矩形的性质	将菱形各边中点顺次连接构成矩形
	14	平行四边形的性质	平行四边形被两条对角线分成了四个面积相等的三角形
	17	正方形的性质	尺规作图中利用正方形的性质证明三角形相似
2019	8	矩形的性质、平行四边形的判定	利用矩形的性质得出平行四边形的判定条件,最后利用平行四边形的面积公式解题
	13	矩形的性质	平面直角坐标系中利用矩形的对称中心为两条对角线的交点解题
	14	正方形的性质	正方形的对称性得出相等关系

☞【备考精华】

★考查的知识点清单梳理

知识点一:平行四边形、菱形、矩形、正方形定义、性质及判定			关键点拨及对应举例
定义	平行四边形:两组对边分别平行的四边形叫做平行四边形 菱形:一组邻边相等的平行四边形叫做菱形 矩形:有一个角是直角的平行四边形叫做矩形 正方形:有一组邻边相等且有一个角是直角的平行四边形叫做正方形		点拨:理解定义之间的区别的联系
性质	平行四边形	1.对边平行且相等 2.对角相等 3.邻角互补 4.对角线互相平分	例:在四边形 $ABCD$ 中:①AB∥CD,②AD∥BC,③$AB=CD$,④$AD=BC$,从以上选择两个条件使四边形 $ABCD$ 为平行四边形的选法共有( ) A.3 种　　　　B.4 种 C.5 种　　　　D.6 种
	菱形	1.平行四边形的所有性质 2.四条边都相等 3.对角线互相垂直平分每一组对角	例:菱形不具备的性质是( ) A.四条边都相等 B.对角线一定相等 C.是轴对称图形 D.是中心对称图形

149

续表

知识点一：平行四边形、菱形、矩形、正方形定义、性质及判定			关键点拨及对应举例
性质	矩形	1.平行四边形的所有性质 2.四个角都是直角 3.对角线相等	例：矩形具有而平行四边形不一定具有的性质是（　　） A.对角相等 B.对边相 C.对角线相等 D.对角线互相平分
	正方形：菱形和矩形的所有性质	1.四条边相等 2.对角线互相垂直且平分每一组对角 3.四个角都是直角 4.对角线相等	例：下列说法中，正确个数有（　　） ①对顶角相等； ②两直线平行，同旁内角相等； ③对角线互相垂直的四边形为菱形； 对角线互相垂直平分且相等的四边形为正方形 A.1个　　　　B.2个 C.3个　　　　D.4个
判定	平行四边形	两组对边分别相等 一组对边平行且相等 对角线互相平分	例：在四边形 ABCD 中：①AB∥CD，②AD∥BC，③AB=CD，④AD=BC，从以上选择两个条件使四边形 ABCD 为平行四边形的选法共有（　　） A.3种　　　　B.4种 C.5种　　　　D.6种
	菱形	四条边都相等 对角线互相垂直，且每条对角线都平分一组对角	例：(2018年黑龙江)如图，在平行四边形 ABCD 中，添加一个条件_____使平行四边形 ABCD 是菱形
	矩形	四个角都是直角 对角线相等的平行四边形	例：(2018年上海)已知平行四边形 ABCD，下列条件中，不能判定这个平行四边形为矩形的是（　　） A.∠A=∠B B.∠A=∠C C.AC=BD D.AB⊥BC

续表

知识点一:平行四边形、菱形、矩形、正方形定义、性质及判定		关键点拨及对应举例
判定	正方形 $\begin{cases} \text{一角是直角的菱形} \\ \text{一组邻边相等的矩形} \end{cases}$	例:下列说法正确的是( ) A.对角线相等且有一个角是直角的平行四边形是正方形 B.对角线互相垂直且一组邻边相等的平行四边形是正方形 C.四个角都相等的菱形是正方形 D.对角线互相垂直平分且有一组邻边相等的四边形是正方形
知识点二:平行四边形、菱形、矩形和正方形的关系		
关系图		点拨:结合图形之间的关系,菱形和矩形是特殊的平行四边形;正方形又是特殊的菱形和矩形对定义进行记忆和区分
中点四边形	平行四边形——平行四边形 菱形——矩形 矩形——菱形 正方形——正方形	点拨:中点四边形的形状取决于对角线的性质: 相等→菱形 互相垂直→矩形 相等且互相垂直→正方形
知识点三:平行四边形、菱形、矩形和正方形的对称性、面积计算及对角线分割		
对称性	平行四边形:中心对称图形但不是轴对称图形 菱形 矩形 $\Big\}$既是中心对称图形也是轴对称图形 正方形	例:下列图形不是轴对称图形的是( ) A.等腰三角形　B.平行四边形 C.菱形　　　　D.线段
面积计算	平行四边形:$S=$底×高 菱形:(1)$S=$底×高 (2)$S=\dfrac{1}{2}mn$(m,n分别为对角线的长) 注:对角线互相垂直的四边形都适用 矩形:$S=ab$(a,b分别为矩形的长和宽) 正方形:(1)$S=a^2$(a为正方形边长) (2)$S=\dfrac{1}{2}m^2$(m为对角线的长)	例:如图,已知菱形$ABCD$,对角线AC,BD相交于点O.若$\tan\angle BAC=\dfrac{1}{3}$,$AC=6$,则$BD$的长是_____. 菱形$ABCD$的面积是_____

151

续表

知识点三：平行四边形、菱形、矩形和正方形的对称性、面积计算及对角线分割	
对角线分割	平行四边形被两条对角线分割成面积相等的四个三角形 菱形被两条对角线分割成面积相等的四个直角三角形 矩形被两条对角线分割成面积相等的四个等腰三角形 正方形被两条对角线分割成面积相等的四个等腰直角三角形	点拨：同底等高、同高等底、等底等高的三角形面积相等

☞【易错精剖】

易错点 1. 概念没理解

例1 下列说法错误的是(　　)

A.对角线相等的平行四边形是矩形

B.对角线互相垂直的四边形是菱形

C.对角线相等的菱形是正方形

D.对角线相等且互相垂直的平行四边形是正方形

【误解】认为条件越多越能判定是正方形，选 D.

【精剖】本题考查矩形、菱形和正方形的判定，在正方形的判定中一定要理解其对角线要满足三个条件：互相平分、垂直且相等；菱形要满足两个条件：互相平分且垂直；矩形要满足两个条件：互相平分且相等，因此 A、C、D 都正确.

【正解】B.

易错点 2. 审题不仔细，错误的思维定式

例2 (2018年陕西中考4)如图，在矩形 $AOBC$ 中，$A(-2,0)$，$B(0,1)$.若正比例函数 $y=kx$ 的图象经过点 C，则 k 的值为(　　)

A.$-\dfrac{1}{2}$

B.$\dfrac{1}{2}$

C.-2

D.2

【误解】由 $A(-2,0)$，$B(0,1)$ 可求出点 C 的坐标为 $(-2,1)$.将 $y=kx$ 当成反比例函数，则 $k=(-2)\times 1=-2$.

【精剖】∵$A(-2,0)$，$B(0,1)$，

∴$OA=2$，$OB=1$.

∵四边形 $AOBC$ 是矩形,

∴$AC=OB=1,BC=OA=2$.

则点 C 的坐标为 $(-2,1)$,

将点 $C(-2,1)$ 代入 $y=kx$,得:$1=-2k$,

解得:$k=-\dfrac{1}{2}$.

【正解】A.

易错点 3. 盲目猜测

例 3 （2018 年陕西中考 14）如图,点 O 是 □$ABCD$ 的对称中心,$AD>AB,E,F$ 是 AB 边上的点,且 $EF=\dfrac{1}{2}AB$;G,H 是 BC 边上的点,且 $GH=\dfrac{1}{3}BC$,若 S_1,S_2 分别表示△EOF 和△GOH 的面积,则 S_1 与 S_2 之间的等量关系是_____.

【误解】从图中直接猜测 $S_1=S_2$.

【精剖】根据同高的两个三角形面积之比等于底边之比得出 $\dfrac{S_1}{S_{\triangle AOB}}=\dfrac{EF}{AB}=\dfrac{1}{2}$,$\dfrac{S_2}{S_{\triangle BOC}}=\dfrac{GH}{BC}=\dfrac{1}{3}$,再由点 O 是 □$ABCD$ 的对称中心,根据平行四边形的性质可得 $S_{\triangle AOB}=S_{\triangle BOC}=\dfrac{1}{4}S_{□ABCD}$,从而得出 S_1 与 S_2 之间的等量关系.

∵$\dfrac{S_1}{S_{\triangle AOB}}=\dfrac{EF}{AB}=\dfrac{1}{2}$,$\dfrac{S_2}{S_{\triangle BOC}}=\dfrac{GH}{BC}=\dfrac{1}{3}$,

∴$S_1=\dfrac{1}{2}S_{\triangle AOB}$,$S_2=\dfrac{1}{3}S_{\triangle BOC}$.

∵点 O 是 □$ABCD$ 的对称中心,

∴$S_{\triangle AOB}=S_{\triangle BOC}=\dfrac{1}{4}S_{□ABCD}$,

∴$\dfrac{S_1}{S_2}=\dfrac{\dfrac{1}{2}}{\dfrac{1}{3}}=\dfrac{3}{2}$.

即 S_1 与 S_2 之间的等量关系是 $\dfrac{S_1}{S_2}=\dfrac{3}{2}$.

故答案为 $\dfrac{S_1}{S_2}=\dfrac{3}{2}$.

【正解】$\dfrac{S_1}{S_2}=\dfrac{3}{2}$.

易错点 4. 忽视分类讨论

例 4 （2018 年武汉）以正方形 ABCD 的边 AD 作等边 △ADE，则 ∠BEC 的度数是_____．

【误解】从思维定式中认为点 E 在正方形 ABCD 的形外，如图 1，从而求出 ∠BEC 的度数是 30°．

【精剖】分等边 △ADE 在正方形的内部和外部两种情况分别求解可得．

如图 1，

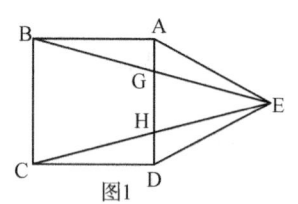

∵ 四边形 ABCD 为正方形，△ADE 为等边三角形，

∴ $AB=BC=CD=AD=AE=DE$，$\angle BAD=\angle ABC=\angle BCD=\angle ADC=90°$，$\angle AED=\angle ADE=\angle DAE=60°$，

∴ $\angle BAE=\angle CDE=150°$，又 $AB=AE$，$DC=DE$，

∴ $\angle AEB=\angle CED=15°$，

则 $\angle BEC=\angle AED-\angle AEB-\angle CED=30°$．

如图 2，

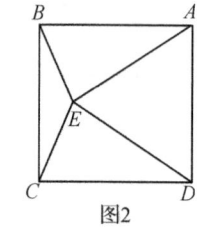

∵ △ADE 是等边三角形，

∴ $AD=DE$．

∵ 四边形 ABCD 是正方形，

∴ $AD=DC$，

∴ $DE=DC$，

∴ $\angle CED=\angle ECD$，

∴ $\angle CDE=\angle ADC-\angle ADE=90°-60°=30°$，

∴ $\angle CED=\angle ECD=\dfrac{1}{2}(180°-30°)=75°$，

∴ $\angle BEC=360°-75°\times 2-60°=150°$．

【正解】30°或 150°．

☞【真题精选】

类型一：矩形性质及其相关计算

例 1 （2019 年陕西中考 13）如图，D 是矩形 AOBC 的对称中心，A(0,4)，B(6,0)，若一个反比例函数的图象经过点 D，交 AC 于点 M，则点 M 的坐标为_____

【分析】利用矩形的对称中心为矩形对角线的交点，得出 D 是 AB 的中点，作 DE⊥OB 于 E，利用中位线求出点 D 坐标，求出 k 值即可．

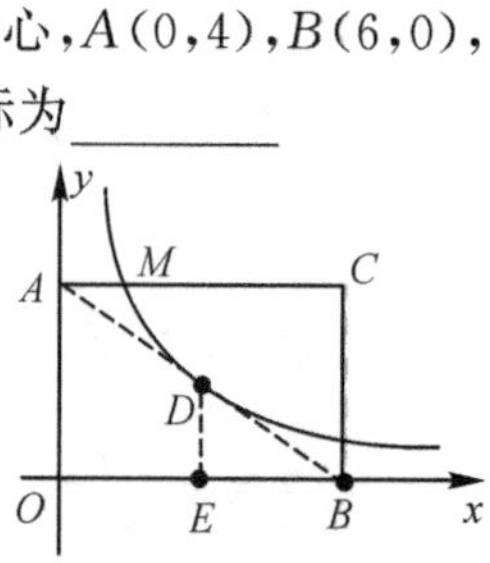

【解答】如图所示，连接 AB，作 DE⊥OB 于 E，∴DE∥y 轴，∵D 是矩形 AOBC 的中心，∴D 是 AB 的中点，∴DE 是 △AOB 的中位线．∵$OA=4$，$OB=6$，∴$DE=\dfrac{1}{2}OA=2$，$OE=\dfrac{1}{2}OB=3$，∴$D(3,2)$，

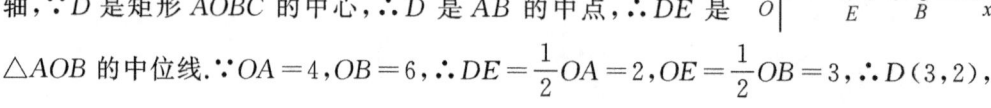

设反比例函数的解析式为 $y=\dfrac{k}{x}$，$\therefore k=3\times 2=6$，反比例函数的解析式为 $y=\dfrac{6}{x}$，$\because AM\parallel x$ 轴，$\therefore M$ 的纵坐标和 A 的纵坐标相等为 4，代入反比例函数得 M 的横坐标为 $\dfrac{3}{2}$，故 M 的坐标为 $(\dfrac{3}{2},4)$.

【点评】此题是对矩形对称性、三角形中位线定理及反比例函数表达式的综合考查，其中掌握对称中心为对角线的交点是解题关键.

例2 (2017年陕西中考8)如图，在矩形 $ABCD$ 中，$AB=2$，$BC=3$. 若点 E 是边 CD 的中点，连接 AE，过点 B 作 $BF\perp AE$ 交 AE 于点 F，则 BF 的长为（　　）

A. $\dfrac{3\sqrt{10}}{2}$　　　　B. $\dfrac{3\sqrt{10}}{5}$

C. $\dfrac{\sqrt{10}}{5}$　　　　D. $\dfrac{3\sqrt{5}}{5}$

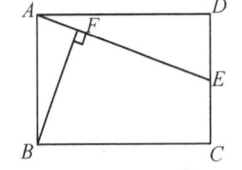

【分析】根据 $S_{\triangle ABE}=\dfrac{1}{2}S_{矩形 ABCD}=3=\dfrac{1}{2}\cdot AE\cdot BF$，先求出 AE，再求出 BF 即可.

【解答】如图，连接 BE.

$\because$ 四边形 $ABCD$ 是矩形，

$\therefore AB=CD=2$，$BC=AD=3$，$\angle D=90°$.

在 $\text{Rt}\triangle ADE$ 中，$AE=\sqrt{AD^2+DE^2}=\sqrt{3^2+1^2}=\sqrt{10}$，

$\because S_{\triangle ABE}=\dfrac{1}{2}S_{矩形 ABCD}=3=\dfrac{1}{2}\cdot AE\cdot BF$，

$\therefore BF=\dfrac{3\sqrt{10}}{5}$.

故选 B.

【点评】本题考查矩形的性质、勾股定理、三角形的面积公式等知识，解题的关键是灵活运用所学知识解决问题，学会用面积法解决有关线段问题，属于中考常考题型.

类型二：菱形性质及其相关计算

例3 (2018年陕西中考8)如图，在菱形 $ABCD$ 中，点 E，F，G 和 H 分别是边 AB，BC，CD 和 DA 的中点，连接 EF，FG，GH 和 HE. 若 $EH=2EF$，则下列结论正确的是（　　）

A. $AB=\sqrt{2}EF$

B. $AB=2EF$

C. $AB=\sqrt{3}EF$

D. $AB=\sqrt{5}EF$

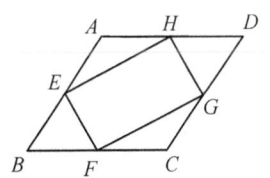

【分析】连接 AC,BD 交于 O,根据菱形的性质得到 $AC \perp BD$,$OA=OC$,$OB=OD$,根据三角形中位线定理、矩形的判定定理得到四边形 $EFGH$ 是矩形,根据勾股定理计算即可.

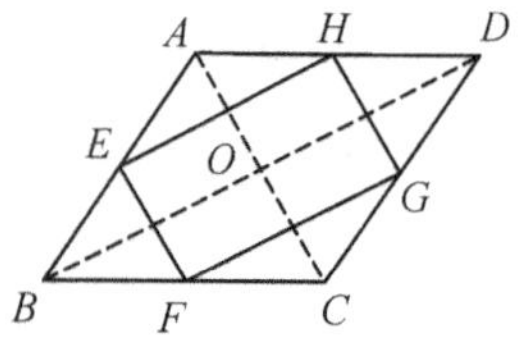

【解答】连接 AC,BD 交于 O,

∵ 四边形 $ABCD$ 是菱形,

∴ $AC \perp BD$,$OA=OC$,$OB=OD$.

∵ 点 E,F,G,H 分别是边 AB,BC,CD 和 DA 的中点,

∴ $EF=\dfrac{1}{2}AC$,$EF \parallel AC$,$EH=\dfrac{1}{2}BD$,$EH \parallel BD$,

∴ 四边形 $EFGH$ 是矩形.

∵ $EH=2EF$,

∴ $OB=2OA$,

∴ $AB=\sqrt{OB^2+OA^2}=\sqrt{5}OA$,

∴ $AB=\sqrt{5}EF$.

故选 D.

【点评】本题考查的是中点四边形,掌握菱形的性质、三角形中位线定理是解题的关键.

例 4 (2014 年陕西中考 9)如图,在菱形 $ABCD$ 中,$AB=5$,对角线 $AC=6$.若过点 A 作 $AE \perp BC$,垂足为 E,则 AE 的长为( )

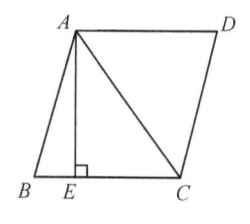

A. 4

B. $\dfrac{12}{5}$

C. $\dfrac{24}{5}$

D. 5

【分析】连接 BD,根据菱形的性质可得 $AC \perp BD$,$AO=\dfrac{1}{2}AC$,然后根据勾股定理计算出 BO 长,再算出菱形的面积,然后再根据面积公式 $BC \cdot AE = \dfrac{1}{2}AC \cdot BD$ 可得答案.

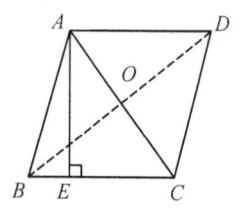

【解答】连接 BD,交 AC 于 O 点,

∵ 四边形 $ABCD$ 是菱形,

∴ $AB=BC=CD=AD=5$,

∴ $AC \perp BD$,$AO=\dfrac{1}{2}AC$,$BD=2BO$,

∴ $\angle AOB=90°$.

∵ $AC=6$,
∴ $AO=3$,
∴ $BO=\sqrt{25-9}=4$,
∴ $DB=8$,
∴ 菱形 $ABCD$ 的面积是 $\frac{1}{2}\times AC\cdot DB=\frac{1}{2}\times 6\times 8=24$,
∴ $BC\cdot AE=24$,
$AE=\frac{24}{5}$.
故选 C.

【点评】此题主要考查了菱形的性质,以及菱形的面积,关键是掌握菱形的对角线互相垂直且平分.

类型三：矩形性质与相似三角形相关计算

例 5 （2018 年北京市中考 13）如图,在矩形 $ABCD$ 中,E 是边 AB 的中点,连接 DE 交对角线 AC 于点 F,若 $AB=4$,$AD=3$,则 CF 的长为 _____.

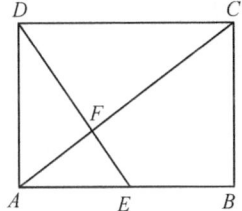

【分析】根据矩形的性质可得出 $AB\parallel CD$,进而可得出 $\angle FAE=\angle FCD$,结合 $\angle AFE=\angle CFD$（对顶角相等）可得出 $\triangle AFE\sim\triangle CFD$,利用相似三角形的性质可得出 $\frac{CF}{AF}=\frac{CD}{AE}=2$,利用勾股定理可求出 AC 的长度,再结合 $CF+AF=AC$,即可求出 CF 的长.

【解答】∵ 四边形 $ABCD$ 为矩形,
∴ $AB=CD$,$AD=BC$,$AB\parallel CD$,
∴ $\angle FAE=\angle FCD$.
又 ∵ $\angle AFE=\angle CFD$,
∴ $\triangle AFE\sim\triangle CFD$,
∴ $\frac{CF}{AF}=\frac{CD}{AE}=2$. ∴ $CF=2AF$
∵ $AC=\sqrt{AB^2+BC^2}=5$,
∵ $CF+AF=AC$ ∴ $2AF+AF=5$,
$AF=\frac{5}{3}$, $CF=\frac{10}{3}$.

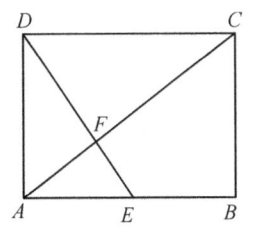

故答案为 $\dfrac{10}{3}$.

【点评】本题考查了相似三角形的判定与性质、矩形的性质以及勾股定理,利用相似三角形的性质找出 $CF=2AF$ 是解题的关键.

类型四:正方形性质的应用

例 6 (2016 年陕西中考 8)如图,在正方形 $ABCD$ 中,连接 BD,点 O 是 BD 的中点,若 M,N 是边 AD 上的两点,连接 MO,NO,并分别延长交边 BC 于两点 M',N',则图中的全等三角形共有( )

A.2 对

B.3 对

C.4 对

D.5 对

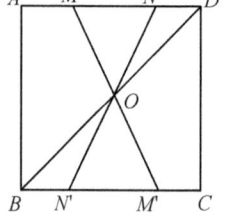

【分析】可以判断 $\triangle ABD \cong \triangle BCD$,$\triangle MDO \cong \triangle M'BO$,$\triangle NOD \cong \triangle N'OB$,$\triangle MON \cong \triangle M'ON'$.由此即可得出答案.

【解答】∵ 四边形 $ABCD$ 是正方形,

∴ $AB=CD=CB=AD$,$\angle A=\angle C=\angle ABC=\angle ADC=90°$,$AD \parallel BC$,

在 $\triangle ABD$ 和 $\triangle BCD$ 中,

$\begin{cases} AB=BC \\ \angle A=\angle C, \\ AD=CD \end{cases}$

∴ $\triangle ABD \cong \triangle BCD$,

∵ $AD \parallel BC$,

∴ $\angle MDO = \angle M'BO$,

在 $\triangle MOD$ 和 $\triangle M'OB$ 中,

$\begin{cases} \angle MDO = \angle M'BO \\ \angle MOD = \angle M'OB, \\ DM = BM' \end{cases}$

∴ $\triangle MDO \cong \triangle M'BO$,同理可证 $\triangle NOD \cong \triangle N'OB$,∴ $\triangle MON \cong \triangle M'ON'$,

∴ 全等三角形一共有 4 对.

故选 C.

【点评】本题考查正方形的性质、全等三角形的判定和性质,解题的关键是熟练掌握全等三角形的判定方法,属于基础题,中考常考题型.

例 7 (2017 年陕西中考 19)如图,在正方形 $ABCD$ 中,E,F 分别为边 AD 和 CD 上的点,且 $AE=CF$,连接 AF,CE 交于点 G.求证:$AG=CG$.

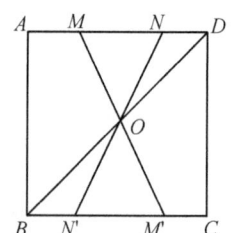

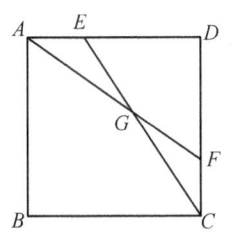

【分析】根据正方形的性质,可得 $\angle ADF=\angle CDE=90°$,$AD=CD$,根据全等三角形的判定与性质,可得答案.

【解答】∵四边形 $ABCD$ 是正方形,

∴$\angle ADF=\angle CDE=90°$,$AD=CD$.

∵$AE=CF$,

∴$DE=DF$,

在 $\triangle ADF$ 和 $\triangle CDE$ 中 $\begin{cases} AD=CD \\ \angle ADF=\angle CDE \\ DF=DE \end{cases}$,

∴$\triangle ADF\cong\triangle CDE$(SAS),

∴$\angle DAF=\angle DCE$,

在 $\triangle AGE$ 和 $\triangle CGF$ 中,$\begin{cases} \angle GAE=\angle GCF \\ \angle AGE=\angle CGF \\ AE=CF \end{cases}$,

∴$\triangle AGE\cong\triangle CGF$(AAS),

∴$AG=CG$.

【点评】本题考查了正方形的性质,利用全等三角形的判定与性质是解题关键,又利用了正方形的性质.

☞**【得分精髓】**

考查点 1. 常与三角形中位线结合考查

例 1 如图,矩形 $ABCD$ 的对角线 AC 与 BD 相交点 O,$AC=10$,P,Q 分别为 AO,AD 的中点,则 PQ 的长度为_____.

【解析】根据矩形的性质可得 $AC=BD=10$,$BO=DO=\dfrac{1}{2}BD=5$,再根据三角形中位线定理可得 $PQ=\dfrac{1}{2}DO=2.5$.

∵四边形 $ABCD$ 是矩形,

∴$AC=BD=10$,$BO=DO=\dfrac{1}{2}BD$,

∴$OD=\dfrac{1}{2}BD=5$,

∵ 点 P,Q 是 AO,AD 的中点,

∴ PQ 是 △AOD 的中位线,

∴ $PQ=\dfrac{1}{2}DO=2.5$.

【答案】2.5.

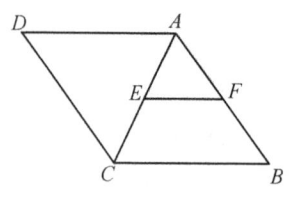

例2 如图,在菱形 $ABCD$ 中,E 是 AC 的中点,EF∥CB,交 AB 于点 F,如果 $EF=3$,那么菱形 $ABCD$ 的周长为( )

A.24   B.18
C.12   D.9

【解析】易得 BC 长为 EF 长的 2 倍,那么菱形 $ABCD$ 的周长=$4BC$ 问题得解.

∵ E 是 AC 中点,

EF∥BC,交 AB 于点 F,

∴ EF 是 △ABC 的中位线,

∴ $EF=\dfrac{1}{2}BC$,

∴ $BC=6$,

∴ 菱形 $ABCD$ 的周长是 $4×6=24$.

【答案】A.

考查点 2. 常与折叠问题结合考查

例3 如图,把一张平行四边形纸片 $ABCD$ 沿 BD 对折,使 C 点落在 E 处.BE 与 AD 相交于点 O,若 ∠$DBC=15°$,则 ∠$BOD=$_____.

【解析】根据折叠前后对应角、对应边得到等量关系,从而解决问题.

∵ 平行四边形纸片 $ABCD$ 沿 BD 对折,使 C 点落在 E 处,

∴ ∠$OBD=$∠$DBC=15°$

又 ∵ AD∥BC

∴ ∠$ODB=$∠$DBC=15°$

∴ ∠$BOD=180°-$∠$OBD-$∠$ODB=180°-15°-15°=150°$.

【答案】∠$BOD=150°$.

例4 如图,四边形 $ABCD$ 为正方形纸片.把纸片 $ABCD$ 折叠,使点 B 恰好落在 CD 边的中点 E 处,折痕为 AF.若 $CD=8$,则 CF 等于( )

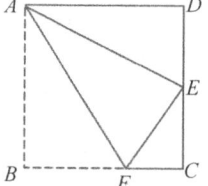

A.3
B.5
C.4
D.8

【解析】根据正方形性质及折叠,对应得等量关系,列出方程即可.
设 $BF=x$,如图所示 $EF=BF=x$,则 $FC=8-x$
∵点 E 为 CD 边的中点
∴$EC=4$
∵四边形 $ABCD$ 为正方形
∴$\angle C=90°$
在 Rt△ECF 中,根据勾股定理可得:$EF^2=EC^2+FC^2$
即 $4^2+(8-x)^2=x^2$
得 $x=5$
∴$CF=8-x=8-5=3$
【答案】A.

考查点 3. 常与三角形全等结合考查

例5 如图,已知 A,F,C,D 四点在同一条直线上,$AF=CD$,$AB\parallel DE$,且 $AB=DE$.

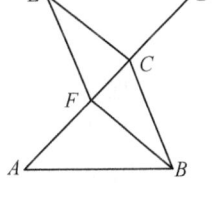

(1)求证:△$ABC\cong$△DEF;

(2)若 $EF=3,DE=4,\angle DEF=90°$,请直接写出使四边形 $EFBC$ 为菱形时 AF 的长度.

【解析】(1)根据 SAS 即可证明.

(2)解直角三角形求出 DF,OE,OF 即可解决问题.

(1)证明:∵$AB\parallel DE$,
∴$\angle A=\angle D$,
∵$AF=CD$,
∴$AF+FC=CD+FC$,
即 $AC=DF$,
∵$AB=DE$,
∴△$ABC\cong$△DEF.

(2)如图,连接 BE 交 AD 于 O. 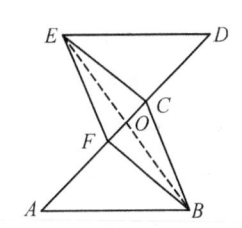
在 Rt△EFD 中,∵$\angle DEF=90°$,$EF=3$,$DE=4$,
∴$DF=\sqrt{3^2+4^2}=5$,
∵四边形 $EFBC$ 是菱形,
∴$BE\perp CF$,∴$EO=\dfrac{DE\cdot EF}{DF}=\dfrac{12}{5}$,
∴$OF=OC=\sqrt{EF^2-EO^2}=\dfrac{9}{5}$,
∴$CF=\dfrac{18}{5}$,

161

∴$AF=CD=DF-FC=5-\dfrac{18}{5}=\dfrac{7}{5}$.

例6 如图,▱$ABCD$ 中,点 E 是 BC 的中点,连接 AE 并延长交 DC 延长线于点 F.

(1)求证:$CF=AB$;

(2)连接 BD,BF,当 $\angle BCD=90°$ 时,求证:$BD=BF$.

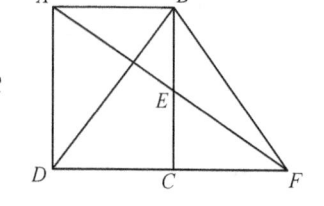

【解析】(1)欲证明 $AB=CF$,只要证明 △AEB≌△FEC 即可;

(2)想办法证明 $AC=BD$,$BF=AC$ 即可解决问题.

证明:(1)∵四边形 $ABCD$ 是平行四边形,

∴AB∥DF,

∴$\angle BAE=\angle CFE$

∵$BE=EC$,$\angle AEB=\angle CEF$,

∴△AEB≌△FEC,

∴$AB=CF$.

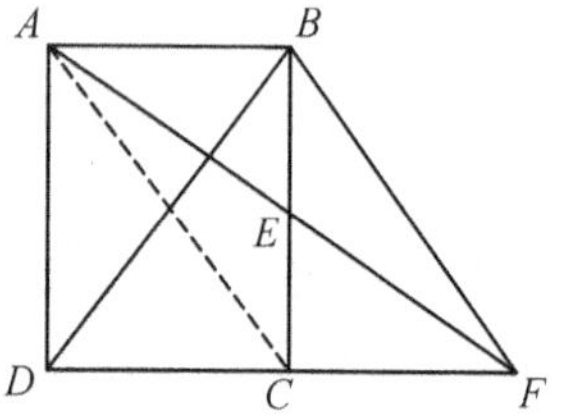

(2)连接 AC.

∵四边形 $ABCD$ 是平行四边形,$\angle BCD=90°$,

∴四边形 $ABCD$ 是矩形,

∴$BD=AC$,

∵$AB=CF$,AB∥CF,

∴四边形 $ACFB$ 是平行四边形,

∴$BF=AC$,

∴$BD=BF$.

考查点4. 常与直角坐标系结合考查

例7 如图,若菱形 $ABCD$ 的顶点 A,B 的坐标分别为 $(3,0)$,$(-2,0)$,点 D 在 y 轴上,则点 C 的坐标是_____.

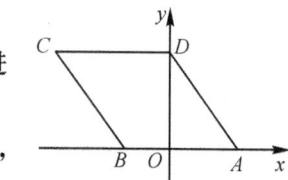

【解析】利用菱形的性质以及勾股定理得出 DO 的长,进而求出 C 点坐标.

∵菱形 $ABCD$ 的顶点 A,B 的坐标分别为 $(3,0)$,$(-2,0)$,点 D 在 y 轴上,

∴$AB=5$,

∴$AD=5$.

∴由勾股定理知:$OD=\sqrt{AD^2-OA^2}=\sqrt{5^2-3^2}=4$,

∴点 C 的坐标是:$(-5,4)$.

【答案】$(-5,4)$.

例8 如图,将正方形 $OEFG$ 放在平面直角坐标系中,O 是坐标原点,点 E 的坐标为 $(2,3)$,则点 F 的坐标为_____.

【解析】结合全等三角形的性质可以求得点 G 的坐标,再由正方形的中心对称的性质求得点 F 的坐标.

如图,过点 E 作 x 轴的垂线 EH,垂足为 H.过点 G 作 x 轴的垂线 GM,垂足为 M,连接 GE,FO 交于点 O'.

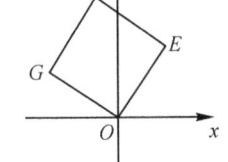

∵ 四边形 $OEFG$ 是正方形,

∴ $OG=EO$,$\angle GOM=\angle OEH$,$\angle OGM=\angle EOH$,

在 $\triangle OGM$ 与 $\triangle EOH$ 中,

$$\begin{cases} \angle OGM=\angle EOH \\ OG=EO \\ \angle GOM=\angle OEH \end{cases}$$

∴ $\triangle OGM \cong \triangle EOH$(ASA)

∴ $GM=OH=2$,$OM=EH=3$,

∴ $G(-3,2)$.

∴ $O'(-\dfrac{1}{2},\dfrac{5}{2})$.

∵ 点 F 与点 O 关于点 O' 对称,

∴ 点 F 的坐标为 $(-1,5)$.

【答案】$(-1,5)$.

方法总结:利用旋转平移寻找等量关系得出全等三角形,然后利用全等三角形的性质得出结论.

考查点5. 常与三角形面积结合考查

例9 如图,点 P 是矩形 $ABCD$ 的对角线 AC 上一点,过点 P 作 $EF/\!/BC$,分别交 AB,CD 于 E,F,连接 PB,PD.若 $AE=2$,$PF=8$.则图中阴影部分的面积为(　　)

A.10　　　　　　　　　　B.12

C.16　　　　　　　　　　D.18

【解析】想办法证明 $S_{\triangle PEB}=S_{\triangle PFD}$ 即可解答.

作 $PM \perp AD$ 于 M,交 BC 于 N.

则有四边形 $AEPM$,四边形 $DFPM$,四边形 $CFPN$,四边形 $BEPN$ 都是矩形,

∴ $S_{\triangle ADC}=S_{\triangle ABC}$,$S_{\triangle AMP}=S_{\triangle AEP}$,$S_{\triangle PBE}=S_{\triangle PBN}$,$S_{\triangle PFD}=S_{\triangle PDM}$,$S_{\triangle PFC}=S_{\triangle PCN}$,

∴ $S_{\triangle DFP}=S_{\triangle PBE}=\dfrac{1}{2}\times 2\times 8=8$,

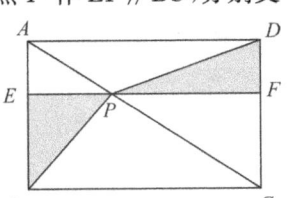

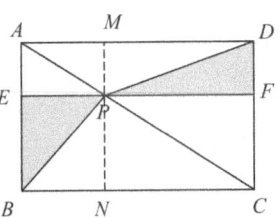

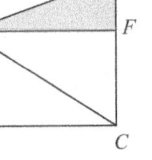

∴ $S_{阴}=8+8=16$.

【答案】C.

例10 如图,正方形 $ABCD$ 的边长为1,点 E,F 分别是对角线 AC 上的两点,$EG \perp AB, EI \perp AD, FH \perp AB, FJ \perp AD$,垂足分别为 G,I,H,J.则图中阴影部分的面积等于( )

A.1

B.$\frac{1}{2}$

C.$\frac{1}{3}$

D.$\frac{1}{4}$

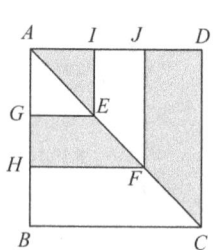

【解析】根据轴对称图形的性质,解决问题即可.

∵ 四边形 $ABCD$ 是正方形,

∴ 直线 AC 是正方形 $ABCD$ 的对称轴,

∵ $EG \perp AB, EI \perp AD, FH \perp AB, FJ \perp AD$,垂足分别为 G,I,H,J.

∴ 根据对称性可知:四边形 $EFHG$ 的面积与四边形 $EFJI$ 的面积相等,

∴ $S_{阴}=\frac{1}{2}S_{正方形\ ABCD}=\frac{1}{2}$,

【答案】B.

方法总结:利用面积相等将图形进行转化.

☞【提分精练】

一、选择题(每题4分,共24分)

1. 如图,在 $\square ABCD$ 中,对角线 AC 与 BD 相交于点 O,E 是边 CD 的中点,连接 OE.若 $\angle ABC=60°$,$\angle BAC=80°$,则 $\angle 1$ 的度数为( )

A.50°

B.40°

C.30°

D.20°

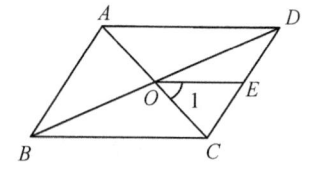

2. 如图,菱形 $ABCD$ 的对角线 AC,BD 的长分别为6和8,则这个菱形的周长是( )

A.20

B.24

C.40

D.48

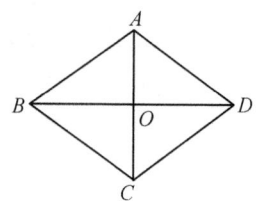

3. □ABCD 中，E，F 是对角线 BD 上不同的两点.下列条件中,不能得出四边形 AECF 一定为平行四边形的是（ ）

A. $BE=DF$
B. $AE=CF$
C. $AF \parallel CE$
D. $\angle BAE = \angle DCF$

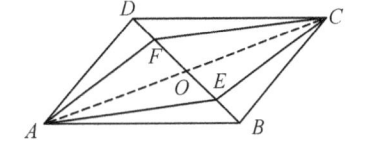

4. 如图,在菱形 ABCD 中,对角线 AC,BD 相交于点 O,$BD=8$,$\tan\angle ABD = \dfrac{3}{4}$,则线段 AB 的长为（ ）

A. $\sqrt{7}$
B. $2\sqrt{7}$
C. 5
D. 10

5. 如图,在矩形 ABCD 中,点 E 是边 BC 的中点,$AE \perp BD$,垂足为 F,则 $\tan\angle BDE$ 的值是（ ）

A. $\dfrac{\sqrt{2}}{4}$
B. $\dfrac{1}{4}$
C. $\dfrac{1}{3}$
D. $\dfrac{\sqrt{2}}{3}$

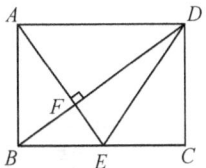

6. 矩形 ABCD 与 CEFG,如图放置,点 B,C,E 共线,点 C,D,G 共线,连接 AF,取 AF 的中点 H,连接 GH.若 $BC=EF=2$,$CD=CE=1$,则 $GH=$（ ）

A. 1
B. $\dfrac{2}{3}$
C. $\dfrac{\sqrt{2}}{2}$
D. $\dfrac{\sqrt{5}}{2}$

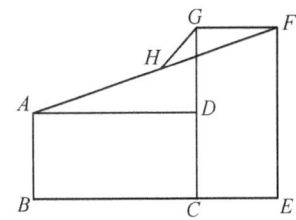

二、填空题（每题 4 分，共 16 分）

7. 如图,□ABCD 中,AC,BD 相交于点 O,若 $AD=6$,$AC+BD=16$,则 △BOC 的周长为_____.

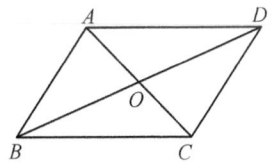

8. 如图,▱ABCD 的对角线相交于点 O,且 AD≠CD,过点 O 作 OM⊥AC,交 AD 于点 M.如果△CDM 的周长为 8,那么▱ABCD 的周长是_____.

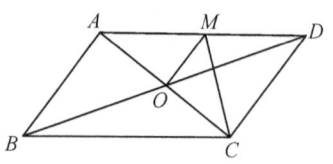

9. 已知边长为 5 的菱形 ABCD 中,对角线 AC 长为 6,点 E 在对角线 BD 上且 $\tan\angle EAC = \dfrac{1}{3}$,则 BE 的长为_____.

10. 如图,平面直角坐标系中,矩形 OABC 的顶点 $A(-6,0)$,$C(0,2\sqrt{3})$.将矩形 OABC 绕点 O 顺时针方向旋转,使点 A 恰好落在 OB 上的点 A_1 处,则点 B 的对应点 B_1 的坐标为_____.

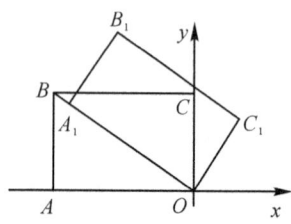

三、解答题(每题 12 分,共 60 分)

11. 如图,在▱ABCD 中,E,F 分别是 AD,BC 上的点,且 DE=BF,AC⊥EF.求证:四边形 AECF 是菱形.

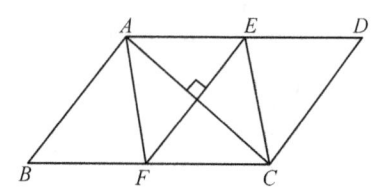

12. 如图,在正方形 ABCD 中,AF=BE,AE 与 DF 相交于点 O.
(1)求证:△DAF≌△ABE;
(2)求∠AOD 的度数.

166

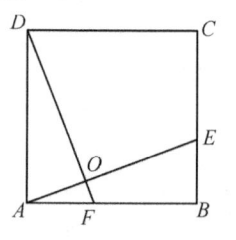

13. 如图，▱ABCD 中，点 E 是 BC 的中点，连接 AE 并延长交 DC 延长线于点 F.
(1)求证：CF＝AB；
(2)连接 BD，BF，当∠BCD＝90°时，求证：BD＝BF.

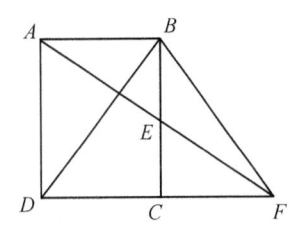

14. 已知矩形 ABCD 中，E 是 AD 边上的一个动点，点 F，G，H 分别是 BC，BE，CE 的中点.
(1)求证：△BGF≌△FHC；
(2)设 AD＝a，当四边形 EGFH 是正方形时，求矩形 ABCD 的面积.

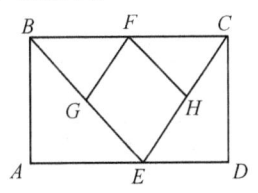

15. 如图，在四边形 ABCD 中，∠BAC＝90°，E 是 BC 的中点，AD∥BC，AE∥DC，EF⊥CD 于点 F.
(1)求证：四边形 AECD 是菱形；
(2)若 AB＝6，BC＝10，求 EF 的长.

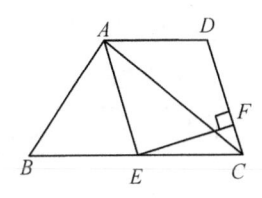

167

（六）相似三角形

☞【课标精读】

1. 了解相似三角形的判定定理：两角分别相等的两个三角形相似；两边成比例且夹角相等的两个三角形相似；三边成比例的两个三角形相似.了解相似三角形判定定理的证明.

2. 了解相似三角形的性质定理：相似三角形对应线段的比等于相似比；面积比等于相似比的平方.

3. 了解图形的位似，知道利用位似可以将一个图形放大或缩小.

4. 会利用图形的相似解决一些简单的实际问题.

5. 利用相似的直角三角形，探索并认识锐角三角函数（$\sin A$，$\cos A$，$\tan A$），知道 $30°$，$45°$，$60°$ 角的三角函数值.

☞【类型精析】

相似三角形是中考的重要考点，一般在陕西中考解答题第 17、20、23、24 题或者第 25 题出现，所占分值分别是 7 分、5 分、6 分、5 分.一般考查相似三角形的性质、相似三角形的判定.解答题第 20 题主要考查以相似为知识点的实际应用问题，近几年陕西中考第 20 题主要考查了数学学科核心素养中的数学建模和数学运算（如下表）.

年份	题号	考查点	命题材料	考查形式
2014	20	相似三角形的应用	测量河宽	相似三角形的性质和判定综合应用
2015	20	相似三角形的应用	测量小军身高	相似三角形的性质和判定综合应用
2016	20	相似三角形的应用	测量"望月阁"的高度	相似三角形的性质和判定综合应用
2017	20	相似三角形的应用	测量"聚贤亭"与"乡思柳"之间的距离	相似三角形的性质和判定综合应用
2018	20	相似三角形的应用	测量河宽	相似三角形的性质和判定综合应用
2019	20	相似三角形的应用	测量古树的高度	相似三角形的性质和判定综合应用

☞【备考精华】

★考查的知识点清单梳理

知识点一：相似三角形的概念		关键点拨与对应举例
1. 相似三角形的相关概念	(1)概念：如果两个三角形的对应角相等，对应边成比例，那么这两个三角形叫做相似三角形. (2)相似三角形对应边长度的比叫做相似比.	相似用符号"∽"表示，读作"相似于".例：如 △ABC∽△DEF，读作"三角形 ABC 相似于三角形 DEF".

续表

知识点二:相似三角形的性质		关键点拨与对应举例
2. 相似三角形的性质	性质: (1)相似三角形对应角相等,对应边成比例; (2)相似三角形周长的比等于相似比; (3)相似三角形对应高的比,对应中线的比和对应角平分线的比都等于相似比; (4)相似三角形面积的比等于相似比的平方	相似三角形的几种基本图形:"平行线型"的相似三角形(有"A型"与"X型"图);"斜交型"的相似三角形(有"反A共角型""反A共角共边型""蝶型");一线三等角的变形

知识点三:相似三角形的判定		关键点拨与对应举例
3. 相似三角形的判定	判定: 判定定理1:两角对应相等的两个三角形相似; 判定定理2:两边对应成比例,且夹角相等的两个三角形相似; 判定定理3:三边对应成比例的两个三角形相似; 判定定理4:若一个直角三角形的斜边和一条直角边与另一个直角三角形的斜边和一条直角边对应成比例,那么这两个直角三角形相似	(1)对应性:即把表示对应顶点的字母写在对应位置上;(2)顺序性:相似形的相似比是有顺序的;(3)两个三角形形状一样,但大小不一定一样;(4)全等三角形是相似比为1的相似三角形

知识点四:相似三角形的实际应用		关键点拨与对应举例
4. 一般步骤	(1)设出实际问题中的变量,添加辅助平行线是获得成比例线段和相似三角形的重要途径; (2)根据相似三角形的性质求相应的值,对所求的值进行检验,是否符合实际意义; (3)答案	平面直角坐标系中通常是作垂线(即得平行线)构造相似三角形或比例线段. 找相似:通过"横找""竖看"寻找三角形,即横向看或纵向寻找的时候一共各有三个不同的字母,并且这几个字母不在同一条直线上,能够组成三角形,并且有可能是相似的,则可证明这两个三角形相似,然后由相似三角形对应边成比例即可证所需的结论
5. 常见题型	(1)相似三角形的性质的灵活运用; (2)相似三角形的判定的灵活运用; (3)相似三角形的性质和判定的综合应用	

☞【易错精剖】

易错点 1. 考虑问题不周

例 1 将三角形纸片△ABC 按如图所示的方式折叠,使点 B 落在边 AC 上,记为点 B',折痕为 EF.已知 $AB=AC=6, BC=9$,若以点 B', F, C 为顶点的三角形与△ABC 相似,请计算 CF 的长度.

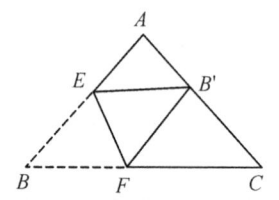

【误解】在研究三角形相似,明确对应关系时,没有进行分类讨论,解答不完整.

【精剖】∵ △ABC 沿 EF 折叠 B 和 B' 重合,

∴ $BF=B'F$,

设 $BF=x$,则 $B'F=x, CF=9-x$,

∵ 当△$B'FC$∽△ABC

∴ $B'F:AB=CF:CB$

解得 $x=\dfrac{18}{5}$,即 $BF=\dfrac{18}{5}$

∴ $CF=\dfrac{27}{5}$

当△$FB'C$∽△ABC

$FB':AB=FC:AC$

解得 $x=4.5$,即 $BF=4.5$

故 $CF=\dfrac{27}{5}$ 或 $CF=4.5$.

【正解】$CF=\dfrac{27}{5}$ 或 $CF=4.5$.

易错点 2. 错误判断相似

例 2 已知:在△ABC 中,$DE /\!/ BC, AD:DB=3:2$,计算 $S_{\triangle ADE}:S_{四边形BCED}$.

【误解】由 $DE /\!/ BC$,可得△ADE∽△ABC

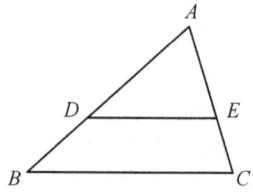

所以 $\dfrac{DE}{BC}=\dfrac{AD}{AB}$

因 $AD:DB=3:2$

所以 $\dfrac{AD}{AB}=\dfrac{3}{5}$

则 $\dfrac{DE}{BC}=\dfrac{3}{5}$

所以 $S_{\triangle ADE}:S_{四边形BCED}=9:25$.

【精剖】$\because DE/\!/BC$

$\therefore \angle ADE=\angle ABC,\angle AED=\angle ACB$

$\therefore \triangle ADE\backsim\triangle ABC$

$\because AD:DB=3:2$

$\therefore AD:AB=3:5$

$\therefore S_{\triangle ADE}:S_{\triangle ABC}=9:25$

$\therefore S_{\triangle ADE}:S_{四边形BCED}=9:16$

【正解】$S_{\triangle ADE}:S_{四边形BCED}=9:16$.

易错点3.忽略隐含条件

例3 如图，$AE^2=AD\cdot AB$，且$\angle ABE=\angle BCE$，试判断$\triangle EBC$与$\triangle DEB$相似吗？请说明理由.

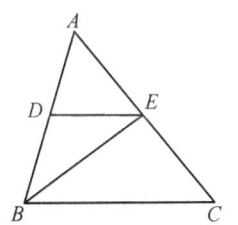

【误解】从已知条件$AE^2=AD\cdot AB$，$\angle ABE=\angle BCE$中，与$\triangle EBC$与$\triangle DEB$联系不大，只有一组角相等，简单认为两个三角形不相似。

【精剖】$\triangle EBC$与$\triangle DEB$相似.

【正解】$\because AE^2=AD\cdot AB$，得 $AE:AD=AB:AE$

$\because \angle A=\angle A$

$\therefore \triangle AED\backsim\triangle ABE$

$\therefore \angle AED=\angle ABE$

$\because \angle ABE=\angle BCE$

$\therefore \angle AED=\angle BCE$

$\therefore DE/\!/BC$

$\therefore \angle DEB=\angle EBC$

$\because \angle ABE=\angle BCE$

$\therefore \triangle EBC\backsim\triangle DEB$

$\therefore \triangle EBC$与$\triangle DEB$相似.

☞【真题精选】

例1 (2019年陕西中考)小明利用刚学过的测量知识来测量学校内一棵古树的高度.一天下午,他和学习小组的同学带着测量工具来到这棵古树前,由于有围栏保护,他们无法到达古树的底部B,如图所示.于是他们先在古树周围的空地上选择一点D,并在点D处安装了测量器DC,测得古树的顶端A的仰角为$45°$;再在BD的延长线上确定一点G,使$DG=5$米,并在G处的地面上水平放置了一个小平面镜,小明沿着BG方向移动,当移动带点F时,他刚好在小平面镜内看到这棵古树的顶端A的像,此时,测得$FG=2$米,小明眼睛与地面的距离$EF=1.6$米,测倾器的高度$CD=0.5$米.已知点F,G,D,B在同一水平直线上,且EF,CD,AB均垂直于FB,求这棵古树的高度AB.(小平面镜的大小忽略不计)

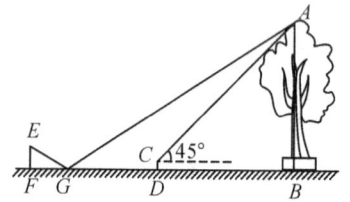

【分析】利用相似和锐角三角函数结合求古树高.

【解答】如图,过点C作$CH \perp AB$于点H,

则$CH = BD$, $BH = CD = 0.5$.

在$Rt \triangle ACH$中, $\angle ACH = 45°$,

∴$AH = CH = BD$,

∴$AB = AH + BH = BD + 0.5$.

∵$EF \perp FB$, $AB \perp FB$, ∴$\angle EFG = \angle ABG = 90°$.

由题意,易知$\angle EGF = \angle AGB$,

∴$\triangle EFG \sim \triangle ABG$

∴$\dfrac{EF}{AB} = \dfrac{FG}{BG}$ 即 $\dfrac{1.6}{BD+0.5} = \dfrac{2}{5+BD}$

解之,得$BD = 17.5$

∴$AB = 17.5 + 0.5 = 18$(m)

∴这棵古树的高AB为$18m$.

【点评】以"学生利用刚学过的测量知识来测量学校内一棵古树的高度"为素材,考查了数学学科核心素养中的数学建模和数学运算,这正是发展中学生核心素养中学会学习和实践创新的重要体现.解答时熟练掌握相似三角形的判定与性质是关键.

例2 (2019年陕西中考)如图,AC是$\odot O$的一条弦,AP是$\odot O$的切线.作$BM = AB$并与AP交于点M,延长MB交AC于点E,交$\odot O$于点D,连接AD.

(1)求证:$AB = BE$;

(2)若$\odot O$的半径$R = 5$, $AB = 6$,求AD的长.

【分析】AC为$\odot O$的直径,连接BC,易得$\angle ADM = \angle AMD$, $\triangle ABC \sim \triangle EAM$,

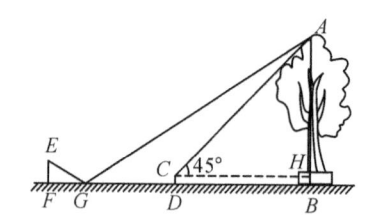

可列比例关系式.

【解答】(1)证明:∵AP 是⊙O 的切线, 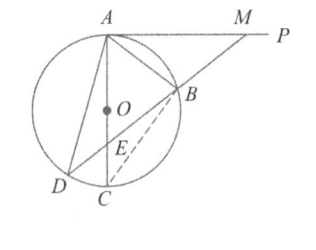
∴∠EAM=90°,
∴∠BAE+∠MAB=90°,∠AEB+∠AMB=90°
又∵AB=BM,
∴∠MAB=∠AMB,
∴∠BAE=∠AEB,
∴AB=BE.

(2)连接 BC
∵AC 是⊙O 的直径,
∴∠ABC=90°.
在 Rt△ABC 中,AC=10,AB=6,
∴BC=8.
由(1)知,∠BAE=∠AEB,
∴△ABC∽△EAM,
∴∠C=∠AME,$\dfrac{AC}{EM}=\dfrac{BC}{AM}$.
即 $\dfrac{10}{12}=\dfrac{8}{AM}$,
∴AM=9.6,
又∵∠D=∠C,
∴∠D=∠AMD,
∴AD=AM=9.6.

【点评】由(1)中结论可得 EM=2AB,代入比例关系式,求出 AM.根据等角对等边得 AD=AM,AD 可求.解答时熟练掌握相似三角形的判定与性质灵活运用是关键.

例 3 (2019 年陕西中考)在平面直角坐标系中,已知抛物线 $L:y=ax^2+(c-a)x+c$ 经过点 A(-3,0)和点 B(0,-6),L 关于原点 O 对称的抛物线为 L'.

(1)求抛物线 L 的表达式;

(2)点 P 在抛物线 L'上,且位于第一象限,过点 P 作 PD⊥y 轴,垂足为 D.若 △POD 与△AOB 相似,求符合条件的点 P 的坐标.

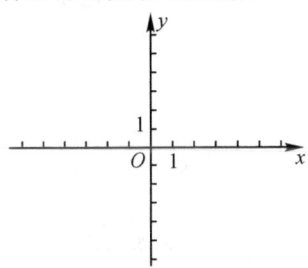

【分析】△POD 与△AOB 相似,需要分 Rt△POD∽Rt△ABO 和 Rt△POD∽

Rt△BAO 两种情况讨论.

【解答】(1)由题意,得 $9a-3(c-a)+c=0$ 和 $c=-6$,解之,得 $a=-1,c=-6$.
∴$L:y=-x^2-5x-6$.

(2)∵点 A,B 在 L' 上的对应点分别为 $A'(3,0),B'(0,6)$.
∴设抛物线 L' 的表达式 $y=x^2+bx+6$,
将 $A'(-3,0)$ 代入 $y=x^2+bx+6$,得 $b=-5$.
∴抛物线 L' 的表达式为 $y=x^2-5x+6$.
$A(-3,0),B(0,-6)$,
∴$AO=3,OB=6$.
设 $P(m,m^2-5m+6)(m>0)$.
∵$PD\perp y$ 轴,
∴点 D 的坐标为 $(0,m^2-5m+6)$.
∵$PD=m,OD=m^2-5m+6$,
Rt△POD 与 Rt△AOB 相似,
∴$\dfrac{PD}{AO}=\dfrac{OD}{BO}$ 或 $\dfrac{PD}{BO}=\dfrac{OD}{AO}$.

①当 $\dfrac{PD}{AO}=\dfrac{OD}{BO}$ 时,即 $\dfrac{m}{3}=\dfrac{m^2-5m+6}{6}$,解之,得 $m_1=1,m_2=6$,
∴$P_1(1,2),P_2(6,12)$.

②当 $\dfrac{PD}{BO}=\dfrac{OD}{AO}$ 时,即 $\dfrac{m}{6}=\dfrac{m^2-5m+6}{3}$,解之,得 $m_3=\dfrac{3}{2},m_4=4$,
∴$P_3(\dfrac{3}{2},\dfrac{3}{4}),P_4(4,2)$.

∵$P_1、P_2、P_3、P_4$ 均在第一象限,
∴符合条件的点 P 的坐标为 $(1,2)$ 或 $(6,12)$ 或 $(\dfrac{3}{2},\dfrac{3}{4})$ 或 $(4,2)$.

【点评】根据抛物线 L' 的表达式设出 P 点坐标,分别列比例关系式求解.解答时熟练掌握相似三角形的判定与性质灵活运用是关键.

例 4 (2018 年陕西中考)如图,已知:在正方形 $ABCD$ 中,M 是 BC 边上一定点,连接 AM.请用尺规作图法,在 AM 上作一点 P,使△DPA∽△ABM.(不写作法,保留作图痕迹)

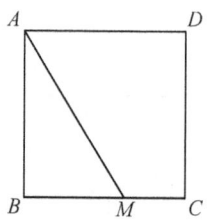

【分析】过 D 点作 $DP\perp AM$,利用相似三角形的判定解答即可.

【解答】如图所示,点 P 即为所求:

∵ $DP \perp AM$,

∴ $\angle APD = \angle ABM = 90°$,

∵ $\angle BAM + \angle PAD = 90°$, $\angle PAD + \angle ADP = 90°$,

∴ $\angle BAM = \angle ADP$,

∴ $\triangle DPA \backsim \triangle ABM$.

【点评】此题考查作图——相似变换,关键是根据相似三角形的判定解答.解答时熟练掌握相似三角形的判定与性质是关键.

例5 (2018年陕西中考)周末,小华和小亮想用所学的数学知识测量家门前小河的宽.测量时,他们选择了河对岸岸边的一棵大树,将其底部作为点 A,在他们所在的岸边选择了点 B,使得 AB 与河岸垂直,并在 B 点竖起标杆 BC,再在 AB 的延长线上选择点 D,竖起标杆 DE,使得点 E 与点 C,A 共线.

已知:$CB \perp AD$,$ED \perp AD$,测得 $BC=1$ m,$DE=1.5$ m,$BD=8.5$ m.测量示意图如图所示.请根据相关测量信息,求河宽 AB.

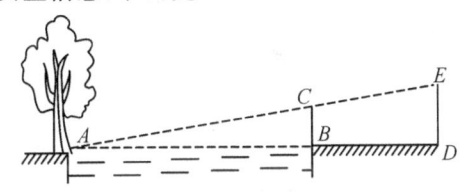

【分析】由 $BC /\!/ DE$,可得 $\dfrac{BC}{DE} = \dfrac{AB}{AD}$,构建方程即可解决问题.

【解答】∵ $CB \perp AD$,$ED \perp AD$,

∴ $CB /\!/ ED$,

∴ $\triangle ABC \backsim \triangle ADE$,

∴ $\dfrac{BC}{DE} = \dfrac{AB}{AD}$,

∴ $\dfrac{1}{1.5} = \dfrac{AB}{AB+8.5}$,

∴ $AB=17$(m).

经检验:$AB=17$m 是分式方程的解,

答:河宽 AB 的长为17m.

【点评】本题考查相似三角形的应用、平行线的性质等知识,解题的关键是灵活运用所学知识解决问题,属于中考常考题型.解答时熟练掌握相似三角形的判定与性质是关键.

例6 (2017年陕西中考)

问题提出

(1)如图①,$\triangle ABC$ 是等边三角形,$AB=12$,若点 O 是 $\triangle ABC$ 的内心,则 OA 的长为_____;

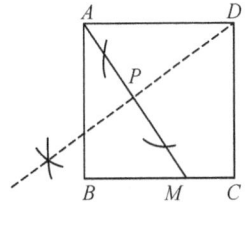

问题探究

(2)如图②,在矩形 $ABCD$ 中,$AB=12$,$AD=18$,如果点 P 是 AD 边上一点,且 $AP=3$,那么 BC 边上是否存在一点 Q,使得线段 PQ 将矩形 $ABCD$ 的面积平分?若存在,求出 PQ 的长;若不存在,请说明理由.

问题解决

(3)某城市街角有一草坪,草坪是由 $\triangle ABM$ 草地和弦 AB 与其所对的劣弧围成的草地组成,如图③所示.管理员王师傅在 M 处的水管上安装了一喷灌龙头,以后,他想只用喷灌龙头来给这块草坪浇水,并且在用喷灌龙头浇水时,既要能确保草坪的每个角落都能浇上水,又能节约用水,于是,他让喷灌龙头的转角正好等于 $\angle AMB$(即每次喷灌时喷灌龙头由 MA 转到 MB,然后再转回,这样往复喷灌).同时,再合理设计好喷灌龙头喷水的射程就可以了.

如图③,已测出 $AB=24$ m,$MB=10$ m,$\triangle AMB$ 的面积为 96 m²;过弦 AB 的中点 D 作 $DE \perp AB$ 交 $\overset{\frown}{AB}$ 于点 E,又测得 $DE=8$ m.

请你根据以上信息,帮助王师傅计算喷灌龙头的射程至少多少米时,才能实现他的想法?为什么?(结果保留根号或精确到0.01m)

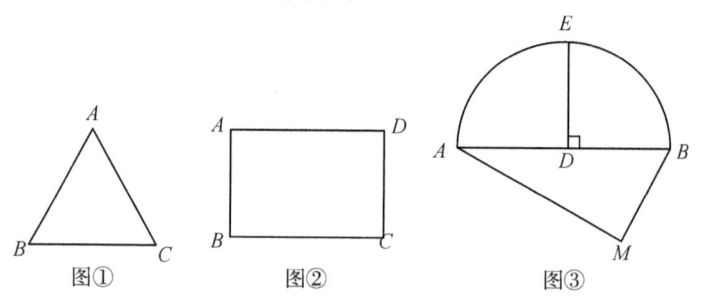

【分析】(1)构建 Rt$\triangle AOD$ 中,利用 $\cos\angle OAD = \cos 30° = \dfrac{AD}{OA}$,可得 OA 的长;

(2)经过矩形对角线交点的直线将矩形面积平分,根据此结论作出 PQ,利用勾股定理进行计算即可;

(3)如图3,作辅助线,先确定圆心和半径,根据勾股定理计算半径:

在 Rt$\triangle AOD$ 中,$r^2=12^2+(r-8)^2$,解得:$r=13$ 根据三角形面积计算高 MN 的长,证明 $\triangle ADC \sim \triangle ANM$,列比例式求 DC 的长,确定点 O 在 $\triangle AMB$ 内部,利用勾股定理计算 OM,则最大距离 FM 的长可利用相加得出结论.

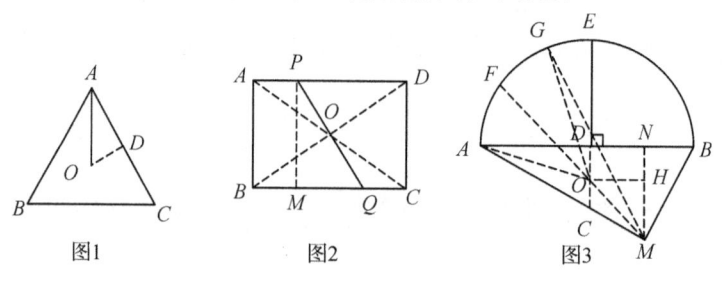

【解答】(1)如图1,过O作$OD \perp AC$于D,则$AD = \frac{1}{2}AC = \frac{1}{2} \times 12 = 6$,

$\because O$是内心,$\triangle ABC$是等边三角形,

$\therefore \angle OAD = \frac{1}{2} \angle BAC = \frac{1}{2} \times 60° = 30°$.

在$\text{Rt} \triangle AOD$中,$\cos \angle OAD = \cos 30° = \frac{AD}{OA}$,

$\therefore OA = 6 \div \frac{\sqrt{3}}{2} = 4\sqrt{3}$.

故答案为$4\sqrt{3}$.

(2)存在,如图2,连接AC,BD交于点O,连接PO并延长交BC于Q,则线段PQ将矩形$ABCD$的面积平分,

$\because$点O为矩形$ABCD$的对称中心,

$\therefore CQ = AP = 3$,

过P作$PM \perp BC$于点M,则$PM = AB = 12$,$MQ = 18 - 3 - 3 = 12$,

由勾股定理得:$PQ = \sqrt{PM^2 + MQ^2} = \sqrt{12^2 + 12^2} = 12\sqrt{2}$.

(3)如图3,作射线ED交AM于点C.

$\because AD = DB$,$ED \perp AB$,$\overset{\frown}{AB}$是劣弧,

$\therefore \overset{\frown}{AB}$所在圆的圆心在射线$DC$上.

假设圆心为O,半径为r,连接OA,则$OA = r$,$OD = r - 8$,$AD = \frac{1}{2}AB = 12$,

在$\text{Rt} \triangle AOD$中,$r^2 = 12^2 + (r - 8)^2$,

解得:$r = 13$,

$\therefore OD = 5$.

过点M作$MN \perp AB$,垂足为N,

$\because S_{\triangle ABM} = 96$,$AB = 24$,

$\therefore \frac{1}{2} AB \cdot MN = 96$.

$\frac{1}{2} \times 24 \times MN = 96$,

$\therefore MN = 8$,$NB = 6$,$AN = 18$,

$\because CD // MN$,

$\therefore \triangle ADC \backsim \triangle ANM$,

$\therefore \frac{DC}{MN} = \frac{AD}{AN}$,

∴ $\dfrac{DC}{8} = \dfrac{12}{18}$,

∴ $DC = \dfrac{16}{3}$,

∴ $OD < CD$,

∴点 O 在△AMB 内部,

∴连接 MO 并延长交$\overset{\frown}{AB}$于点 F,则 MF 为草坪上的点到 M 点的最大距离,

∵在$\overset{\frown}{AB}$上任取一点异于点 F 的点 G,连接 GO,GM,

∴$MF = OM + OF = OM + OG > MG$,

即 $MF > MG$,

过 O 作 $OH \perp MN$,垂足为 H,则 $OH = DN = 6, MH = 3$,

∴$OM = \sqrt{MH^2 + OH^2} = \sqrt{3^2 + 6^2} = 3\sqrt{5}$,

∴$MF = OM + r = 3\sqrt{5} + 13 \approx 19.71$(m),

答:喷灌龙头的射程至少为 19.71m.

【点评】本题是圆的综合题,考查了三角形相似的性质和判定、勾股定理、等边三角形的性质及内心的定义、特殊的三角函数值、矩形的性质等知识,明确在特殊的四边形中将面积平分的直线一定过对角线的交点.本题的第三问比较复杂,辅助线的作出是关键,根据三角形的三角关系确定其最大射程为 MF.解答时熟练掌握相似三角形的判定与性质综合运用是关键.

☞【得分精髓】

考查点1. 遇等积,化比例

当已知条件中给出等积式时,一般将等积式转化为等比式,再找夹角相等,从而得到两个三角形相似.

例1 已知:如图 $AD \cdot AB = AF \cdot AC$,求证:△$DEB$∽△$FEC$.

【解析】∵$AD \cdot AB = AF \cdot AC$,

∴$AD : AF = AC : AB$

又∵$\angle A = \angle A$,

∴△ADC∽△AFB,

∴$\angle B = \angle C$,

∵$\angle DEB = \angle FEC$,

∴△DEB∽△FEC.

考查点2. 抽象出数学图形

首先抽象出数学图形,根据平行于三角形一边的直线截其他两边,根据相似三角形对应边成比例得出比例式建立出方程组,求解即可.

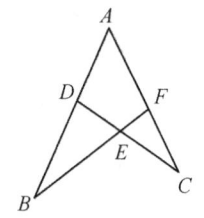

例2 墙壁 CD 上 D 处有一盏灯(如图),小明站在 A 站测得他的影长与身长相等都为 1.5 m,他向墙壁走 1 m 到 B 处时发现影子刚好落在 A 点,则灯泡与地面的距离 $CD=$ _____ m.

【解析】如图:

根据题意得:$BG=AF=AE=1.5$ m,$AB=1$ m,设 $BC=x$,$CD=y$,

则 $CE=x+2.5$,$AC=x+1$,

$\because BG /\!/ AF /\!/ CD$

$\therefore \triangle EAF \backsim \triangle ECD$,$\triangle ABG \backsim \triangle ACD$,

$\therefore AE:EC=AF:CD$,$AB:AC=BG:CD$,

解得:$x=2$,$y=4.5$,

即 $CD=4.5$m,

【答案】4.5m.

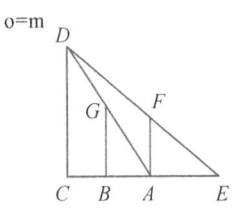

☞【提分精练】

一、选择题(每题4分,共24分)

1. 在四边形 $ABCD$ 中,如果已知 $\angle ADC=\angle BAC$,那么下列条件中不能判定 $\triangle ADC$ 和 $\triangle BAC$ 相似的是( )

A.$AC^2=BC \cdot CD$ B.CA 是 $\angle BCD$ 的平分线

C.$\angle DAC=\angle ABC$ D.$\dfrac{AD}{AB}=\dfrac{DC}{AC}$

2. 下列各组条件中,一定能推得 $\triangle ABC$ 与 $\triangle DEF$ 相似的是( )

A.$\angle A=\angle E$ 且 $\angle D=\angle F$ B.$\angle A=\angle B$ 且 $\angle D=\angle F$

C.$\angle A=\angle E$ 且 $\dfrac{AB}{AC}=\dfrac{EF}{ED}$ D.$\angle A=\angle E$ 且 $\dfrac{AB}{BC}=\dfrac{DF}{ED}$

3. 在 $\triangle ABC$ 中,点 D,E 分别在边 AB,AC 上,如果 $DE /\!/ BC$,且 $\angle DCE=\angle B$,那么下列说法中,错误的是( )

A.$\triangle ADE \backsim \triangle DCB$ B.$\triangle ADE \backsim \triangle ACD$

C.$\triangle ADE \backsim \triangle ABC$ D.$\triangle DEC \backsim \triangle CDB$

4. 在 Rt$\triangle ACB$ 中,$\angle C=90°$,$AC=BC$,一直角三角板的直角顶角 O 在 AB 边的中点上,这块三角板绕 O 点旋转,两条直角边始终与 AC,BC 边分别相交于 E,F,连接 EF,则在运动过程中,$\triangle OEF$ 与 $\triangle ABC$ 的关系是( )

A.当 E 是 AC 中点时相似 B.一定相似

C.不一定相似 D.无法判断

5. 如图,已知 P 是边长为 5 的正方形 $ABCD$ 内一点,且 $PB=3$,$BF \perp BP$ 于点 B,若在射线 BF 上找一点 M,使得以点 B,M,C 为顶点的三角形与 $\triangle ABP$ 相似,则 BM 的值为( )

A.3

B.$\dfrac{25}{3}$

C.3 或 $\dfrac{25}{3}$

D.3 或 5

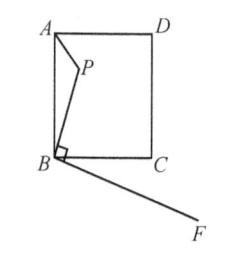

6. 如图,在等边三角形 ABC 中,D 为 AC 的中点,$\dfrac{AE}{EB}=\dfrac{1}{3}$,则和 $\triangle AED$(不包含 $\triangle AED$)相似的三角形有( )

A.1 个

B.2 个

C.3 个

D.4 个

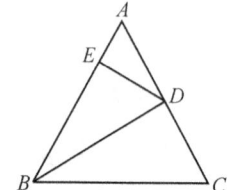

二、填空题(每题 4 分,共 16 分)

7. 在 $\triangle ABC$ 中,已知点 E 在 AC 上,若点 D 在 AB 上,则满足条件_____(只填一个条件),使 $\triangle ADE$ 与原 $\triangle ABC$ 相似.

8. 过 $\triangle ABC$($AB>AC$)的边 AC 边上一定点 M 作直线与 AB 相交,使得到的新三角形与 $\triangle ABC$ 相似,这样的直线共有_____条.

9. $\triangle ABC$ 中,$\angle BAC=90°$,$\angle B=30°$,$AD \perp BC$,AE 平分 $\angle BAD$,则 $\triangle ABC \backsim$ _____,$\triangle BAD \backsim \triangle ACD$(写出一个三角形即可).

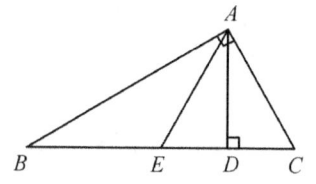

10. 如图,矩形 $ABCD$ 中,$AD=2$,$AB=5$,P 为 CD 边上的动点,当 $\triangle ADP$ 与 $\triangle BCP$ 相似时,$DP=$_____.

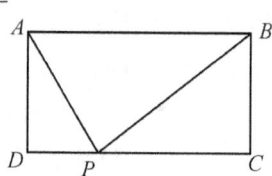

三、解答题(每题12分,共60分)

11. 两个相似三角形一组对应边的长分别是 24 cm 和 12 cm,若它们周长的和是 240 cm,求这两个三角形的周长.

12. 如图,在△ABC 中,∠BAC=90°,M 是 BC 的中点,过点 A 作 AM 的垂线,交 CB 的延长线于点 D. 求证:△DBA∽△DAC.

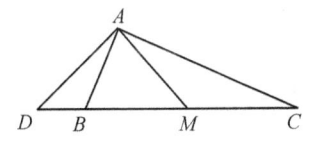

13. 如图,直角梯形 ABCD 中,AD=3,AB=11,BC=6,AB⊥BC,动点 P 在线段 AB 上运动,如果满足△ADP 和△BCP 相似,计算此时线段 AP 的长度.

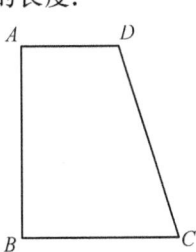

14. 如图,点 C 是线段 AB 上一点,△ACD 和△BCE 都是等边三角形,连接 AE, BD,设 AE 交 CD 于点 F.

(1)求证:△ACE≌△DCB;

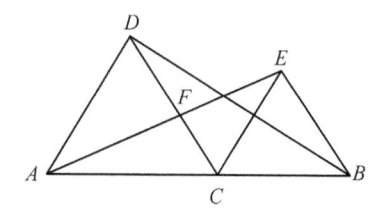

(2)求证:△ADF∽△BAD.

15. 如图1,在 Rt△ABC 中,$\angle BAC=90°$,$AD\perp BC$ 于点 D,O 是 AC 边上一点,连接 BO 交 AD 于点 F,$OE\perp OB$ 交 BC 于点 E.

(1)求证:△ABF∽△COE;

(2)当 O 为 AC 边的中点,$\dfrac{AC}{AB}=2$ 时,如图2,求 $\dfrac{OF}{OE}$ 的值;

(3)当 O 为 AC 边的中点,$\dfrac{AC}{AB}=n$ 时,如图3,请直接写出 $\dfrac{OF}{OE}$ 的值.

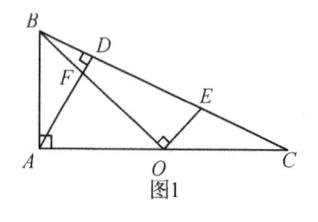

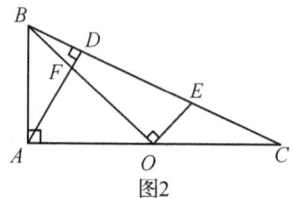

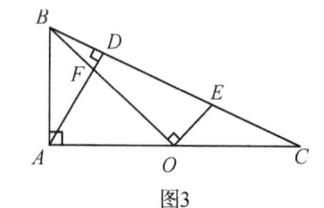

图1 图2 图3

(七)有关测量的实际应用问题

☞【课标精读】

1. 会利用图形的相似解决一些简单的实际问题.
2. 利用相似的直角三角形,探索并认识锐角三角函数(sinA,cosA,tanA),知道 30°,45°,60°角的三角函数值.
3. 能用锐角三角函数解直角三角形,能用相关知识解决一些简单的实际问题.

☞【类型精析】

利用相似三角形、锐角三角函数测距离是中考的重要考点,一般在陕西中考解答题第 20 题出现,所占分值是 7 分.一般考查利用相似三角形、锐角三角函数测量问题.近几年陕西中考第 20 题主要考查了数学学科核心素养中的数学建模和数学运算(如下表).

年份	题号	考查点	命题材料	考查形式
2014	20	相似三角形的应用	测量河宽	相似三角形的性质和判定综合应用
2015	20	相似三角形的应用	测量小军身高	相似三角形的性质和判定综合应用
2016	20	相似三角形的应用	测量"望月阁"的高度	相似三角形的性质和判定综合应用
2017	20	锐角三角函数的应用	测量"聚贤亭"与"乡思柳"之间的距离	锐角三角函数的应用,涉及仰俯角
2018	20	相似三角形的应用	测量河宽	相似三角形的性质和判定综合应用
2019	20	相似三角形的应用	测量古树的高度	相似三角形的性质和判定综合应用

☞【备考精华】

★考查的知识点清单梳理

知识点一:利用相似三角形解决实际测量问题		关键点拨与对应举例
运用相似三角形的判定条件和性质解决实际问题	方法步骤: (1)将实际问题转化为相似三角形的问题; (2)找出一对相似三角形; (3)根据相似三角形的性质,表示出相应的量,并求解	证明这两个三角形相似,然后由相似三角形对应边成比例即可求出所需的结论
运用相似的有关性质解决现实生活中的实际问题	(1)利用光的反射定律(入射角=反射角)求物体的高度; (2)利用影子计算建筑物的高度; (3)同一时刻物高与影长成正比	$\dfrac{身高}{影长} = \dfrac{建筑物的高度}{建筑物的影长}$

续表

知识点二:利用锐角三角函数解决实际测量问题		关键点拨与对应举例
锐角三角函数的应用	(1)方向角:如图1,A 点位于点 O 的北偏东 30°方向,B 点位于点 O 的南偏东 60°方向,C 点位于点 O 的北偏西 45°方向(或西北方向); (2)仰角、俯角:如图2,在视线与水平线所成的锐角中,视线与水平线上方的角叫仰角,视线在水平线下方的角叫俯角; (3)坡度(坡比)、坡角:如图3,$i=\tan\alpha=\dfrac{h}{l}$	图1 图2 图3

☞【易错精剖】

易错点1. 忽视所给条件

例1 阳光通过窗口照到室内在地上留下 $ED=2.7$ m 宽的亮区(如图),已知亮区一边到窗下的墙角的距离 $CE=8.7$ m,窗口高 $AB=1.8$ m,那么窗口底边离地面的高 BC 等于( )

A. 1 m
B. 2 m
C. 4 m
D. 6 m

【误解】$AB=ED$,利用三角形求解.

【精剖】考查了相似三角形的应用,解答此题的关键是熟知光是沿直线传播及平行线分线段成比例定理.解答此题根据光沿直线传播的道理可知 $AE \parallel BD$,由平行线分线段成比例可得 $\dfrac{CB}{AB}=\dfrac{CD}{ED}$,然后代入相应的数据可得 BC 的长.

【正解】∵由题意得:$AE \parallel BD$,

∴$\dfrac{CB}{AB}=\dfrac{CD}{ED}$.

又∵$CD=CE-ED=8.7-2.7=6$,

∴$CB=\dfrac{AB \cdot CD}{ED}=1.8 \times 6 \div 2.7=4$ m, ∴$BC=4$ m.

故选 C.

易错点 2. 考虑问题不周,错误判断相似

例 2 为了测量校园内水平地面上的一棵树(线段 ED)的高度,小毅在距树 6 m 处立了一根高为 3 m 的标杆(线段 FC),然后小毅前后调整自己的位置,当小毅与标杆相距 1.5 m 时,小毅眼睛 A、标杆顶端 F、树的顶端 E 在同一直线上,已知小毅的眼睛距地面 1.6 m(AB=1.6 m),求树 ED 的高度.

【误解】利用梯形作为相似多边形对应边成比例求解.

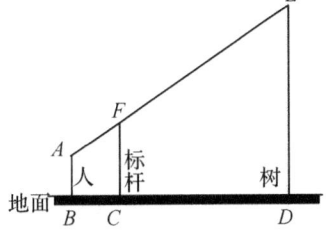

【精剖】此题主要考查了相似三角形的应用,根据题意得出△AFG∽△AEH 是解题关键.

过 A 作 AH 垂直 ED,垂足为 H,交线段 FC 于 G,可得 △AFG∽△AEH,进而求出 EH、ED 的长.

【正解】如图,过 A 作 AH 垂直 ED,垂足为 H,交线段 FC 于 G,

由题意知,AB∥FC∥ED,

∴∠AFG=∠E,∠AGF=∠AHE,∴△AFG∽△AEH,

∴$\frac{FG}{EH}=\frac{AG}{AH}$.

又∵AG=BC=1.5 m,HG=CD=6 m,AB=GC=HD=1.6 m

∴FG=3-1.6=1.4 m,AH=1.5+6=7.5 m,

∴$\frac{1.5}{7.5}=\frac{1.4}{HE}$

∴HE=7 m,则 ED=DH+HE=1.6+7=8.6 m.

答:树 ED 的高为 8.6 m.

易错点 3. 未构造合理的直角三角形

例 3 如图,天空中有一个静止的广告气球 C,从地面 A 点测得 C 点的仰角为 45°,从地面 B 点测得 C 点的仰角为 60°.已知 AB=20 m,点 C 和直线 AB 在同一平面上,求气球离地面的高度(结果保留根号).

【误解】过点 B 作 AC 的垂线.

【精剖】过点 C 作 CD⊥AB,交 AB 于点 D;设 AD=x.本题涉及两个直角三角形△ADC,△BDC,应利用其公共边 CD 构造等量关系,解三角形可得 AD 与 BD 与 x 的关系;借助 AB=AD-BD 构造方程关系式,进而可求出答案.

【正解】过点 C 作 CD⊥AB,交 AB 于点 D;设 CD=x,

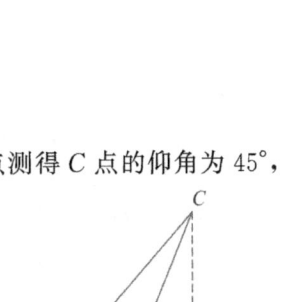

在 Rt△ADC 中,有 $AD=\dfrac{CD}{\tan 45°}=CD=x$,

在 Rt△BDC 中,有 $BD=\dfrac{CD}{\tan 60°}=\dfrac{\sqrt{3}}{3}x$,

又有 $AB=AD-BD=20$;即 $x-\dfrac{\sqrt{3}}{3}x=20$.

解得:$x=10(3+\sqrt{3})$.

答:气球离地面的高度 $CD=10(3+\sqrt{3})$ m.

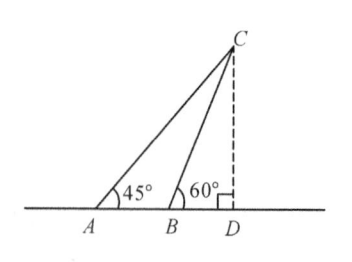

☞【真题精选】

例1 (2014年陕西中考)某一天,小明和小亮来到一河边,想用遮阳帽和皮尺测量这条河的大致宽度,两人在确保无安全隐患的情况下,先在河岸边选择了一点 B(点 B 与河对岸岸边上的一棵树的底部点 D 所确定的直线垂直于河岸).

①小明在 B 点面向树的方向站好,调整帽檐,使视线通过帽檐正好落在树的底部点 D 处,如图所示,这时小亮测得小明眼睛距地面的距离 $AB=1.7$ m;②小明站在原地转动 180°后蹲下,并保持原来的观察姿态(除身体重心下移外,其他姿态均不变),这时视线通过帽檐落在了 DB 延长线上的点 E 处,此时小亮测得 $BE=9.6$ m,小明的眼睛距地面的距离 $CB=1.2$ m.

根据以上测量过程及测量数据,请你求出河宽 BD 是多少米?

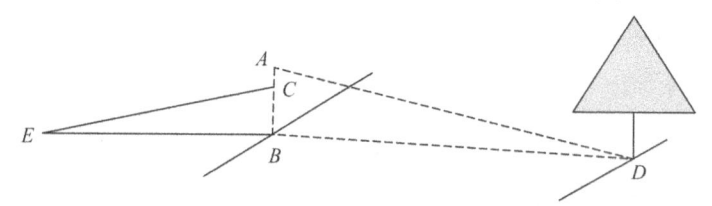

【分析】根据题意求出 $\angle BAD=\angle BCE$,然后根据两组角对应相等,两三角形相似 △BAD 和 △BCE 相似,再根据相似三角形对应边成比例列式求解即可.

【解答】由题意得,$\angle BAD=\angle BCE$

∵$\angle ABD=\angle CBE=90°$,∴△BAD∽△BCE,

∴$\dfrac{BD}{BE}=\dfrac{AB}{CB}$,即 $\dfrac{BD}{9.6}=\dfrac{1.7}{1.2}$,解得 $BD=13.6$ m.

答:河宽 BD 是 13.6 m.

【点评】本题考查的是相似三角形的判定及性质,解答此题的关键是相似三角形的性质.

例2 (2015年陕西中考)晚饭后,小聪和小军在社区广场散步,小聪问小军:"你有多高?"小军一时语塞.小聪思考片刻,提议用广场照明灯下的影长及地砖长来测量小军的身高.于是,两人在灯下沿直线 NQ 移动,如图.当小聪正好站在广场的 A 点(距

N 点 5 块地砖长)时,其影长 AD 恰好为 1 块地砖长;当小军正好站在广场的 B 点(距 N 点 9 块地砖长)时,其影长 BF 恰好为 2 块地砖长.已知广场地面由边长为 0.8 m 的正方形地砖铺成,小聪的身高 AC 为 1.6 m,$MN \perp NQ$,$AC \perp NQ$,$BE \perp NQ$.请你根据以上信息,求出小军身高 BE 的长.(结果精确到 0.01 m)

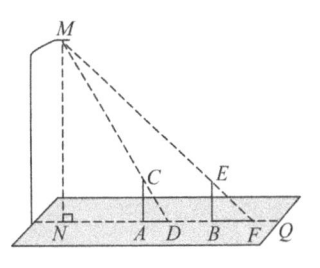

【分析】先证明 $\triangle CAD \sim \triangle MND$,利用相似三角形的性质求得 $MN = 9.6$,再证明 $\triangle EFB \sim \triangle MFN$,即可.

【解答】由题意得:$\angle CAD = \angle MND = 90°$,$\angle CDA = \angle MDN$,

∴ $\triangle CAD \sim \triangle MND$,

∴ $\dfrac{CA}{MN} = \dfrac{AD}{ND}$,

∴ $\dfrac{1.6}{MN} = \dfrac{1 \times 0.8}{(5+1) \times 0.8}$,

∴ $MN = 9.6$.

又∵ $\angle EBF = \angle MNF = 90°$,

$\angle EFB = \angle MFN$,

∴ $\triangle EFB \sim \triangle MFN$,

∴ $\dfrac{EB}{MN} = \dfrac{BF}{NF}$,

∴ $\dfrac{EB}{9.6} = \dfrac{2 \times 0.8}{(2+9) \times 0.8}$,

∴ $EB \approx 1.75$.

答:小军身高约为 1.75 m.

【点评】本题考查的是相似三角形的判定及性质,解答此题的关键是相似三角形的判定.

例 3 (2016 年陕西中考)某市为了打造森林城市,树立城市新地标,实现绿色、共享发展理念,在城南建起了"望月阁"及环阁公园.小亮、小芳等同学想用一些测量工具和所学的几何知识测量"望月阁"的高度,来检验自己掌握知识和运用知识的能力.他们经过观察发现,观测点与"望月阁"底部间的距离不易测得,因此经过研究需要两次测量,于是他们首先用平面镜进行测量.方法如下:如图,小芳在小亮和"望月阁"之间的直线 BM 上平放一平面镜,在镜面上做了一个标记,这个标记在直线 BM 上的对应位置为点 C,镜子不动,小亮看着镜面上的标记,他来回走动,走到点 D 时,看到"望月阁"顶端点 A 在镜面中的像与镜面上的标记重合,这时,测得小亮眼睛与地面的高度 $ED = 1.5$ m,$CD = 2$ m,然后,在阳光下,他们用测影长的方法进行了第二次测量,方法如下:如图,小亮从 D 点沿 DM 方向走了 16 m,到达"望月阁"影子的末端 F 点处,此时,测得小亮身高 FG 的影长 $FH=2.5$ m,$FG=1.65$ m.

如图,已知 $AB\perp BM$,$ED\perp BM$,$GF\perp BM$,其中,测量时所使用的平面镜的厚度忽略不计,请你根据题中提供的相关信息,求出"望月阁"的高 AB 的长度.

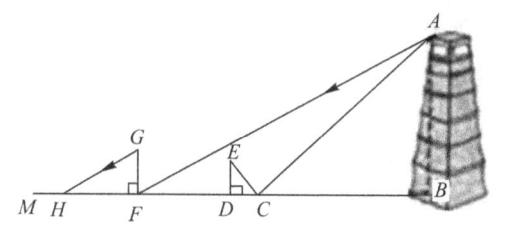

【分析】根据镜面反射原理结合相似三角形的判定方法得出 $\triangle ABC\backsim\triangle EDC$,$\triangle ABF\backsim\triangle GFH$,进而利用相似三角形的性质得出 AB 的长.

【解答】由题意可得:$\angle ABC=\angle EDC=\angle GFH=90°$,
$\angle ACB=\angle ECD$,$\angle AFB=\angle GHF$,
故 $\triangle ABC\backsim\triangle EDC$,$\triangle ABF\backsim\triangle GFH$,
则 $\dfrac{AB}{ED}=\dfrac{BC}{DC}$,$\dfrac{AB}{GF}=\dfrac{BF}{FH}$,
即 $\dfrac{AB}{1.5}=\dfrac{BC}{2}$,$\dfrac{AB}{1.65}=\dfrac{BC+18}{2.5}$.

解得:$AB=99$.

答:"望月阁"的高 AB 的长度为 99 m.

【点评】本题属于跨学科原理,考查了数学学科核心素养中的数学建模和数学运算,这正是发展中学生核心素养中学会学习和实践创新的重要体现.

☞【得分精髓】

考查点1. 同一个观测点观测两个位置点

例1 如图是位于陕西省西安市荐福寺内的小雁塔,是中国早期方形密檐式砖塔的典型作品,并作为丝绸之路的一处重要遗址点,被列入《世界遗产名录》.小铭、小希等几位同学想利用一些测量工具和所学的几何知识测量小雁塔的高度,由于观测点与小雁塔底部间的距离不易测量,因此经过研究需要进行两次测量,于是在阳光下,他们首先利用影长进行测量,方法如下:小铭在小雁塔的影子顶端 D 处竖直立一根木棒 CD,并测得此时木棒的影长 $DE=2.4$ m;然后,小希在 BD 的延长线上找出一点 F,使得 A,C,F 三点在同一直线上,并测得 $DF=2.5$ m.已知图中所有点均在同一平面内,木棒高 $CD=1.72$ m,$AB\perp BF$,$CD\perp BF$,试根据以上测量数据,求小雁塔的高度 AB.

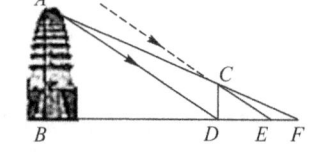

【解析】根据相似三角形的性质得到 $\dfrac{CD}{AB}=\dfrac{DE}{BD}$,$\dfrac{CD}{AB}=\dfrac{DF}{BF}$,等量代换得到 $\dfrac{DE}{BD}=$

$\dfrac{DF}{BF}$,代入数据即可得到结论.

本题主要考查了相似三角形的判定与性质,正确得出△CED∽△ADB 是解题关键.

由题意得,∠ABD=∠CDE=90°,∠ADB=∠CED,∴△CDE∽△ABD,

∴$\dfrac{CD}{AB}=\dfrac{DE}{BD}$,∵∠F=∠F,∴△CDF∽△ABF,

∴$\dfrac{CD}{AB}=\dfrac{DF}{BF}$,∴$\dfrac{DE}{BD}=\dfrac{DF}{BF}$.

即$\dfrac{2.4}{BD}=\dfrac{2.5}{BD+2.5}$,∴$BD=60$,∴$\dfrac{1.72}{AB}=\dfrac{2.4}{60}$,∴$AB=43$.

【答案】小雁塔的高度 AB 是 43 m.

考查点 2. 两个观测点观测同一个位置点

例 2　如图,斜坡 BE,坡顶 B 到水平地面的距离 AB 为 3 m,坡底 AE 为 18 m,在 B 处,E 处分别测得 CD 顶部点 D 的仰角为 30°,60°,求 CD 的高度.(结果保留根号)

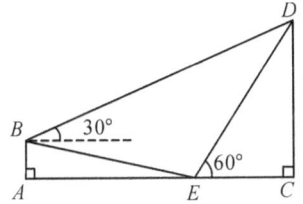

【解析】作 BF⊥CD 于点 F,设 DF=x m,在直角△DBF 中利用三角函数用 x 表示出 BF 的长,在直角△DCE 中表示出 CE 的长,然后根据 BF−CE=AE 即可列方程求得 x 的值,进而求得 CD 的长.

本题考查了解直角三角形的应用,解答本题关键是构造直角三角形,利用三角函数的知识表示出相关线段的长度.

作 BF⊥CD 于点 F,设 DF=x m,

在 Rt△DBF 中,$\tan\angle DBF=\dfrac{DF}{BF}$,

则 $BF=\dfrac{DF}{\tan\angle DBF}=\dfrac{x}{\tan 30°}=\sqrt{3}x$,

在 Rt△DCE 中,$DC=x+CF=3+x$(m),

在 Rt△DCE 中,$\tan\angle DEC=\dfrac{DC}{EC}$,则 $EC=\dfrac{DC}{\tan\angle DEC}=\dfrac{3+x}{\tan 60°}=\dfrac{\sqrt{3}}{3}(x+3)$.

∵ BF−CE=AE,即 $\sqrt{3}x-\dfrac{\sqrt{3}}{3}(x+3)=18$

解得:$x=9\sqrt{3}+\dfrac{3}{2}$,

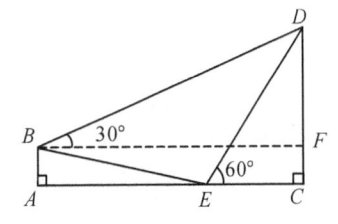

则 $CD = 9\sqrt{3} + \dfrac{3}{2} + 3 = 9\sqrt{3} + \dfrac{9}{2}$.

【答案】CD 的高度是 $\left(9\sqrt{3}+\dfrac{9}{2}\right)$ m.

考查点3. 利用光线、视线、标杆测高

例3 如图，晚上小亮走在大街上，他发现：当他站在大街两边的两盏路灯之间，并且自己被两边路灯照在地上的两个影子成一直线时，自己右边的影子长为 3 m，左边的影子长为 1.5 m，又知自己身高 1.80 m，两盏路灯的高相同，两盏路灯之间的距离为 12 m，则路灯的高为_____ m.

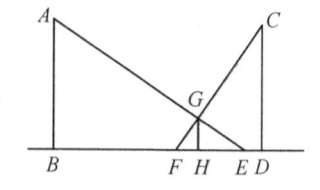

【解析】本题考查相似三角形的应用．利用相似三角形的相似比，列出方程，通过解方程求出路灯的高即可．

设路灯的高为 x m，

∵ $GH \perp BD$，$AB \perp BD$，∴ $GH \parallel AB$.

∴ $\triangle EGH \backsim \triangle EAB$. ∴ $\dfrac{GH}{x} = \dfrac{EH}{EB}$;

同理 $\triangle FGH \backsim \triangle FCD$，∴ $\dfrac{GH}{x} = \dfrac{FH}{FD}$.

∴ $\dfrac{EH}{EB} = \dfrac{FH}{FD} = \dfrac{EH+FH}{EB+FD}$,

∴ $\dfrac{3}{EB} = \dfrac{3+1.5}{12+3+1.5}$,

解得：$EB = 11$ m，

∴ $\dfrac{1.8}{x} = \dfrac{3}{11}$,

解得 $x = 6.6$.

【答案】路灯的高为 6.6 m.

☞【提分精练】

一、选择题（每题4分，共24分）

1. 如图，身高 1.8 m 的小超站在某路灯下，发现自己的影长恰好是 3 m，经测量，此时小超离路灯底部的距离是 9 m，则路灯离地面的高度是（　　）

A. 5.4 m

B. 6 m

C. 7.2 m

D. 9 m

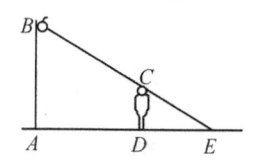

2. 如图,小明想利用阳光测量学校旗杆的高度.当他站在 C 处时,此时他头部顶端的影子正好与旗杆顶端的影子重合,并测得小明的身高为 1.7 m,AC＝2.0 m,BC＝8.0 m,则旗杆的高度是(　　)

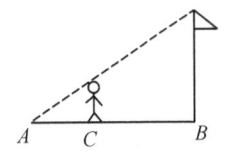

A.5.1 m　　　　　　　　B.6.8 m
C.8.5 m　　　　　　　　D.9.0 m

3. 如图,小明在 A 时测得某树的影长为 2 m,B 时又测得该树的影长为 8 m,若两次日照的光线互相垂直,则树的高度为(　　)

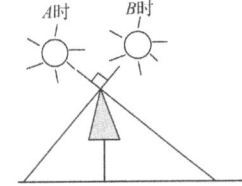

A.2 m
B.4 m
C.6 m
D.8 m

4. 如图所示,利用标杆 BE 测量建筑物的高度.已知标杆 BE 高 1.2 m,测得 AB＝1.6 m,BC＝12.4 m 则建筑物 CD 的高是(　　)

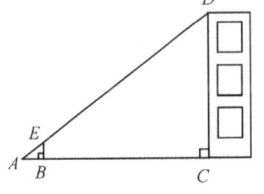

A.9.3 m
B.10.5 m
C.12.4 m
D.14 m

5. 如图,小明同学用自制的直角三角形纸板 DEF 测量树的高度 AB,他调整自己的位置,设法使斜边 DF 保持水平,并且边 DE 与点 B 在同一直线上.已知纸板的两条边 DF＝50 cm,EF＝30 cm,测得边 DF 离地面的高度 AC＝1.5 m,CD＝20 m,则树高 AB 为(　　)

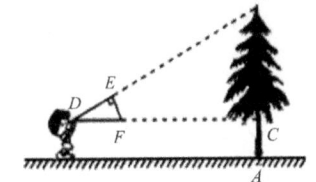

A.12 m
B.13.5 m
C.15 m
D.16.5 m

6. 小明利用测角仪和旗杆的拉绳测量学校旗杆的高度.如图,旗杆 PA 的高度与拉绳 PB 的长度相等.小明将 PB 拉到 PB′ 的位置,测得∠PB′C＝α(B′C 为水平线),测角仪 B′D 的高度为 1 m,则旗杆 PA 的高度为(　　)

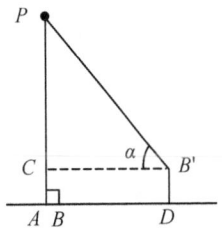

A.$\dfrac{1}{1-\sin\alpha}$ m

B.$\dfrac{1}{1+\sin\alpha}$ m

C.$\dfrac{1}{1-\cos\alpha}$ m

D.$\dfrac{1}{1+\cos\alpha}$ m

二、填空题(每题 4 分,共 16 分)

7. 小明和小红在太阳光下行走,小明身高 1.5 m,他的影长 2.0 m,小红比小明矮 30 cm,此刻小红的影长为_____m.

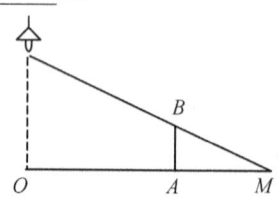

8. 如图,路灯距离地面 8 m,身高 1.6 m 的小明站在距离灯的底部(点 O)20 m 的 A 处,则小明的影子 AM 长为_____m.

9. 如图,校园内有一棵与地面垂直的树,数学兴趣小组两次测量它在地面上的影子,第一次是阳光与地面成 60°角时,第二次是阳光与地面成 30°角时,两次测量的影长相差 8 m,则树高_____m.(结果保留根号)

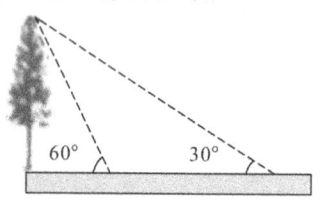

10. 2017 年 5 月 5 日我国自主研发的大型飞机 C919 成功首飞,如图给出了一种机翼的示意图,其中 $m=1, n=\sqrt{3}$,则 AB 的长为_____m.

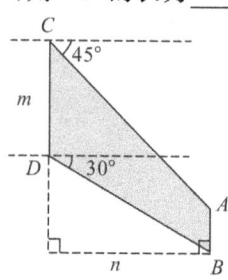

三、解答题(本大题共 5 小题,共 60 分)

11. 如图,设计建造一条道路,路基的横断面为梯形 ABCD,设路基高为 h,两侧的坡角分别为 α,β.已知 $h=2$ m,$α=45°$,$\tan β=\dfrac{1}{2}$,$CD=10$ m.求路基底部 AB 的宽.

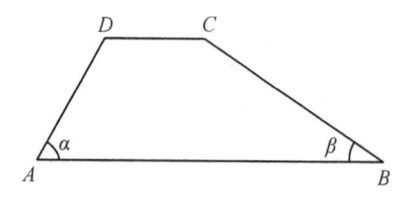

12. 如图,大楼底右侧有一障碍物,在障碍物的旁边有一幢小楼 DE,在小楼的顶端 D 处测得障碍物边缘点 C 的俯角为 30°,测得大楼顶端 A 的仰角为 45°,点 B,C,E 在同一水平直线上.已知 AB=80m,DE=10m,求障碍物 B,C 两点间的距离(结果保留根号).

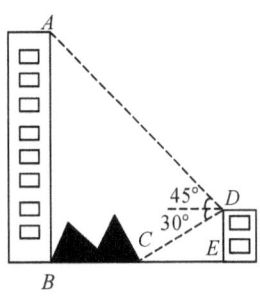

13. 禁渔期间,我渔政船在 A 处发现正北方向 B 处有一艘可疑船只,测得 A,B 两处距离为 200 海里,可疑船只正沿南偏东 45°方向航行,我渔政船迅速沿北偏东 30°方向前去拦截,经历 4 小时刚好在 C 处将可疑船只拦截.求该可疑船只航行的平均速度(结果保留根号).

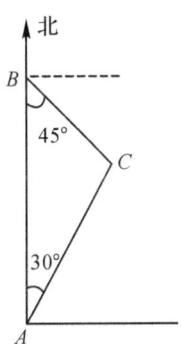

14. 小左同学想利用影长测量学校旗杆的高度,如图,她在某一时刻立一长度为 1 m 的标杆,测得其影长为 0.8 m,同时旗杆投影的一部分在地上,另一部分在某一建筑物的墙上,测得旗杆与建筑物的距离为 10 m,旗杆在墙上的影高为 2 m,请帮小左同学算出学校旗杆的高度.

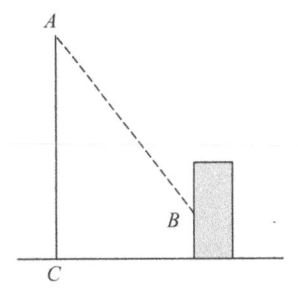

193

15. 如图,小明同学用自制的直角三角形纸板 DEF 测量树的高度 AB,他调整自己的位置,设法使斜边 DF 保持水平,并且边 DE 与点 B 在同一条直线上.已知纸板的两条边 DE＝70 cm,EF＝30 cm,测得 AC＝$\frac{7}{8}$ m,BD＝9 m,求树高 AB.

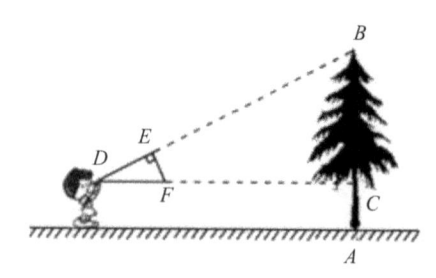

(八)圆有关的最值问题

☞【课标精读】

1. 理解圆、弧、弦、圆心角、圆周角的概念,了解等圆、等弧的概念;探索并了解点与圆的位置关系.

2. 探索并证明垂径定理:垂直于弦的直径平分弦以及弦所对的两条弧.

3. 探索圆周角与圆心角及其所对弧的关系,了解并证明圆周角定理及其推论:圆周角的度数等于它所对弧上的圆心角度数的一半;直径所对的圆周角是直角;90°的圆周角所对的弦是直径;圆内接四边形的对角互补.

4. 了解直线和圆的位置关系,掌握切线的概念,探索切线与过切点的半径的关系.

☞【类型精析】

与圆有关的最值问题是中考的重要考点,综合性较强,在陕西中考出现在填空题的14、15、16题和25题,所占分值为3分或者7分.近几年陕西中考考查情况如下表.

年份	题号	考查点	命题材料	考查形式
2008		未考查		
2009		未考查		
2010	14	垂径定理	管道水深度	填空题
2011		未考查		
2012		未考查		
2013	16	圆周角定理和中位线定理	线段之和最短	填空题
2014	16	圆周角定理	四边形面积最大值	填空题
2015	14	三角形的中位线定理、等腰直角三角形的性质及圆周角定理	线段长的最大值	填空题
2015	25	勾股定理、矩形的判定与性质、对称的性质、圆的切线的判定与性质,以及锐角三角函数定义	余弦的值最小	解答题
2016	14	辅助圆	两点间的最短距离	填空题
2016	25	辅助圆	四边形面积最大	解答题
2017	25	辅助圆	喷灌龙头的射程问题	解答题
2018	25	垂径定理、勾股定理以及对称相关性质	线段的最大值	解答题
2019	25	辅助圆	平行四边形的最大面积	解答题

☞【备考精华】

★考查的知识点清单梳理

	知识点一:垂径定理及其推论	关键点拨与对应举例
1. 垂径定理	垂径定理:垂直于弦的直径平分这条弦,并且平分弦所对的弧. 几何语言:∵ CD 过圆心,$CD \perp AB$ ∴ $AM=BM$ $\overset{\frown}{AD}=\overset{\frown}{BD}$ $\overset{\frown}{AC}=\overset{\frown}{BC}$	条件中的"弦"可以是直径,结论中的"平分弧",既平分弦所对的劣弧,又平分弦所对的优弧
2. 垂径定理的推论	平分弦(不是直径)的直径垂直于弦,并且平分弦所对的弧.	(1)垂径定理的推论不止一个,"知二推三",知道定理中的任意两个条件,都可以推出其余三个; (2)在求有关弦长、圆心到弦的距离、半径等问题时,通常运用垂径定理及其推论,构造以半径、半弦、弦心距为边的直角三角形,利用勾股定理知识求解.
	知识点二:圆周角定理及其推论	
3. 圆周角定理	圆周角定理:圆周角的度数等于它所对弧上的圆心角度数的一半.	利用圆周角定理解决问题时,找准同弧所对的圆周角及圆心角,然后利用圆周角定理进行角度的相关计算.
4. 圆周角定理的推论	(1)同弧或等弧所对的圆周角相等; (2)直径所对的圆周角是直角,90°圆周角所对的弦是直径; (3)圆内接四边形的对角互补	圆周角定理及其推论常作的辅助线有:已知直径,作其所对的圆周角;已知90°圆周角作其所对弦,即直径.

☞【易错精剖】

易错点 1. 已知条件挖掘不深

例1 (2013年陕西)如图,AB 是 $\odot O$ 的一条弦,点 C 是 $\odot O$ 上一动点,且 $\angle ACB=30°$,点 E,F 分别是 AC,BC 的中点,直线 EF 与 $\odot O$ 交于 G,H 两点.若 $\odot O$ 的半径为7,则 $GE+FH$ 的最大值为_____.

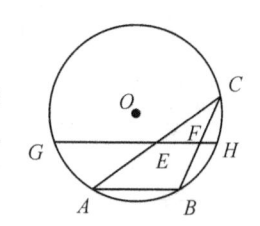

【误解】C 为动点,点 E,F 分别是 AC,BC 的中点,所以 E,F 随着点 C 的运动也在不断运动,就会觉得 EF 也在不断变化,从而形成误解.

【精剖】本题首先连接 OA,OB,根据圆周角定理,求出 $\angle AOB=2\angle ACB=60°$,进而判断出 $\triangle AOB$ 为等边三角形;然后根据 $\odot O$ 的半径为 7,可得出 $AB=OA=OB=7$,再根据三角形的中位线定理,求出 $EF=\dfrac{1}{2}AB=3.5$;最后判断出当弦 GH 是圆的直径时 $GE+FH$ 的值最大,$GE+FH$ 的最大值为 $14-3.5=10.5$.

【正解】10.5.

易错点 2. 错认定值条件

例 2 （2013 年陕西副题）如图,在半圆 O 中,AB 是直径,CD 是一条弦,若 $AB=10$,则 $\triangle OCD$ 面积的最大值是_____.

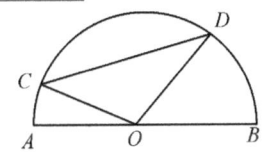

【误解】作 CD 边上的高线,想利用 CD 做底边计算 $\triangle OCD$ 面积的最大值,而 CD 是一条弦,不是一个定值.

【精剖】根据直径 $AB=10$,可以得到半径 $OC=OD=5$,从而确定出定边 OC,如图,作 $DE\perp OC$ 于点 E,则

$$S_{\triangle COD}=\dfrac{1}{2}OC\cdot DE$$

由上可知,当 DE 值最大时,$\triangle OCD$ 面积的最大值,

所以当 $DE=OD=5$ 时,$\triangle OCD$ 面积的最大值,

$$S_{\triangle COD}=\dfrac{1}{2}OC\cdot OD=\dfrac{1}{2}\times 5\times 5=12.5.$$

【正解】12.5.

☞【真题精选】

类型一：辅助圆

下列情况需作辅助圆：
(1)到定点的距离等于定长的时候想到画圆；
(2)多条线段呈"放射状"相等,如直角三角形斜边上的中线（三条等线段,三点共圆）；
(3)见双直角；
(4)构成等腰三角形；
(5)构成直角三角形.

例1 (2016年陕西)如图,在菱形 $ABCD$ 中,$\angle ABC=60°$,$AB=2$,点 P 是这个菱形内部或边上的一点,若以点 P,B,C 为顶点的三角形是等腰三角形,则 P,D(P,D 两点不重合)两点间的最短距离为_____.

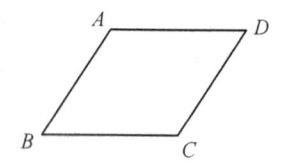

【分析】如图连接 AC,BD 交于点 O,以 B 为圆心 BC 为半径画圆交 BD 于 P.此时 $\triangle PBC$ 是等腰三角形,线段 PD 最短,求出 BD 即可解决问题.

【解答】如图连接 AC,BD 交于点 O,以 B 为圆心 BC 为半径画圆交 BD 于 P.

此时 $\triangle PBC$ 是等腰三角形,线段 PD 最短,

∵四边形 $ABCD$ 是菱形,$\angle ABC=60°$,

∴$AB=BC=CD=AD$,$\angle ABC=\angle ADC=60°$,

∴$\triangle ABC$,$\triangle ADC$ 是等边三角形,

∴$BO=DO=\dfrac{\sqrt{3}}{2}\times 2=\sqrt{3}$,

∴$BD=2BO=2\sqrt{3}$,

∴PD 最小值$=BD-BP=2\sqrt{3}-2$.

故答案为 $2\sqrt{3}-2$.

【点评】本题考查了菱形的性质、等腰三角形的判定和等边三角形的性质,而作出辅助圆是解题的关键.

类型二:圆中最长的弦是直径

(1)线段长的最大值

例2 (2015年陕西)如图,AB 是 $\odot O$ 的弦,$AB=6$,点 C 是 $\odot O$ 上的一个动点,且 $\angle ACB=45°$.若点 M,N 分别是 AB,BC 的中点,则 MN 长的最大值是_____.

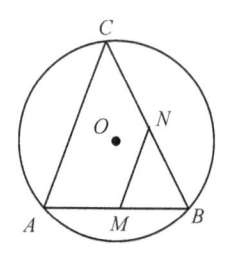

【分析】根据中位线定理得到 AC 最大时,MN 最大,所以 AC 是直径时,MN 取得最大值.

【解答】∵点 M,N 分别是 AB,BC 的中点,

∴$MN=\dfrac{1}{2}AC$,

∴当 AC 取得最大值时,MN 就取得最大值.

当 AC 是直径时,MN 最大,

如图,

∵$\angle ACB=\angle D=45°$,$AB=6$,

∴$AD=6\sqrt{2}$,

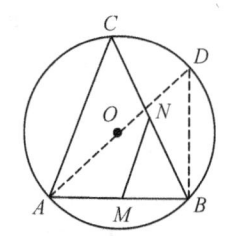

$$\therefore MN_{最大}=\frac{1}{2}AD=3\sqrt{2}.$$

故答案为 $3\sqrt{2}$.

【点评】解答时,抓住圆中弦的最大值是直径是关键.

(2)四边形面积的最大值

例 3 (2014年陕西)已知⊙O 的半径是2,直线 l 与⊙O 相交于 A,B 两点,M,N 是⊙O 上的两个动点,且在直线 l 的异侧,若 $\angle AMB=45°$,则四边形 $MANB$ 面积的最大值是_____.

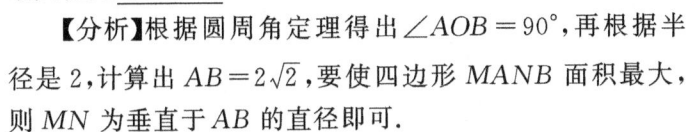

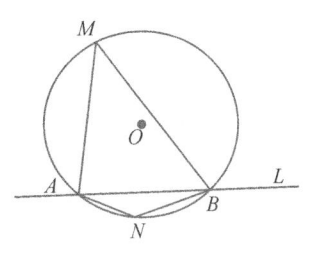

【分析】根据圆周角定理得出 $\angle AOB=90°$,再根据半径是2,计算出 $AB=2\sqrt{2}$,要使四边形 $MANB$ 面积最大,则 MN 为垂直于 AB 的直径即可.

【解答】如图,过点 O 作 $OC\perp AB$ 于 C,交⊙O 于 D,E 两点,连接 OA,OB,DA,DB,EA,EB.

$\because \angle AMB=45°$,

$\therefore \angle AOB=2\angle AMB=90°$,

$\therefore \triangle OAB$ 为等腰直角三角形,

$\therefore AB=\sqrt{2}OA=2\sqrt{2}$,

$\therefore S_{四边形MANB}=S_{\triangle MAB}+S_{\triangle NAB}$.

$\therefore$ 当 M 点到 AB 的距离最大,$\triangle MAB$ 的面积最大;当 N 点到 AB 的距离最大时,$\triangle NAB$ 的面积最大,

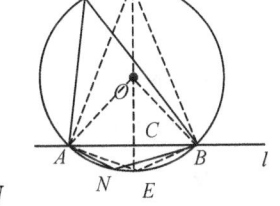

即 M 点运动到 D 点,N 点运动到 E 点,

此时四边形 $MANB$ 面积的最大

$$\begin{aligned}S_{四边形DAEB}&=S_{\triangle DAB}+S_{\triangle EAB}\\&=\frac{1}{2}AB\cdot CD+\frac{1}{2}AB\cdot CE\\&=\frac{1}{2}AB(CD+CE)\\&=\frac{1}{2}AB\cdot DE\\&=\frac{1}{2}\times 2\sqrt{2}\times 4\\&=4\sqrt{2}.\end{aligned}$$

即四边形 $MANB$ 面积的最大值是 $4\sqrt{2}$.

【点评】解答时,计算面积时确定出定值,讨论变量,从而找出解题的思路.

☞【得分精髓】

考查点1. 线段之和最小

例1 (2015年陕西副题)如图,A,B是半圆O的两点,MN是直径,$OB \perp MN$. 若$AB=4, OB=5$,P是MN上一动点,则$PA+PB$的最小值为_____.

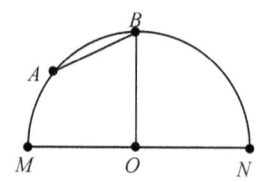

【解析】 延长BO交$\odot O$于点D,连接AD交MN于点P,连接PB,如图 则此时$PA+PB$取最小值,最小值为AD的长.

∵ $BD=2OB=2\times 5=10$,BD是$\odot O$的直径,
∴ $\angle BAD=90°$.
∵ $AB=4$,
∴ $AD=\sqrt{BD^2-AB^2}=\sqrt{10^2-4^2}=2\sqrt{21}$,
∴ $PA+PB$的最小值为$2\sqrt{21}$.

【答案】 $2\sqrt{21}$.

考查点2. 三角形的周长最小值

例2 (2014年陕西副题)已知$\odot O$的半径为5,P是$\odot O$内的一点,且$OP=3$,若过点P任作一直线交$\odot O$于A,B两点,则$\triangle AOB$周长的最小值为_____.

【解析】 如图,CD为过P点的直径,$CD \perp AB$于P,则AB为过点P最短的弦,即此时$\triangle AOB$的周长最小,
∵ $OP \perp AB$,
∴ $PA=PB$,
在$Rt\triangle AOP$中,$AP=\sqrt{OA^2-OP^2}=4$
∴ $AB=8$
∴ $\triangle AOB$周长的最小值为18.

【答案】 18.

☞【提分精练】

一、选择题(每题6分,共30分)

1. (2016年陕西)如图,$\odot O$的半径为4,$\triangle ABC$是$\odot O$的内接三角形,连接OB,OC.若$\angle BAC$与$\angle BOC$互补,则弦BC的长为( )

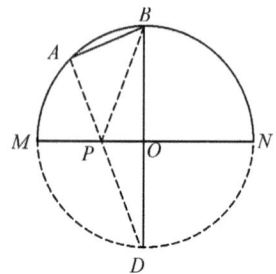

A.$3\sqrt{3}$

B.$4\sqrt{3}$

C.$5\sqrt{3}$

D.$6\sqrt{3}$

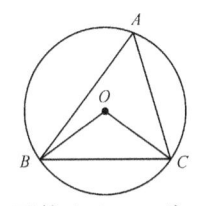

2.(2010年陕西)如图,点A、B在$\odot O$上,点M是$\odot O$上的动点,要使$\triangle ABM$为等腰三角形,则所有符合条件的点M有(　　)

A.1个

B.2个

C.3个

D.4个

3.(2016年陕西副题)如图,在$\odot O$中,弦AB垂直平分半径OC,垂足为D;若点P是$\odot O$上异于点A,B的任意一点,则$\angle APB=$(　　)

A.30°或60°

B.60°或150°

C.30°或150°

D.60°或120°

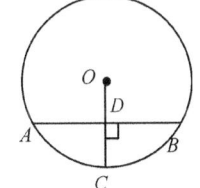

4.(2010年陕西副题)如图,在平面直角坐标系中,$\odot P$于y轴相切于C点,与x轴相交于点A,B.若点P的坐标为(5,3),点M是$\odot P$上一动点,则$\triangle ABM$面积的最大值为(　　)

A.64

B.48

C.32

D.24

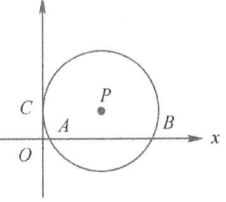

5.(2017年陕西副题)如图,矩形$ABCD$内接于$\odot O$,点P是$\overset{\frown}{AD}$上一点,连接PB,PC.若$AD=2AB$,则$\sin\angle BPC$的值为(　　)

A.$\dfrac{\sqrt{5}}{5}$　　B.$\dfrac{2\sqrt{5}}{5}$

C.$\dfrac{\sqrt{3}}{2}$　　D.$\dfrac{3\sqrt{5}}{10}$

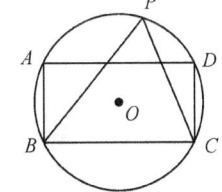

二、填空题(每题6分,共36分)

6.如图,$\odot O$的直径$CD=10$,弦$AB=8$,且$AB\perp CD$垂足为M,则DM为_____.

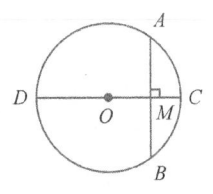

7. AB 是 $\odot O$ 的直径,$CD \perp AB$ 于点 P,P 是 OB 的中点.$CD=6$ cm,则 AB 的长为_____cm.

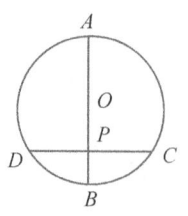

8. 半径为 5 的 $\odot O$ 内有一点 P,$OP=4$,则过点 P 的最短的弦长是_____,最长的弦长是_____.

9. (2010年陕西)如图是一条水平铺设的直径为 2 m 的通水管道横截面,其水面宽 1.6 m,则这条管道中此时水最深为_____m.

10. (2019年南京)在 $\triangle ABC$ 中,$AB=4$,$\angle C=60°$,$\angle A>\angle B$,则 BC 的长的取值范围是_____.

11. (2019年眉山)如图,在 Rt$\triangle AOB$ 中,$OA=OB=4\sqrt{2}$,$\odot O$ 的半径为 2,点 P 是 AB 边上的动点,过点 P 作 $\odot O$ 的一条切线 PQ(点 Q 为切点),则线段 PQ 长的最小值是_____.

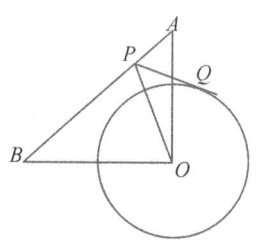

三、解答题(共 4 小题,第 12—14 题每题 8 分,第 15 题 10 分,共 34 分)

12. (8分)AB 是 $\odot O$ 的直径,点 C,D 是圆上两点,$\angle AOC=100°$.求 $\angle D$ 的度数.

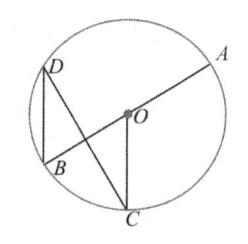

13.(8分)如图,AB 是⊙O 的一条弦,OC⊥AB 于点 C,OA=5,AB=8,求 OC 的长.

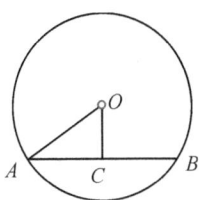

14.(8分)如图,在⊙O 中,CD 是直径,AB 是弦,且 CD⊥AB,已知 CD=20,CM=4,求 AB.

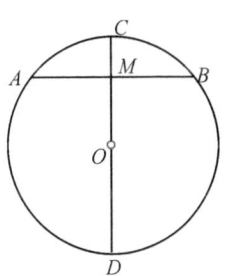

15.(10分)(2013年陕西副题)如图,⊙O 是△ABC 的外接圆,过 A,B 两点分别作⊙O 的切线 PA,PB 交于一点 P,连接 OP.
(1)求证:∠APO=∠BPO;
(2)若∠C=60°,AB=6,点 Q 是⊙O 上的一动点,求 PQ 的最大值.

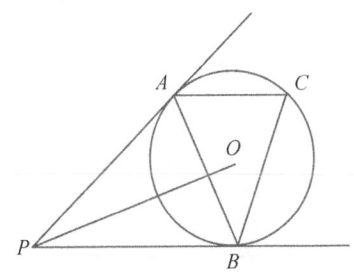

（九）图形的平移与旋转

☞【课标精读】

1.图形的平移

(1)通过具体实例认识平移,探索它的基本性质:一个图形和它经过平移所得的图形中,两组对应点的连线平行(或在同一条直线上)且相等;

(2)认识并欣赏平移在自然界和现实生活中的应用;

(3)运用图形的轴对称、旋转、平移进行图案设计.

2.图形的旋转

(1)通过具体实例认识平面图形关于旋转中心的旋转.探索它的基本性质:一个图形和它经过旋转所得到的图形中,对应点到旋转中心距离相等,两组对应点分别与旋转中心连线所成的角相等;

(2)了解中心对称、中心对称图形的概念,探索它们的基本性质:成中心对称的两个图形中,对应点的连线经过对称中心,且被对称中心平分;

(3)探索线段、平行四边形、正多边形、圆的中心对称性质;

(4)认识并欣赏自然界和现实生活中的中心对称图形.

☞【类型精析】

图形的平移和旋转是中考的重要考点,在陕西中考,主要以结合其他知识来考查.比如平面直角坐标系中图形的平移和旋转与点坐标的变化,图形的平移和旋转后计算线段长度、计算角度、探究某些关系等.(如下表)

年份	题号	考查点
2014	14	正方形与旋转
2015		
2016		
2017	14	利用旋转求不规则四边形面积
2018		
2019		

【备考精华】

★考查的知识点清单梳理

	知识点一:图形的平移	关键点拨与对应举例
1.图形的平移	(1)概念:在平面内,将一个图形沿某个方向移动一定的距离,这样的图形运动称为平移; (2)平移的要素:_____、_____; (3)平移的性质:一个图形和它经过平移所得的图形中,对应点所连的线段_____(或在一条直线上)且_____;对应线段_____(或在一条直线上)且_____;对应角_____; (4)在平面直角坐标系中,点 $A(a,b)$ 经过平移后的坐标与平移的方向和距离有如下关系 $(m>0,n>0)$: $\begin{cases} 向右平移 m 个单位 \Leftrightarrow (a+m,b) \\ 向左平移 m 个单位 \Leftrightarrow (a-m,b) \\ 向上平移 n 个单位 \Leftrightarrow (a,b+n) \\ 向下平移 n 个单位 \Leftrightarrow (a,b-n) \end{cases}$	平移不改变图形的____和_____.所以,平移前后的两个图形是_____关系 一个图形依次沿 x 轴方向、y 轴方向平移后所得图形,可以看成是由原图形经过一次平移得到的
	知识点二:图形的旋转	关键点拨与对应举例
2.图形的旋转	(1)概念:在平面内,将一个图形绕着一个定点按某个方向转动一个角度,这样的图形运动称为旋转.这个定点称为旋转中心,转动的角度称为旋转角; (2)旋转的要素:_____、_____和_____; (3)旋转的性质:一个图形和它经过旋转所得的图形中,对应点到旋转中心的距离_____,任意一组对应点与旋转中心的连线段所成的角都等于_____;对应线段_____,对应角_____; (4)成中心对称:如果把一个图形绕着某一点旋转_____°,它能与另一个图形_____,那么就说这两个图形关于这一点对称或者中心对称,这个点叫做它们的对称中心; (5)中心对称图形:把一个图形绕着某个点旋转_____°,如果旋转后的图形能与原来的图形重合,那么这个图形就叫做中心对称图形,这个点叫做它的对称中心; (6) $P(m,n)$ 关于原点中心对称的点 Q 坐标为 $(-m,-n)$	旋转不改变图形的____和_____.所以,旋转前后的两个图形是全等关系 成中心对称的两个图形中(或中心对称图形),对应点所连线段经过对称中心,且被对称中心平分

☞【易错精剖】

易错点1. 平移的方向弄错

例1 已知$A(-2,-1)$,将A点沿x轴方向平移2个单位长度得到B点,则B点坐标为( )

A.$(-4,-1)$　　　　　　　　B.$(0,-1)$

C.$(-4,-1)$或$(0,-1)$　　　　D.以上都不对

【误解】由平移的规律,选 A 或 B.

【精剖】本题并没有具体说明向x轴正半轴还是负半轴平移,所以应该分情况.当向x轴正半轴移动时,B点坐标$(0,-1)$;当向x轴负半轴移动时,B点坐标$(-4,-1)$.

【正解】C.

易错点2. 平移的距离弄错

例2 如图,边长为4 cm的正方形$ABCD$先向上平移2 cm,再向右平移1 cm,得到正方形$A'B'C'D'$,此时阴影部分的面积为_____ cm².

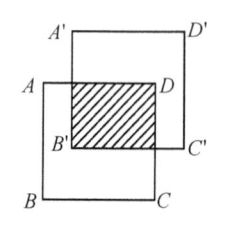

【误解】由题可知,阴影部分长和宽分别是2 cm和1 cm,所以阴影部分面积为2 cm².

【精剖】错误的原因是误把平移的距离当作阴影部分的长和宽.阴影部分的长应为$4-1=3$ cm,宽为$4-2=2$ cm,阴影部分面积为$3×2=6$ cm².

【正解】6.

易错点3. 没有认准旋转角

例3 (陕西中考)如图,在Rt$\triangle ABC$中,$\angle ACB=90°$,$\angle ABC=30°$,将$\triangle ABC$绕点C顺时针旋转α角$(0°<\alpha<180°)$至$\triangle A'B'C'$,使得点A'恰好落在AB边上,则α等于( )

A.$150°$

B.$90°$

C.$60°$

D.$30°$

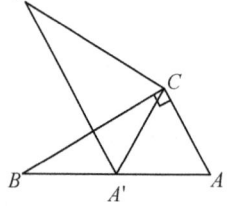

【误解】由题得$A'C=AC$,$\angle A=90°-30°=60°$,所以$\triangle A'AC$为等边三角形.所以旋转角$\angle \alpha=\angle BCA'=90°-60°=30°$.

【精剖】没有正确找到旋转角,导致做错.对应点A',A与旋转中心C的连线所组成的角$\angle ACA'$为旋转角,易知$\angle ACA'=60°$.所以旋转角α为$60°$.

【正解】C.

易错点 4. 弄错旋转方向或点的横、纵坐标写错

例 4 若点 A 的坐标为 $(6,3)$，O 为坐标原点，将 OA 绕点 O 按顺时针方向旋转 $90°$ 得到 OA'，则点 A' 的坐标是（　　）

A.$(3,-6)$ B.$(-3,6)$
C.$(6,-3)$ D.$(-6,3)$

【误解】根据题意，旋转中心为 O，旋转方向顺时针，旋转角度 $90°$，点 A' 的坐标是 $(-3,6)$．将 OA 绕点 O 按顺时针方向旋转 $90°$ 后 A' 位于第四象限，所以 A' 点的坐标为 $(6,-3)$．

【精剖】错解在没有看清旋转方向，没有画出图形，想当然地认为坐标为 $(6,-3)$．如图，可知 A' 坐标为 $(3,-6)$．

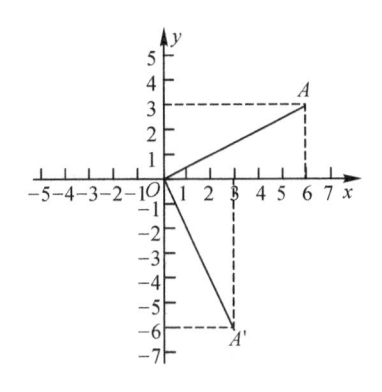

【正解】A．

☞【真题精选】

类型一：平移与点坐标的变化

例 1 （陕西中考）在平面直角坐标系中，线段 AB 的两个端点的坐标分别为 $A(-2,1),B(1,3)$，将线段 AB 经过平移后得到线段 $A'B'$．若点 A 的对应点为 $A'(3,2)$，则点 B 的对应点 B' 的坐标是_____．

【分析】由 $A(-2,1)$ 平移后变为 $A'(3,2)$ 可知线段 AB 平移的方向和距离为向右平移 5 个单位，向上平移 1 个单位．所以，$B(1,3)$ 点的对应点坐标为 $B'(1+5,3+1)$，即 $B'(6,4)$．

【解答】$(6,4)$．

【点评】此题主要考查在平面直角坐标系中点的平移与坐标变化．解答时一定要熟记平移与点坐标之间的关系，必要时可以画出图形．

类型二：平移作图与计算

例 2 （陕西中考）如图，横、纵相邻格点间的距离均为 1 个单位．

(1)在格点中画出图形 $ABCD$ 先向右平移 6 个单位，再向上平移 2 个单位后的图形；

(2)请写出计算平移的距离．

【分析】(1)分别画出点 A,B,C 和 D 平移之后的对应点，依次连接各点，即可得到平移后的图形．

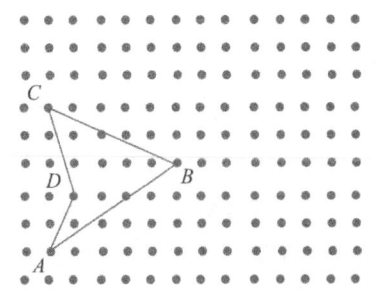

207

(2)找出任意一组对应点,利用勾股定理计算对应点所连线段的长度即为平移的距离.

【解答】(1)如图所示,图形 $A'B'C'D'$ 即为所求作图形.

(2)连接 $B'B$,如图,构造直角三角形,由勾股定理得:$B'B=\sqrt{6^2+2^2}=2\sqrt{10}$.

所以,平移的距离为 $2\sqrt{10}$.

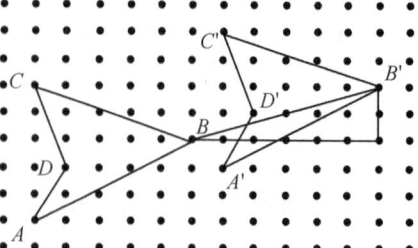

【点评】画图时一定要细心、认真.计算图形平移的距离的方法:利用勾股定理计算任意一组对应点的连线段的长度.

类型三:旋转后计算线段长度

例3 (陕西中考)如图在正方形 $ABCD$ 中,$AD=1$,将△ABD 绕点 B 顺时针旋转 $45°$ 得到△$A'BD'$,此时 $A'D'$ 与 CD 交于点 E,则 DE 的长度为_____.

【分析】正方形边长为1,由正方形的性质及勾股定理得 $BD=\sqrt{2}$,$\angle BDC=45°$.△$A'BD'$ 是△ABD 绕点 B 顺时针旋转得到.

所以 $BD'=BD=\sqrt{2}$,则 $CD'=BD'-BC=\sqrt{2}-1$,而 $\angle D'=\angle CED'=45°$,

所以△CED' 为等腰直角三角形,$CE=CD'=\sqrt{2}-1$,因此,$DE=CD-CE=1-(\sqrt{2}-1)=2-\sqrt{2}$.

【解答】$2-\sqrt{2}$.

【点评】解答时,要善于发现图中角的关系、线段的关系、三角形的特点等.

☞**【得分精髓】**

考查点1. 中心对称和中心对称图形

把一个图形沿着某条直线折叠,如果对折后的图形能与原图形重合,那么这个图形就是轴对称图形.把一个图形绕着某个点旋转 $180°$,如果旋转后的图形能与原来的图形重合,那么这个图形就叫做中心对称图形.

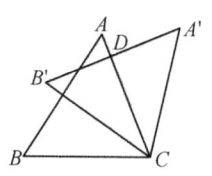

例1 (本溪中考)下列图形中,既是轴对称图形又是中心对称图形的是( )

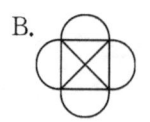

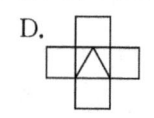

A.　　　　B.　　　　C.　　　　D.

【解析】A 为中心对称图形,但不是轴对称图形;B 既是轴对称图形,又是中心对称图形;C 是轴对称图形,但不是中心对称图形;D 是轴对称图形,但不是中心对称图形.

【答案】B.

考查点 2. 平面直角坐标系中平移

在平面直角坐标系中,点的平移和坐标变化规律一定要熟记.

例 2 如图,A,B 两点的坐标分别为 $(-2,0),(0,1)$,将线段 AB 平移到线段 A_1B_1 的位置.若 $A_1(b,1),B_1(-1,a)$,则 $b-a=$ _____.

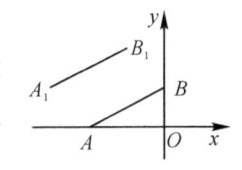

【解析】线段 A_1B_1 是线段 AB 平移得到的,又因为 A 点纵坐标为 0,A_1 纵坐标为 1,B 点的横坐标为 0,B_1 的横坐标为 -1,所以线段 A_1B_1 是把线段 AB 向上平移一个单位,再向左平移一个单位得到的.所以 $A_1(-3,1),B_1(-1,2)$,因此 $b-a=-3-2=-5$.

【答案】-5.

考查点 3. 旋转之后线段和角的计算

此类问题主要考查旋转的性质以及综合证明、计算的能力.在做题时,要充分挖掘题目中的隐藏条件,善于发现图形的特点,从而解决问题.

例 3 如图,把 $\triangle ABC$ 绕点 C 顺时针旋转 $35°$ 得到 $\triangle A'B'C$,$A'B'$ 交 AC 于点 D.若 $\angle A'DC=90°$,则 $\angle A$ 的度数为( )

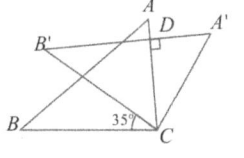

A. $45°$ B. $55°$
C. $65°$ D. $75°$

【解析】因为 $\triangle A'B'C$ 是 $\triangle ABC$ 绕 C 顺时针旋转 $35°$ 得到的,所以 $\angle A'CA=35°$.而 $\angle A'DC=90°$,所以 $\angle A'=90°-35°=55°$.由旋转的性质可知 $\angle A=\angle A'=55°$.

【答案】B.

例 4 (江西中考)如图,在矩形 $ABCD$ 中,$AD=3$,将矩形 $ABCD$ 绕点 A 逆时针旋转,得到矩形 $AEFG$,点 B 的对应点 E 落在 CD 上,且 $DE=EF$,则 AB 的长为 _____.

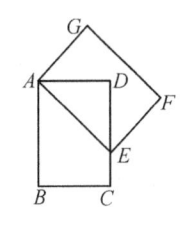

【解析】由矩形和旋转的性质可知 $AD=BC=EF=3$,$\angle D=90°$.又因为 $DE=EF=3$,所以,在 $Rt\triangle ADE$ 中由勾股定理得:$AE=\sqrt{AD^2+DE^2}=3\sqrt{2}$,所以 $AB=AE=3\sqrt{2}$.

【答案】$3\sqrt{2}$.

考查点 4. 利用旋转将不规则图形转化为规则图形

例 5 (陕西中考)如图,在四边形 $ABCD$ 中,$AB=AD$,$\angle BAD=\angle BCD=90°$,连接 AC.若 $AC=6$,则四边形 $ABCD$ 的面积为 _____.

【解析】作 $AM\perp BC$,垂足为 M,因为 $\angle BAD=\angle BCD=90°$,所以 $\angle ABC+\angle ADC=180°$,而 $AB=AD$,可将 $\triangle ABM$ 绕点 A 旋转 $90°$,使 B 点与 D 点重合,点 M 旋转到点 N 位置,如图所示.此时 C,D 和 N 共线,如图所示.由旋转可知,$\angle BAM=\angle DAN$,所以

∠DAN+∠DAM=∠BAM+∠DAM=∠BAD=90°,易得四边形 AMCN 为正方形,正方形 AMCN 的面积与四边形 ABCD 面积相等. 因为正方形 AMCN 对角线 AC=6,所以正方形 AMCN 面积为 $\frac{1}{2}×$ 6×6=18.则四边形 ABCD 面积也为 18.

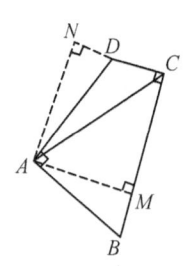

【答案】18.

☞【提分精练】

一、选择题(每题 4 分,共 24 分)

1.将点 $A(2,1)$ 向左平移 3 个单位长度得到的点 B 的坐标是(　　)

A.(5,1)　　　　　　　B.(−1,1)　C.(2,4)　D.(2,−2)

2.(湘潭中考)如图,将△OAB 绕 O 点逆时针旋转 70° 到△OCD 的位置,若 ∠AOB=40°,则∠AOD=(　　)

A.45°

B.40°

C.35°

D.30°

3.(贵港中考)若点 $P(m-1,5)$ 与点 $Q(3,2-n)$ 关于原点成中心对称,则 $m+n$ 的值是(　　)

A.1　　　　　　　　　B.3　C.5　D.7

4.(宜宾中考)如图,四边形 ABCD 是边长为 5 的正方形,E 是 DC 上的一点,DE=1,将△ADE 绕着 A 点顺时针旋转到与△ABF 重合,则 EF=(　　)

A.$\sqrt{41}$

B.$\sqrt{42}$

C.$5\sqrt{2}$

D.$2\sqrt{13}$

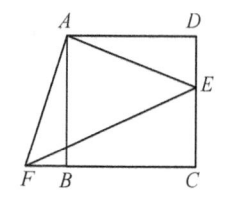

5.(宜昌中考)如图,在平面直角坐标系中,点 B 在第一象限,点 A 在 x 轴的正半轴上,∠AOB=∠B=30°,OA=2,将△AOB 绕点 O 逆时针旋转 90°,点 B 的对应点 B′ 的坐标是(　　)

A.$(-1,2+\sqrt{3})$

B.$(-\sqrt{3},3)$

C.$(-\sqrt{3},2+\sqrt{3})$

D.$(-3,\sqrt{3})$

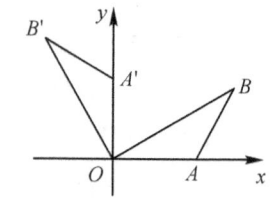

6.(天津中考)如图,将△ABC绕着点C顺时针旋转得到△DCE,使点A的对应点D恰好落在边AB上,点B的对应点为E,连接BE,下列结论一定正确的是(　　)

A.AC=AD
B.AB⊥EB
C.BC=DE
D.∠A=∠EBC

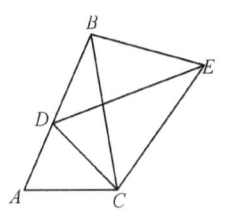

二、填空题(每题4分,共16分)

7.(陕西中考副题)如图,网格上的正方形边长均为1,△ABC和△DEF的定点都在格点上.若△DEF是由△ABC向右平移a个单位,再向下平移b个单位得到的,则$\dfrac{b}{a}$的值为_____.

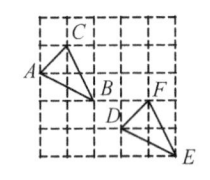

8.(邵阳中考)如图,将等边△AOB放在平面直角坐标系中,点A的坐标为(0,4),点B在第一象限内,将等边△AOB绕点O顺时针旋转180°,得到△A′OB′,则点B′的坐标是_____.

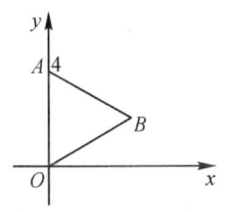

9.(陕西中考)如图,从点A(0,2)发出的一束光,经x轴反射,过点B(4,3),则这束光从点A到点B所经过路径的长为_____.

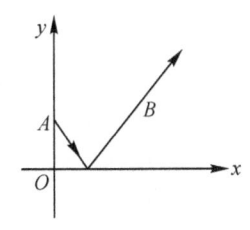

10.(陕西中考副题)如图,已知点A(4,4),B(1,2).若将线段AB绕B点逆时针旋转90°后得到线段BA′,则点A′的坐标为_____.

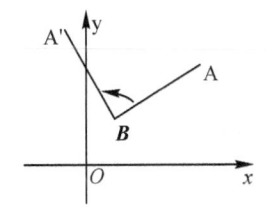

211

三、解答题(每题12分,共60分)

11.(广西北部湾经济区)如图,在平面直角坐标系中,已知△ABC 三个顶点坐标分别是 $A(2,-1),B(1,-2),C(3,-3)$.

(1)将△ABC 向上平移4个单位长度得到△$A_1B_1C_1$,请画出△$A_1B_1C_1$;

(2)请画出与△ABC 关于 y 轴对称的△$A_2B_2C_2$;

(3)请写出 A_1,A_2 的坐标.

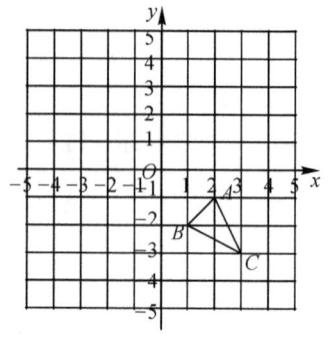

12.如图,△ABO 与△CDO 关于 O 点中心对称,点 E,F 在线段 AC 上,且 AF=CE. 求证:FD=BE.

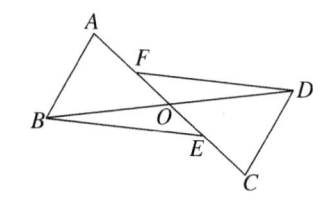

13.(宁波中考)如图,在△ABC 中,∠ACB=90°,AC=BC,D 是 AB 边上一点(点 D 与点 A,B 不重合),连接 CD,将线段 CD 绕点 C 按逆时针方向旋转 90°得到线段 CE,连接 DE 交 BC 于点 F,连接 BE.

(1)求证:△ACD≌△BCE;

(2)当 AD=BF 时,求∠BEF 的度数.

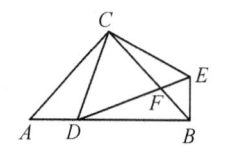

14.(荆州中考)如图①,等腰直角三角形 OEF 的直角顶点 O 为正方形 $ABCD$ 的中心,点 C,D 分别在 OE 和 OF 上,现将 △OEF 绕点 O 逆时针旋转 α 角($0°<\alpha<90°$),连接 AF,DE(如图②).

(1)在图②中,$\angle AOF=$ _____;(用含 α 的式子表示);

(2)在图②猜想 AF 与 DE 的数量关系,并证明你的结论.

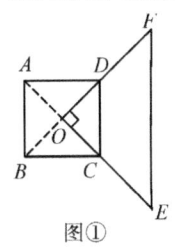

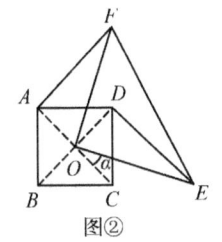

15.(枣庄中考)把一副三角板按图甲放置,其中 $\angle ACB=\angle DEC=90°$,$\angle A=45°$,$\angle D=30°$,斜边 $AB=6$ cm,$DC=7$ cm.把三角板 DCE 绕点 C 顺时针旋转 $15°$ 得到 △D_1CE_1(如图乙).这时 AB 与 CD_1 相交于点 O、与 D_1E_1 相交于点 F.

(1)求 $\angle OFE_1$ 的度数;

(2)求线段 AD_1 的长度;

(3)若把 △D_1CE_1 绕点 C 顺时针再旋转 $30°$ 得 △D_2CE_2,这时点 B 在 △D_2CE_2 的内部、外部还是边上?说明理由.

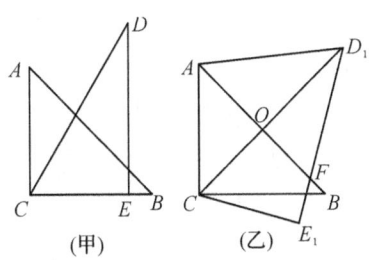

（十）圆的综合题

☞【课标精读】

1.探索并了解点与圆的位置关系；

2.了解直线与圆的位置关系、切线的概念,探索切线与过切点的半径的关系；

3.探索并证明切线长定理；

4.知道三角形的内心和外心.

☞【类型精析】

圆的综合题是中考的重要考点,主要以解答题形式出现,题号位于陕西中考23题分.近10年来每年必考,分值均为8分.设问均为两问.考查形式包括:①切线的判定；②证明角相等；③证明线段相等；④证明线段成比例；⑤求角度；⑥求线段长；⑦求三角函数值等.近几年考查情况(如下表):

年份	题号	考查点	命题材料	考查形式
2014	23	与切线有关的证明与计算	圆、切线性质、相似三角形	①证明线段平分角,②与三角形相似结合求线段长
2015	23	与切线有关的证明与计算	切线性质、圆、直角三角形、相似三角形	①证明角相等,②与相似三角形结合求线段长
2016	23	与切线有关的证明与计算	圆、切线性质、相似三角形	①证明线段相等,②与三角形相似结合证明线段之间数量关系
2017	23	与切线有关的证明与计算	圆、切线性质、平行四边形的判定	①求弦长,②证明两线平行
2018	23	与切线有关的证明与计算	圆、切线的性质、直角三角形	①证明线段垂直,②证明线段相等
2019	23	与切线有关的证明与计算	圆、直角三角形、切线性质	①证明线段相等,②与相似三角形结合求线段长

☞【备考精华】

★考查的知识点清单梳理

知识点一：点与圆的位置关系	关键点拨与对应举例
点与圆的位置关系 $\begin{cases}\text{点在圆外} \Leftrightarrow d>r \\ \text{点在圆上} \Leftrightarrow d=r \\ \text{点在圆内} \Leftrightarrow d<r \end{cases}$ （设圆的半径为 r，平面内任一点到圆心的距离为 d）	确定点与圆的位置关系实质上就是比较两条线段的长度，即半径 r 与点到圆心的距离 d 的大小

知识点二：直线与圆的位置关系（设圆的半径为 r，圆心到直线的距离为 d）	关键点拨与对应举例
直线与圆的位置关系 $\begin{cases}1.\text{相离 } d>r（\text{直线与圆无公共点}）\\ 2.\text{相切 } d=r（\text{直线与圆有且只有一个公共点}）\\ 3.\text{相交 } d<r（\text{直线与圆有两个公共点}）\end{cases}$	判断直线与圆位置关系的方法：①与圆公共点的个数，②圆的半径 r 与圆心到直线的距离 d 的数量关系

知识点三：切线的性质	关键点拨与对应举例
切线的性质 $\begin{cases}\text{数量关系：圆心到切线的距离等于半径}\\ \text{位置关系：切线垂直于过切点的半径}\end{cases}$	遇切线，连切点与圆心所在的半径，得垂直

知识点四：切线的判定	关键点拨与对应举例
切线的判定： 1.直线与圆有公共点，连半径，证垂直； 2.直线与圆无公共点：作垂直，证半径	

续表

知识点五:切线长定理	
从圆外一点可以引圆的两条切线,它们的切线长相等,这一点和圆心的连线平分两条切线的夹角	
知识点六:三角形与圆	
1.外接圆:经过三角形三个顶点的圆 说明:其中圆心为三角形的外心(三角形外接圆的圆心或三角形三条边的垂直平分线的交点)(尺规作图常用) 性质:三角形的外心到三角形的三个顶点的距离相等 2.内切圆:与三角形各边都相切的圆 说明:其中圆心为三角形的内心(即三角形的内切圆的圆心或三角形三个内角的角平分线的交点)(尺规作图常用) 性质:三角形的内心到三角形的三条边的距离相等	$\angle BOC=2\angle A$ $\angle BOC=90°+\dfrac{1}{2}\angle A$

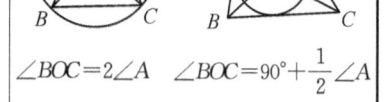

☞【易错精剖】

易错点 1. 切线的定义以及性质与判定的综合应用

例1 已知 OC 平分 $\angle AOB$, D 是 OC 上任意一点, $\odot D$ 与 OA 相切于点 E, 求证: OB 与 $\odot D$ 相切.

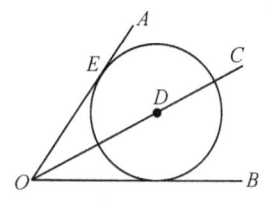

【误解】如图1,连接 DE、DF, $\because OA$ 切 $\odot D$ 于点 E, $\therefore DE \perp OA$. $\because OC$ 平分 $\angle AOB$, $\therefore \angle DOE = \angle DOF$. 在 $\triangle ODE$ 和 $\triangle ODF$ 中, $\because \begin{cases} OD=OD, \\ \angle DOE=\angle DOF, \\ DE=DF, \end{cases}$ $\therefore \triangle ODE \cong \triangle ODF$ (SAS), $\therefore \angle DEO = \angle DFO$, $\therefore DF \perp OB$, $\therefore OB$ 与 $\odot D$ 相切.

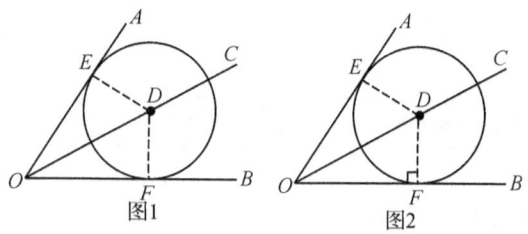

图1　图2

【精剖】本题由于没有理解切线的两种判定方法而出错.当直线经过圆上的某一点时,采用"连半径,判垂直"的方法;当不知道直线经过圆上哪一点时,采用"作垂直,判半径"的方法,此方法中千万要注意,不能从图形判断直线经过圆上哪一点,应从题目的条件中判断直线是否经过圆上哪一点.

【正解一】如图2,连接DE,过点D作$DF \perp OB$于点F.$\because OA$切$\odot D$于点E,$\therefore DE \perp OA$,$\because OC$平分$\angle AOB$,$\therefore DE = DF$,$\therefore OB$与$\odot D$相切.

【正解二】如图2,连接DE,过点D作$DF \perp OB$于点F,则$\angle DFO = 90°$.$\because OA$切$\odot D$于点E,$\therefore DE \perp OA$,$\therefore \angle DEO = 90°$,$\therefore \angle DFO = \angle DEO$.$\because OC$平分$\angle AOB$,$\therefore \angle DOE = \angle DOF$.在$\triangle ODE$和$\triangle ODF$中,$\because \begin{cases} \angle DEO = \angle DFO, \\ \angle DOE = \angle DOF, \\ OD = OD, \end{cases}$

$\therefore \triangle ODE \cong \triangle ODF$(AAS),$\therefore DE = DF$,$\therefore OB$与$\odot D$相切.

易错点2. 点与圆、直线与圆的位置关系及判断方法

例2 在$Rt \triangle ABC$中,$\angle C = 90°$,$AC = 3$,$BC = 4$,若以C为圆心、R为半径所作的圆$\odot C$与斜边只有一个公共点,则R的取值范围是( )

A.$R = 2.4$　　　　　　　　　　　B.$3 < R < 4$

C.$R = 2.4$或$3 < R \leqslant 4$　　　　　D.$R = 2.4$或$3 < R < 4$

【误解】A.

【精剖】本题仅从"只有一个公共点"得出直线与圆相切的关系来求解而出错,没有审清题意,因为斜边是线段,所以题中圆与斜边的关系应分类讨论求解.当$\odot C$与斜边AB相切时,如图1,此时,$\odot C$与斜边AB只有一个公共点.设$\odot C$与斜边AB相切于点D,则$CD \perp AB$,又$\because \angle ACB = 90°$,$AC = 3$,$BC = 4$,$\therefore$由勾股定理得$AB = \sqrt{AC^2 + BC^2} = \sqrt{3^2 + 4^2} = 5$,由三角形的面积公式可得$S_{\triangle ABC} = \frac{1}{2} AC \times BC = \frac{1}{2} AB \times CD$,$\therefore CD = \frac{AC \times BC}{AB} = \frac{3 \times 4}{5} = 2.4$,即$R = 2.4$;当$R = AC$时,如图2,此时,$\odot C$与斜边$AB$恰有两个公共点;当$AC < R \leqslant BC$时,如图3,$\odot C$与斜边$AB$只有一个公共点;当$R > BC$时,如图4,此时,$\odot C$与斜边$AB$无公共点.$\therefore$综上,$R$的取值范围是$R = 2.4$或$3 < R \leqslant 4$.另外,当$R < 2.4$时,$\odot C$与斜边$AB$无公共点;当$2.4 < R \leqslant AC$时,$\odot C$与斜边$AB$有两个公共点.

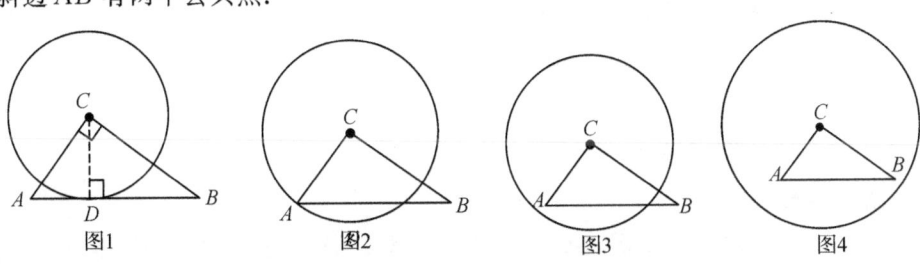

图1　　图2　　图3　　图4

【正解】C.

☞【真题精选】

例1 (2018年陕西中考)如图,在Rt△ABC中,∠ACB=90°,以斜边AB上的中线CD为直径作⊙O,分别与AC,BC相交于点M,N.

(1)过点N作⊙O的切线NE与AB相交于点E,求证:NE⊥AB;

(2)连接MD,求证:MD=NB.

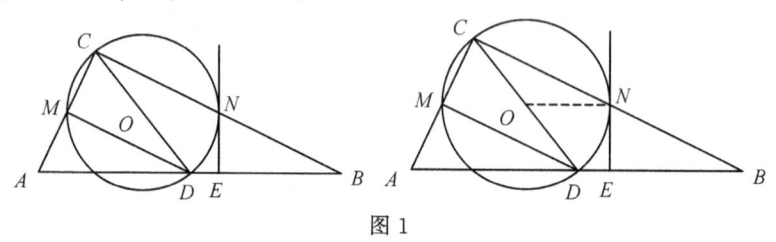

图1

【考点】圆、切线性质、直角三角形.

【分析】(1)由NE切⊙O于N,考虑连接ON得垂直.要证NE⊥AB,从已知和图形特征不难发现可以证ON∥AB,由OC=ON可得∠OCN=∠ONC,又由CD为直角三角形ACB斜边上的中线可得CD=BD,进而得到∠OCN=∠B.从而得∠ONC=∠B可得ON∥AB就可证得结论.

(2)利用平行和中位线即可证明.

【解答】(1)如图,连接ON

∵CD是Rt△ABC斜边AB上的中线,

∴AD=CD=DB,

∴∠DCB=∠DBC,

又∵∠DCB=∠ONC,

∴∠ONC=∠DBC,

∴ON∥AB.

∵NE是⊙O的切线,ON是⊙O的半径,

∴∠ONE=90°,

∴∠NEB=90°,即NE⊥AB.

(2)由(1)可知ON∥AB,

O为⊙O的圆心,∴OC=OD,∠CMD=90°,

∴CN=NB=$\frac{1}{2}$CB,MD∥CB,

又∵D是AB的中点,∴MD=$\frac{1}{2}$CB,

∴MD=NB.

例2 (2019年陕西)如图,AC是⊙O的一条弦,AP是⊙O的切线.作BM=AB并与AP交于点M,延长MB交AC于点E,交⊙O于点D,连接AD.

(1)求证:AB=BE;
(2)若⊙O的半径R=5,AB=6,求AD的长.

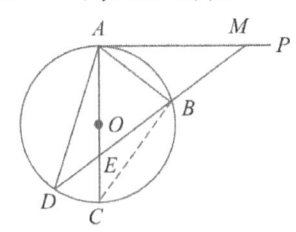

【考点】圆、切线性质、三角形相似、勾股定理

【分析】(1)欲证AB=BE可证∠BAE=∠BEA.已知AB=BM,可得∠BAM=∠BMA,由AP为⊙O的切线可得∠EAP=90°,根据等角的余角相等即可得证.

(2)连接BC,根据直径所对的圆周角是90°可得∠ABC=90°,利用勾股定理求得BC,由第一问∠BAE=∠AEB可得Rt△AEM与Rt△ABC相似即可求得AM,利用等角之间的代换可得AD=AM结论即可得解.

【解答】(1)∵AP是⊙O的切线,
∴∠EAM=90°,
∴∠BAE+∠MAB=90°,∠AEB+∠AMB=90°.
又∵AB=BM,
∴∠MAB=∠AMB,
∴∠BAE=∠AEB,
∴AB=BE.

(2)连接BC
∵AC是⊙O的直径,
∴∠ABC=90°.
在Rt△ABC中,AC=10,AB=6,
∴BC=8.
由(1)知,∠BAE=∠AEB,
∴△ABC∽△EAM,
∴∠C=∠AME,$\dfrac{AC}{EM}=\dfrac{BC}{AM}$,
即$\dfrac{10}{12}=\dfrac{8}{AM}$,
∴$AM=\dfrac{48}{5}$.
又∵∠D=∠C,
∴∠D=∠AMD,

∴$AD = AM = \dfrac{48}{5}$.

例3 （2016年陕西）如图,已知:AB 是 $\odot O$ 的弦,过点 B 作 $BC \perp AB$ 交 $\odot O$ 于点 C,过点 C 作 $\odot O$ 的切线交 AB 的延长线于点 D,取 AD 的中点 E,过点 E 作 $EF /\!/ BC$ 交 DC 的延长线于点 F,连接 AF 并延长,交 BC 的延长线于点 G.

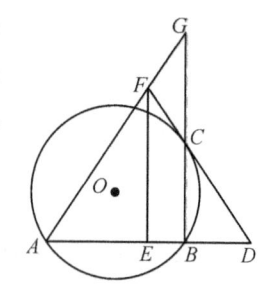

求证:

(1) $FC = FG$；

(2) $AB^2 = BC \cdot BG$.

【考点】圆、切线性质、相似三角形

【分析】(1)由平行线的性质得出 $EF \perp AD$,由线段垂直平分线的性质得出 $FA = FD$,由等腰三角形的性质得出 $\angle FAD = \angle D$,证出 $\angle DCB = \angle G$,由对顶角相等得出 $\angle GCF = \angle G$,即可得出结论；

(2)连接 AC,由圆周角定理证出 AC 是 $\odot O$ 的直径,由弦切角定理得出 $\angle DCB = \angle CAB$,证出 $\angle CAB = \angle G$,再由 $\angle CBA = \angle GBA = 90°$,证明 $\triangle ABC \backsim \triangle GBA$,得出对应边成比例,即可得出结论.

【解答】(1) $\because EF /\!/ BC, AB \perp BG$,

∴ $EF \perp AD$.

$\because E$ 是 AD 的中点,

∴ $FA = FD$,

∴ $\angle FAD = \angle D$.

$\because GB \perp AB$,

∴ $\angle GAB + \angle G = \angle D + \angle DCB = 90°$,

∴ $\angle DCB = \angle G$.

$\because \angle DCB = \angle GCF$,

∴ $\angle GCF = \angle G$,

∴ $FC = FG$.

(2)连接 AC,如图所示：

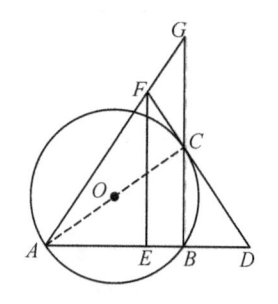

$\because AB \perp BG$,

∴ AC 是 $\odot O$ 的直径.

$\because FD$ 是 $\odot O$ 的切线,切点为 C,

∴ $\angle DCB = \angle CAB$.

$\because \angle DCB = \angle G$,

∴ $\angle CAB = \angle G$.

$\because \angle CBA = \angle GBA = 90°$,

∴△ABC∽△GBA,

∴$\frac{AB}{GB}=\frac{BC}{AB}$,

∴$AB^2=BC \cdot BG$.

例4 (2015年陕西)如图,AB是⊙O的直径,AC是⊙O的弦,过点B作⊙O的切线DE,与AC的延长线交于点D,作AE⊥AC交DE于点E.

(1)求证:∠BAD=∠E;

(2)若⊙O的半径为5,AC=8,求BE的长.

【考点】切线的性质、勾股定理、相似三角形的判定与性质.

【分析】(1)根据切线的性质、等角的余角相等证明即可;

(2)根据勾股定理和相似三角形进行解答即可.

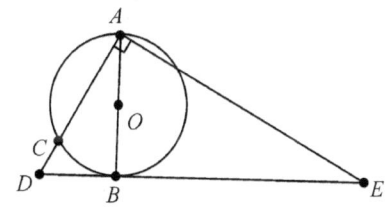

【解答】(1)∵AB是⊙O的直径,AC是⊙O的弦,过点B作⊙O的切线DE,

∴∠ABE=90°

∴∠BAE+∠E=90°

∵∠DAE=90°

∴∠BAD+∠BAE=90°

∴∠BAD=∠E.

(2)连接BC,如图:

∵AB是⊙O的直径

∴∠ACB=90°

∵AC=8,AB=2×5=10

$BC=\sqrt{AB^2-AC^2}=6$

∵∠BCA=∠ABE=90°,∠BAD=∠E

∴△ABC∽△EAB

∴$\frac{AC}{EB}=\frac{BC}{AB}$

$\frac{8}{EB}=\frac{6}{10}$

$BE=\frac{40}{3}$

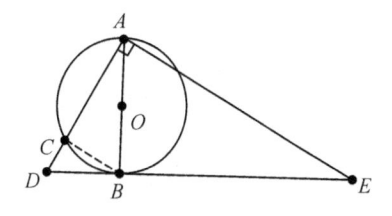

例5 （2017年陕西）如图,已知⊙O 的半径为5,PA 是⊙O 的一条切线,切点为A,连接PO 并延长,交⊙O 于点B,过点A 作$AC \perp PB$ 交⊙O 于点C、交PB 于点D,连接BC,当$\angle P = 30°$时,

(1)求弦AC 的长；

(2)求证：$BC \parallel PA$.

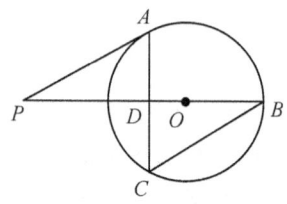

【考点】圆、切线性质、解直角三角形、平行线判定.

【分析】(1)连接OA,由于PA 是⊙O 的切线,从而可求出$\angle AOD = 60°$,由垂径定理可知,$AD = DC$,由锐角三角函数即可求出AC 的长度.

(2)由于$\angle AOP = 60°$,所以$\angle BOA = 120°$,从而由圆周角定理即可求出$\angle BCA = 60°$,从而可证明$BC \parallel PA$.

【解答】(1)连接OA,

∵PA 是⊙O 的切线,

∴$\angle PAO = 90°$.

∵$\angle P = 30°$,

∴$\angle AOD = 60°$.

∵$AC \perp PB$,PB 过圆心O,

∴$AD = DC$.

在 Rt△ODA 中,$AD = OA \cdot \sin 60° = \dfrac{5\sqrt{3}}{2}$,

∴$AC = 2AD = 5\sqrt{3}$.

(2)∵$AC \perp PB$,$\angle P = 30°$,

∴$\angle PAC = 60°$.

∵$\angle AOP = 60°$,

∴$\angle BOA = 120°$,

∴$\angle BCA = 60°$,

∴$\angle PAC = \angle BCA$,

∴$BC \parallel PA$.

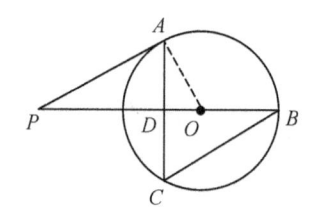

☞【得分精髓】

考查点1. 三角形全等型

1.利用切线性质解决问题的基本思路:抓"相切"即遇切线,连圆心与切点,得垂直.

2.证明两线段相等的方法:

①可以用等腰三角形或等边三角形等边对等角证明;

②等腰三角形三线合一或直角三角形斜边中线等于斜边的一半证明;

③可通过证明三角形全等来证明;

④可用特殊四边形性质证明.

例1 (2012年陕西)如图,PA,PB分别与$\odot O$相切于点A,B,点M在PB上,且$OM /\!/ AP$,$MN \perp AP$,垂足为N.

(1)求证:$OM = AN$;

(2)若$\odot O$的半径$R = 3$,$PA = 9$,求OM的长.

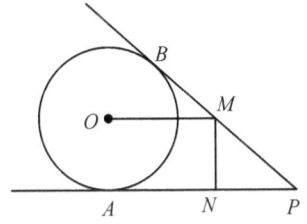

【考点】圆、切线性质、勾股定理.

【解析】(1)遇切线,只需要连接AO得垂直,再证四边形$ANMO$是矩形即可;

(2)利用全等进行相等线段的转化,再用勾股定理计算即可.

(1)证明:如图,连接OA,则$OA \perp AP$,

$\because MN \perp AP$,

$\therefore MN /\!/ OA$.

又$\because OM /\!/ AP$,

$\therefore$四边形$ANMO$是矩形,

$\therefore OM = AN$.

(2)解:连接OB,则$OB \perp BP$,

$\because OA = MN$,$OA = OB$.$OM /\!/ AP$,

$\therefore OB = MN$,$\angle OMB = \angle NPM$.

又$\because \angle OBM = \angle MNP = 90°$,

$\therefore \triangle OBM \cong \triangle MNP$(AAS),

$\therefore OM = MP$.

设$OM = x$,则$NP = 9 - x$,

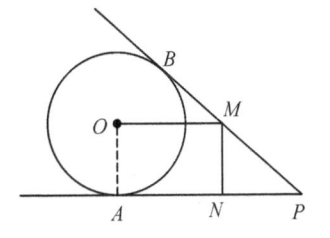

在 Rt△MNP 中,有 MN=OB=3,

MP=OM=x,

则 $x^2=3^2+(9-x)^2$,

解得:$x=5$,

【答案】OM=5.

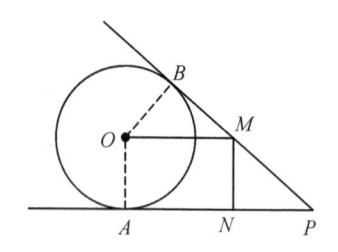

考查点 2. 三角形相似型

方法技巧:

(1)证明角相等方法

①直角三角形中利用同角或等角的余角相等证明;

②利用半径相等,转化到等腰三角形,利用等边对等角证明;

③利用全等证明.

(2)遇切线,连切点与圆心,得垂直

例 2 (2018 黄冈本题)如图,AD 是⊙O 的直径,AB 为⊙O 的弦,OP⊥AD,OP 与 AB 的延长线交于点 P,过 B 点的切线交 OP 于点 C.

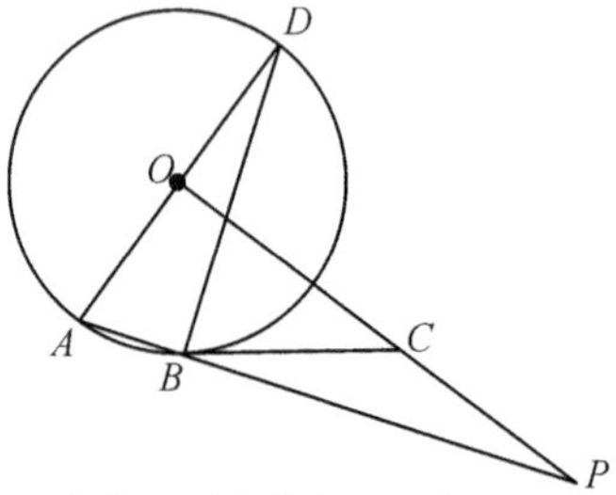

(1)求证:∠CBP=∠ADB;

(2)若 OA=2,AB=1,求线段 BP 的长.

【考点】圆,切线的性质,相似三角形.

【解析】(1)连接 OB,证明∠OBD=∠CBP,又 OD=OB,∠OBD=∠ODB,∴∠ODB=∠CBP,即∠ADB=∠CBP.

(2)证明 Rt△ADB∽Rt△APO,即可求得线段 BP 的长.

(1)证明:连接 OB,则 OB⊥BC,∠OBD+∠DBC=90°,

又 AD 为直径,∠DBP=∠DBC+∠CBP=90°,

∴∠OBD=∠CBP.

又 OD=OB,∠OBD=∠ODB,

∴∠ODB=∠CBP,即∠ADB=∠CBP.

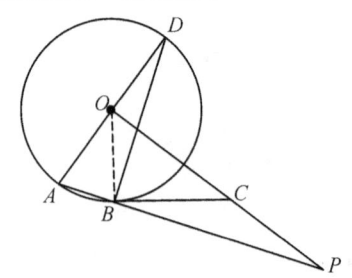

(2)解:在 Rt△ADB 与 Rt△APO 中,∠DAB=∠PAO,

Rt△ADB∽Rt△APO

$AB=1, AO=2, AD=4, \dfrac{AB}{AO}=\dfrac{AD}{AP}$,

$AP=8$,

$\therefore BP=AP-AB=8-1=7$.

考查点 3. 三角函数型

方法技巧：

(1)证明切线的方法

①若直线与圆有公共点，则连接圆心与公共点，证所连半径垂直于已知直线即可. 即"连半径，证垂直".

②若未给出直线与圆的公共点，则过圆心作已知直线的垂线段，证出所作垂线段的长度与圆的半径相等即可."作垂直，证半径".

(2)若题干中含特殊角度(如30°,45°,60°等角度)或出现三角函数 sin,cos,tan 等时，一般考虑用三角函数解题

例3 (2018年丽水)如图,在 Rt△ABC 中,点 O 在斜边 AB 上,以 O 为圆心,OB 为半径作圆,分别与 BC,AB 相交于点 D,E,连接 AD.已知 $\angle CAD=\angle B$.

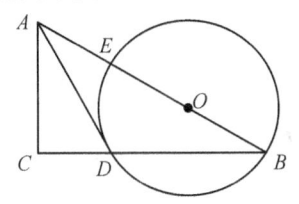

(1)求证:AD 是⊙O 的切线；

(2)若 $BC=8$,$\tan B=\dfrac{1}{2}$,求⊙O 的半径.

【考点】圆、切线的判定、三角函数.

【解析】(1)证明切线时,第一步一般将圆心与切点连结起来,证明该半径和该直线垂直即可证得；此题即证 $\angle ADO=90°$.

(2)直接求半径会没有头绪,先根据题中的条件,求出相关结论,由 $BC=8$,$\tan B=\dfrac{1}{2}$ 不难得出 AC,AB 的长度；而 $\tan\angle CAD=\tan B=\dfrac{1}{2}$,同样可求出 CD,AD 的长度；设半径为 r,在 Rt△ADO 中,由勾股定理构造方程解出半径 r 即可.

(1)证明：如图连接 OD,

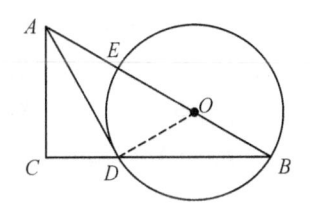

$\because OB=OD$,

$\therefore \angle ODB=\angle B$.

$\because \angle B=\angle CAD$,

$\therefore \angle ODB=\angle CAD$.

在 Rt△ACD 中,$\because \angle CAD+\angle ADC=90°$,

∴∠ODB+∠ADC=90°,

∴∠ADO=180°−(∠ADC+∠ODB)=180°−90°=90°,

∴OD⊥AD.

∵OD 是⊙O 的半径,

∴AD 是⊙O 的切线.

(2)解:设⊙O 的半径为 r,

在 Rt△ABC 中,

∵$\tan B=\dfrac{AC}{BC}$,

∴$AC=BC\cdot\tan B=8\times\dfrac{1}{2}=4$,

∴$AB=\sqrt{AC^2+BC^2}=\sqrt{4^2+8^2}=4\sqrt{5}$,

∴$OA=4\sqrt{5}-r$.

在 Rt△ACD 中,$\tan\angle CAD=\dfrac{CD}{AC}=\tan B=\dfrac{1}{2}$,

∴$CD=AC\cdot\tan\angle CAD=4\times\dfrac{1}{2}=2$,

∴$AD^2=AC^2+CD^2=4^2+2^2=20$.

在 Rt△ADO 中,$OA^2=OD^2+AD^2$,

∴$(4\sqrt{5}-r)^2=r^2+20$,

解得:$r=\dfrac{3\sqrt{5}}{2}$,

∴⊙O 的半径为 $\dfrac{3\sqrt{5}}{2}$.

考查点 4. 勾股定理型

方法技巧:利用相似计算线段长度,要在图上标注已知条件,并通过作辅助线寻找隐含条件,锁定出要证的两个相似三角形,证明并利用相似三角形的性质求解.

例 4 (2018 年随州)如图,AB 是⊙O 的直径,点 C 为⊙O 上一点,CN 为⊙O 的切线,OM⊥AB 于点 O,分别交 AC,CN 于 D,M 两点.

(1)求证:MD=MC;

(2)若⊙O 的半径为 5,$AC=4\sqrt{5}$,求 MC 的长.

【考点】圆、切线的性质、相似三角形、勾股定理.

【解析】(1)连接 OC,利用切线的性质证明即可;

(2)根据相似三角形的判定和性质以及勾股定理解答即可.

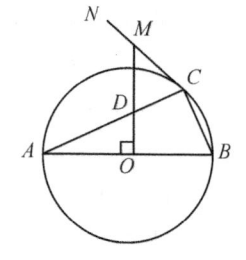

证明:(1)连接 OC,

∵ CN 为 $\odot O$ 的切线,

∴ $OC \perp CM, \angle OCA + \angle ACM = 90°$.

∵ $OM \perp AB$,

∴ $\angle OAC + \angle ODA = 90°$.

∵ $OA = OC$,

∴ $\angle OAC = \angle OCA$,

∴ $\angle ACM = \angle ODA = \angle CDM$,

∴ $MD = MC$.

(2)解:由题意可知 $AB = 5 \times 2 = 10, AC = 4\sqrt{5}$,

∵ AB 是 $\odot O$ 的直径,

∴ $\angle ACB = 90°$,

∴ $BC = \sqrt{10^2 - (4\sqrt{5})^2} = 2\sqrt{5}$.

∵ $\angle AOD = \angle ACB, \angle A = \angle A$,

∴ $\triangle AOD \sim \triangle ACB$,

∴ $\dfrac{OD}{BC} = \dfrac{AO}{AC}$,即 $\dfrac{OD}{2\sqrt{5}} = \dfrac{5}{4\sqrt{5}}$,

可得: $OD = 2.5$.

设 $MC = MD = x$,在 Rt$\triangle OCM$ 中,由勾股定理得: $(x + 2.5)^2 = x^2 + 5^2$,

解得: $x = \dfrac{15}{4}$,

【答案】$MC = \dfrac{15}{4}$.

☞【提分精练】

一、选择题(每题4分,共24分)

1.已知 $\odot O$ 的半径是 6 cm,点 O 到直线 l 的距离为 5 cm,则直线 l 与 $\odot O$ 的位置关系是(　　)

A.相离　　　　　B.相切　　　　　C.相交　　　　　D.无法判断

2.如图, PA, PB 分别与 $\odot O$ 相切与点 A, B, $\odot O$ 的切线 EF 分别交 PA, PB 于点 E, F,切点 C 在 $\overparen{AB}$ 上.若 PA 长是 2,则 $\triangle PEF$ 的周长为(　　)

A.3 cm

B.6 cm

C.4 cm

D.5 cm

3.如图, $\triangle ABC$ 内接于 $\odot O, AB = BC, \angle ABC = 120°, AD$ 为 $\odot O$ 的直径, $AD = 6$,

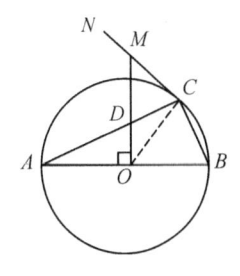

那么 AB 的长为( )

A.3

B.2

C.3

D.2

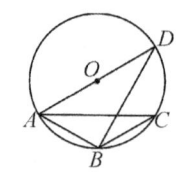

4.如图,在矩形 ABCD 中,AB=6,AD=10,AD,AB,BC 分别与⊙O 相切于 E,F,G 三点,过点 D 作⊙O 的切线交 BC 于点 M,切点为 N,则 DM 的长为( )

A.$\dfrac{58}{7}$

B.8

C.$\dfrac{40}{7}$

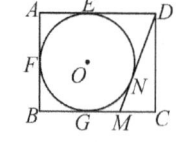

D.$2\sqrt{13}$

5.(北京市西城区)如图,BC 是⊙O 的直径,P 是 CB 延长线上一点,PA 切⊙O 于点 A,如果 PA=$\sqrt{3}$,PB=1,那么∠APC 等于( ).

A.15°

B.30°

C.45°

D.60°

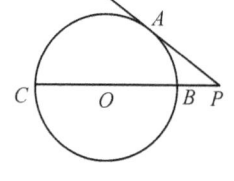

6.(成都市)如图,已知 AB 是⊙O 的直径,弦 CD⊥AB 于点 P,CD=10 cm,AP：PB=1：5,那么⊙O 的半径是( )

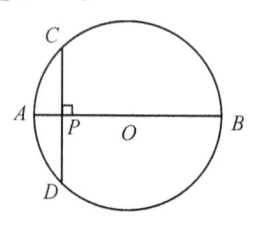

A.6 cm   B.$3\sqrt{5}$ cm   C.8 cm   D.$5\sqrt{5}$ cm

二、填空题(每题 4 分,共 16 分)

7.已知:如图 9,四边形 ABCD 是⊙O 的内接正方形,点 P 是劣弧$\overparen{CD}$上不同于点 C 的任意一点,则∠BPC 的度数是_____.

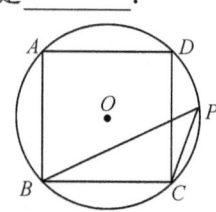

228

8.如图,⊙O 的直径为 20 cm,弦 AB=16 cm,OD⊥AB,垂足为点 D.则 AB 沿 OD 所在直线方向平移_____cm 时可与⊙O 相切.

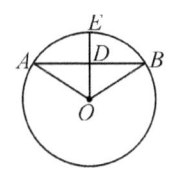

9.(北京市东城区)如图,AB,AC 是⊙O 的两条切线,切点分别为 B,C,D 是优弧 BC 上的一点,已知∠BAC=80°,那么∠BDC=_____°.

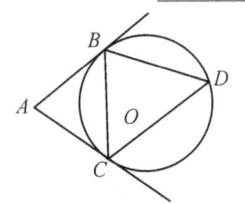

10.(成都市)如图,PA、PB 与⊙O 分别相切于点 A,B,AC 是⊙O 的直径,PC 交 ⊙O 于点 D.已知∠APB=60°,AC=2,那么 CD 的长为_____.

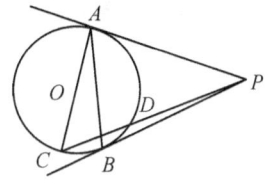

三、解答题(每题 12 分,共 60 分)

11.如图,已知 PA,PB 分别切⊙O 于点 A,B,BC 为⊙O 的直径.
(1)求证:AC∥OP;
(2)若∠APB=60°,BC=10 cm,求 AC 的长.

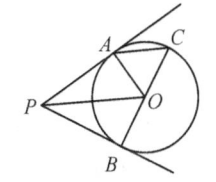

12.(12 分)如图,四边形 ABCD 内接于⊙O,AB=AC,AC⊥BD,垂足为 E,点 F 在 BD 的延长线上,且 DF=DC,连接 AF,CF.
(1)求证:∠BAC=2∠CAD;
(2)若 AF=10,BC=4$\sqrt{5}$,求 tan∠BAD 的值.

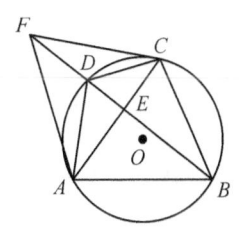

13.(2014年山东临沂)如图,已知等腰三角形 ABC 的底角为 30°,以 BC 为直径的⊙O 与底边 AB 交于点 D,过 D 作 DE⊥AC,垂足为 E.

(1)证明:DE 为⊙O 的切线;
(2)连接 OE,若 BC=4,求△OEC 的面积.

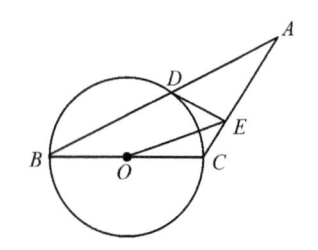

14.如图,PB 为⊙O 的切线,B 为切点,直线 PO 交⊙O 于 E,F,过点 B 作 PO 的垂线 BA,垂足为 D,交⊙O 于点 A,延长 AO 与⊙O 交于点 C,连接 BC,AF.

(1)求证:直线 PA 为⊙O 的切线;
(2)若 $BC=6, \tan\angle F = \frac{1}{2}$,求 $\cos\angle ACB$ 的值和线段 PE 的长.

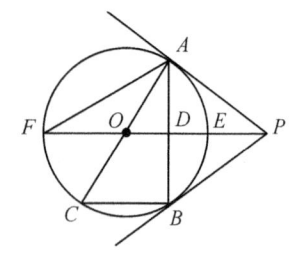

15.(2014年镇江)如图,⊙O 的直径 AC 与弦 BD 相交于点 F,点 E 是 DB 延长线上的一点,∠EAB=∠ADB.

(1)求证:EA 是⊙O 的切线;
(2)已知点 B 是 EF 的中点,求证:以 A,B,C 为顶点的三角形与△AEF 相似;
(3)已知 AF=4,CF=2.在(2)条件下,求 AE 的长.

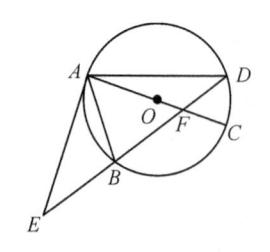

三、统计与概率

（一）统计初步

☞【课标精读】

1.经历收集、整理、描述和分析数据的活动，了解数据处理的过程；能用计算器处理较为复杂的数据.

2.体会抽样的必要性，通过实例了解简单随机抽样.

3.会制作扇形统计图，能用统计图直观、有效地描述数据.

4.理解平均数的意义，能计算中位数、众数、加权平均数，了解它们是数据集中趋势的描述.

5.体会刻画数据离散程度的意义，会计算简单数据的方差.

6.通过实例，了解频数和频数分布的意义，能画频数直方图，能利用频数直方图解释数据中蕴含的信息.

7.体会样本与总体关系，知道可以通过样本平均数、样本方差推断总体平均数、总体方差.

8.能解释统计结果，根据结果作出简单的判断和预测，并能进行交流.

9.通过表格、折线图、趋势图等，感受随机现象的变化趋势.

☞【类型精析】

统计是中考的重要考点，在陕西近年中考中，2015年之前在选择题中涉及 5 次，题位为 5 题或 6 题，分值为 3 分，主要考查平均数、中位数、众数的计算.2015年及之后在解答题中涉及 5 次，题位为 18 题或 19 题，所占分值为 5—7 分.考查形式均为条形统计图或频数分布直方图与扇形统计图结合，设 2—3 问，设问形式包含：①补全条形或扇形统计图；②计算个体、总体、样本、样本容量；③样本估计总体；④数据的分析；⑤开放型设问等，且设题背景多为贴近学生生活的材料.如下表：

年份	题号	考查点	命题材料	考查形式
2014	6	平均数、众数	汉字听写大赛	选择题
2015	19	分析统计图，求中位数，用样本估计总体	仰卧起坐测试	解答题

续表

年份	题号	考查点	命题材料	考查形式
2016	18	分析统计图,并求众数	数学学习情况调查	解答题
2017	18	分析统计图,并求中位数	甜瓜问题	解答题
2018	19	分析统计图,并求中位数及平均数	垃圾分类	解答题
2019	19	分析统计图,并求中位数及平均数,估计总体	植树问题	解答题

☞【备考精华】

★考查的知识点清单梳理

知识点一:数据的收集			关键点拨与对应举例
1.调查方式		(1)普查:为某一特定目的而对所有考察对象进行的全面调查; (2)抽样调查:人们从总体中抽取部分进行调查; (3)随机调查:按机会均等的原则进行调查,即总体中每个个体被选中的可能性都相等	一般当调查对象范围小、调查不具有破坏性、意义重大、数据要求准确、全面时,采用普查;当调查的对象涉及面广、范围大、受条件限制或具有破坏性时,采用抽样调查 例:调查全省学生视力情况,采用抽样调查
2.总体、个体、样本、样本容量	总体	所要考察的对象的全体叫总体	例:为了解全校1350名学生吃早餐的情况,抽取了各年级各班共50名学生进行调查. 这里,调查总体指全校1350名学生吃早餐情况;个体指全校每一名学生吃早餐情况;样本指抽取的50名学生吃早餐情况;样本容量:50.(没有单位)
	个体	组成总体的每一个考察对象叫个体	
	样本	从总体中取出的一部分个体叫这个总体的一个样本	
	样本容量	样本中所包含的个体数目	

续表

	知识点二:数据的分析		关键点拨与对应举例
3.数据的代表	算术平均数	一般地,对于 n 个数 $x_1,x_2,x_3,\cdots,x_n$,我们把 $\bar{x}=\frac{1}{n}(x_1+x_2+x_3+\cdots+x_n)$,叫做这 n 个数的算术平均数,简称平均数.平均数能够反映数据的平均水平	对于一组数据来说,平均数只有一个,中位数只有一个,而众数可以有一个或多个 例:一组数据:42,50,42,46,50,这组数据中,平均数、中位数、众数分别是多少? 平均数:$(42+50+42+46+50)\times\frac{1}{5}=46$; 中位数:46; 众数:42,50
	加权平均数	在求 n 个数的平均数时,如果 x_1 出现了 f_1 次,x_2 出现了 f_2 次,$\cdots x_k$ 出现了 f_k 次,且 $f_1+f_2+\cdots+f_k=n$,那么这 n 个数的平均数 $\bar{x}=\frac{1}{n}(x_1f_1+x_2f_2+\cdots+x_kf_k)$,也叫做 $x_1,x_2,\cdots,x_k$ 这 k 个数的加权平均数,其中 $f_1,f_2,\cdots,f_k$ 分别叫做 $x_1,x_2,\cdots,x_k$ 的权	
	众数	一组数据中出现次数最多的那个数据叫做这组数据的众数	
	中位数	一般地,n 个数据按大小顺序排列,处于中间位置的一个数据(或最中间两个数据的平均数)叫做这组数据的中位数	
	方差	方差是各个数据与平均数据的差的平方的平均数,即: $s^2=\frac{1}{n}[(x_1-\bar{x})^2+(x_2-\bar{x})^2+\cdots+(x_n-\bar{x})^2]$ 其中 $\bar{x}$ 为 $x_1,x_2,x_3,\cdots,x_n$ 的平均数,s^2 为 $x_1,x_2,x_3,\cdots,x_n$ 的方差.方差能反映数据的波动大小	

	知识点三:统计图的分析		关键点拨与对应举例
4.频数与频率	频数	对总的数据按某种标准进行分组,统计各组内含有数据的个数叫做频数	分析统计图的方法: (1)计算调查的样本容量: 样本容量=各组频数之和 $=\frac{某组的频数}{该组的频率(百分比)}$ (2)条形统计图:一般涉及补图,也就是求未知组的频数,方法如下:
	频率	每个小组的频数与数据总数的比值叫做这组数据的频率,即频率=$\frac{频数}{数据总数}$,频率反映了各组频数在总数中所占的比例,频率之和等于1	

233

续表

		知识点三:统计图的分析	
5.常见统计图的特点	扇形统计图	能够清晰地表示各部分在总体中所占的百分比及各部分之间的大小关系	①未知组频数=样本容量-已知组频数之和; ②未知组频数=样本容量×该组所占样本百分比 (3)扇形统计图:一般涉及求未知组的百分比或其所占圆心角度数,方法如下: ①未知组百分比=1-已知组百分比之和; ②未知组百分比=$\frac{未知组频数}{样本容量}×100\%$; ③求未知组在扇形统计图中圆心角度数,利用360°×该部分所占百分比
	条形统计图	能够清晰地反映每个项目的具体数目及各部分之间的大小关系	
	折线统计图	能够清楚地反映事物的变化情况以及每个项目的具体数目	
6.频数分布表		对落在各个小组内的数据进行累计,得到各个小组的数据的个数叫做频数,整理可得频数分布表	

☞【易错精剖】

易错点 1. 全面调查与抽样调查的适用范围易分不清楚

例 1 下列调查:①了解某市中小学生的视力情况;②了解某市中学生课外阅读的情况;③了解某市百岁以上老人的健康情况;④了解某市老年人的生活条件情况.其中适合采用抽样调查的有(　　)

　　A.①② 　　　　B.①②③ 　　　　C.①②④ 　　　　D.②③④

【误解】A.对样本抽查理解不透彻.

【精剖】对常采用抽样调查的一些情形判断不清是造成本题错解的主要原因.常采用抽样调查的情形有:①受客观条件限制,无法对所有个体进行全面调查,如调查某市中小学生的视力情况.②调查具有破坏性,不允许全面调查,如调查某批炮弹的杀伤半径;总体容量较大,个体分布较广,如某市青年在外创业的情况.同时,还应注意抽样调查的一些要求:一是抽取的样本要有代表性;二是抽取的样本数目不能太少.

【正解】C.

易错点 2. 对平均数、中位数与众数的概念理解不透彻,计算易出错

例 2 某中学随机调查了 15 名学生,了解他们一周在校参加课外体育锻炼的时间,列表如下:

锻炼时间(小时)	5	6	7	8
人数	3	7	4	1

则这15名学生一周在校参加课外体育锻炼时间的中位数和众数分别是(　　)
A.6.5,6　　　　B.7,7　　　　C.6.5,6　　　　D.6,6

【误解】A.对中位数概念不清,没有按大小顺序排列.

【精剖】造成出错的原因是对中位数的概念理解不清.求中位数一定要把数据先按大小顺序排列,再取正中间的一个数据或正中间两个数据的平均数作为中位数.本题中,第$\frac{15+1}{2}=8$个数据即为中位数,∵3<8<3+7,∴第8个数据是6,即中位数为6.

【正解】D.

易错点3.对众数概念不清

例3　在一次数学竞赛中,10名学生的成绩如下:75　80　80　70　85　95　70　65　70　80.则这次竞赛成绩的众数是多少?

【误解】误认为众数只能是一个数,得到这组数据在众数是80.

【精剖】对众数的概念理解不清,会误认为这组数据中80出现了三次,所以这组数据的众数是80.根据众数的意义可知,一组数据中出现次数最多的数据是这组数据的众数.而在数据中70也出现了三次,所以这组数据是众数有两个.

【正解】这组数据的众数是70和80.

易错点4.方差的概念及计算易出错

例4　甲、乙、丙三组各有7名成员,测得三组成员体重数据的平均数都是58,方差分别为$s_甲^2=35$,$s_乙^2=24.5$,$s_丙^2=15$,则数据波动最小的一组是_____.

【误解】对方差的概念及描述的特征不清,认为方差越来越大波动越来越小,所以得到甲.

【精剖】对描述数据离散程度的特征数——方差理解出错,从而本题出现错解.一组数据的方差越大,这组数据的波动越大,方差越小,数据的波动越小.本题中,∵15<24.5<35,∴$s_丙^2<s_乙^2<s_甲^2$,故填丙.

【正解】丙.

☞**【真题精选】**

类型一:条形统计图与扇形统计图结合

例1　(2014年陕西中考)根据《2013年陕西省国民经济和社会发展统计公报》提供的大气污染物(A—二氧化硫,B—氮氧化物,C—化学需氧量,D—氨氮)排放量的相关数据,我们将这些数据用条形统计图和扇形统计图统计如下:

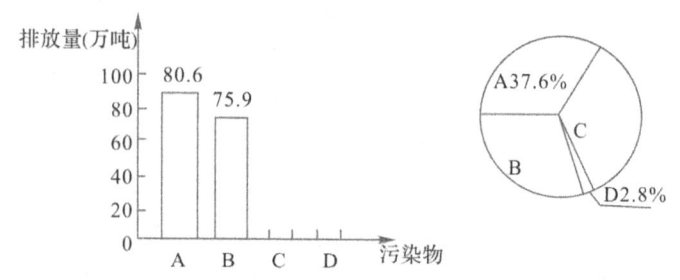

根据以上统计图提供的信息,解答下列问题:

(1)补全上面的条形统计图和扇形统计图;

(2)国务院总理李克强在十二届全国人大二次会议的政府工作报告中强调,建设美好家园、加大节能减排力度,今年二氧化硫、化学需氧量的排放量在去年基础上都要减少2%.按此指示精神,求出陕西省2014年二氧化硫、化学需氧量的排放量共需减少约多少万吨?(结果精确到0.1)

【分析】(1)利用A组的频数和百分比计算出总数,再利用总数×D组百分比即可算出D组频数,再利用总数减去其余各组频数即为C组频数,然后用相应频数÷总数×100%即可算出B、C组相应百分比;

(2)用样本估计总体,用A组和B组的减少量来估计全省的减少量.

【解答】(1)补全条形统计图和扇形统计图如解图.

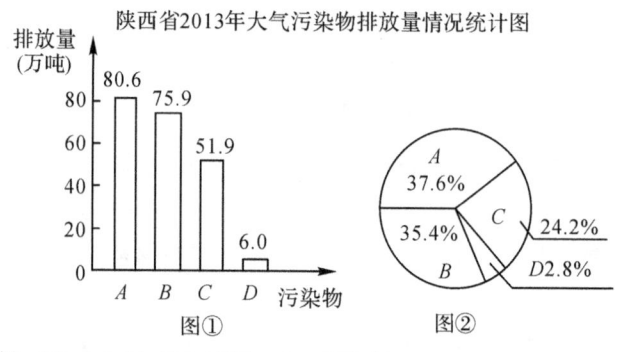

(2)由题意得:(80.6+51.9)×2%≈2.7(万吨).

答:陕西省2014年二氧化硫、化学需氧量的排放量共需减少约2.7万吨.

【点评】此题是统计图的分析,主要考查了对条形统计图和扇形统计图的综合应用,解题的关键是:(1)熟悉两个统计图之间的关系,并熟练计算频数、百分比的方法;(2)会运用样本估计总体.解答时,要善于从图象中获取所需要的信息,准确计算是关键.

类型二:统计表与扇形统计图结合

例2 (2018年陕西中考)对垃圾进行分类投放,能有效提高对垃圾的处理和再利用减少污染,保护环境.为了了解同学们对垃圾分类知识的了解程度增强同学们的环保意识,普及垃圾分类及投放的相关知识.某校数学兴趣小组的同学们设计了"垃圾分类知识及投放情况"问卷,并在本校随机抽取若干名同学进行了问卷测试.根据测试成绩分布情况,他们将全部测试成绩分成 A、B、C、D 四组,绘制了如下统计图表:

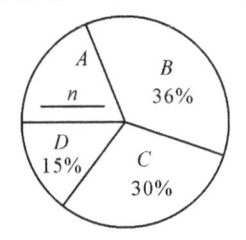

"垃圾分类知识及投放情况"问卷测试成绩统计表

组别	分数/分	频数	各组总分/分
A	$60 < x \leqslant 70$	38	2581
B	$70 < x \leqslant 80$	72	5543
C	$80 < x \leqslant 90$	60	5100
D	$90 < x \leqslant 100$	m	2796

依据以上统计信息,解答下列问题:

(1)求得 $m=$ _____ ,$n=$ _____ ;

(2)这次测试成绩的中位数落在 _____ 组;

(3)求本次全部测试成绩的平均数.

【分析】(1)结合统计表及扇形统计图,利用总体=各组频数÷相应百分比可计算出总体,然后求出 m,n 的值;

(2)根据中位数的概念及平均数计算公式直接求解即可.

【解答】(1)$m = \underline{30}$,$n = \underline{19\%}$;

(2)B;

(3)测试的平均成绩 $= \dfrac{2581+5543+5100+2796}{200} = 80.1$.

答:本次全部测试成绩的平均数为 80.1.

【点评】要熟悉中位数的概念、平均数的计算方法是解题关键.

类型三:统计表、频数分布直方图、扇形统计图结合

例 3 (2017 年陕西中考)养成良好的早锻炼习惯,对学生的学习和生活都非常有益.某中学为了了解七年级学生的早锻炼情况,校政教处在七年级随机抽取了部分学生,并对这些学生通常情况下一天的早锻炼时间 x(分钟)进行了调查.现把调查结果分成 A、B、C、D 四组,如右下表所示;同时,将调查结果绘制成下面两幅不完整的统计图.

组别	时间 x(分钟)
A	$0 \leqslant x < 10$
B	$10 \leqslant x < 20$
C	$20 \leqslant x < 30$
D	$30 \leqslant x \leqslant 40$

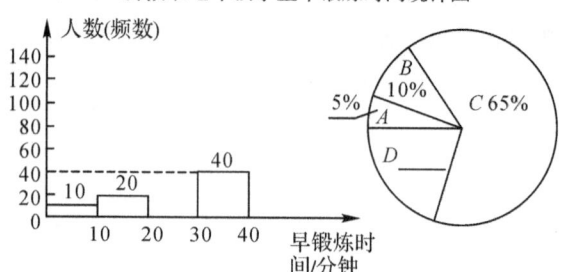

请你根据以上提供的信息,解答下列问题:

(1)补全频数分布直方图和扇形统计图;

(2)所抽取的七年级学生早锻炼时间的中位数落在_____区间内;

(3)已知该校七年级共有1200名学生,请你估计这个年级学生中约有多少人一天早锻炼的时间不少于20分钟.(早锻炼:指学生在早晨7:00~7:40之间的锻炼)

【分析】(1)根据 A 组或 B 组的相应频数及百分比先计算出总体,再计算 C 组频数和 D 组相应百分比;

(2)由中位数的概念观察频数分布表或频数分布直方图,计算即可求出中位数;再由题意得出用 C 组和 D 组来估计七年级学生一天早锻炼的时间不少于20分钟的人数.

【解答】(1)早锻炼时间在 $20 \leqslant x \leqslant 30$ 的人数为130人,扇形统计图中 D 所占的百分比为20%,补全统计图略;

(2)C(或 $20 \leqslant x \leqslant 30$);

(3)$1200 \times (65\% + 20\%) = 1020$(人).

答:估计这个年级学生中约有1020人一天早锻炼的时间不少于20分钟.

【点评】本题考查了频数直方分布图和扇形统计图的综合应用;熟练掌握总体、各部分、中位数的计算方法是解题关键.

☞【得分精髓】

考查点1. 调查方式的选择

抽样调查样本选取要具有代表性、广泛性,样本估计总体时,样本容量越大,估计越准确;样本容量没有单位.

例1 (2019年郴州中考)下列采用的调查方式中,合适的是(　　)

A.为了解东江湖的水质情况,采用抽样调查的方式

B.我市某企业为了解所生产的产品的合格率,采用普查的方式

C.某小型企业给在职员工做工作服前进行尺寸大小的调查,采用抽样调查的方式

D.某市教育部门为了解该市中小学生的视力情况,采用普查的方式

【解析】 A.为了解东江湖的水质情况,采用抽样调查的方式,合适;

B.我市某企业为了解所生产的产品的合格率,因调查范围广,工作量大,采用普查的方式不合适;

C.某小型企业给在职员工做工作服前进行尺寸大小的调查,因调查范围小,采用抽样调查的方式不合适;

D.某市教育部门为了解该市中小学生的视力情况,因调查范围广,采用普查的方式不合适.

【答案】A.

考查点2. 准确从统计图中获取信息

例2 (2019年江西中考)根据《居民家庭亲子阅读消费调查报告》中的相关数据制成扇形统计图,由图可知,下列说法错误的是(　　)

A.扇形统计图能反映各部分在总体中所占的百分比
B.每天阅读30分钟以上的居民家庭孩子超过50%
C.每天阅读1小时以上的居民家庭孩子占20%
D.每天阅读30分钟至1小时的居民家庭孩子对应扇形的圆心角是108°

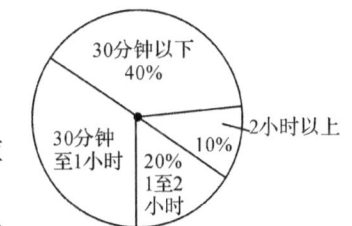

【解析】 A.扇形统计图能反映各部分在总体中所占的百分比,此选项正确;

B.每天阅读30分钟以上的居民家庭孩子的百分比为1－40％＝60％,超过50％,此选项正确;

C.每天阅读1小时以上的居民家庭孩子占30％,此选项错误;

D.每天阅读30分钟至1小时的居民家庭孩子对应扇形的圆心角是360°×(1－40％－10％－20％)＝108°,此选项正确.

【答案】C.

考查点3. 众数、中位数和平均数

要清楚众数、中位数和平均数的计算方法.

例3 (2019年随州中考)某校男子篮球队10名队员进行定点投篮练习,每人投篮10次,他们投中的次数统计如下表:

投中次数	3	5	6	7	8
人数	1	3	2	2	2

则这些队员投中次数的众数、中位数和平均数分别为(　　)
A.5,6,6　　　　B.2,6,6　　　　C.5,5,6　　　　D.5,6,5

【解析】在这一组数据中,5是出现次数最多的,所以,众数是5;处于中间位置的两个数的平均数是(6＋6)÷2＝6,那么由中位数的定义可知,这组数据的中位数是6.平均数是(3+15+12+14+16)÷10=6,所以答案为5,6,6.

【答案】A.

考查点 4. 统计图的分析

(1)条形统计图与扇形统计图的结合分析

条形统计图与扇形统计图的结合要理解两个统计图之间的数据联系,并会计算总体、各部分频数、各部分在扇形统计图中对应百分比及对应扇形圆心角度数,会用样本估计总体.

例 4 (2019年陕西中考)本学期初,某校为迎接中华人民共和国建国70周年,开展了以"不忘初心,缅怀革命先烈,奋斗新时代"为主题的读书活动.校德育处对本校七年级学生4月份"阅读该主题相关书籍的读书量"(下面简称:"读书量")进行了随机抽样调查,并对所有随机抽取学生的"读书量"(单位:本)进行了统计,如下图所示:

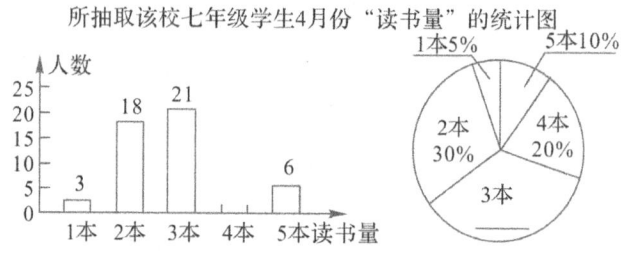

根据以上信息,解答下列问题:

(1)补全上面两幅统计图,填出本次所抽取学生4月份"读书量"的众数为 _____ ;

(2)求本次所抽取学生4月份"读书量"的平均数;

(3)已知该校七年级有1200名学生,请你估计该校七年级学生中,4月份"读书量"为5本的学生人数.

【解析】(1)如图所示,众数为3(本).

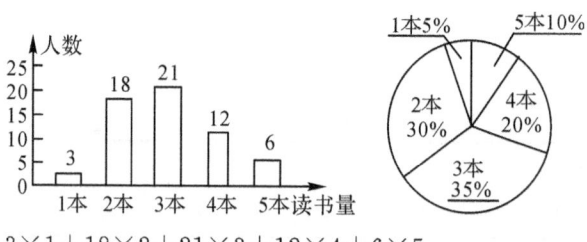

(2)平均数 $= \dfrac{3\times1+18\times2+21\times3+12\times4+6\times5}{3+18+21+12+6} = 3.$

(3)4月份"读书量"为5本的学生人数 $=1200\times\dfrac{6}{60}=120$(人).

答:4月份"读书量"为5本的学生人数为120人.

(2)统计表与扇形统计图的结合分析

例5 为宣传6月6日世界海洋日,某校九年级举行了主题为"珍惜海洋资源,保护海洋生物多样性"的知识竞赛活动.为了解全年级500名学生此次竞赛成绩(百分制)的情况,随机抽取了部分参赛学生的成绩,整理并绘制出如下不完整的统计表和统计图.

请根据图表信息解答以下问题:
(1)本次调查一共随机抽取了多少名参赛学生的成绩?
(2)表中 $a = $ _____;
(3)所抽取的参赛学生的成绩的中位数落在的组别是 _____;
(4)请你估计,该校九年级竞赛成绩达到80分以上(含80分)的学生有多少名?

知识竞赛成绩分组统计表

组别	分数/分	频数
A	$60 \leq x < 70$	a
B	$70 \leq x < 80$	10
C	$80 \leq x < 90$	14
D	$90 \leq x < 100$	18

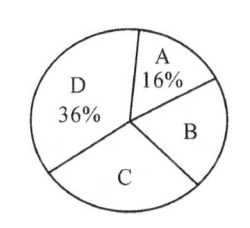

知识竞赛成绩扇形统计图

【解析】(1)$18 \div 36\% = 50$(名)

答:本次调查一共随机抽取了50名参赛学生的成绩.

(2)8;

(3)C;

(4)$500 \times \dfrac{14+18}{50} = 320$(名).

答:该校九年级竞赛成绩达到80分以上(含80分)的学生有320名.

(3)统计表结合开放性问题

例6 4月28日是世界读书日,某校鼓励师生利用课余时间广泛阅读,该校文学社为了解学生课外阅读的情况,抽样调查了部分学生每周用于课外阅读的时间,过程如下:

收集数据 从全校随机抽取20名学生,进行了每周用于课外阅读时间的调查,数据如下(单位:min):

30　60　81　50　40　110　130　146　90　100
60　81　120　140　70　81　10　20　100　81

整理数据 按如下分段整理样本数据并补全表格:

每周用于课外阅读的时间 x/min	$0 \leq x < 40$	$40 \leq x < 80$	$80 \leq x < 120$	$120 \leq x < 160$
等级	D	C	B	A
人数	3		8	

241

分析数据 补全下列表格中样本数据的统计量：

平均数	中位数	众数
80		

得出结论：

(1)如果该校现有学生 800 名,估计等级为"B"的学生有多少名.

(2)假设平均阅读一本课外书所用的时间为 160min,请你选择样本中的一种统计量估计该校学生平均每人一年(按 52 周计算)阅读多少本课外书.

【解析】整理数据：5,4；分析数据：81,81；得出结论：

(1)$800 \times \dfrac{8}{20} = 320$(名).

答：估计等级为"B"的学生有 320 名.

(2)按平均数计算：$80 \times 52 = 4160$min，$4160 \div 160 = 26$(本),

∴估计该校学生平均每人一年阅读 26 本课外书.

按中位数计算：$81 \times 52 = 4212$min，$4212 \div 160 \approx 26.3$(本),

∴估计该校学生平均每人一年阅读 26 本课外书.

按众数计算：$81 \times 52 = 4212$min，$4212 \div 160 \approx 26.3$(本),

∴估计该校学生平均每人一年阅读 26 本课外书.

(选择这三种统计量中的一种估计即可)

☞【提分精练】

一、选择题(每题 4 分,共 24 分)

1.某校男子篮球队 10 名队员的身高(厘米)如下：179,182,170,174,188,172,180,195,185,182,则这组数据的中位数和众数分别是(　　)

　　A.181,181　　　　B.182,181　　　　C.180,182　　　　D.181,182

2.我省某市 5 月份第二周连续七天的空气质量指数分别为：111,96,47,68,70,77,105,则这七天空气质量指数的平均数是(　　)

　　A.71.8　　　　B.77　　　　C.82　　　　D.95.7

3.某专卖店专营某品牌的衬衫,店主对上一周中不同尺码的衬衫销售情况统计如下：

尺码	39	40	41	42	43
平均每天销售数量/件	10	12	20	12	12

该店主决定本周进货时,增加一些 41 码的衬衫,影响店主决策的统计量是(　　)

　　A.平均数　　　　B.方差　　　　C.众数　　　　D.中位数

4.有一组数据如下:2,a,3,6,5,它们的平均数是4,那么这组数据的方差是(　　)

A.4　　　　　　B.$\sqrt{2}$　　　　　　C.$\sqrt{5}$　　　　　　D.2

5.下列说法中正确的有(　　)

①一组数据的方差越大,这组数据波动反而越小;②一组数据的中位数只有一个;③在一组数据中,出现次数最多的数据称为这组数据的众数.

A.①②　　　　　　　　　　　　B.①③

C.②③　　　　　　　　　　　　D.①②③

6.某排球队6名场上运动员的身高(单位:cm)分别是:180,184,188,190,192,194.现用一名身高为186cm的队员换下场上身高为192cm的队员,与换人前相比,场上队员身高的(　　)

A.平均数变小,方差变小　　　　B.平均数变小,方差变大

C.平均数变大,方差变小　　　　D.平均数变大,方差变大

二、**填空题**(每题4分,共16分)

7.(2019年天水中考)一组数据2.2,3.3,4.4,11.1,a,其中整数a是这组数据中的中位数,则这组数据的平均数是_____.

8.(2019年遂宁中考)某校拟招聘一批优秀教师,其中某位教师笔试、试讲、面试三轮测试得分分别为92分、85分、90分,综合成绩笔试占40%,试讲占40%,面试占20%,则该名教师的综合成绩为_____分.

9.(2019年福建中考)某校征集校运会会徽,遴选出甲、乙、丙三种图案.为了解何种图案更受欢迎,随机调查了该校100位学生,其中有60位学生喜欢甲图案.若该校共有学生2000人,根据所学的统计知识可以估计该校喜欢甲图案的学生有_____人.

10.(2019年北京中考)小天想要计算一组数据92,90,94,86,99,85的方差s_0^2,在计算平均数的过程中,将这组数据中的每一个数都减去90,得到一组新数据2,0,4,-4,9,-5,记这组新数据的方差为s_1^2,则s_1^2_____s_0^2(填">""="或"<").

三、**解答题**(每题12分,共60分)

11.(2016陕西中考)某校为了进一步改变本校七年级数学教学,提高学生学习数学的兴趣,校教务处在七年级所有班级中,每班随机抽取了6名学生,并对他们的数学学习情况进行了问卷调查.我们从所调查的题目中,特别把学生对数学学习喜欢程度的回答(喜欢程度分为:"A—非常喜欢""B—比较喜欢""C—不太喜欢""D—很不喜欢".针对这个题目,问卷时要求每位被调查的学生必须从中选一项且只能选一项)结果进行了统计,现将统计结果绘制成如下两幅不完整的统计图.

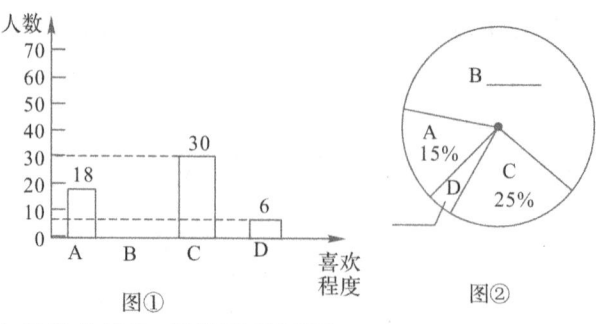

请你根据以上提供的信息,解答下列问题:

(1)补全上面的条形统计图和扇形统计图;

(2)所抽取学生对数学学习喜欢程度的众数是_____;

(3)若该校七年级共有960名学生,请你估算该年级学生中对数学学习"不太喜欢"的有多少人?

12.某教师就中学生对课外书阅读状况进行了一次问卷调查,并根据调查结果绘制了中学生每学期阅读课外书籍数量的统计图(不完整).设 x 表示阅读书籍的数量(x 为正整数,单位:本),其中 A:$1 \leqslant x \leqslant 2$;B:$3 \leqslant x \leqslant 4$;C:$5 \leqslant x \leqslant 6$;D:$x \geqslant 7$.请你根据两幅图提供的信息解答下列问题:

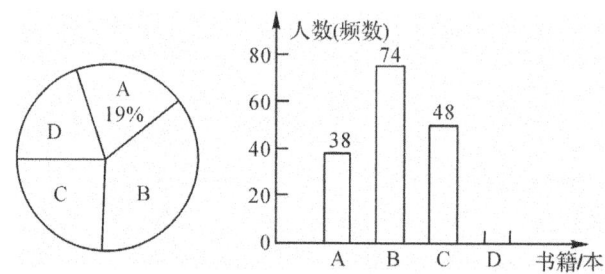

(1)本次共调查了多少名学生?

(2)补全条形统计图,并判断中位数在哪一组;

(3)计算扇形统计图中扇形 D 的圆心角的度数.

244

13.某中学兴趣小组为了了解本校学生的年龄情况,随机调查了该校部分学生的年龄,整理数据并绘制成如下不完整的统计图.

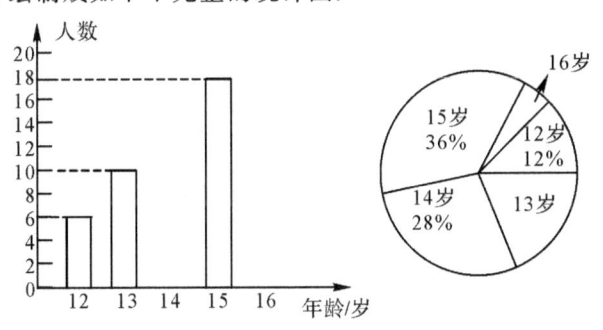

依据以上信息解答下列问题:
(1)求样本容量;
(2)直接写出样本容量的平均数、众数和中位数;
(3)若该校一共有1800名学生,估计该校年龄在15岁及以上的学生人数.

14.(2019年长春中考)网上学习越来越受到学生的喜爱.某校信息小组为了解七年级学生网上学习的情况,从该校七年级随机抽取20名学生,进行了每周网上学习的调查.数据如下(单位:时):

| 3 | 2.5 | 0.6 | 1.5 | 1 | 2 | 2 | 3.3 | 2.5 | 1.8 |
| 2.5 | 2.2 | 3.5 | 4 | 1.5 | 2.5 | 3.1 | 2.8 | 3.3 | 2.4 |

整理上面的数据,得到表格如下:

网上学习时间 x(时)	$0<x\leqslant1$	$1<x\leqslant2$	$2<x\leqslant3$	$3<x\leqslant4$
人数	2	5	8	5

样本数据的平均数、中位数、众数如下表所示:

统计量	平均数	中位数	众数
数值	2.4	m	n

根据以上信息,解答下列问题:
(1)上表中的中位数 m 的值为_____,众数 n 的值为_____;
(2)用样本中的平均数估计该校七年级学生平均每人一学期(按18周计算)网上学习的时间;

(3)已知该校七年级学生有 200 名,估计每周网上学习时间超过 2 小时的学生人数.

15.在"创全国文明城市"活动中,某社区为了了解居民掌握垃圾分类知识的情况进行调查,其中 A,B 两小区分别有 500 名居民,社区从中各随机抽取 50 名居民进行相关知识测试,并将成绩进行整理得到部分信息:

【信息一】A 小区 50 名居民成绩的频数直方图如下(每一组含前一个边界值,不含后一个边界值);

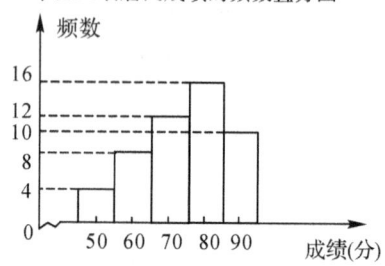

【信息二】上图中,从左往右第四组的成绩如下:

| 75 | 75 | 79 | 79 | 79 | 79 | 80 | 80 |
| 81 | 82 | 82 | 83 | 83 | 84 | 84 | 84 |

【信息三】A,B 两小区各 50 名居民成绩的平均数、中位数、众数、优秀率(80 分以上为优秀)、方差等数据如下(部分空缺):

小区	平均数	中位数	众数	优秀率	方差
A	75.1		79	40%	277
B	75.1	77	76	45%	211

根据以上信息,回答下列问题:
(1)求 A 小区 50 名居民成绩的中位数;
(2)请估计 A 小区 500 名居民中能超过平均数的有多少人;
(3)请尽量从多个角度比较,分析 A,B 两小区居民掌握垃圾分类知识的情况.

(二)概率

☞**【课标精读】**

1.能通过列表、画树状图等方法列出简单随机事件所有可能的结果,以及指定事件发生的所有可能结果,了解事件的概率.

2.知道通过大量的重复试验,可以用频率来估计概率.

☞**【类型精析】**

概率是中考的重要考点,在陕西中考解答题 22 或 23 题出现,通常以实际问题为背景,考查概率的计算,所占分值 7 分.近几年陕西中考 22 或 23 题考查题型大致为一种类型:求一步试验概率和利用列表法或树状图法求两步放回试验的概率.(如下表):

年份	题号	考查点	命题材料	考查形式
2014	22	概率计算	摸球游戏	两步放回试验
2015	23	概率计算	掷骰子游戏	两步放回试验
2016	22	概率计算	转盘游戏	两步放回试验
2017	22	概率计算	端午节吃粽子	两步放回试验
2018	22	概率计算	转盘游戏	两步放回试验
2019	22	概率计算	摸球游戏	两步放回试验

☞**【备考精华】**

★考查的知识点清单梳理

知识点一:概率的概念		关键点拨与对应举例
1.概率的定义	定义:表示一个事件 A 发生的可能性大小的数叫做该事件的概率,记为 $P(A)$. $$P(A)=\frac{事件A发生的可能的结果总数}{所有可能的结果总数}$$	例:袋子里装有 10 个除颜色以外都相同的球,其中白球有 3 个,则从袋中随机摸出一球,摸到白球的概率为 $\frac{3}{10}$)
2.概率的表示	(1)概率通常用字母 P 表示 (2)若在一次试验中,有 n 种等可能的结果,其中事件 A 发生的结果有 m 种,则 $P(A)=\frac{m}{n}$,P(必然事件)$=1$,P(不可能事件)$=0$,$0<P$(不确定事件)<1.	随机事件发生的概率 $P(A)=\frac{事件A发生的可能的结果总数}{所有可能的结果总数}$

247

续表

知识点二:概率的计算方法		关键点拨与对应举例
3.用列举法计算概率	(1)有限等可能性事件概率(古典概型):一般地,如果在一次试验中,有 n 种可能的结果,并且它们发生的可能性都相等,事件 A 包含其中的 m 种结果,那么事件 A 发生的概率 $P(A)=\dfrac{m}{n}$.分析事件发生结果的方法有列表法和画树状图法; (2)无限等可能性事件概率(几何概型):用事件发生的区域长度(面积、时间段、体积)比所有情况发生的区域长度(面积、时间段、体积); (3)列表和画树状图的目的都是不重不漏地列举所有可能性相等的结果,在很多问题中,二者是共通的	列表法与树状图法的选取 (1)试验要涉及两个因素,并且可能出现的结果数目较多时,为了不重复不遗漏地列出所有可能的结果,通常采用列表法; (2)当一次试验要涉及两个以上的因素时,为了不重复不遗漏地列出所有可能的结果,通常采用树状图法
4.利用频率估计概率	当事件发生的结果是无限的或发生的可能性不相等时,一般采用做试验的方法,用频率估计概率.一般地,在大量重复试验中,如果事件 A 发生的频率稳定于某个常数 p,那么事件 A 发生的概率 $P(A)=p$	用试验频率估计理论概率时,试验次数一定要足够大
知识点三:概率的应用		关键点拨与对应举例
5.用概率设计游戏方案	游戏是否公平问题,可以采用列表法或画树状图表示所有结果,计算出双方获胜的概率,然后进行比较,不能仅凭印象下结论,要用数字说话,还要学会改变规则,使游戏变公平	概率相等即为游戏公平,概率不等说明游戏不公平

☞【易错精剖】

易错点1. 忽视等可能性

例1 如图,可以自由转动的转盘被它的两条直径分成了四个分别标有数字的扇形区域,其中标有数字"1"的扇形的圆心角为120°.转动转盘,待自动停止后,指针指向一个扇形的内部,则该扇形内的数字即为转出的数字,此时,称为转动转盘一次(若指针指向两个扇形的交线,则不计转动的次数,重新转动转盘,直到指针指向一个扇形的内部为止).

(1)转动转盘一次,求转出的数字是 -2 的概率;

(2)转动转盘两次,用树状图或列表法求这两次分别转出的数字之积为正数的概率.

【误解】(1)由题意可知:转动转盘一次,转出的数字是-2的概率$=\dfrac{2}{4}=\dfrac{1}{2}$;

(2)所有可能性如下表所示:

第二次＼第一次	1	-2	3	-2
1	(1,1)	(1,-2)	(1,3)	(1,-2)
-2	(-2,1)	(-2,-2)	(-2,3)	(-2,-2)
3	(3,1)	(3,-2)	(3,3)	(3,-2)
-2	(-2,1)	(-2,-2)	(-2,3)	(-2,-2)

由上表可知:所有可能的结果共16种,其中数字之积为正数的有8种,其概率为$\dfrac{8}{16}=\dfrac{1}{2}$.

【精剖】本题忽视了1,-2,3,-2出现的等可能性,由转盘及题意可知,两个-2所占扇形面积合起来才与1,3扇形面积相等,也就是1,-2,3这三个数字出现的可能性是相等的,所以应将两个-2作为一个-2进行列表计算.

【正解】(1)由题意可知:"1"和"3"所占的扇形圆心角为$120°$,所以两个"-2"所占的扇形圆心角为$360°-2×120°=120°$,∴转动转盘一次,求转出的数字是-2的概率为$\dfrac{120°}{360°}=\dfrac{1}{3}$;

(2)由(1)可知,该转盘转出"1""3""-2"的概率相同,均为$\dfrac{1}{3}$,所有可能性如下表所示:

第二次＼第一次	1	-2	3
1	(1,1)	(1,-2)	(1,3)
-2	(-2,1)	(-2,-2)	(-2,3)
3	(3,1)	(3,-2)	(3,3)

由上表可知:所有可能的结果共9种,其中数字之积为正数的有五种,其概率为$\dfrac{5}{9}$.

249

易错点 2. 混淆取出放回与取出不放回

例 2 袋中装有 3 个红球和 1 个白球,它们除颜色外都相同.随机从中摸出两个球,两个球都是红球的概率为 _____.

【误解】列表如下:

A \ B	红 1	红 2	红 3	白
红 1	(红 1,红 1)	(红 1,红 2)	(红 1,红 3)	(红 1,白)
红 2	(红 2,红 1)	(红 2,红 2)	(红 2,红 3)	(红 2,白)
红 3	(红 3,红 1)	(红 3,红 2)	(红 3,红 3)	(红 3,白)
白	(白,红 1)	(白,红 2)	(白,红 3)	(白,白)

由上表可知:所有可能的结果共 16 种,其中两个球都是红球的有 5 种,其概率为 $\frac{5}{16}$.

【精剖】将随机从中摸出两个球错误理解为先摸出一个放回,然后再摸出一个球;事实上,一次取出两个球相当于连续两次不放回,所以所有可能出现的结果有 12 种.

【正解】列表如下:

A \ B	红 1	红 2	红 3	白
红 1		(红 1,红 2)	(红 1,红 3)	(红 1,白)
红 2	(红 2,红 1)		(红 2,红 3)	(红 2,白)
红 3	(红 3,红 1)	(红 3,红 2)		(红 3,白)
白	(白,红 1)	(白,红 2)	(白,红 3)	

由上表可知:所有可能的结果共 12 种,其中两个球都是红球的有 6 种,其概率为 $\frac{6}{12}=\frac{1}{2}$.

易错点 3. 考虑问题不周

例 3 在 $-2,-1,1,2$ 这四个数中,任选两个数的积作为 k 的值,使反比例函数 $y=\frac{k}{x}$ 的图象在第一、三象限的概率是 _____.

【误解】$-2,-1,1,2$ 四个数中,两个正数两个负数,这两数乘积为正数和负数一样各占一半,所以概率是$\frac{1}{2}$。

【精剖】本题对概率的概念理解不透彻,误以为正负各两个数,概率就为$\frac{1}{2}$,从而出错.

【正解】从四个数中任选两个,可列表如下:

	-2	-1	1	2
-2		(-2,-1)	(-2,1)	(-2,2)
-1	(-1,-2)		(-1,1)	(-1,2)
1	(1,-2)	(1,-1)		(1,2)
2	(2,-2)	(2,-1)	(2,1)	

如上表共有 12 种等可能情况,其中积为正的情况有 4 种,所以概率为$\frac{4}{12}=\frac{1}{3}$.

易错点 4. 忽视用概率判断游戏是否公平

例 4 如图所示,可以自由转动的转盘被 3 等分,指针落在每个扇形内的机会均等.

(1)现随机转动转盘一次,停止后,指针指向 1 的概率为_____.

(2)甲、乙两人利用这个转盘做游戏,若采用下列规则:随机转动转盘两次,停止后,指针各指向一个数字,若第一次数字大于第二次数字,则甲胜;否则,乙胜.你认为这个游戏规则对两人公平吗?请用列表或画树状图的方法说明理由.

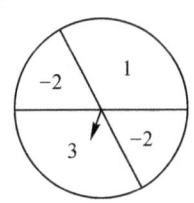

【误解】(1)$\frac{1}{3}$.

(2)列表如下:

	1	2	3
1		(2,1)	(3,1)
2	(1,2)		(3,2)
3	(1,3)	(2,3)	

所有情况共 6 种,第一次数字大于第二次数字、第一次数字小于第二次数字各三种.
∴$P(甲)=\frac{3}{6}=\frac{1}{2}$,$P(乙)=\frac{3}{6}=\frac{1}{2}$,∵$\frac{1}{2}=\frac{1}{2}$,∴该游戏公平.

【精剖】本题错在第(2)小题中,对游戏规则的理解错误,从而造成本小题错解.游戏是否公平的问题实际上是概率是否相等的问题,所以准确求出有关的概率是解决此类问题的关键.

【正解】(1) $\frac{1}{3}$.

(2)根据规则,将所有可能情况列表如下:

	1	2	3
1	(1,1)	(2,1)	(3,1)
2	(1,2)	(2,2)	(3,2)
3	(1,3)	(2,3)	(3,3)

所有等可能情况共9种,第一次数字大于第二次数字的情况有3种,第一次数字不大于第二次数字的情况有6种.

∴$P(甲)=\frac{3}{9}=\frac{1}{3}$,$P(乙)=\frac{6}{9}=\frac{2}{3}$,∵$\frac{1}{3}\neq\frac{2}{3}$,∴该游戏不公平.

☞【真题精选】

类型一:以摸彩球为载体

例1 (2019年陕西中考)现有A、B两个不透明袋子,分别装有3个除颜色外完全相同的小球.其中,A袋装有2个白球、1个红球;B袋装有2个红球、1个白球.将A袋摇匀,然后从A袋中随机取出一个小球,求摸出小球是白色的概率;小华和小林商定了一个游戏规则:从摇匀后的A,B两袋中随机摸出一个小球,摸出的这两个小球,若颜色相同,则小林获胜;若颜色不同,则小华获胜.请用列表法或画出树状图的方法说明这个游戏规则对双方是否公平.

【分析】首先判断出A袋共有有3个球,然后根据概率公式,求出小球是白色的概率是多少即可.

(2)首先应用列表法或树状图列举出所有可能的结果,然后分别判断出小林、小华获胜的概率是多少,再比较它们的大小,判断出该游戏是否公平即可.

【解答】(1)共有三种等可能结果,而摸出白球的结果有两种.

∴$P(摸出白球)=\frac{2}{3}$

(3)根据题意,列表如下:

A＼B	红1	红2	白
白1	(白1,红1)	(白1,红2)	(白1,白)
白2	(白2,红1)	(白2,红2)	(白2,白)
红	(红,红1)	(红,红2)	(红,白)

由上表可知,共有9种等可能结果,其中颜色相同的结果有4种,颜色不同的结果有5种.

∴$P(颜色相同)=\frac{4}{9}$,$P(颜色不同)=\frac{5}{9}$.

∵$\frac{4}{9}<\frac{5}{9}$,

∴这个游戏规则对双方不公平.

【点评】本题考查的是用列表法或画树状图法求概率.注意列表法或画树状图法可以不重复不遗漏地列出所有可能的结果,列表法适合于两步完成的事件,树状图法适合两步或两步以上完成的事件.通过计算概率并比较大小得出游戏是否公平.用到的知识点为:概率=所求情况数与总情况数之比.计算两人获胜的概率进行比较得出游戏是否公平.

类型二:以转盘为载体

例2 (2016·陕西)某超市为了答谢顾客,凡在本超市购物的顾客,均可凭购物小票参与抽奖活动,奖品是三种瓶装饮料,它们分别是:绿茶(500 mL)、红茶(500 mL)和可乐(600 mL),抽奖规则如下:①如图,是一个材质均匀可自由转动的转盘,转盘被等分成五个扇形区域,每个区域上分别写有"可""绿""乐""茶""红"字样;②参与一次抽奖活动的顾客可进行两次"有效随机转动"(当转动转盘,转盘停止后,可获得指针所指区域的字样,我们称这次转动为一次"有效随机转动");③假设顾客转动转盘,转盘停止后,指针指向两区域的边界,顾客可以再转动转盘,直到转动为一次"有效随机转动";④当顾客完成一次抽奖活动后,记下两次指针所指区域的两个字,只要这两个字和奖品名称的两个字相同(与字的顺序无关),便可获得相应奖品一瓶;不相同时,不能获得任何奖品.

根据以上规则,回答下列问题:

(1)求一次"有效随机转动"可获得"乐"字的概率;

(2)有一名顾客凭本超市的购物小票,参与了一次抽奖活动,请你用列表或树状图等方法,求该顾客经过两次"有效随机转动"后,获得一瓶可乐的概率.

【分析】(1)由转盘被等分成五个扇形区域,每个区域上分别写有"可""绿""乐""茶""红"字样,直接利用概率公式求解即可求得答案;

(2)首先根据题意画出树状图,然后由树状图求得所有等可能的结果与该顾客经过两次"有效随机转动"后,获得一瓶可乐的情况,再利用概率公式求解即可求得答案.

【解答】(1)∵转盘被等分成五个扇形区域,每个区域上分别写有"可""绿""乐""茶""红"字样;

∴一次"有效随机转动"可获得"乐"字的概率为:$\frac{1}{5}$.

(2)画树状图得:

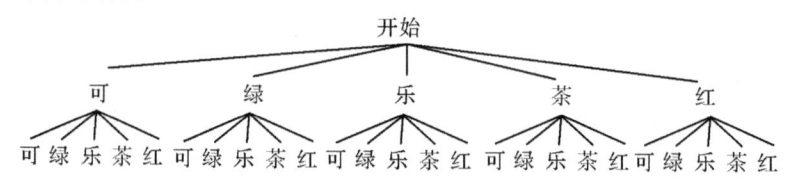

```
                        开始
        ┌───────┬───────┼───────┬───────┐
        可      绿      乐      茶      红
      ┌┼┬┬┐  ┌┼┬┬┐  ┌┼┬┬┐  ┌┼┬┬┐  ┌┼┬┬┐
      可绿乐茶红 可绿乐茶红 可绿乐茶红 可绿乐茶红 可绿乐茶红
```

∵共有25种等可能的结果,该顾客经过两次"有效随机转动"后,获得一瓶可乐的有两种情况,

∴该顾客经过两次"有效随机转动"后,获得一瓶可乐的概率为:$\frac{2}{25}$.

【点评】此题考查了列表法或树状图法求概率.注意此题是放回实验;用到的知识点为:概率=所求情况数与总情况数之比.保证每种情况出现的结果等可能性是关键.

类型三:以掷骰子为载体

例3 (2019年陕西中考)某中学要在全校学生中举办"中国梦·我的梦"主题演讲比赛,要求每班选一名代表参赛.九年级(1)班经过投票初选,小亮和小丽票数并列班级第一,现在他们都想代表本班参赛.经班长与他们协商决定,用他们学过的掷骰子游戏来确定谁去参赛(胜者参赛).规则如下:两人同时随机各掷一枚完全相同且质地均匀的骰子一次,向上一面的点数都是奇数,则小亮胜;向上一面的点数都是偶数,则小丽胜.否则,视为平局.若为平局,继续上述游戏,直至分出胜负为止.

如果小亮和小丽按上述规则各掷一次骰子,那么请你解答下列问题:

(1)小亮掷得向上一面的点数为奇数的概率是多少?

(2)该游戏是否公平?请用列表或树状图等方法说明理由.(骰子:六个面上分别刻有1,2,3,4,5,6个小圆点的小正方体)

【分析】(1)首先判断出向上一面的点数为奇数有三种情况,然后根据概率公式,求出小亮掷得向上一面的点数为奇数的概率是多少即可.

(3)首先应用列表法,列举所有可能的结果,然后分别判断出小亮、小丽获胜的概率是多少,再比较它们的大小,判断出该游戏是否公平即可.

【解答】(1)∵向上一面的点数为奇数有3种情况,

∴小亮掷得向上一面的点数为奇数的概率是:$\frac{3}{6}=\frac{1}{2}$.

(2)填表如下：

	1	2	3	4	5	6
1	(1,1)	(1,2)	(1,3)	(1,4)	(1,5)	(1,6)
2	(2,1)	(2,2)	(2,3)	(2,4)	(2,5)	(2,6)
3	(3,1)	(3,2)	(3,3)	(3,4)	(3,5)	(3,6)
4	(4,1)	(4,2)	(4,3)	(4,4)	(4,5)	(4,6)
5	(5,1)	(5,2)	(5,3)	(5,4)	(5,5)	(5,6)
6	(6,1)	(6,2)	(6,3)	(6,4)	(6,5)	(6,6)

由上表可知，一共有36种等可能的结果，其中小亮、小丽获胜各有9种结果.

∴$P(小亮胜)=\frac{9}{36}=\frac{1}{4}$，$P(小丽胜)=\frac{9}{36}=\frac{1}{4}$.

∴游戏是公平的.

【点评】(1)此题主要考查了判断游戏公平性问题，要熟练掌握，首先计算每个事件的概率，然后比较概率的大小，概率相等就公平，否则就不公平.

(2)此题主要考查了列举法(树形图法)求概率问题，解答此类问题的关键在于列举所有可能的结果，列表法是一种，但当一个事件涉及三个或更多元素时，为不重不漏地列出所有可能的结果，通常采用树形图.计算出概率进行比较判断游戏公平性.

类型四：以问题情境为载体

例4 (2019年陕西中考)端午节"赛龙舟，吃粽子"是中华民族的传统习俗.节日期间，小邱家包了三种不同馅的粽子，分别是：红枣粽子(记为A)，豆沙粽子(记为B)，肉粽子(记为C)，这些粽子除了馅不同，其余均相同.粽子煮好后，小邱的妈妈给一个白盘中放入了两个红枣粽子、一个豆沙粽子和一个肉粽子，给一个花盘中放入了两个肉粽子、一个红枣粽子和一个豆沙粽子.

根据以上情况，请你回答下列问题：

(1)假设小邱从白盘中随机取一个粽子，恰好取到红枣粽子的概率是多少？

(2)若小邱先从白盘里的四个粽子中随机取一个粽子，再从花盘里的四个粽子中随机取一个粽子，请用列表法或画树状图的方法，求小邱取到的两个粽子中一个是红枣粽子、一个是豆沙粽子的概率.

【分析】(1)根据题意可以得到小邱从白盘中随机取一个粽子，恰好取到红枣粽子的概率；

(2)根据题意可以写出所有的可能性，从而可以解答本题.

【解答】(1)由题意可得：

小邱从白盘中随机取一个粽子,恰好取到红枣粽子的概率是:$\frac{2}{4}=\frac{1}{2}$,

即小邱从白盘中随机取一个粽子,恰好取到红枣粽子的概率是$\frac{1}{2}$.

(2)由题意可得,出现的所有可能性是:

(A,A)、(A,B)、(A,C)、(A,C)、

(A,A)、(A,B)、(A,C)、(A,C)、

(B,A)、(B,B)、(B,C)、(B,C)、

(C,A)、(C,B)、(C,C)、(C,C),

∴小邱取到的两个粽子中一个是红枣粽子、一个是豆沙粽子的概率是$\frac{3}{16}$.

【点评】本题考查列表法与树状图法、概率公式,解答本题的关键是明确题意,写出所有的可能性,利用概率的知识解答.判断此题属于两步放回实验是关键.

☞【得分精髓】

考查点1. 计算简单事件的概率

例1 掷质地均匀的骰子,向上一面的点数为5的概率是_____.

【解析】一个骰子共6个面而点数5只占一个面,所以利用概率公式求得概率为$\frac{1}{6}$.

【答案】$\frac{1}{6}$.

考查点2. 用列表法与树状图求概率来解决问题

(1)取出放回

例2 (2016年西工大附中模考七)如图是一个平均被分成6等分的圆,每一个扇形中都标有相应的数字,甲、乙两人分别转动转盘,设甲转动转盘后指针所指区域内的数字为x,乙转动转盘后指针所指区域内的数字为y(当指针在边界上时,重转一次,直到指向一个区域为止).

(1)直接写出甲转动转盘后所指区域内的数字为负数的概率;

(2)用树状图或列表法,求出点(x,y)落在第二象限内的概率.

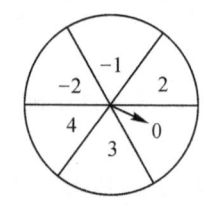

【解析】(1)共有6种等可能结果,甲转动转盘后所指区域内的数字为负数的有2种,

∴P(指向负数)$=\dfrac{2}{6}=\dfrac{1}{3}$.

(2)列表如下：

x \ y	0	3	4	-2	-1	2
0	(0,0)	(0,3)	(0,4)	(0,-2)	(0,-1)	(0,2)
3	(3,0)	(3,3)	(3,4)	(3,-2)	(3,-1)	(3,2)
4	(4,0)	(4,3)	(4,4)	(4,-2)	(4,-1)	(4,2)
-2	(-2,0)	(-2,3)	(-2,4)	(-2,-2)	(-2,-1)	(-2,2)
-1	(-1,0)	(-1,3)	(-1,4)	(-1,-2)	(-1,-1)	(-1,2)
2	(2,0)	(2,3)	(2,4)	(2,-2)	(2,-1)	(2,2)

由上表可知,一共有36种等可能的结果,其中在第二象限内的有6种结果.

所以点(x,y)落在第二象限内的概率$=\dfrac{6}{36}=\dfrac{1}{6}$.

(2)取出不放回

例3 (2016年西安市高新一中第七次模拟考试)某中学计划召开"诚信在我心中"主题教育活动,需要选拔活动主持人,经过全校学生投票推荐,共2名男生和1名女生被推荐为候选主持人.

(1)如果从3名候选主持人中随机选拔1名主持人,选到女生的概率为_____;

(2)如果从3名候选主持人中随机选拔2名主持人,请通过列表或画树状图求选拔出的2名主持人恰好是1名男生和1名女生的概率.

【解析】(1)共有3种等可能结果,选到女生的概率为$\dfrac{1}{3}$.

(2)列表如下：

第一次 \ 第二次	男1	男2	女
男1		(男1,男2)	(男1,女)
男2	(男2,男1)		(男2,女)
女	(女,男1)	(女,男2)	

由上表可知,一共有6种等可能的结果,其中是1名男生和1名女生的有4种结果,所以选拔出的2名主持人恰好是1名男生和1名女生的概率为$\dfrac{4}{6}=\dfrac{2}{3}$.

【提分精练】

一、选择题(每题4分,共24分)

1. 下列语句描述的事件中,是随机事件的为(　　)
   A.水能载舟,亦能覆舟
   B.只手遮天,偷天换日
   C.瓜熟蒂落,水到渠成
   D.心想事成,万事如意

2. (2017年湖南)从$\sqrt{2}$,0,π,3.14,6这5个数中随机抽取一个数,抽到有理数的概率是(　　)
   A.$\dfrac{1}{5}$ B.$\dfrac{2}{5}$ C.$\dfrac{3}{5}$ D.$\dfrac{4}{5}$

3. 如图,一个游戏转盘中,红、黄、蓝三个扇形的圆心角度数分别为60°,90°,210°.让转盘自由转动,指针停止后落在黄色区域的概率是(　　)
   A.$\dfrac{1}{6}$
   B.$\dfrac{1}{4}$
   C.$\dfrac{1}{3}$
   D.$\dfrac{7}{12}$

4. 在一个口袋中有4个完全相同的小球,把它们分别标号为①②③④,随机地摸出一个小球,记录后放回,再随机摸出一个小球,则两次摸出的小球的标号相同的概率是(　　)
   A.$\dfrac{1}{16}$ B.$\dfrac{3}{16}$ C.$\dfrac{1}{4}$ D.$\dfrac{5}{16}$

5. 随着信息技术的迅猛发展,移动支付便捷了我们的生活,购物的支付方式更加多样化.在一次购物中,张欣和孙娜都分别从微信、支付宝、云支付、银行卡、现金五种方式中任选一种方式进行支付,则两人恰好选择同一种支付方式的概率是(　　)
   A.$\dfrac{1}{5}$ B.$\dfrac{2}{5}$ C.$\dfrac{1}{4}$ D.$\dfrac{1}{3}$

6. 有两部不同的电影A、B,甲、乙、丙3人分别从中选择1部观看.则3人选择同一部电影的概率是(　　)
   A.$\dfrac{1}{2}$ B.$\dfrac{1}{3}$ C.$\dfrac{1}{4}$ D.$\dfrac{1}{5}$

二、填空题(每题4分,共16分)

7. 在一个不透明的盒子中,装有除颜色外完全相同的乒乓球共16个,从中随机摸出一个乒乓球,若摸到黄色乒乓球的概率为$\dfrac{3}{8}$,则该盒子中装有黄色乒乓球的个数是_____.

8. 若从-1,1,2这三个数中,任取两个数分别作为点M的横、纵坐标,则点M在第二象限的概率是_____.

9. 有4根细木棒,长度分别为2 cm,3 cm,4 cm,5 cm,从中任选3根,恰好能搭成一个三角形的概率是_____.

10. 从2018年高中一年级学生开始,湖南省全面启动高考综合改革,学生学习完必修课程后,可以根据高校相关专业的选课要求和自身兴趣、志向、优势,从思想政治、历史、地理、物理、化学、生物6个科目中,自主选择3个科目参加等级考试.学生A已选物理,还想从思想政治、历史、地理3个文科科目中选1科,再从化学、生物2个理科科目中选1科.若他选思想政治、历史、地理的可能性相等,选化学、生物的可能性相等,则选修地理和生物的概率为_____.

三、解答题(每题12分,共60分)

11. 在某电视台的一档选秀节目中,有三位评委,每位评委在选手完成才艺表演后,出示"通过"(用√表示)或"淘汰"(用×表示)的评定结果.节目组规定:每位选手至少获得两位评委的"通过"才能晋级.

(1)请用树形图列举出选手A获得三位评委评定的各种可能的结果;

(2)求选手A晋级的概率.

12. 某小学学生较多,为了便于学生尽快就餐,师生约定:早餐一人一份,一份两样,一样一个,食堂师傅在窗口随机发放(发放的食品价格一样),食堂在某天早餐提供了猪肉包、面包、鸡蛋、油饼四样食品.

(1)按约定,"小李同学在该天早餐得到两个油饼"是_____事件(可能,必然,不可能);

(2)请用列表或树状图的方法,求出小张同学该天早餐刚好得到猪肉包和油饼的概率.

13.(2018 年江苏省盐城)端午节是我国传统佳节.小峰同学带了四个粽子(除粽馅不同外,其他均相同),其中有两个肉馅粽子、一个红枣馅粽子和一个豆沙馅粽子,准备从中任意拿出两个送给他的好朋友小悦.

(1)用树状图或列表的方法列出小悦拿到两个粽子的所有可能结果;

(2)请你计算小悦拿到的两个粽子都是肉馅的概率.

14.4 张相同的卡片上分别写有数字 $-1,-3,4,6$,将卡片的背面朝上,并洗匀.

(1)从中任意抽取 1 张,抽到的数字是奇数的概率是多少?

(2)从中任意抽取 1 张,并将所取卡片上的数字记作一次函数 $y=kx+b$ 中的 k;再从余下的卡片中任意抽取 1 张,并将所取卡片上的数字记作一次函数 $y=kx+b$ 中的 b.利用画树状图或列表的方法,求这个一次函数的图象经过第一、二、四象限的概率.

四、综合与实践

☞【课标精读】

1.结合实际情境,经历设计解决具体问题的方案,并加以实施的过程,体验建立模型、解决问题的过程,并在此过程中,尝试发现和提出问题.

2.会反思参与活动的全过程,将研究的过程和结果形成报告或小论文,并能进行交流,进一步获得数学活动经验.

3.通过对有关问题的探讨,了解所学过知识(包括其他学科知识)之间的关联,进一步理解有关知识,发展应用意识和能力.

☞【类型精析】

第25题综合与实践的几何探究题均为三问,分值为12分,其中第(1)(2)问为问题探究,一般考查简单尺规作图或者计算,第(3)问为问题解决,结合前两问的结论解决问题.这类题目一般难度大,考验综合能力强,在考试中能够拉开考生成绩的差距,是很多学生和老师的重点钻研的项目.近几年陕西中考第25题考查题型大致分为四种类型:面积平分问题,面积最值问题,线段最值问题,辅助圆问题.如下表:

年份	题号	考查点	命题材料	考查形式
2014	25	综合与实践	五边形监控装置效果最佳	辅助圆问题
2015	25	综合与实践	四边形综合题	线段最值问题
2016	25	综合与实践	剪裁最大四边形面积	线段最值问题
2017	25	综合与实践	设计喷灌龙头最大射程	面积平分问题
2018	25	综合与实践	各站点之间线段之和最短	线段最值问题
2019	25	综合与实践	平行四边形草根景区	面积最值问题

☞【备考精华】

★考查的知识点清单梳理

知识点一：线段最值问题（从定点入手，利用轴对称思想解决）	关键点拨与对应举例
1. 利用垂线段最短解决线段最值问题	模型一：一定点＋一动点 模型二：一定点＋两动点
2. 利用轴对称的性质解决线段最值问题	模型三：一线两点（将军饮马问题） 模型四：三动点
3. 利用旋转的性质求与线段有关的最值问题	模型五：一点两线 模型六：两点两线
知识点二：利用隐形圆探究满足特殊角的点问题（常见的题目有：求一个固定的角，求最大角，求二倍角等）	关键点拨与对应举例
4. 当出现 90°角问题时，根据半圆或直径所对的圆周角是直角，只需构造 90°角所对的边为直径的圆即可	
5. 当出现 60°角问题时，构造等边三角形，或含 60°角的直角三角形，根据同弧所对的圆周角相等，作该三角形的外接圆即可	
知识点三：平分面积问题（难点是不规则图形的面积等分，有时会牵涉既等分周长又等分面积）	关键点拨与对应举例
6. 借助三角形中线平分图形面积	三角形一边的中线平分该三角形的面积
7. 借助轴对称平分图形面积	
知识点四：面积最值问题（利用二次函数思想解决较常见，也有利用极值思想解决的，还有利用圆的知识求解，面积最大周长最小也会考）	关键点拨与对应举例
8. 与圆结合求面积或面积最值	$S_{\triangle ABC}=\dfrac{1}{2}ah_a=\dfrac{1}{2}bh_b=\dfrac{1}{2}ch_c$ $S_{\triangle ABC}=\dfrac{1}{2}ab\sin C=\dfrac{1}{2}bc\sin A=\dfrac{1}{2}ca\sin B$ $S_{\triangle ABC}=\dfrac{1}{2}(a+b+c)r_内$
9. 与位似结合的面积最值问题	$S_{\triangle ABC}=\sqrt{p(p-a)(p-b)(p-c)}$，其中 $p=\dfrac{1}{2}(a+b+c)$ $S_{\triangle ABC}=\sqrt{\dfrac{1}{4}\left[a^2b^2-\left(\dfrac{a^2+b^2-c^2}{2}\right)^2\right]}$

☞【易错精剖】

易错点1. 忽视辅助圆构造

例1 如图,矩形 $ABCG$ 与矩形 $CDEF$ 全等,并且 $AB=1$,$BC=3$,点 B,C,D 在同一条直线上,$\angle APE$ 的顶点 P 在线段 BD 上移动,使 $\angle APE$ 为直角的点 P 的个数是(　　)

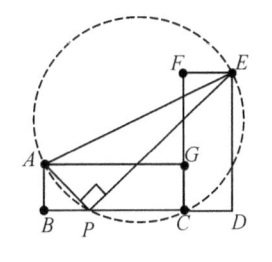

A.0
B.1
C.2
D.3

【误解】B.线段 AE 的长度不变,点 P 在 BD 上,$\angle APE=90°$,符合条件只能有一点,所以选 B.

【精剖】以 AE 为直径构造辅助圆,圆与线段 BD 有两个交点,故点 P 有两个.

【正解】C.在圆中直径所对的圆周角是 $90°$,要使 $\angle APE=90°$,且点 P 在 BD 上,只需以 AE 为直径画圆.发现圆与 BD 有两个交点,故符合条件的点 P 有两个.

易错点2. 面积计算粗心

例2 如图,在 $\triangle ABC$ 中,$AB=AC=5$,$BC=6$,若点 P 在 AC 上移动,则 PB 的最小值是_____.

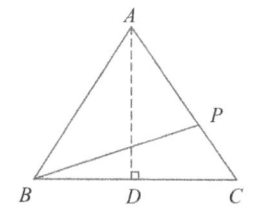

【误解】$BP=\dfrac{12}{5}$.过点 A 作 $AD\perp BC$ 于点 D,则 $BD=3$.因 $AB=5$,由勾股定理求出 $AD=4$.

$\therefore S_{\triangle ABC}=\dfrac{1}{2}AD\cdot BC=\dfrac{1}{2}AC\cdot BP$,代值计算得 $BP=\dfrac{12}{5}$.

【精剖】由垂线段最短知,当 $BP\perp AC$ 时,BP 最小.

【正解】过点 A 作 $AD\perp BC$,垂足为点 D,则 $BD=3$,$AD=4$,

$S_{\triangle ABC}=\dfrac{1}{2}AD\cdot BC=\dfrac{1}{2}AC\cdot BP$

故 $BP=\dfrac{24}{5}$.

☞【真题精选】

类型一：线段最值问题(最短和最长距离问题)

知识点源于"两点之间线段最短",更方便地理解"三角形任意两边之和大于第三边,两边之差小于第三边";

1.两点在河的两侧
(1)河的宽度忽略不计
(2)河的宽度不能忽略

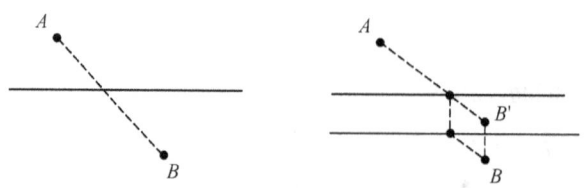

2.两点在河的同侧

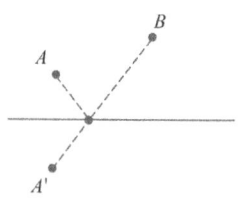

3.A 是锐角∠MON 内部任意一点,在∠MON 的两边 OM,ON 上各取一点 B,C 组成三角形,使三角形周长最小.

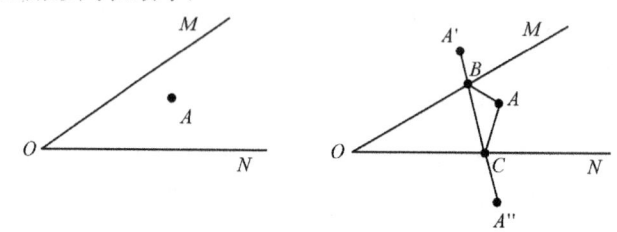

4.AB 是锐角∠MON 内部一条线段,在∠MON 的两边 OM,ON 上各取一点 C, D 组成四边形,使四边形周长最小.

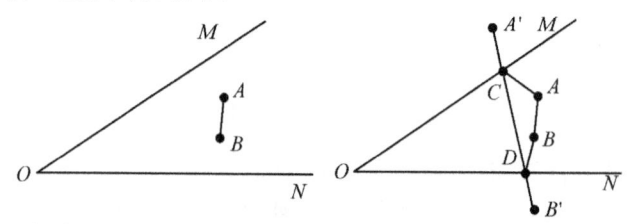

例1 (2015年陕西)如图,在每一个四边形 ABCD 中,均有 $AD \parallel BC, CD \perp BC$, $\angle ABC = 60°, AD = 8, BC = 12$.

(1)如图1,点 M 是四边形 ABCD 边 AD 上的一点,则△BMC 的面积为_____;

(2)如图2,点 N 是四边形 ABCD 边 AD 上的任意一点,请你求出△BNC 周长的最小值;

(3)如图3,在四边形 ABCD 的边 AD 上,是否存在一点 P,使得 $\cos\angle BPC$ 的值最小?若存在,求出此时 $\cos\angle BPC$ 的值;若不存在,请说明理由.

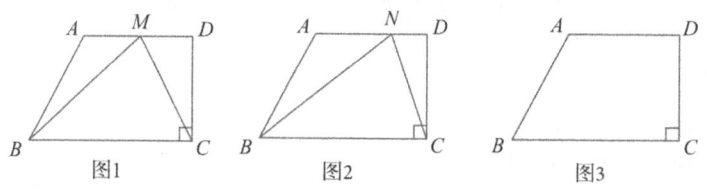

图1　　图2　　图3

【分析】

(1)如图①,过 A 作 $AE \perp BC$,可得出四边形 $AECF$ 为矩形,得到 $EC=AD$,$BE=BC-EC$,在 $Rt\triangle ABE$ 中,求出 AE 的长,即为 $\triangle BMC$ 的高,求出 $\triangle BMC$ 面积即可;

(2)如图②,作点 C 关于直线 AD 的对称点 C',连接 $C'N$,$C'D$,$C'B$ 交 AD 于点 N',连接 CN',则 $BN+NC=BN+NC' \geqslant BC'=BN'+CN'$,可得出 $\triangle BNC$ 周长的最小值为 $\triangle BN'C$ 的周长 $=BN'+CN'+BC=BC'+BC$,求出即可;

(3)如图③所示,存在点 P,使得 $\cos\angle BPC$ 的值最小,作 BC 的中垂线 PQ 交 BC 于点 Q,交 AD 于点 P,连接 BP,CP,作 $\triangle BPC$ 的外接圆 O,圆 O 与直线 PQ 交于点 N,则 $PB=PC$,圆心 O 在 PN 上,根据 AD 与 BC 平行,得到圆 O 与 AD 相切,根据 $PQ=DC$,判断得到 PQ 大于 BQ,可得出圆心 O 在 BC 上方,在 AD 上任取一点 P',连接 $P'B$,$P'C$,$P'B$ 交圆 O 于点 M,连接 MC,可得 $\angle BPC=\angle BMC \geqslant \angle BP'C$,即 $\angle BPC$ 最小,$\cos\angle BPC$ 的值最小,连接 OB,求出即可.

【解答】(1)如图①,过 A 作 $AE \perp BC$,

∴ 四边形 $AECD$ 为矩形,

∴ $EC=AD=8$,$BE=BC-EC=12-8=4$,

在 $Rt\triangle ABE$ 中,$\angle ABE=60°$,$BE=4$,

∴ $AB=2BE=8$,$AE=\sqrt{8^2-4^2}=4\sqrt{3}$,

则 $S_{\triangle BMC}=\frac{1}{2}BC \cdot AE=24\sqrt{3}$.

故答案为 $24\sqrt{3}$.

(2)如图②,作点 C 关于直线 AD 的对称点 C',连接 $C'N$,$C'D$,$C'B$ 交 AD 于点 N',连接 CN',则 $BN+NC=BN+NC' \geqslant BC'=BN'+CN'$,

∴ $\triangle BNC$ 周长的最小值为 $\triangle BN'C$ 的周长 $=BN'+CN'+BC=BC'+BC$,

∵ $AD // BC$,$AE \perp BC$,$\angle ABC=60°$,

∴ 过点 A 作 $AE \perp BC$,则 $CE=AD=8$,

∴ $BE=4$,$AE=BE \cdot \tan60°=4\sqrt{3}$,

∴ $CC'=2CD=2AE=8\sqrt{3}$.

∵ $BC=12$,

∴ $BC'=\sqrt{BC^2+CC'^2}=4\sqrt{21}$,

∴ $\triangle BNC$ 周长的最小值为 $4\sqrt{21}+12$.

(3)如图③所示,存在点 P,使得 $\cos\angle BPC$ 的值最小,作 BC 的中垂线 PQ 交 BC 于点 Q,交 AD 于点 P,连接 BP,CP,作 $\triangle BPC$ 的外接圆 O,圆 O 与直线 PQ 交于点 N,则 $PB=PC$,圆心 O 在 PN 上.

∵ $AD // BC$,

∴圆O与AD相切于点P,

∵$PQ=DC=4\sqrt{3}>6$,

∴$PQ>BQ$,

∴$\angle BPC<90°$,圆心O在弦BC的上方.

在AD上任取一点P',连接$P'B,P'C,P'B$交圆O于点M,连接MC,

∴$\angle BPC=\angle BMC\geqslant\angle BP'C$,

∴$\angle BPC$最大,$\cos\angle BPC$的值最小.

连接OB,则$\angle BON=2\angle BPN=\angle BPC$,

∵$OB=OP=4\sqrt{3}-OQ$,

在$\text{Rt}\triangle BOQ$中,根据勾股定理得:$OQ^2+6^2=(4\sqrt{3}-OQ)^2$,

解得:$OQ=\dfrac{\sqrt{3}}{2}$.

∴$OB=\dfrac{7\sqrt{3}}{2}$,

∴$\cos\angle BPC=\cos\angle BOQ=\dfrac{OQ}{OB}=\dfrac{1}{7}$,

则此时$\cos\angle BPC$的值为$\dfrac{1}{7}$.

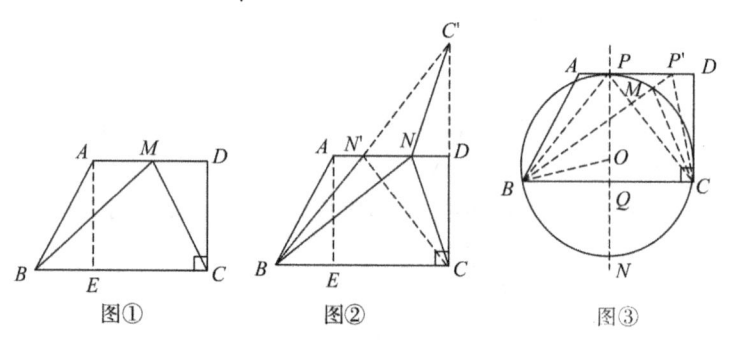

图① 图② 图③

【点评】此题属于四边形综合题,涉及的知识有:勾股定理,矩形的判定与性质,对称的性质,圆的切线的判定与性质,以及锐角三角函数定义,熟练掌握定理及性质是解本题的关键.

类型二:利用隐形圆探究满足特殊角的点问题

(1)根据圆的定义作辅助圆

例2 (2016年陕西)

问题提出

(1)如图1,已知$\triangle ABC$,请画出$\triangle ABC$关于直线AC对称的三角形.

问题探究

(2)如图2,在矩形 $ABCD$ 中,$AB=4$,$AD=6$,$AE=4$,$AF=2$,是否在边 BC、CD 上分别存在点 G,H,使得四边形 $EFGH$ 的周长最小?若存在,求出它周长的最小值;若不存在,请说明理由.

问题解决

(3)如图3,有一矩形板材 $ABCD$,$AB=3$ m,$AD=6$ m,现想从此板材中裁出一个面积尽可能大的四边形 $EFGH$ 部件,使$\angle EFG=90°$,$EF=FG=\sqrt{5}$ m,$\angle EHG=45°$,经研究,只有当点 E,F,G 分别在边 AD,AB,BC 上,且 $AF<BF$,并满足点 H 在矩形 $ABCD$ 内部或边上时,才有可能裁出符合要求的部件,试问能否裁得符合要求的面积尽可能大的四边形 $EFGH$ 部件?若能,求出裁得的四边形 $EFGH$ 部件的面积;若不能,请说明理由.

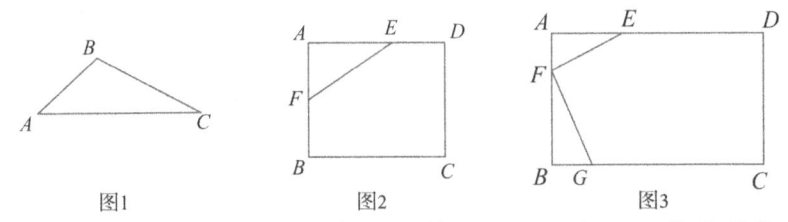

【分析】(1)作 B 关于 AC 的对称点 D,连接 AD,CD,$\triangle ACD$ 即为所求;

(2)作 E 关于 CD 的对称点 E',作 F 关于 BC 的对称点 F',连接 $E'F'$,得到此时四边形 $EFGH$ 的周长最小,根据轴对称的性质得到 $BF'=BF=AF=2$,$DE'=DE=2$,$\angle A=90°$,于是得到 $AF'=6$,$AE'=8$,求出 $E'F'=10$,$EF=2\sqrt{5}$ 即可得到结论;

(3)根据余角的性质得到 $\angle 1=\angle 2$,推出 $\triangle AEF\cong\triangle BGF$,根据全等三角形的性质得到 $AF=BG$,$AE=BF$,设 $AF=x$,则 $AE=BF=3-x$.根据勾股定理列方程得到 $AF=BG=1$,$BF=AE=2$,作 $\triangle EFG$ 关于 EG 的对称 $\triangle EOG$,则四边形 $EFGO$ 是正方形,$\angle EOG=90°$,以 O 为圆心,以 FG 为半径作$\odot O$,则$\angle EHG=45°$的点在$\odot O$ 上,连接 FO,并延长交$\odot O$ 于 H',则 H' 在 EG 的垂直平分线上,连接 $EH'GH'$,则 $\angle EH'G=45°$,于是得到四边形 $EFGH'$ 是符合条件的最大部件,根据矩形的面积公式即可得到结论.

【解答】(1)如图1,$\triangle ADC$ 即为所求.

(2)存在,理由:作 E 关于 CD 的对称点 E',

作 F 关于 BC 的对称点 F',

连接 $E'F'$,交 BC 于 G,交 CD 于 H,连接 FG,EH,

则 $F'G=FG$,$E'H=EH$,则此时四边形 $EFGH$ 的周长最小,

由题意得:$BF'=BF=AF=2$,$DE'=DE=2$,$\angle A=90°$,

$\therefore AF'=6$,$AE'=8$,

$\therefore E'F'=10$,$EF=2\sqrt{5}$,

∴四边形 $EFGH$ 的周长的最小值$=EF+FG+GH+HE=EF+E'F'=2\sqrt{5}+10$,
∴在边 BC,CD 上分别存在点 G,H,
使得四边形 $EFGH$ 的周长最小,
最小值为 $2\sqrt{5}+10$.
(3)能裁得,
理由:∵$EF=FG=\sqrt{5}$,$\angle A=\angle B=90°$,$\angle 1+\angle AFE=\angle 2+AFE=90°$,
∴$\angle 1=\angle 2$,
在△AEF 与△BGF 中,$\begin{cases}\angle 1=\angle 2,\\ \angle A=\angle B,\\ EF=FG,\end{cases}$
∴△$AEF\cong$△BGF,
∴$AF=BG,AE=BF$,设 $AF=x$,则 $AE=BF=3-x$,
∴$x^2+(3-x)^2=(\sqrt{5})^2$,解得:$x=1,x=2$(不合题意,舍去),
∴$AF=BG=1,BF=AE=2$,
∴$DE=4,CG=5$.
连接 EG,
作△EFG 关于 EG 的对称△EOG,
则四边形 $EFGO$ 是正方形,$\angle EOG=90°$.
以 O 为圆心,以 FG 为半径作⊙O,
则$\angle EHG=45°$的点在⊙O 上,
连接 FO,并延长交⊙O 于 H',则 H'在 EG 的垂直平分线上.
连接 $EH'GH'$,则$\angle EH'G=45°$,
此时,四边形 $EFGH'$是要想裁得符合要求的面积最大的,
∴C 在线段 EG 的垂直平分线上,
∴点 F,O,H',C 在一条直线上.
∵$EG=\sqrt{10}$,
∴$OF=EG=\sqrt{10}$.
∵$CF=2\sqrt{10}$,
∴$OC=\sqrt{10}$.
∵$OH'=OE=FG=\sqrt{5}$,
∴$OH'<OC$.
∴点 H'在矩形 $ABCD$ 的内部,
∴可以在矩形 $ABCD$ 中,裁得符合条件的面积最大的四边形 $EFGH'$部件,

这个部件的面积 $=\dfrac{1}{2}EG \cdot FH'=\dfrac{1}{2}\times\sqrt{10}\times(\sqrt{10}+\sqrt{5})=5+\dfrac{5\sqrt{2}}{2}$,

∴当所裁得的四边形部件为四边形 $EFGH'$ 时,裁得了符合条件的最大部件,这个部件的面积为 $(5+\dfrac{5\sqrt{2}}{2})\text{m}^2$.

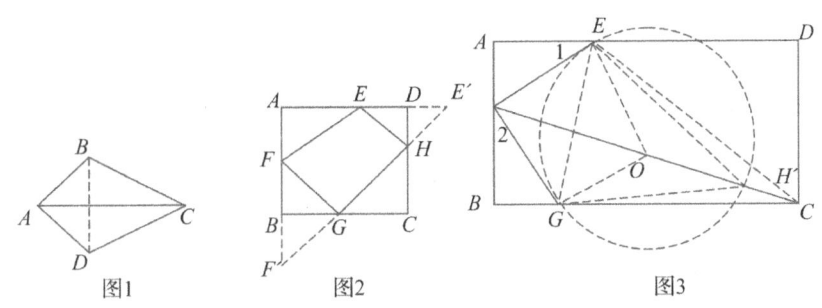

图1 图2 图3

【点评】本题考查了全等三角形的判定和性质,矩形的性质,勾股定理,轴对称的性质,存在性问题,作出辅助线利用对称的性质解决问题是解题的关键.

(2)作三角形的外接圆

例3 如图,D,E 为 $\triangle ABC$ 边 BC 上的两点,且 $BD=CE$,$\angle BAD=\angle CAE$,求证:$AB=AC$.

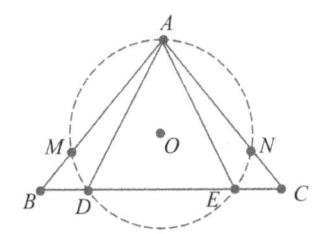

【解答】作 $\triangle ADE$ 的外接圆,分别交 AB,AC 于点 M,N,连接 MD,NE.

因为 $\angle BAD=\angle CAE$,所以 $\angle BAD+\angle DAE=\angle CAE+\angle DAE$,即 $\angle NAD=\angle MAE$. 因为 $\angle BDM=\angle MAE$,$\angle CEN=\angle NAD$,所以 $\angle BDM=\angle CEN$.

又因 $BD=CE$,$DM=EN$,所以 $\triangle BDM\cong\triangle CEN$,所以 $\angle B=\angle C$,即 $AB=AC$.

(3)探究动点对定线段所张的角时作辅助圆

例4 如图,在直角梯形 $ABCD$ 中,$AB\parallel DC$,$\angle B=90°$,设 $AB=a$,$DC=b$,$AD=c$,当 a,b,c 之间满足什么关系时,在直线 BC 上存在点 P,使 $AP\perp PD$?

269

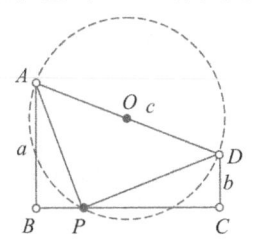

【分析】以 AD 为直径作 $\odot O$,根据直径所对的圆周角是直角,当 $\odot O$ 与直线 BC 有公共点(相切或相交)时,在直线 BC 上存在点 P,使 $AP \perp PD$. 因为 $\odot O$ 的半径 $r = \dfrac{AD}{2} = \dfrac{c}{2}$,圆心 O 到直线 BC 的距离 $d = \dfrac{AB+DC}{2} = \dfrac{a+b}{2}$,所以当 $d \leqslant r$ 时,在直线 BC 上存在点 P,使 $AP \perp PD$.

例 5 如图,在平面直角坐标系 xOy 中,给定 y 轴正半轴上的两点 $A(0,8)$,$B(0,2)$,试在 x 轴正半轴上求一点 C,使 $\angle ACB$ 取得最大值.

【解答】经过 A,B,C 三点作 $\odot M$,设 $\odot M$ 的半径为 R,

由正弦定理,得 $\sin\angle ACB = \dfrac{AB}{2R} = \dfrac{6}{2R}$.

由此可见,当 R 取得最小值时,$\angle ACB$ 取得最大值.而当点 $\odot M$ 与 x 轴的相切于点 C 时,R 取得最小值.

根据切割线定理,得 $OC^2 = OB \cdot OA$,所以 $OC = 4$.

故当点 C 的坐标为 $(4,0)$ 时,$\angle ACB$ 取得最大值.

类型三:平分面积问题

(1)中心对称图形

①你能在下列图形中作一条直线将其分成面积相等的两块吗?

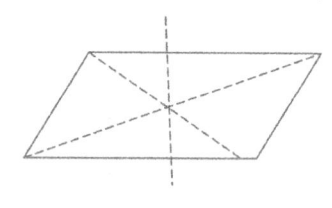

平行四边形

结论 1:中心对称图形,画经过对称中心的直线均可二等分该图形的面积.

②你能在下列图形中作一条直线将其分成面积相等的两块吗?

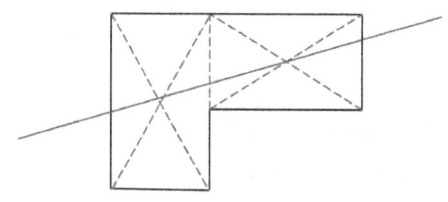

结论 2:中心对称组合图形,画连心线(经过两个对称中心的直线)可二等分该图形的面积.

(2)非中心对称图形

①若不是中心对称图形或中心对称组合图形呢?你能作一直线将它分成面积相等的两部分吗?

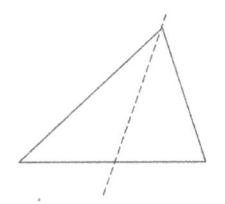

②过三角形边上任意一点,你能作一条直线将三角形的面积平分吗?

结论3:任意三角形,画中线所在的直线可二等分该图形的面积.

(3)梯形

结论4:过梯形上底、下底的中点的直线将梯形面积二等分.

(4)任意四边形

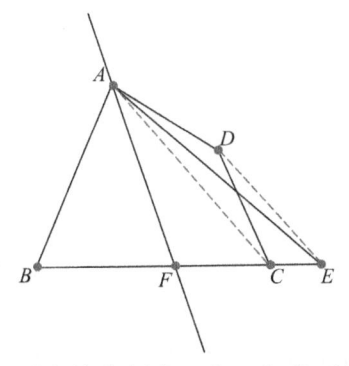

结论5:任意四边形,先画对角线分割成两个三角形,利用平行线之间的距离处处相等,从而把四边形等面积转化为三角形,画中线所在的直线可将该图形的面积二等分.

例6 (2017年陕西)

问题提出

(1)如图①,△ABC 是等边三角形,AB=12,若点 O 是△ABC 的内心,则 OA 的长为_____;

问题探究

(2)如图②,在矩形 ABCD 中,AB=12,AD=18,如果点 P 是 AD 边上一点,且 AP=3,那么 BC 边上是否存在一点 Q,使得线段 PQ 将矩形 ABCD 的面积平分?若存在,求出 PQ 的长;若不存在,请说明理由.

问题解决

(3)某城市街角有一草坪,草坪是由△ABM 草地和弦 AB 与其所对的劣弧围成的草地组成,如图③所示.管理员王师傅在 M 处的水管上安装了一喷灌龙头,以后,他想只用喷灌龙头来给这块草坪浇水,并且在用喷灌龙头浇水时,既要能确保草坪的每个角落都能浇上水,又能节约用水,于是,他让喷灌龙头的转角正好等于∠AMB(即每次喷灌时喷灌龙头由 MA 转到 MB,然后再转回,这样往复喷灌).同时,再合理设计好喷灌龙头喷水的射程就可以了.

如图③,已测出 $AB=24$ m,$MB=10$ m,$\triangle AMB$ 的面积为 96 m²;过弦 AB 的中点 D 作 $DE \perp AB$ 交 $\overset{\frown}{AB}$ 于点 E,又测得 $DE=8$ m.

请你根据以上信息,帮助王师傅计算喷灌龙头的射程至少多少米时,才能实现他的想法?为什么?(结果保留根号或精确到 0.01 m)

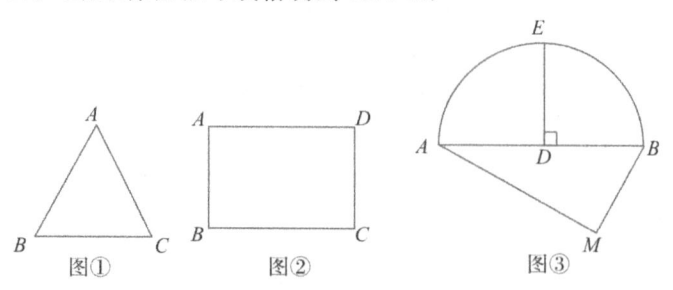

【分析】(1)构建 Rt$\triangle AOD$ 中,利用 $\cos\angle OAD = \cos30° = \dfrac{AD}{OA}$,可得 OA 的长;

(2)经过矩形对角线交点的直线将矩形面积平分,根据此结论作出 PQ,利用勾股定理进行计算即可;

(3)如图 3,作辅助线,先确定圆心和半径,根据勾股定理计算半径:

在 Rt$\triangle AOD$ 中,$r^2 = 12^2 + (r-8)^2$,解得:$r=13$.根据三角形面积计算高 MN 的长,证明 $\triangle ADC \sim \triangle ANM$,列比例式求 DC 的长,确定点 O 在 $\triangle AMB$ 内部,利用勾股定理计算 OM,则最大距离 FM 的长可利用相加得出结论.

【解答】(1)如图 1,过 O 作 $OD \perp AC$ 于 D,则 $AD = \dfrac{1}{2}AC = \dfrac{1}{2} \times 12 = 6$.

∵O 是内心,$\triangle ABC$ 是等边三角形,

∴$\angle OAD = \dfrac{1}{2}\angle BAC = \dfrac{1}{2} \times 60° = 30°$,

在 Rt$\triangle AOD$ 中,$\cos\angle OAD = \cos30° = \dfrac{AD}{OA}$,

∴$OA = 6 \div \dfrac{\sqrt{3}}{2} = 4\sqrt{3}$,

故答案为 $4\sqrt{3}$ m.

(2)存在,如图 2,连接 AC,BD 交于点 O,连接 PO 并延长交 BC 于 Q,则线段 PQ 将矩形 $ABCD$ 的面积平分,

∵点 O 为矩形 $ABCD$ 的对称中心,

∴$CQ = AP = 3$.

过 P 作 $PM \perp BC$ 于点,则 $PM = AB = 12$,$MQ = 18 - 3 - 3 = 12$,

由勾股定理得:$PQ = \sqrt{PM^2 + MQ^2} = \sqrt{12^2 + 12^2} = 12\sqrt{2}$.

(3)如图 3,作射线 ED 交 AM 于点 C,

∵ $AD=DB$, $ED \perp AB$, $\overparen{AB}$ 是劣弧,

∴ $\overparen{AB}$ 所在圆的圆心在射线 DC 上.

假设圆心为 O,半径为 r,连接 OA,则 $OA=r$, $OD=r-8$, $AD=\frac{1}{2}AB=12$.

在 Rt△AOD 中, $r^2=12^2+(r-8)^2$,

解得: $r=13$,

∴ $OD=5$.

过点 M 作 $MN \perp AB$,垂足为 N,

∵ $S_{\triangle ABM}=96$, $AB=24$,

∴ $\frac{1}{2}AB \cdot MN=96$,

$\frac{1}{2} \times 24 \times MN=96$,

∴ $MN=8$, $NB=6$, $AN=18$.

∵ $CD \parallel MN$,

∴ △ADC∽△ANM, ∴ $\frac{DC}{MN}=\frac{AD}{AN}$,

∴ $\frac{DC}{8}=\frac{12}{18}$,

∴ $DC=\frac{16}{3}$,

∴ $OD<CD$,

∴ 点 O 在△AMB 内部,

∴ 连接 MO 并延长交 $\overparen{AB}$ 于点 F,则 MF 为草坪上的点到 M 点的最大距离,

∵ 在 $\overparen{AB}$ 上任取一点异于点 F 的点 G,连接 GO, GM,

∴ $MF=OM+OF=OM+OG>MG$,

即 $MF>MG$,

过 O 作 $OH \perp MN$,垂足为 H,则 $OH=DN=6$, $MH=3$,

∴ $OM=\sqrt{MH^2+OH^2}=\sqrt{3^2+6^2}=3\sqrt{5}$,

∴ $MF=OM+r=3\sqrt{5}+13 \approx 19.71$ (m),

答:喷灌龙头的射程至少为 19.71 m.

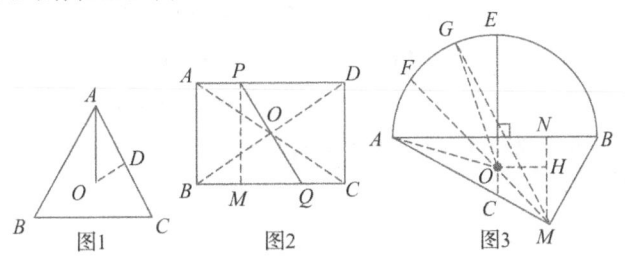

【点评】本题是圆的综合题,考查了三角形相似的性质和判定、勾股定理、等边三角形的性质及内心的定义、特殊的三角函数值、矩形的性质等知识,明确在特殊的四边形中将面积平分的直线一定过对角线的交点,本题的第三问比较复杂,辅助线的作出是关键,根据三角形的三角关系确定其最大射程为 MF。

类型四:面积最值问题

例 7 (2019 年陕西)

问题提出

(1)如图 1,已知△ABC,试确定一点 D,使得以 A,B,C,D 为顶点的四边形为平行四边形,请画出这个平行四边形;

问题探究

(2)如图 2,在矩形 $ABCD$ 中,$AB=4$,$BC=10$,若要在该矩形中作出一个面积最大的△BPC,且使∠$BPC=90°$,求满足条件的点 P 到点 A 的距离;

问题解决

(3)如图 3,有一座草根塔 A,按规定,要以塔 A 为对称中心,建一个面积尽可能大的形状为平行四边形的草根景区 $BCDE$。根据实际情况,要求顶点 B 是定点,点 B 到塔 A 的距离为 50 米,∠$CBE=120°$,那么,是否可以建一个满足要求的面积最大的平行四边形景区 $BCDE$?若可以,求出满足要求的平行四边形 $BCDE$ 的最大面积;若不可以,请说明理由。(塔 A 的占地面积忽略不计)

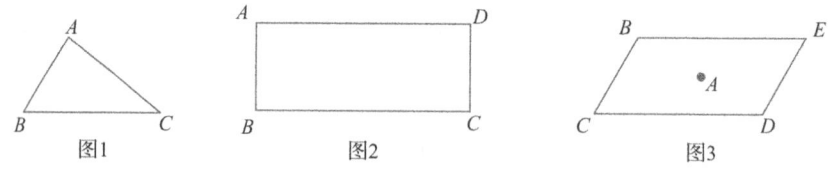

【解析】(1)如图记为点 D 所在的位置。

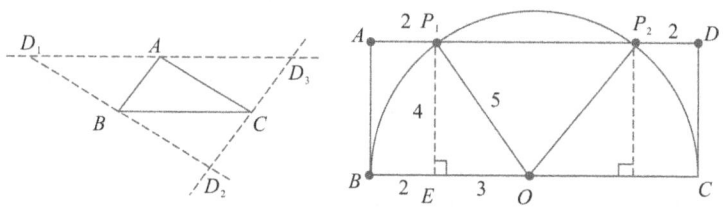

(2)如图,∵$AB=4$,$BC=10$,∴取 BC 的中点 O,则 $OB>AB$。

∴以点 O 为圆心,OB 长为半径作⊙O,⊙O 一定与 AD 相交于 P_1,P_2 两点,连接 P_1B,P_1O,P_1C,∵∠$BPC=90°$,点 P 不能在矩形外;

∴△BPC 的顶点 P 在 P_1 或 P_2 位置时,△BPC 的面积最大。

作 $P_1E⊥BC$,垂足为 E,则 $OE=3$,∴$AP_1=BE=OB-OE=5-3=2$。

由对称性得 $AP_2=8$。

(3)可以,如图所示,连接 BD,

∵ A 为 □$BCDE$ 的对称中心,$BA=50$,∠$CBE=120°$,∴ $BD=100$,∠$BED=60°$.作 △BDE 的外接圆⊙O,则点 E 在优弧 $\overparen{BD}$ 上,取 $\overparen{BED}$ 的中点 E',连接 $E'B$,$E'D$,

则 $E'B=E'D$,且 ∠$BE'D=60°$,∴ △$BE'D$ 为正三角形.

连接 $E'O$ 并延长,经过点 A 至 C',使 $E'A=AC'$,连接 BC',$C'D$,

∵ $E'A⊥BD$,∴ 四边形 $E'BC'D$ 为菱形,且 ∠$C'BE'=120°$.

作 $EF⊥BD$,垂足为 F,连接 EO,则 $EF≤EO+OA=E'O+OA=E'A$,

∴ $S_{△BDE}=\frac{1}{2}BD·EF≤\frac{1}{2}BD·E'A=S_{△BE'D}$.

∴ $S_{□BCDE}≤S_{菱形BC'DE'}=2S_{△BDE'}=100^2·\sin60°=5000\sqrt{3}$ (m²).

所以符合要求的 □$BCDE$ 的最大面积为 $5000\sqrt{3}$ m².

☞【得分精髓】

考查点 1. 利用辅助圆探究满足 45°,60°,90° 角的点的存在性问题

例 1 (2014 年陕西)

问题探究

(1)如图①,在矩形 $ABCD$ 中,$AB=3$,$BC=4$.如果 BC 边上存在点 P,使 △APD 为等腰三角形,那么请画出满足条件的一个等腰 △APD,并求出此时 BP 的长;

(2)如图②,在 △ABC 中,∠$ABC=60°$,$BC=12$,AD 是 BC 边上的高,E,F 分别为边 AB,AC 的中点,当 $AD=6$ 时,BC 边上存在一点 Q,使 ∠$EQF=90°$,求此时 BQ 的长;

问题解决

(3)有一山庄,它的平面图为如图③的五边形 $ABCDE$,山庄保卫人员想在线段 CD 上选一点 M 安装监控装置,用来监视边 AB.现在要使 ∠AMB 大约为 $60°$,就可以让监控装置的效果达到最佳.已知 ∠$A=∠E=∠D=90°$,$AB=270$ m,$ED=285$ m,$CD=340$ m,问在线段 CD 上是否存在点 M,使 ∠$AMB=60°$?若存在,请求出符合条件的 DM 的长;若不存在,请说明理由.

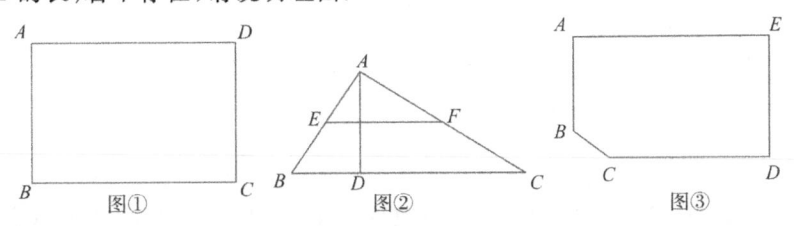

【解析】(1)符合条件的等腰三角形如图 1 所示,有三个;$BP_1=\sqrt{7}$,$BP_2=2$,$BP_3=4-\sqrt{7}$;

275

图1　　　　图2

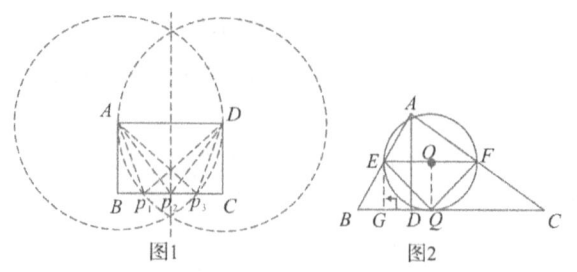

(2)∵ E, F 分别为 AB, AC 中点,

∴ $EF // BC$, $EF = \frac{1}{2}BC = 6$.

∵ $AD = 6$, $AD \perp BC$,

∴ EF 与 BC 间的距离为 3.

∴ BC 上符合条件的点 Q 只有一个.

如图 2,⊙O 与 BC 的切点记为 Q,连接 OQ,

过点 E 作 $EG \perp BC$,垂足为 G,

∴ $EG = 3$.

∴ 四边形 $EOQG$ 为正方形.

在 Rt△EBG 中,∠$B = 60°$,$EG = 3$,

∴ $BG = \sqrt{3}$　　∴ $BQ = 3 + \sqrt{3}$.

(3)在 CD 上存在符合题意得点 M.

理由如下：

如图 3,构造等边△ABG,作 $GP \perp AB$ 于点 P,$AK \perp BG$ 于点 K,AK 与 GP 交于点 O,以 O 为圆心 OA 长为半径画圆,则 ⊙O 为 △ABG 的外接圆,作 $OH \perp CD$ 于点 H.

在 Rt△AOP 中,$AP = \frac{1}{2}AB = 135$,$OA = 90\sqrt{3}$,$OP = 45\sqrt{3}$,

又知 $OH = 285 - \frac{270}{2} = 150$.

而 $90\sqrt{3} > 150$,

∴ ⊙O 与 CD 相交.

记 ⊙O 与 CD 的交点为 M,连接 OM, MA, MB,

则 ∠$AMB = ∠AGB = 60°$.

∵ 在 Rt△OHM 中,$HM = \sqrt{OM^2 - OH^2} = \sqrt{(90\sqrt{3})^2 - 150^2} = 30\sqrt{2}$,

∴ $DM = 400 - 45\sqrt{3} - 30\sqrt{2} < 340$,或 $DM = 400 - 45\sqrt{3} + 30\sqrt{2} > 340$(舍去)

∴ CD 上符合题意的点只有一个.

∴ 点 M 就是符合要求的点.

故 $DM = 400 - 45\sqrt{3} - 30\sqrt{2} \approx 279.63$ m.

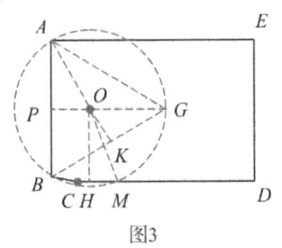

考查点 2. 利用轴对称的性质和两点之间线段最短求线段、三角形、四边形周长的最小值

例 2 (2018 年陕西)

问题提出

(1)如图①,在 $\triangle ABC$ 中,$\angle A = 120°$,$AB = AC = 5$,则 $\triangle ABC$ 的外接圆半径 R 的值为_____.

问题探究

(2)如图②,$\odot O$ 的半径为 13,弦 $AB = 24$,M 是 AB 的中点,P 是 $\odot O$ 上一动点,求 PM 的最大值.

问题解决

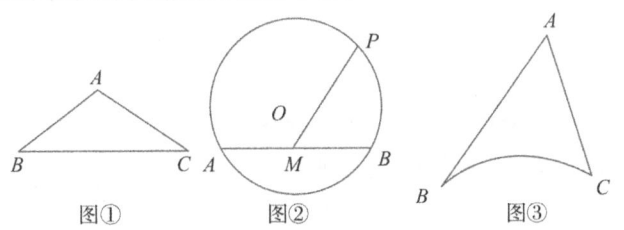

(3)如图③所示,AB,AC,$\overset{\frown}{BC}$ 是某新区的三条规划路,其中 $AB = 6$ km,$AC = 3$ km,$\angle BAC = 60°$,$\overset{\frown}{BC}$ 所对的圆心角为 $60°$,新区管委会想在 $\overset{\frown}{BC}$ 路边建物资总站点 P,在 AB,AC 路边分别建物资分站点 E,F,也就是,分别在 $\overset{\frown}{BC}$、线段 AB 和 AC 上选取点 P,E,F.由于总站工作人员每天都要将物资在各物资站点间按 $P \to E \to F \to P$ 的路径进行运输,因此,要在各物资站点之间规划道路 PE,EF 和 FP.为了快捷、环保和节约成本,要使得线段 PE,EF,FP 之和最短,试求 $PE + EF + FP$ 的最小值.(各物资站点与所在道路之间的距离、路宽均忽略不计)

【解析】(1)如图 1,设 O 是 $\triangle ABC$ 的外接圆的圆心,易证 $\triangle ABO$ 是等边三角形,所以 $AB = OA = OB = 5$;

(2)如图 2,当 $PM \perp AB$ 时,此时 PM 最大,连接 OA,由垂径定理可知:$AM = \frac{1}{2}AB = 12$,再由勾股定理可知:$OM = 5$,所以 $PM = OM + OP = 18$,

(3)如图 3,设连接 AP,OP,分别以 AB,AC 所在直线为对称轴,作出 P 关于 AB

的对称点为 M，P 关于 AC 的对称点为 N．连接 MN，交 AB 于点 E，交 AC 于点 F，连接 PE，PF，所以 $AM=AP=AN$，设 $AP=r$，

易求得：$MN=\sqrt{3}r$，所以 $PE+EF+PF=ME+EF+FN=MN=\sqrt{3}r$，即当 AP 最小时，$PE+EF+PF$ 可取得最小值．

(1)设 O 是 $\triangle ABC$ 的外接圆的圆心，

$\therefore OA=OB=OC$，

$\because \angle A=120°$，$AB=AC=5$，

$\therefore \triangle ABO$ 是等边三角形，

$\therefore AB=OA=OB=5$．

(2)当 $PM \perp AB$ 时，此时 PM 最大，

连接 OA，

由垂径定理可知：$AM=\dfrac{1}{2}AB=12$，

$\because OA=13$，

$\therefore$ 由勾股定理可知：$OM=5$，

$\therefore PM=OM+OP=18$．

(3)设连接 AP，OP，

分别以 AB，AC 所在直线为对称轴，

作出 P 关于 AB 的对称点为 M，P 关于 AC 的对称点为 N，

连接 MN，交 AB 于点 E，交 AC 于点 F，连接 PE，PF，

$\therefore AM=AP=AN$，

$\because \angle MAB=\angle PAB$，$\angle NAC=\angle PAC$，

$\therefore \angle BAC=\angle PAB+\angle PAC=\angle MAB+\angle NAC=60°$，

$\therefore \angle MAN=120°$，

$\therefore M$，P，N 在以 A 为圆心，AP 为半径的圆上，

设 $AP=r$，

易求得：$MN=\sqrt{3}r$，

$\because PE=ME$，$PF=FN$，

$\therefore PE+EF+PF=ME+EF+FN=MN=\sqrt{3}r$，

$\therefore$ 当 AP 最小时，$PE+EF+PF$ 可取得最小值．

$\because AP+OP \geqslant OA$，

$\therefore AP \geqslant OA-OP$，即点 P 在 OA 上时，AP 可取得最小值，

设 AB 的中点为 Q，

$\therefore AQ=AC=3$，

$\because \angle BAC=60°$，

$\therefore AQ=QC=AC=BQ=3$，

$\therefore \angle ABC=\angle QCB=30°$，

∴ ∠ACB = 90°,
∴ 由勾股定理可知:BC = 3√3.
∵ ∠BOC = 60°,OB = OC = 3√3,
∴ △OBC 是等边三角形,
∴ ∠OBC = 60°, ∴ ∠ABO = 90°,
∴ 由勾股定理可知:OA = 3√7,
∵ OP = OB = 3√3,
∴ AP = r = OA − OP = 3√7 − 3√3,
∴ PE + EF + PF = MN = √3r = 3√21 − 9.

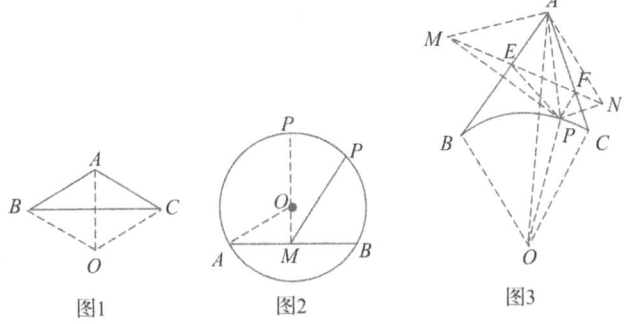

图1　　图2　　图3

【点评】本题考查圆的综合问题,涉及轴对称的性质、勾股定理、垂径定理、等边三角形的性质与判定等知识,综合程度较高,需要学生灵活运用知识.

☞【提分精练】

一、选择题(每题4分,共24分)

1.如图,A,B 是半径为1的⊙O 上两点,且 OA⊥OB,点 P 从点 A 出发,在⊙O 上以每秒一个单位长度的速度匀速运动,回到点 A 运动结束,设运动时间为 x(单位: x),弦 BP 的长为 y,那么下列图象中可能表示 y 与 x 函数关系的是(　　)

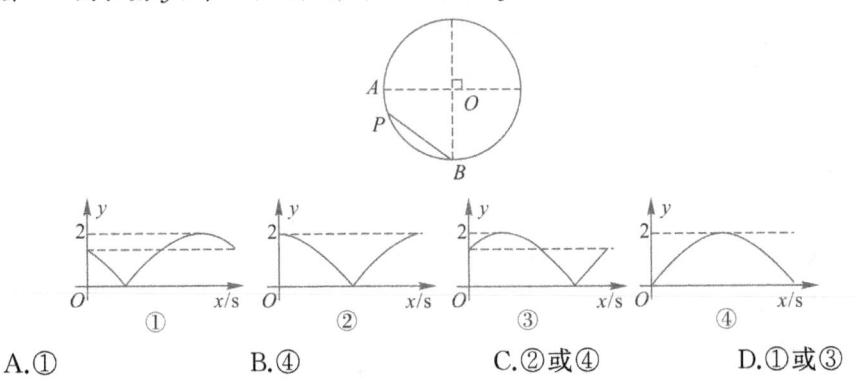

A.①　　　　　B.④　　　　　C.②或④　　　　　D.①或③

2.(2019年四川省达州市)a 是不为1的有理数,我们把 $\dfrac{1}{1-a}$ 称为 a 的差倒数,如

2 的差倒数为 $\frac{1}{1-2}=-1$，-1 的差倒数 $\frac{1}{1-(-1)}=\frac{1}{2}$，已知 $a_1=5$，a_2 是 a_1 的差倒数，a_3 是 a_2 的差倒数，a_4 是 a_3 的差倒数……，依此类推，a_{2019} 的值是（　　）

A.5　　　　B.$-\frac{1}{4}$　　　　C.$\frac{4}{3}$　　　　D.$\frac{4}{5}$

3.(2019年湖北省鄂州市)如图，在平面直角坐标系中，点 $A_1,A_2,A_3,\cdots,A_n$ 在 x 轴上，$B_1,B_2,B_3,\cdots,B_n$ 在直线 $y=\frac{\sqrt{3}}{3}x$ 上，若 $A_1(1,0)$，且 $\triangle A_1B_1A_2$，$\triangle A_2B_2A_3$，$\cdots$，$\triangle A_nB_nA_{n+1}$ 都是等边三角形，从左到右的小三角形（阴影部分）的面积分别记为 $S_1,S_2,S_3,\cdots,S_n$，则 S_n 可表示为（　　）

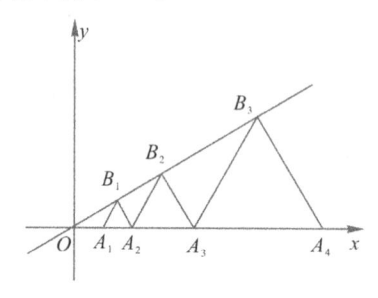

A.$2^{2n}\sqrt{3}$　　　　B.$2^{2n-1}\sqrt{3}$　　　　C.$2^{2n-2}\sqrt{3}$　　　　D.$2^{2n-3}\sqrt{3}$

4.(2019年四川省达州市)因为凹四边形形似箭头，所以又叫做"箭头四角形"，如图，已知 $\angle DOE=\alpha$，则 $\angle A+\angle B+\angle C+\angle D+\angle E+\angle F=$（　　）

A.α

B.$\frac{3}{2}\alpha$

C.2α

D.3α

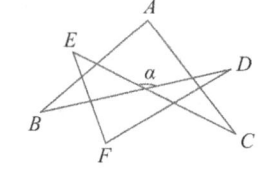

5.(2018年包头)已知下列命题：

①若 $a^3>b^3$，则 $a^2>b^2$；

②若点 $A(x_1,y_1)$ 和点 $B(x_2,y_2)$ 在二次函数 $y=x^2-2x-1$ 的图象上，且满足 $x_1<x_2<1$，则 $y_1>y_2>-2$；

③在同一平面内，a,b,c 是直线，且 $a\parallel b$，$b\perp c$，则 $a\parallel c$；

④周长相等的所有等腰直角三角形全等.

其中真命题的个数是（　　）

A.4个　　　　B.3个　　　　C.2个　　　　D.1个

6.(2019年四川省凉山州)如图,正方形 $ABCD$ 中, $AB=12$, $AE=\dfrac{1}{4}AB$,点 P 在 BC 上运动(不与 B, C 重合),过点 P 作 $PQ\perp EP$,交 CD 于点 Q,则 CQ 的最大值为(　　)

A.3 　　　　　　　　　　B.4
C.5 　　　　　　　　　　D.6

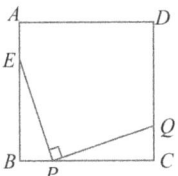

二、填空题(每题4分,共16分)

7.(2017年绥化)如图,顺次连接腰长为2的等腰直角三角形各边中点得到第1个小三角形,再顺次连接所得的小三角形各边中点得到第2个小三角形,如此操作下去,则第 n 个小三角形的面积为_____.

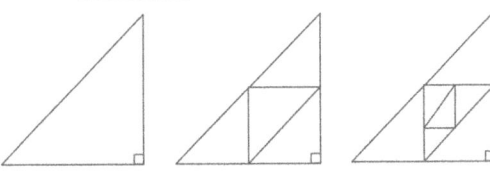

8.(2019年湖北十堰)如图, $\triangle ABC$ 中, $CA=CB$, $\angle ACB=\alpha$, D 为 $\triangle ABC$ 内一点,将 $\triangle CAD$ 绕点 C 按逆时针方向旋转角 α 得到 $\triangle CBE$,点 A, D 的对应点分别为点 B, E,且 A, D, E 三点在同一直线上,则 $\angle CDE=$_____(用含 α 的代数式表示).

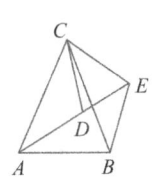

9.如图,在 $\triangle ABC$ 中, $AC=BC=2$, $\angle ACB=90°$, D 是 BC 边中点, E 是 AB 上一动点,则 $EC+ED$ 的最小值为_____.

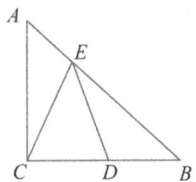

10.(2017年潍坊)如图,边长为6的等边 $\triangle ABC$ 中,点 D, E 分别在 AC, BC 边上, $DE\parallel AB$, $EC=2\sqrt{3}$,将 $\triangle DEC$ 沿射线 EC 方向平移,得到 $\triangle D'E'C'$,边 $D'E'$ 与 AC 的交点为 M,边 $C'D'$ 与 $\angle ACC'$ 的角平分线交于点 N.当 $CC'=$_____时,四边形 $MCND'$ 为菱形.

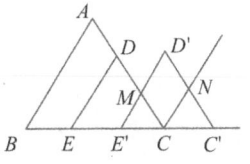

三、解答题(每题12分,共60分)

11.如图1,已知: $\triangle OAB$ 中, $OB=3$,将 $\triangle OAB$ 绕点 O 逆时针旋转 $90°$ 得

△$OA'B'$,连接 BB',则 $BB'=$ _____.

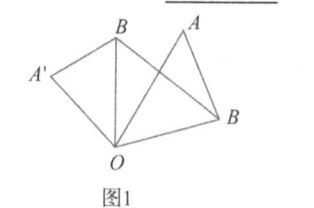

图1

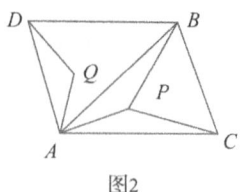

图2

如图 2,已知△ABC 为边长 $4\sqrt{3}$ 的等边三角形,以 BC 为边向外作等边△BCD.P 为△ABC 内一点,将线段 CP 绕点 C 逆时针旋转 $60°$,P 的对应点为 Q,连接 DQ,BP.

(1)求证△$DCQ \cong$ △BCP;

(2)求 $PA+PB+PC$ 的最小值.

实际应用

如图 3,某货运场为一个矩形场地 $ABCD$,其中 $AB=500$ m,$AD=800$ m,顶点 A,D 为两个出口,现在想在货运场内建一个货物堆放平台 P,在 BC 边上(含 B,C 两点)开一个货物入口 M,并修建三条专用车道 PA,PD,PM.若修建每米专用车道的费用为 10000 元,当 M,P 建在何处时,修建专用车道的费用最少?最少费用为多少?

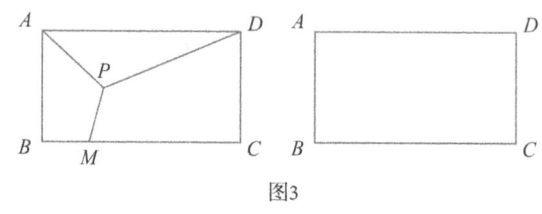

图3

12.(2019 年山西)

动手操作

第一步:如图 1,正方形纸片 $ABCD$ 沿对角线 AC 所在直线折叠,展开铺平.再沿过点 C 的直线折叠,使点 B,D 都落在对角线 AC 上.此时,点 B 与点 D 重合,记为点 N,且点 E,N,F 三点在同一直线上,折痕分别为 CE,CF,如图 2.

第二步:再沿 AC 所在的直线折叠,△ACE 与△ACF 重合,得到图 3.

第三步：在图 3 的基础上继续折叠，使点 C 与点 F 重合，如图 4，展开铺平，连接 EF，FG，GM，ME，如图 5，图中的虚线为折痕.

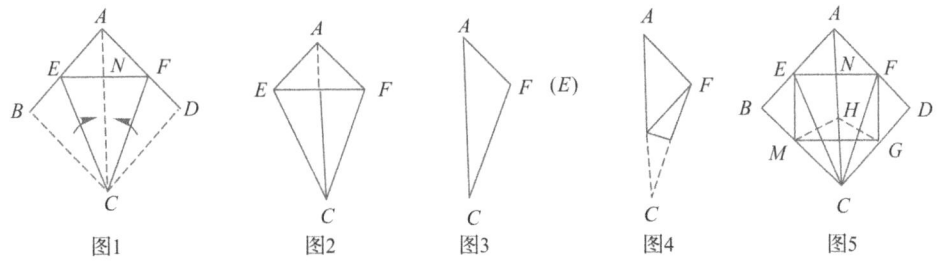

图1　图2　图3　图4　图5

问题解决

(1)在图 5 中，∠BEC 的度数是_____，$\dfrac{AE}{BE}$ 的值是_____；

(2)在图 5 中，请判断四边形 EMGF 的形状，并说明理由；

(3)在不增加字母的条件下，请你以图 5 中的字母表示的点为顶点，动手画出一个菱形(正方形除外)，并写出这个菱形：_____．

13.(2019 年湖北武汉)

问题背景

如图 1，将 △ABC 绕点 A 逆时针旋转 60° 得到 △ADE，DE 与 BC 交于点 P，可推出结论：PA+PC=PE．

问题解决

如图 2，在 △MNG 中，MN=6，∠M=75°，MG=$4\sqrt{2}$．点 O 是 △MNG 内一点，则点 O 到 △MNG 三个顶点的距离和的最小值是_____．

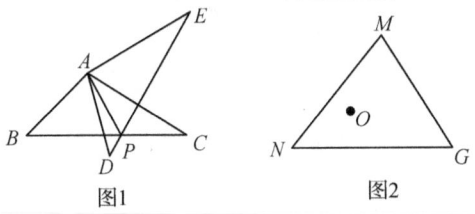

图1　图2

14.(江苏泰州)如图，正方形 ABCD 的边长为 8 cm，E，F，G，H 分别是 AB，BC，CD，DA 上的动点，且 AE=BF=CG=DH．

(1)求证：四边形 EFGH 是正方形；

(2)判断直线 EG 是否经过一个定点，并说明理由；

(3)求四边形 EFGH 面积的最小值.

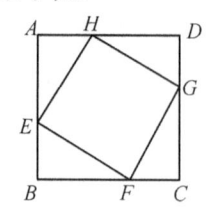

15.(2019 年湖南岳阳)

操作体验

如图,在矩形 ABCD 中,点 E,F 分别在边 AD,BC 上,将矩形 ABCD 沿直线 EF 折叠,使点 D 恰好与点 B 重合,点 C 落在点 C′处,点 P 为直线 EF 上一动点(不与 E,F 重合),过 P 分别作直线 BE,BF 的垂线,垂足分别为点 M 和 N,以 PM,PN 为邻边构造平行四边行 PMQN.

(1)如图 1,求证:BE=BF;

(2)特例感知:如图 2,若 DE=5,CF=2,当点 P 在线段 EF 上运动时,求平行四边形 PMQN 的周长;

(3)类比探究:若 DE=a,CF=b.

①如图 3,当点 P 在线段 EF 的延长线上运动时,试用含 a,b 的式子表示 QM 与 QN 之间的数量关系,并证明;

②如图 4,当点 P 在线段 FE 的延长线上运动时,请直接用含 a,b 的式子表示 QM 与 QN 之间的数量关系.(不要求写证明过程)

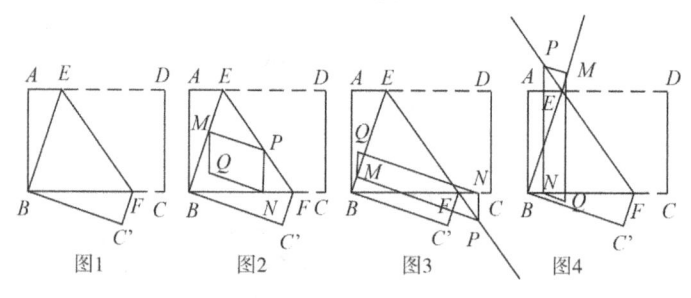

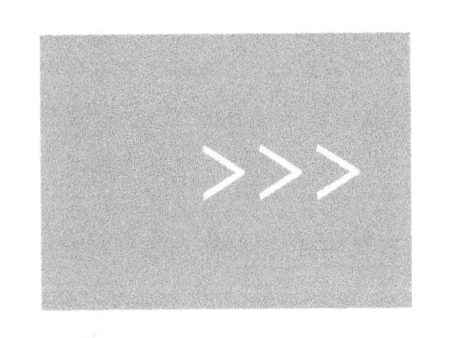

教育篇

实践着——让课堂教学更高效

众所周知,教无定法,重在得法,只要教学效果好,教学方法并不是唯一的;当教师的课堂只关注个人对知识的把握及展示形式,忽略学生的学情、不分析学生的认知水平、不关注学生课堂的表现,不激发学生的学习兴趣,课堂只是教师表演的舞台,说明学校的教育已经走入一个误区,需要及时调整.2010年我们学校就出现了这样的现象,学校领导高度重视,当即让我及学校几位骨干教师走出去学习,先走进山东潍坊一中,跟着老师和学生共同学习了两天,很震撼,但自己只是认识到高效课堂的雏形.当我们走进山东昌乐二中时,他们的"二七一"高效课堂模式让我们眼前一亮,只见课堂上老师很轻松,教师只是每一个环节地引导着和答疑解惑着,学生在一节课中的参与度很高,基本每一个环节都是学生在主动参与,学生通过独学、对学、群学,展示个人成果,讲解大方得体,语言准确,思维活跃,他们真正成为课堂的主人.这不就是我们想要的课堂吗?在昌乐二中的几天时间里,我们通过听课、听报告、参加教研组活动等等形式,想真正了解高效课堂的真谛,但由于时间短,只能带了一大堆有关"二七一"高效课堂的资料返回了.校领导看着我们激动的样子,让我们立即行动起来开启我校高效课堂的探究;经大家研究首先让我给大家上一节高效课堂的示范课,想让老师们通过我的展示课,有较大的触动,想主动去改变已有的教育教学方式.我带着忐忑的心情开始研究资料,结合学习到的课堂每个环节的操作过程,开始备课.每天晚上加班到10点多是常态,用一周时间备好了一节课,在全校教师都拭目以待中,开始进行示范课,一节课时间很短,但我每一个环节都压着时间,因为我自己试讲时总是超时,当下课铃声伴着全校教师的掌声响起时,我很欣慰,我成功了!

接下来我带领学校的骨干教师开始模仿秀式的课堂教学,学习昌乐二中的"二七一"高效课堂,通过上课、交流、反思、再上课、再交流、再反思,不断重复中,一批年轻教师课堂有了很大的改变.

我第一次模仿秀课——"二七一"高效课堂的教学设计值得珍藏.

一、高效课堂的模仿过程

▶摸到红球的概率

学习目标

1.经历分析试验结果等活动;

2.进一步体验不确定事件的特点及事件发生的概率的意义;

3.通过学生自主学习,小组合作探究,激情投入,列出所有可能出现的结果求不确定事件发生的概率.

预习案

1.用15分钟左右的时间,阅读探究课本 P120—122 的基础知识;

2.思考教材助读设置的问题,然后结合课本的基础知识和例题,完成预习自测;

3.将预习中不能解决的问题标记出来,并填写到后面"我的疑惑"处.

相关知识

1.必然事件发生的概率是?不可能事件发生的概率是?

2.不确定事件发生的概率?如何计算它的大小?

教材助读

1.盒子里装有三个红球和一个白球,它们除了颜色外完全相同,小明从盒中任意摸出一球,说出所有可能能出现的结果;摸到红球可能出现的结果.

2.一个袋子里有1个红球、3个白球和5个黄球,每一个球除颜色外都相同,从中任意摸出一个球,则 P(摸到红球)＝　　　P(摸到白球)＝　　　P(摸到黄球)＝

预习自测

认真自学课本,深入思考通过下面几道题检验一下自己的自学成果.

1.下面第一排表示了各袋中球的情况,请你用第二排的语言来描述摸到红球的可能性,并用线连起来.

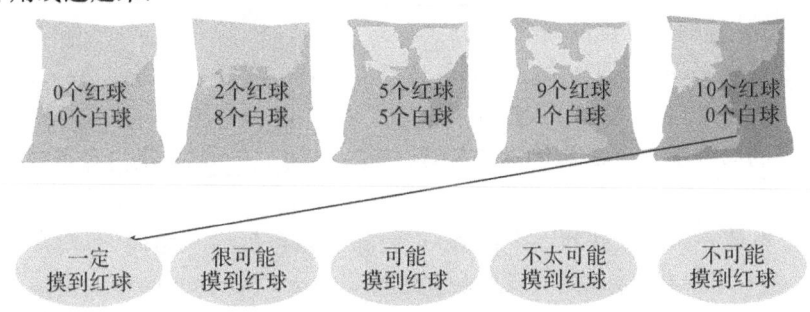

| 0个红球
10个白球 | 2个红球
8个白球 | 5个红球
5个白球 | 9个红球
1个白球 | 10个红球
0个白球 |

| 一定
摸到红球 | 很可能
摸到红球 | 可能
摸到红球 | 不太可能
摸到红球 | 不可能
摸到红球 |

上面哪个事件发生的概率是1,哪个事件发生的概率是0,哪个事件发生的概率是$\frac{1}{2}$.

2.袋子里装有两个球,它们除颜色外完全相同.从袋中任意摸出一球,

①若袋中两个都是红球,摸出一个为红球,称为_____事件;摸出一个为白球,称为_____事件;

②若盒中一个为红球,一个为白球,摸出一个为红球,称为_____事件.摸出红球的概率是_____.

3.任意翻一下2011年的日历,翻出6月1日的概率是_____,翻出2月31日的概率是_____.

4.盒子中放了两个小正方体和两个小球,摸到正方体和摸到小球的可能性相同吗?

我的疑问

请将你预习中未能解决的问题和有疑问的问题写下来,等待课堂上与老师和同学探究解决.

探究案:学思于疑——我思考,我收获

质疑探究

1.如何计算不确定事件的概率?

2.不确定事件的概率的大小的取值范围是?

探究点一:摸到红球的概率

1.盒子里装有三个红球和一个白球,它们除了颜色外完全相同,小明从盒中任意摸出一球.

(1)你认为小明摸出的球可能是什么颜色?与同伴进行交流.

(2)如果每个球都编上号码,分别记为1号球(红)、2号球(红)、3号球(红)、4号球(白),那么摸到每个球的可能性一样吗?能举反例说明吗?

(3)任意摸一个球,写出所有可能出现的结果_____,摸到红球可能出现的结果_____,摸到白球可能出现的结果_____.

(4)如何计算摸到红球的概率?

摸到红球的概率:人们通常用摸到红球可能出现的结果数除以摸出一球所有可能出现的结果数来表示摸到红球的可能性,也叫摸到红球的概率,概率用英文probability的第一个字母P来表示.P(摸到红球)=_____(这里的分子和分母各表达什么?)

2.盒子里装有四个红球和六个白球,它们除了颜色外完全相同,小明从盒中任意摸出一球.摸一球所有可能出现的结果分别是_____.摸到红球可能出现的结果分别是_____.摸到红球的概率是_____.摸到白球的概率是_____.

归纳总结：_____

探究点二：知识的灵活应用

用四个除颜色外完全相同的球设计一个摸球游戏.

(1)使摸到白球的概率为$\frac{1}{2}$,摸到红球的概率为$\frac{1}{2}$;

(2)使摸到白球的概率为$\frac{1}{2}$,摸到红球和黄球的概率为$\frac{1}{4}$;

(3)请组长改变球的总个数,在组内设计上面两个游戏.

探究点三：知识的综合应用探究

任意掷一枚均匀的小立方体(立方体的每个面上分别标有数字1,2,3,4,5,6),"6"朝上的概率是多少?

你还能提出一个问题并解答吗?

探究点四：知识的扩展

我们已经学过多种游戏,设计一个游戏,使事件发生的概率是$\frac{1}{4}$.

当堂检测：

我的收获：

二、高效课堂的实践探讨过程

"二七一"高效课堂的模仿过程持续了两年时间,我发现在实际操作中总是与我校的实际情况不太吻合;我组织高效课堂研究组的成员不断交流,结合我们学生的实际,探索出适合我们学校实际的高效课堂模式——"三五二"高效课堂模式.探索是很漫长的过程,在这个研究过程中,我不但对这样的高效课堂模式进行合理的说明,还在探索中总结出许多方法,并发表了多篇论文.

兴化学校"三五二"高效课堂模式

"三五二"高效课堂模式从时间分配上说,课堂40分钟分别按照3∶5∶2的比例,划分为"12+20+8".要求教师的讲课时间不大于30%,学生自主学习占到50%,剩余的20%用于每堂课的成果测评.从课堂操作上说即"三段、五环、双评"课堂教学模式."三段"指:课前独学预习—课内独学、对学、群学—课后勤学巩固."五环"指:导课展评—预习反馈—合作探究—总结提升—达标测评."双评"指:教师对小组的评价;学生对组员的评价.

"三五二"模式呈现的特点是"课前"准备充分,"课中"积极互动,"课后"温故知新.

一、课前

教师:在深入研读教材、认真分析学情的基础上,精心编制出重在"导"、核心在"学"的符合不同层次学生实际的导学案并提前发给学生.

学生:按照导学案中"学案"要求进行独学(结构化预习),完成学案部分,将疑惑汇总给小组长.

二、课中

(一)导课展标

教师:创设情境,激发兴趣,导入新课,出示目标,引导学生咀嚼目标.在学生自学时,通过行间巡视、个别询问等形式进行调查,最大限度地暴露学生自学中的疑难问题,特别是摸清学习基础差的学生中的疑难问题,并认真分析是集中性还是个别问题,是旧知回生还是新知识方面的问题,把主要的倾向性新问题进行梳理、归类,但当时不纠正,立即调整引导解疑设计,为"后教"做好准备.

学生:根据自学提示自学教材内容,试做导学案中的自主学习练习.通过独立思考,找出疑难问题.

(二)合作探究

教师:观察了解与指导各组组长,组织本组成员对照导学案开展有效的交流、合作、探究、对子帮扶,参与到解决问题有困难的小组及学生中去,细心观察、认真听取、准确了解信息,及时进行指导点拨.同时,也要及时发现有独特、新颖见解的学生,并给予鼓励.

学生:通过"对学、群学"力求解决"独学"过程中存在的问题,然后"对学"解决尚未解决的问题,最后组内群学统一解决问题的思路、方法、步骤和结果.

(三)展示交流

教师:通过"精讲、点拨、激励、唤醒、鼓励"等方法,培养学生浓厚的学习兴趣和求知欲望,营造生动活泼的课堂气氛.

学生:按照展示"六字诀"对自己的学习成果进行组内展示(小展示),或组间展示(大展示).展示要突出"三性",即问题性、互动性、创生性.

(四)达标检测

教师:首先要根据本节课的学习目标,就重点问题分层设计达标检测题.其次,在测评过程中巡视、观察、个别指导做到"三关注"——关注 A 类学生(优生)解决问题的创新点,关注 B 类学生(中等生)解决问题的效率和准确率,关注 C 类学生(潜能生)对基础知识的理解掌握情况.最后,对各组学生的检测结果进行恰当评价,并对出现的典型问题再次进行引导点拨,让不同层次的学生都能体验到"学有所获"的快乐.

学生:独立按时完成当堂的达标检测.交由小组长或学科组评判,并将本组成员的检测情况、存在的主要问题统计后报告老师.

(五)反思评价

教师:根据学生和小组的反思评价,对本节课进行全面总结反馈,并就全班学生的学习情况进行激励性的评价,提出新的目标要求.

学生:自我反思本节课的学习收获,并进行客观、准确的自我评价,然后,小组长对本组学习情况进行小结后对每位成员做出评价.

三、课后

没有总结就事倍功半,没有反思就不能进步.课后师生做好后续工作才能巩固学习成果,扩大教学效益.

教师:一是收集学生的学案,再批,通过看学生落实情况,设计出学生中"未清"问题解决方案,备好课后课.二是对本节课进行回顾,写出课后反思,总结经验教训.同时,对学生、小组在课堂上的表现进行分析评价,对存在问题的学生、学习小组制定出帮扶措施.

学生:一是对课堂学习活动进行回顾,主要是自己在课堂参与了多少、展示怎样、提出了几个问题、主动解决了几个问题、为学习小组赢得了多少成绩、今后应该怎么办.二是对本节内容理解不透彻、掌握不牢固的,甚至还没有解决的问题通过对学、群学、请教老师等渠道解决好,不留"后遗症".三是进行自我反思、总结、积累,完成拓展练习.

"三五二"模式操作时力求做到三变:"课堂"变"学堂","演员"变"导演","一言堂"变成"百家鸣".处理好三个度:一是活与实;二是动与静;三是收与放.能落实"三主":教为主导、学为主体、练为主线;倡导"三自":自主学习、自主探究、自主交流;鼓励"三动":动脑、动手、动口;实现"三会":学会、会学、会用;发展"三维":认知、情感、技能.

"三五二"模式的尝试.真正把课堂还给了学生,使学生在灵动与鲜活的课堂上自主探究、协作学习、分享成果,切实提高了学生学习的积极性,实现了课堂教学效率的最大化.为每一个学习者提供了学习动力及展示自我的平台——我的课堂因"活"而"乐"因"实"而"好".

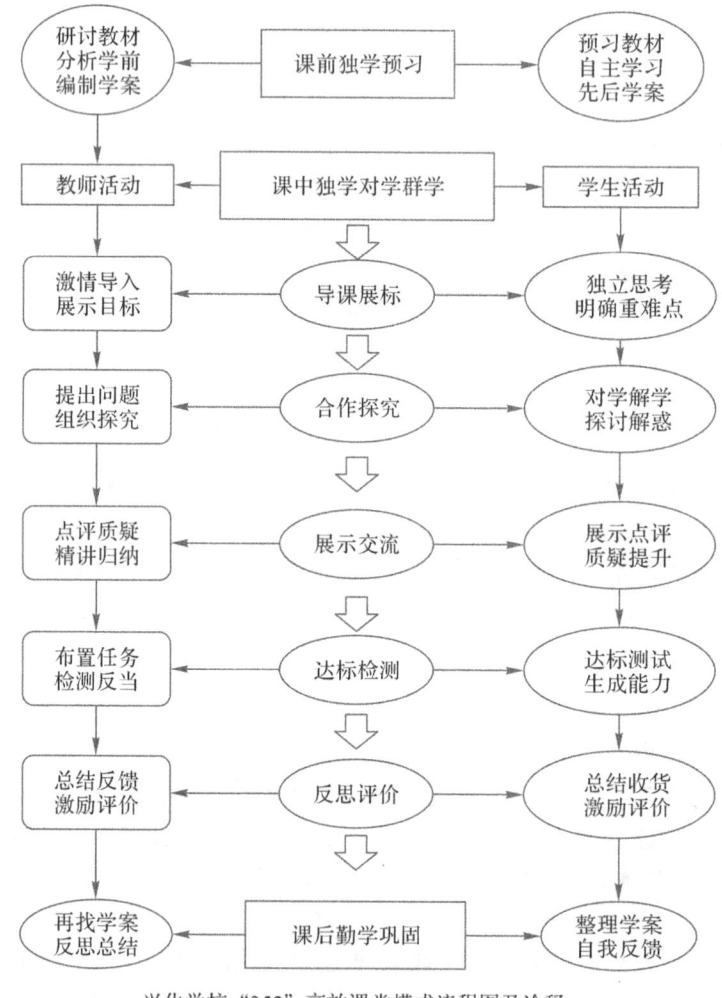

兴化学校"352"高效课堂模式流程图及诠释

兴化"三五二"高效课堂分组讨论

近几年,我校采用了"三五二"高效课堂的教学模式,这种教学模式的一个重点在于课堂教学以学生的小组合作学习为主,它的应用不仅挑战了教师"一言堂"的模式,还改变了以往单一的、被动的学习方式,因此有较好的效果.但是在实际教学中,由于对合作学习的认识、组织、操作不当,往往导致合作学习表面化、形式化,难以达到预期的效果.

一、课堂教学中小组分组讨论学习存在的问题及原因

作为一名数学老师,积极响应学校的号召,在授课班级内开展小组合作学习活动.在教学过程中发现存在不少的问题,制约着课堂效率向高效的方向发展.

1.课堂出现冷场,学生合作讨论不主动或者学生感觉不好意思,不愿意说出自己的想法.

2.学生合作讨论参与面不广,尤其表现为优等生参与发言和小组汇报的次数明显多于学困生,学困生没有真正参与.

3.学生分组讨论没有深度,分组讨论学习只是走过场.

由于教学活动是师生共同参与的复杂活动,所以小组合作讨论学习效率低的原因也同时出现在师生双方的身上:

(一)学生方面

1.许多学生未经准备匆忙活动.比如,题目一给出,有的同学没有经过深入思考,就匆忙地展开讨论,对组内的不同见解也无法提出赞同或反对,更无法形成自己的观点.

2.学生参与面不广,配合不积极.有的学生性格内向,很多时候沉默不语;有的学生基础薄弱,想参与活动却又力不从心;有的同学基础较好,但不善于争取机会,由此难以形成真正的合作讨论.

3.小组长的培训不到位,在讨论过程中对组内分工不明确,组内学生不知怎样讨论.

(二)教师方面

1.认识不足,应用失误

在平时评课交流和教师访谈中,我了解到不少教师对小组讨论合作学习的理解和应用存在着以下误区:

(1)小组学习互动的目的就是营造热烈的课堂气氛或教学高潮,甚至是为了吸引评委和听课教师而作秀的.

(2)小组学习互动是迎合新课标的精神而设置的.公开课、示范课不得不用,平时大可不用,因为耗时费神.

(3)小组互动学习占用教师讲解时间,学生成绩很难提高.

(4)知道小组学习互动的意义和作用,但在实际操作中则觉得无章可循,存在生搬硬套的现象.

2.忽视学情,盲目设计

不少教师把小组讨论学习看作课堂教学的"万能钥匙"或"灵丹妙药".过多地安排小组分组讨论互动的内容和次数,好像非小组合作学习不能解决问题,每堂皆用,或者活动设计没有根据教学内容和学生掌握知识的实际情况,让学生烦而生厌,限制学生独立思考的空间,浪费课堂宝贵时间.

3.评价制度不够全面

有的教师在对小组合作讨论学习进行评价时,往往只重视对小组整体的评价而忽视对个体的评价,只重视对讨论成果的评价,而忽视对小组讨论过程的评价等.

二、提高小组分组讨论学习效率的对策

(1)提高教师自身素质.首先更新教育理念,新课程标准给教师提出了一些新的教育理念,强调课程应从学生的学习兴趣、生活经历和认知水平出发,倡导体验、实践、参与、合作与探究的学习方式.新课程标准所倡导的是既要面向全体学生,又要承认和尊重学生的个体差异;既要改变学生学习的方式,又要调整评价的方式、手段和内容.有些教师还没有转变观念,在小组讨论合作学习中应该运用新的教学方法或方式的地方,仍沿用传统的方法或方式,没有体现探究性、合作性等新理念,小组合作讨论学习知识只是走过场.教育改革是一个整体,教学组织形式是其中的一部分,我们在陕西省学科带头人梁洋洋老师的指导下认真学习新课程标准所提出的新理念,转变自己的教学方式,才能搞好小组讨论合作学习.

(2)增强教师对合作讨论学习的认识.增强教师对合作讨论学习的科学认识,必须防止教师对合作讨论学习认识简单化、片面化.对小组合作讨论学习过程认识的片面化,认为小组合作学习就是分小组讨论,只强调学生座位排法与讨论形式,而忽视了合作讨论学习内容的选择,所以教师课前要认真准备,注重课堂中的每个环节,并且认真分析学生在学习过程中可能存在的问题,在有问题处组织学生分组讨论,讨论的目的是正确处理好本节课的重点和难点.分组讨论中教师要科学分组,组内好中差合理搭配,让好学生带动中等学生,中等学生带动学困生,这样班上所有学生都参与学习的全过程.特别是我在上"比例的性质"这节课时,在分组讨论过程中在组内的带动下,我班内的几个学困生对讨论的知识点都掌握了,并且还在班内为学生讲解,获得全班学生的掌声.分组讨论时教师要给学生独立思考的时间,在学生对讨论内容熟悉时再讨论,学生才会有的放矢,特别是在讨论有关阅读题目时,独立读题是非常关键的.分组讨论时教师要对每组的组长培训,组长会对本组成员合理分工,这样学生分组讨论才会更出色.

(3)教师角色适当转变,做好引导与评价工作.在分组讨论学习中,教师的角色发

生了变化,成为学生学习的向导和促进者,同时还是共同学习的合作者、参与者.学生的课堂讨论是探索性的行为,他们虽然展开讨论,但有时并不一定抓住问题的关键,教师作为教学的组织者,要做到腿勤眼尖,做好讨论的引导工作.而在讨论结束后,教师须对各小组的汇报做一定的评价.总的来说,教师实现角色转变,主要发挥以下几方面的作用:协调、激发、合作、监控、评价.

分小组合作讨论学习正在成为教师重要的课堂教学组织形式.但如何使它发挥出最大的功效,有赖于广大教师对课堂讨论学习做更深一层的探讨、尝试和研究.只要教师正确认识到讨论学习的作用和意义,并认真、精心地对待每一次活动,就能不断地提高小组合作学习讨论的有效性,进而达到提高教学效率和质量的最终目的.

兴化学校"三五二"高效课堂合作的"高效性"

数学"三五二"高效课堂教学是一个个鲜活的生命绽放精彩的地方,在特定情境中的交流与对话是它的重要特点.正确面对学生质疑问难时的各种表现.学生由于年龄、经历的局限,又受好奇心、求知欲、自我表现欲的驱使,难免提出一些幼稚无知、大人意想不到的问题.面对各种问题,关键在于教师实事求是、循循善诱的态度.比如:1.学生大胆猜测时,教师应抱欢迎、鼓励的态度.如:在教学"反比例函数的性质"一课时,我画出了反比例函数的图象让学生观察,分析反比例函数有什么性质.有一位学生说:"类比一次函数的性质,反比例函数的增减性为:当$k>0$时,y随x的增大而减小;当$k<0$时,y随x的增大而增大."我一下子就听出了错误,但没有改正,而是把问题抛给了大家:"这位同学很善于思考,提出了自己的想法,但这个想法是否正确,还需要大家来验证."在讨论中,有学生赞成,理由是:在k的符号确定时,函数图象的变化趋势符合增函数或减函数的特征;也有学生反对,并且举出了正确的例子.大家的验证结果,激起了那位学生的灵感,他将自己的想法做了修改:"反比例函数的增减性为:当$k>0$时,在每一个象限内,y随x的增大而减小;当$k<0$时,在每一个象限内,y随x的增大而增大."这就使原本一个错误的猜想演绎成了正确的定理.总之,课堂教学的有效性是广大教师所共同追求的.有效课堂是一种理念,更是一种价值追求、一种教学实践模式.我们期待以自己的思考、交流,引发更多教师对这一问题的关注、探索.2.学生提出课中所写与课外读物不相符合的知识性问题时,教师要先表扬,后说明.3.有的学生"顽皮",往往明知故问要"考考老师",对此,教师应持实事求是的态度.学生在学习中产生各种问题是难免的.教师要引导和训练学生独立发现问题、分析问题和解决问题的能力和习惯.

我刚接触"三五二"高效课堂时,听到最多的话是"一定要少说""能不说就不说",因此,我老在课堂上闭口不言,虽然对于小主持人,缺乏自信,却也放任自流,在学生的学习中,遇到了障碍,也不敢有半点言语的指引,高效课堂中,学生的主体地位得到了保障,但教师的主导作用却失去了应有的效果.教师在课堂上常常是欲言又止,想说又不敢说,生怕触动了那几分钟点评的边界线.我认为,老师的角色定位在于点拨、拔高.如果老师能适时地点一下,拉学生一把,那么,学会所学到的,将是另一个层面的新思想.教师适宜的点拨是课堂精彩呈现的关键:

1.教师的点拨要以"点"为主.往往在课堂上,学生的思维在争论中不知不觉容易陷入死角,此时,需要教师睿智的点拨.

2.教师的点拨要"点"出深意.课堂上,学生的理解常常徘徊在肤浅的表面,数学课堂探究味将荡然无存,数学课堂将索然无味.所以,在数学课堂中,除了让学生在预习的基础上展示精彩外,更应在精彩展示中适时点拨.适宜的点拨无论怎样精妙,都有一个大前提,那就是对数学知识深度的挖掘与把握,当你吃透了教材,那么,学生展示时,教师的主导作用就凸显了出来,点拨变得轻松自如,无论学生在课堂上有怎样千奇百怪的答案,教师都能将点拨信手拈来,使课堂熠熠生辉,学生学有所得.

"三五二"高效课堂应注重合作方式,切不可"合作"成了"独做",学生"一言堂".不难见到有些学生主导着讨论和工作、另一些学生则被晾在一边的情况,或者个别学生会尽可能地偷懒,这样会导致有些学生长时间地缺乏参与,而且还挫伤了整个小组的积极性.为了让每个学生积极地参与,教师应该采用轮流提问,以确保每一个学生都能够参与其中.在合作学习过程中,教师可以为小组成员确定角色和责任,给那些不善言谈的学生一些需要说话的任务,比如"鼓励员",鼓励每个人都参与,比如"记录员",给爱说话的学生一些只需听的任务.这样,可以防止优秀学生的话语霸权,使学生之间围绕一个或几个问题相互交流信息,从而促进每个学生都能积极主动地参与学习活动.比如在每一个小组选一个同学作为小组首席发言人(每次采取轮换制),走向其他组进行汇报,听取报告的小组成员用轮流演讲的方法,提出建议和意见,然后把综合、修改过的报告收集起来,老师再引导同学们一起进行讨论分析,得出结论.在教学过程中,组织合作交流,使合作学习真正落到实处,才能形成良好的合作意识,培养健康向上、和谐的合作精神.让每一个学生在共同学习的快乐中发展.

总之,教师适宜的点拨,注重小组合作方式,重视每个学生,让"三五二"高效课堂焕发生命的活力.

初中数学课堂合作学习中存在的问题及应对措施

随着新一轮课程改革的逐步深入,在高效课堂小组合作学习教改推动下,课堂教学的组织形式也在悄然发生变化.原有的单一、被动的学习方式已被打破,出现了旨在充分调动、发挥学生主体性的多样化的学习方式,如自主学习、合作学习、探究学习等.其中,小组合作学习是新课改课堂教学中应用得最多的学习方式.它是一种以合作学习小组为基本形式,系统利用各因素之间的互动,以团体成绩为评价标准,共同达成教学目标的教学组织形式.其实质是提高学习效率,培养学生良好的合作品质和学习习惯.然而,目前课堂教学中的"小组合作学习"往往存在"注重形式,忽视实质,缺乏实效"的现象.

一、初中数学合作学习过程中存在的问题

1.学生没有做好合作学习的准备

大多数教师合作学习方式和形式都很简单,学生容易接受,忽略了对学生进行合作学习的培训.由于初中学生还不具备成熟的思维模式和思维方式,对于新型的教学模式还不能马上熟练掌握.合作学习中强调学生之间的合作,学生们往往缺乏这方面的经验,不懂得倾听,在讨论中只顾抒发自己的意见,由于个性的差异,有的学生以自我为中心,不屑于听取别人的意见,过度自负.有的学生又不爱发言,自己的想法不能拿出来和大家讨论,使得小组讨论半天也得不出结果,白白浪费了时间.在课堂中,经常出现这种现象,教师提出一个问题后立即让学生讨论,教室里马上就会出现一片热烈讨论的场面.但只要稍加注意不难发现,这只是一种表面上的"假热闹",实际上"活而无序".有的小组两三个人同时抢着发言,你说你的,我说我的,谁也不听谁的;有的小组始终只有一两个人发言,其他人一言不发,只是心不在焉地坐着;有的小组互相推辞,谁也不发言;有的小组借此机会闲聊、说笑或者干别的事.究其原因,主要是缺乏小组合作学习的规则,"没有规矩不成方圆".

2.过于依赖学习成绩好的学生

教师在进行分组时,会把成绩好、成绩差、成绩中等的学生混在一起,目的是让成绩好的同学带动成绩差的学生学习,让成绩中等的学生巩固基础知识,促进共同进步.这种方法虽然有一定的效用,但过于理想化,成绩差的学生在成绩好的学生面前往往失去学习的信心,并且由于基础的不同,影响了学生的思维速度,基础好的学生思维速度快,能在最短的时间内找到问题的答案,这就影响了基础差的学生进行思考,大家都守着一个答案,没有达到整体锻炼和整体进步的效果.

3.教师的定位不明确

新课程倡导还给学生课堂的主体地位,合作学习正是体现了这一点,学生在合作学习中充分发挥了主观能动性,体现出主体地位.但学生作为学习的主体,并不和教师

是传授的主体相矛盾.合作学习的开展使教师们渐渐对自己的定位不明确,在讲授完,学生开展合作学习,这时教师往往就不再关注学生的学习情况,而是做自己的事,不能及时掌握学生对本堂课知识的接受情况,不能及时发现问题和解决问题.学生在讨论时教师没有及时管理秩序,导致课堂秩序混乱.

4.评价不全

其主要问题表现在:一是偏重于对学生个体的评价,忽略了对学生所在小组集体的评价;二是偏重于对小组合作学习结果的评价,忽略了对学习过程与方法的评价.教师很少对学生的学习态度、学习习惯、参与程度以及创新意识、实践能力进行评价,特别是很少关注那些平时性格内向、少言寡语的学生.这种不公正、不全面的评价极易挫伤学生参与合作学习的积极性、主动性,更不可能很好地发挥"评价促进发展"的功能.

5.时间不足

在小组合作学习时,往往是教师呈现问题后未留给学生片刻思考的时间就宣布"合作学习开始",不到两三分钟就叫"停止".这时,有的小组还未真正进入合作学习主题,有的小组才刚刚开始.这样的小组合作学习不但达不到合作学习的目的,而且很容易挫伤学生合作学习的热情,养成敷衍了事的不良习惯.

二、数学课合作学习中存在问题的应对措施

1.培养学生合作的基础技能

针对学生合作学习效率低的情况,教师首先要培养学生做好合作学习的准备.先学会倾听,倾听彼此的观点和看法,在别人发言时不打断,对别人提出的建议做好记录,和自己的想法进行比对,取长补短.其次要学会发言,学会准确清楚地表达自己的观点看法,不要怕说错,大胆提出自己的意见.再次,要学会团队合作.合作学习强调"合作"二字,要求学生在相互学习、相互配合的基础上共同进步,学生要有团队意识,切不可一意孤行,不尊重他人.

2.建立一套有序的合作常规

小组合作学习使课堂气氛活跃起来了,同时也给教师控制课堂秩序带来了困难,很容易使课堂教学产生看似热闹实则混乱的局面.这就需要建立一套"活而有序"的合作常规,并通过训练使之形成习惯.

(1)合理分工,明确职责.小组内应设小组长、记录员、汇报员各一名.小组长应选有较强的组织能力和合作意识的学生担任.小组长的主要职责是对本组成员进行分工,组织全组人员有序地开展讨论交流、动手操作、探究活动.记录员的职责是将小组合作学习过程中的重要内容记录下来.汇报员的职责是将本组合作学习的情况进行归纳总结后在全班进行交流汇报.教师应根据不同活动的需要设立不同的角色,并要求小组成员既要积极承担个人责任,又要相互支持、密切配合,发挥团队精神,有效地完成小组学习任务.

(2)培养良好的合作学习习惯.一是独立思考的习惯,以避免小组交流"人云亦云"

盲目从众的现象;二是积极参与、踊跃发言的习惯;三是认真倾听的习惯;四是遵守课堂纪律和合作规则的习惯,避免不必要的争论和争吵.

3.合理地开展合作学习

合作学习的开展不是没有限制的,毕竟数学课不是活动课,数学课有很多理论性和理解性的概念,面对这些问题靠讨论是不能解决的,进行合作学习只会让学生的思路变得更乱更迷茫.这时就需要教师的正确指导、讲解,帮助学生去理解.教师举例讲解理论性的知识时不需要进行合作学习,需要个人的理解,在教师帮助学生解答疑惑后,学生需要对理论性的知识很好地掌握和运用,

这时就可以开展合作学习,学生在合作学习中不仅学会举一反三,还能巩固学到的理论知识,从而提高课堂效率.

4.教师要明确定位

在课程开始,教师是传授知识的主体,教师要把本节课的学习内容讲授给学生,帮助学生理解课本知识.在教师讲完理论知识后,这时教师也要参与到学生的讨论中来,因为学生刚接受新知识,对知识的运用还不熟练,很容易发现新的问题,教师参与到学生的讨论中来能及时发现学生对知识掌握的薄弱环节,加强对薄弱环节的训练.在合作学习结束后,教师要对各小组的表现做好评价.不要只看结果,要根据小组在学习中的积极性和进步幅度来评判,适当进行鼓励,增强学生的自信心.

5.采用多样化的评价方式

教师的评价对激励学生参与活动,提高合作学习质量有着十分重要的作用,因此教师的评价一定要有鼓励性、针对性、指导性和全面性.一是重视个人评价与小组集体评价相结合.通过评价促进小组成员之间互学、互帮、互补、互促;二是重视学习过程评价与学习结果评价相结合.教师除对小组学习结果进行恰如其分的评价外,更要注重对学习过程中学生的合作态度、合作方法、参与程度的评价,要更多地去关注学生的倾听、交流、协作情况,对表现突出的小组和个人及时给予充分肯定.

浅谈小组合作学习的好处

"小组合作学习"这一教学模式的应用给课堂教学注入了活力,它不仅充分发挥了师生间、生生间的相互交流、协作功能;而且还可以培养学生的合作意识、团队精神,让学生由被动变为主动,把个人自学、小组交流、全班讨论、教师指点等有机地结合起来,进而促使小组之间合作、竞争,激发了学习热情,挖掘了个体学习潜能,增大了信息量,使学生在互补促进中共同提高.下面是我在具体实践过程中的几点收获:

一、小组合作学习拓宽了学生学习的空间

小组合作学习不仅将学生个体间的学习竞争关系改变为"组内合作""组间竞争"的关系,还将传统教学中的师生之间单向或双向交流改变为师生、生生之间的多向交流,学生有更多的机会发表自己的看法,为他们提供一个较为轻松、自主的学习环境,提高了学生创造思维的能力,而且还将学生课内学习延伸到课外,使他们在参与学习的活动中得到愉悦的情感体验.

二、小组合作学习更能体现出学生的主体地位,培养主动参与的意识,激发学生的求知欲

小组合作学习要求学生向组内成员阐述自己的看法,这不但可以增加学生学以致用的机会,还可以增强他们对学习的爱好,提高他们的学习能力,还可以使他们接受不同的观点,扩展他们的视野,促进思维的发展.

三、小组合作学习有利于提高学习效率

在合作学习过程中,强调小组中每个成员都要积极参与到学习活动中,并且每个成员都带有极大的热情,学习任务由大家共同分担,集思广益,各抒己见,人人都尽其所能,这样问题就变得较容易解决了.它为每位学生参与学习提供了良好的教学氛围,为发展学生的合作品质、提高学生的综合素质以及终身学习的能力打下坚实的基础.小组合作学习是同学之间互帮互学,彼此交流知识的过程,也是互爱互助、相互沟通感情的过程.它使每一成员都融入集体中,增强了集体意识.

四、小组合作学习有利于培养学生的自学能力

合作学习把学生由旁观者变为参与者.它要求那些已经掌握某种知识和技能的学生把知识和技能教给其他成员.作为讲授者的学生,为了能够教得更清楚、透彻,必须对所学的材料进行认真的阅读和分析.其他学生也希望在课堂上表现出色,因此他们要做好充分的预习工作.学生的学习积极性提高了,自学能力自然就提高了.

总之,在教学中采用小组合作学习的方式,形成了师生、生生之间的全方位、多层次、多角度的交流模式,使小组中每个人都有机会发表自己的观点与看法,也乐于倾听他人的意见,使学生感受到学习是一种愉快的事情,从而满足了学生的心理需要,促进学生智力因素和非智力因素的和谐发展,最终达到使学生爱学、会学、乐学的目标,进而有效地提高了教学质量.

"错误资源"为什么会这么美?

错误是课堂学习过程中的相伴产物,没有了学生的错误出现,教师在课堂中的教育价值也将失去意义.而多数教师往往是把学生在课堂中"错误"当作一种负面的东西加以清除的,常体现为不耐烦,或者加以批评或者果断地给予扼杀.事实上,"课堂中的错误蕴含着宝贵的教学价值";在学生数学学习中出现的失误或错误也往往折射出学生思想的方向与思维活动的展开历程,闪烁着学生智慧的火花.

错误对于每个人来说都是无法避免的,在初中数学教学过程中,学生会出现各种各样的错误,但我们要意识到错误并不是毫无价值的,它们同样可以当作一种"错误资源"运用到数学教学当中.教师在课堂中对错误资源的处理方式不同,课堂效果将千差万别.

2018年9月17日,我的工作室开展同课异构,课题是北师大版教材八年级上次第一章《勾股定理》.当讲完新课,巩固新知时,两位老师都给学生出示了这样一道题:在一个直角三角形中,已知它的两条边分别是3 cm和4 cm.求第三条边的长.

第一位张老师的教学过程:当问题出示后,马上有学生回答,第三条边是5,并说明原因,因为$3^2+4^2=25,25=5^2$;当学生回答完,张老师立马补充说,"条件中给你说3 cm和4 cm是直角边了吗?"开始自己个人专场讲解,向学生分析:应当分两种情况:(1)当3 cm和4 cm是直角边时,由勾股定理求出斜边长为5 cm;(2)当4 cm为斜边,3 cm为直角边时,由勾股定理可求出另一条直角边$\sqrt{7}$;老师边板书边讲解,并强调考虑问题一定要全面.

第二位夏老师的教学过程:当问题出示后,学生异口同声回答,第三条边是5,并说明原因,因为$3^2+4^2=25,25=5^2$夏老师此时没有责怪学生,为学生竖起大拇指,追问一句:还有其他答案吗?学生沉默了,老师说:"我以为第三边的平方还可以等于7,可以吗?"学生开始对子之间交流了,组长也积极组织组员开始讨论了,大概有三分钟过去,第二组一名学生举手发言,学生很激动地说,"题中并没有说明已知的两条边是直角边,我们都凭自己的经验认为3 cm、4 cm是直角边";这时学生们都恍然大悟,第四组一名学生立马站起来,说:"我可以将完整的解题思路叙述一下,这里我们可以用分类讨论的思想,分两种情况:(1)当3 cm和4 cm是直角边时;(2)当4 cm是斜边,3 cm是直角边时";夏老师问同学们是否能写出解题过程.同时两名学生板演.

两位老师对学生的易错点的处理方式不同,学生的课堂反应截然不同,教学效果也差异很大,我们课后对两个班的学生(两个班是平行班)用同样的题进行了测评,张老师班有55名学生,做全对的学生是25名;夏老师班56名学生,做全对的学生有46名;

我们惊叹夏老师对学生错误资源的利用方式,即激发了学生的学习兴趣,也提高了学生的探索欲望,学生在自主探索、自主展示、补充中完成对知识的诠释.夏老师能抓住学生在课堂的求知欲,适时诱导使"错误资源"在课堂中彰显出它的独特魅力,将课堂推向了一个小高潮.

事件给我们的启示:

(一)在读懂教材、读懂学生中,预设错误,强化知识;通过有意识地设计一些错误,让学生在独学、对学、群学中,找出错误及原因.使学生的经验、感受、见解、智慧、问题、困惑、错误等都变成重要的课程资源.布鲁纳说过:"谁不愿意尝试错误,不允许学生犯错误,就将错过最富有成效的学习时刻."真实的课堂教学会因错误、发现、探究、进步的良性循环而充满活力.对一些关键性的、有普遍意义的错误,教师及时捕捉并经提炼成为全班学生新的学习材料,且及时而适度地对学生进行引导,给学生提供自主探索的空间,让他们在合作交流中主动寻求解题的策略,往往会收到意想不到的效果.让错误因预设而在课堂中熠熠生辉.

(二)在关注学生、欣赏学生中,利用生成的错误;学生的突发性错误我们会在课堂中经常碰到,教师应将其看作是一笔巨大的财富,要善于倾听,敏锐感受,抓住时机利用这一"错误财富",使每个学生在原有基础上获得不同程度的发展,将学生的"错误"变为促进学生发展的"宝贵"资源.绝不能将错误一笔带过,甚至批评学生、打压学生;从而丢失了课堂中许多"亮点",浪费了宝贵的课堂动态资源.让课堂因自然生成而更加活力无限.

在初中数学课堂教学中教师应直面学生数学学习中出现的种种"错误",善于捕捉"错误"背后的闪光点,适时进行价值引领,让学生在实践中尝试错误,在反思中根治错误,在实践过程中获得数学知识和技能,不断提高学生的批判性思维的能力,激发学生强烈的探索愿望和数学学习能力,促进学生的发展,让"错误资源"在课堂中魅力无限.

"高效课堂"讲与不讲的理解

在新课程理念下,课堂教学应把学习的主动权还给学生,让学生在自主尝试中探究学习,在质疑问难中探究学习,在讨论合作中探究学习,在自我展示中探究学习,在问题解决中探究学习,在实践活动中探究学习,突出学生学习兴趣、学习方法和学习能力的培养.教师在课堂中究竟起什么作用,古今中外教育家曾有过很多叙述:"师者,所以传道、授业、解惑也"(韩愈);"教是为了达到不需要教"(叶圣陶);"愚蠢的教师是教给真理,聪明的教师是教学生发现真理"(德国教育家第斯多惠).在具体课堂教学操作中,教师一定要注意克服"教师话语霸权"的惯性,敢于并善于把课堂、班级"还给"学生.但多维互动不是为了课堂的热热闹闹,而是以"高效"为出发点和归宿点,以引发学生积极主动的思维活动为目的.教师随时进行引导、点拨、强调、提升,以拓宽知识面,加深对知识的理解和运用.各小组展示学习讨论成果,教师及时点评归纳,指导学生归纳、总结方法规律,形成知识结构.需要记笔记的要做明确强调.避免学生自学的知识片面、零碎、残缺.

在新课改的背景下,我们应该反对,以知识为中心和没有交流、没有互动的,满堂灌,但不是反对所有形式的讲.讲与不讲,不是一成不变的,问题是教师怎么讲,什么时候讲.老师绝对不能放弃自己适时的讲.在学生学习遇到困难时,学生不能解决的问题时,学生质疑问难时,在提问而学生不能答、指点而学生不开窍时,学生经过讨论却不得要领时,为了让学生对某一问题有深入的认识时,为了帮助学生突破某一思维障碍时,突破能开启学生心智、体现教学要求的知识重难点时……这些地方老师若不讲,恐怕是误人子弟.

新课改并不是不要教师的讲,而是对教师的讲,提出了更高的要求:讲在重点的关键处,讲在知识的概括处,讲在思维的提升处.所以,课堂上教师不是要讲得少,而是要讲得精,讲得好,讲得有序,不是就题讲题,而是要由题生发地讲,由个别到一般地讲,进而指导学生如何应用理论知识解决实际问题.一堂没有教师精要讲授和适时点拨的课一定缺少深度,既要尊重学生,也要发挥教师的指导、点拨、调控作用,对学生理解不到、领会不深和理解错的地方,要订正甚至做必要的讲解,不能视而不见,放任自流.

高效课堂中三讲:讲易混点,讲易错点,讲易漏点."三不讲":学生自己已经会了的不讲,学生自己能学会的不讲,老师讲了学生也学不会的不讲.对于"三讲"中的讲难点我们要:(1)精心设计思考讨论题让学生讨论;(2)教师引例和学生举例相结合;(3)对于过于偏难而又不是教学重点的内容教师可以不讲.对于"易错易混知识点"可以通过习题训练的方法加以解决.对于"三不讲"的内容,教师也要将知识问题化和要点化,让学生在自学中解决.

一些学校硬性规定每节课教师只能讲几分钟,有些偏执.每节课教师该讲几分钟,要根据出现问题的多少和难易的程度而定.如问题少、容易懂,教师就可以少讲;如问题多、学生难懂,教师就一定要多讲.不同的科目、不同的班级,情况各不相同,教师在课堂上的指导方法和讲授时间也就各不相同,应该随机应变.再则,不同的学校、不同的校情和不同的课改现状,教师讲的时间更应该各不相同.讲的最终目的是为了不讲.所谓不讲,更多的是指教师不代替学生的学,即对知识内容和知识产生过程的认识体验活动.

来自教学一线的真正的专家认为:课堂教学需要讲,也需要不讲,教师课堂的主导地位不能盲目削弱.一堂课的好和坏,不能单用讲与不讲来评价,而应看五度,即情境诱人度、活动刺激度、自主参与度、训练扎实度、建构生成度;老师是否五有,即有心、有情、有法、有度、有力;学生是否三动,即手动、口动、脑动.一名优秀的教师,不单单是让学生拥有知识,更重要的是通过讲,唤醒学生沉睡的潜能的时空,让学生拥有智慧.教师应该根据学生的差异、内容的难易和课堂的变化,适时调整讲与不讲的比例,把讲与不讲巧妙和谐地统一起来.

总之,教师应该通过自己的讲,让学生在有温度、广度和深度的课堂的浸染中日渐茁壮,让学生在一块石头里看到风景,在一粒沙子里发现灵魂,但也要通过自己的不讲,给学生增加更多的自主思考、实践和体验的机会,让学生在广阔的精神空间中自由驰骋,在思想的恣肆狂涛中体验生命顿悟的喜悦.

浅谈在课堂中培养初中生合作学习能力

一、合作学习的形式

1. 合作讨论,发挥学生参与的主体性

要保证合作学习的效果,一个合作学习小组以4—6人为宜,并且在一个小组中注意各层次学生的优化组合,以利优势互补、相互促进、同组异质、异组同质;要使合作学习更加有效,还要注意培养学生良好的学习习惯,合作学习不但要发挥组内每个人的作用,还要发挥集体的作用,注意培养每个学生积极参与小组学习活动的习惯,发挥学生参与的主体性,努力提高学习的效果.因此,在学生已获得大量的感性材料但尚未得出结论之前组织讨论,这样可以通过讨论互相启发,综合分析,在掌握感性材料的基础上抽象概括,探索出所要掌握的结论.

2. 合作训练,提高学生学习的主动性

课堂训练是教学的重要组成部分,在实施素质教育、培养学生创新能力的今天,具有不定性、探索性的开放性练习,已被越来越多的教师采用.而运用小组合作进行开放性练习,能充分调动学生的想象力,给他们以较大的思维空间,使他们乐于交流,从而真正成为学生自主学习、合作学习的天地.

在学习过程中,有的学生很快掌握了新知,有的学生一知半解,这时教师就可以组织学生开展小组练习,让每个学生发表见解,相互启迪,实现学生与学生之间的互动.在开展合作练习的初始阶段,学生的讨论合作意识可能不强,这时教师可以加强指导,并安排特定的时间,有意识培养他们合作练习的意识.实施新课程以后,可以把教材安排的讨论题作为合作练习的素材,这样既能加深对知识的理解,又能学到别人的好思维、好方法,更有利于学生表达观点、发挥想象、互相启发、共同发展.

3. 合作评价,培养学生思维的批判性

在课堂教学中,教师经常对学生的学习做出评价,以便学生了解自己的情况,及时改正错误.在合作评价时教师应要求学生认真听每个同学的发言,概括别人发言的要点,经过分析思考,提出自己的见解.这样,学生在评价的过程中,通过对比分析,找出了适合自己的最佳方法,既锻炼了思维,又培养了表达能力.

二、合作学习要选择恰当的时机

1. 合作时机应选择在学生意见不统一时.现在的学生争强好胜,有一定的竞争欲望,渴望自己的观点被肯定,但又不善于阐述自己的观点,一旦有不同意见,浮于表面的争论较多,说服力不够.此时,教师如果对有争论的疑点下放到小组中,让持有相同意见的学生一起合作,与对方争辩,在辩论中明晰正误.

2. 合作时机应选择在个人操作无法完成时.在这种情况下,教师可以创设情境,激发学生自发合作的欲望,培养学生团结协作的精神.

3.合作时机应选择在学生个人探索有困难时.由于学生的知识技能和生活经验是有限的,所以当他们在学习新知识、需要新能力时,往往会遇到困难.教学中处理好独立思考与合作学习的关系,选择学生有困难需要帮助时组织合作学习,小组合作一定能取得较好的效果.

　　4.合作时机应选择在教学内容的重点、难点处.在教学中,教师应在知识的关键处、思维的转折处、规律的探求处,设计合作活动,充分发挥学生的主体作用,培养学生探索知识、发现问题的能力.

　　5.合作时机应选择在解答开放性问题时."开放性"问题的解题方法不唯一,答案不唯一,而一个人的思维能力毕竟有限,很难多角度地去思考,须群策群力才能展示各种策略和结论.

三、小组合作学习的操作过程

　　小组合作学习只是课堂教学中学生多种学习方式中的一种,并没有固定的操作模式.我在教学中,常常是这样引导学生开展小组合作学习的.

　　1.创设情境

　　创设情境的目的就是为了激发学生的学习兴趣.新教材中含有大量的情境教学内容,图画精美,生动细腻,非常贴近学生的生活,为我们创设情境提供了生动有趣的素材.创设情境,可以将知识融入孩子们的生活,学生乐于接受.

　　2.明确学习任务

　　为了让学生的小组合作学习开展得有序、有效,学生一定要有明确的学习任务,也就是教师向学生说明学习的内容和目标、方法,评价的标准等等.这些任务除了具有一定的合作价值外还可以分解,让小组中的每个成员共同参与,人人都有事可做!学生有了明确的学习任务,可以避免小组合作学习的盲目性,充分体现小组合作学习的实效性,学生明确了学习任务,便在组长的带领下分工完成自己的任务去了.

　　3.合作与探究

　　学生明确了学习任务后,教师就应立即引导学生开始合作、探究,这是小组合作学习中最重要的一个环节.在这个过程中,每个学生根据自己的理解互相交流,形成小组的学习成果,并且学生每个人都必须有一定的责任分工,都应担任一种特定的角色,也就是说,学习任务已经落实到个人,小组的成员共同合作完成学习任务,以保证小组合作学习的有效性.新课程改革要求在学习的过程中培养学生主动探究的精神,营造一种探究的氛围,鼓励学生独立思考、合作讨论、共同探究,尝试合作学习知识的乐趣.

　　4.交流与评价

　　交流、评价也就是学生间总结学习成果、教师接受信息反馈并做出判断的过程.在学生交流时,我要求学生尽量清楚表达个人或小组的意见,同时还要求学生学会真诚地征求其他组的意见或评价其他组的见解,以博采众长,积极总结.在课堂中要抓住时机,对小组的交流进行了简短的评价,并给这个小组打分,在其他组的掌声里,这个小组的成员带着自信、带着微笑回到座位.只要能把握时机进行交流和评价,你一定会被学生所表现出来的高昂的合作热情和超常的合作能力所折服,孩子们在合作中成长了!

　　总之,实施小组合作学习更能突出学生的主体地位,培养主动参与的意识,激发学生的求知欲.小组合作学习更利于学生独立思考,合作小组以学生自愿组合为前提,再针对各小组之间存在学习程度差异较大的情况加以调整,使各小组的优等生、中等生、差生合理搭配,学生程度达到基本平衡.在学习任务下达后,按各自能力与专长分工合作.小组合作学习能为学生提供一个较为轻松、自主的学习环境,提高了学生创造性思维的能力.在合作性的课堂教学中,师生、学生和学生之间的交互活动是多边进行的,学生有更多的机会发表自己的看法,并且学生能充分利用自己的创造性思维,形成相同问题不同答案,学生的学习环境更为宽松,自主发挥的空间更为广阔,另外,在小组的合作学习中,同伴之间相互帮助,动手实践,在实验中发现,探究科学的奥秘,提高了学习兴趣,通过满足学生的各种内在需要激励了他们的参与意识,并能使他们在参与学习的活动中得到愉悦的情感体验.小组合作学习的方式强化了学生对自己学习的责任感,和对自己同伴学习进展的关心.这有利于师生间的有效沟通,有利于学生间的彼此了解,有利于学生相互帮助、相互支持、相互鼓励,从而促成他们亲密融洽的人际关系的建立,进而培养合作能力和团队精神.

向分组讨论要高效

近几年各学校都在采用不同的方式,提高教学效果,兴化学校也不例外,从2010年开始学校就推行"二七一"高效课堂模式,目的是想让学生真正成为课堂的主人,参与知识产生的每一个过程.为了达到这一目的,要求每一节课都尽量要进行分组讨论;刚开始,教师都在摸索着进行,分组讨论的效果不太好,任何改革都需要一个过程.如今已是实施的第七年了,这期间,有部分教师的分组讨论效果很好,为高效课堂增加不少色彩,只要想到这个问题,我的思绪就一下子被拉到与那些分组讨论成功的教师们的交流中去了.

让我把他们的成功经验与大家一起分享:

第一,合理地组建小组,是实施高效讨论必不可少的一个环节.这一环节都要在课前进行,具体操作方法如下:

以一个班30名学生为例,分成五个组,一个组六名学生,把30名学生按平时的成绩排名,1—5名分别是五个组的第一个学生,记为A_1;6—10名分别是五个组的第二个学生(第1名和第10名是一个组),记为B_1;11—15名分别是五个组的第三个学生,记为C_1;16—20名分别是五个组的第四个学生,记为A_2;以此类推,第五个学生和第六个学生分别记为B_2,C_2.在各组按学生的能力选出成绩好、责任心强,有一定组织能力的学生担任小组组长,如此,小组组建成功.

第二,对组长进行培训:

1.组长要用自己的学习热情感染所有的组员,小组长应该是全组同学学习的榜样.

2.组长在老师的逐步引导之下能帮助组员掌握一些合作学习的基本技能.小组合作学习的关键是交流技能的培养,如学会倾听、学会质疑、学会表达、学会合作、学会展示、学会接受、学会总结等等.

3.组长能根据组员的特点做好合理的分工,比如主持、记录、导演、总结等.

4.为确保所有学生都能参与活动并在活动中受益,小组长要对合作活动过程进行公正客观的评价,依据课堂评价标准进行评价,包括自学、组内活动交流、展示中的表现和态度等;有及时评价,即进行口头表扬或批评.这样的评价方式,会促进每个成员努力争先,也促进了组与组之间的竞争.

5.小组长能综合小组成员意见,最后能做出总结发言.小组内可能有解决得不够满意或解决不了的问题,小组长能够带领大家进行整理归纳,以便组与组之间交流时与其他小组共同探讨.

第三,课堂上需要高效地进行小组讨论:

在上课时,让学生按照所分的组坐好,注意A_1与A_2相对而坐,B_1与B_2相对而坐,C1与C2相对而坐;在对学合作时,对于较简单的问题,组长先让A2、B2、C2学生分别给A1、B1、C1学生去讲出自己的观点,说得不完整时,A1、B1、C1学生给予补充,最后组长加以汇总小结,并及时向老师汇报,小组讨论完成.对于较难的问题,组长先让A2、B2、C2学生分别给A1、B1、C1学生讲出自己的观点,能讲多少讲多少,要鼓励他们多说,讲不清楚的,再由A1、B1、C1学生分别给A2、B2、C2讲,若还有问题,由组长组织组员一起解答;如若组内成员还不能解答,向老师说明,在组和组之间解答,还可以在老师的提示下解答.

组长在讨论中很重要,小组长是老师的小助手和代言人,是一组之魂.讨论环节怎样让组员用心参与,在参与讨论的过程中要让组员真正地用心,剔除讨论环节的水分,可以采用下面的方法:

1.比较难的问题由组长给大家边写边讲,让大家边听边记,讲完后,请本小组中一位同学对着组员再讲一遍.

2.比较简单的问题,可以让本组内能讲明白的学生讲,这样组长就可以边听边关注本组内同学的表现.

第四,分组讨论要高效,教师应该注意以下问题:

1.分组讨论教学法要注意发挥好教师的主导作用,讨论什么、什么时候讨论,以及在讨论过程中对学生的监控、帮助、指导,对学生讨论结果的总结归纳,让学生的思维在讨论的基础上,再上一个台阶,教师起着不可替代的作用,所以这种教学法也一定要发挥好教师的主导作用.

2.分组讨论教学法在一段时间内要严格控制好各组组员的相对稳定性,因为有些学困生为了在讨论过程中投机取巧,他们会在教师不注意的时候换组,换组后教师对各组的监控会有难度,换组后,也会影响学生讨论的效果,所以教师是不允许学生随便换组的.

3.分组讨论教学法还必须注意发挥好组内小组长的带头作用,学生在讨论过程中每组都需要一个组织者、领导者,带领大家共同完成老师布置的任务.

4.分组讨论教学法还应该注意做好提前准备工作:我们在应分组讨论教学法处理习题的时候,如果学生没做,他们自己提前没思考,拿出一个题目,自己都不知道题意,当然讨论就进行不下去,当然勉强讨论也不会有好的效果,特别在处理习题讨论时,我们必须让学生提前完成对应的习题,再进行讨论.

5.分组讨论教学法还应该注意在各种课型中有不同的形式,切忌不分课型不分时机,什么课都要分组讨论,对教学效果的好坏不加考虑.

总之,分组讨论要取得高效,还需要我们一线教师坚持不懈的努力,因为要取得好的效果,就必须花费更多的精力去做课前准备,让我们一起在探究中克服困难,在教学中一起成长,让高效课堂分组讨论更高效!

数学中"小题大做"

——从2016年陕西中考中一道数学题谈起

2016年陕西中考数学试题中,第一大题选择题的第9小题是这样的:

9.如图,⊙O 的半径为4,△ABC 是⊙O 的内接三角形,连接 OB,OC.若∠BAC 与∠BOC 互补,则弦 BC 的长为(　　)

A.$3\sqrt{3}$

B.$4\sqrt{3}$

C.$5\sqrt{3}$

D.$6\sqrt{3}$

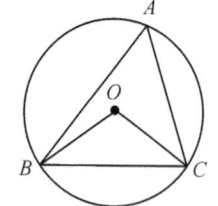

我们先从考查这一知识的原型题出发,发现出题者对每一个小题的思维及探索过程.

1.如图,等边三角形 ABC 内接于⊙O,连接 OB,OC,那么∠BOC 的度数是(　　)

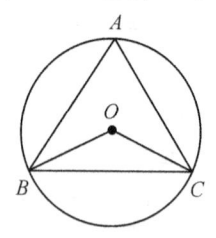

本题主要考查了在圆内接三角形中圆周角定理,要求熟练掌握等边三角形的性质.

由等边三角形的性质我们知道:∠A=60°;再依据同弧所对的圆心角是它所对圆周角的2倍,所以可得∠BOC=2∠A=120°.

2.如图,△ABC 内接于半径为5的⊙O,圆心 O 到弦 BC 的距离等于3,则∠A 的正切值等于(　　)

A.$\dfrac{3}{5}$　　　　　　　　B.$\dfrac{4}{5}$

C.$\dfrac{3}{4}$　　　　　　　　D.$\dfrac{4}{3}$

这道题将圆内接特殊的三角形变成一般的三角形,主要考查圆心角与圆周角的关系;勾股定理;等腰三角形的三线合一、三角函数的意义.

如图,由题意可得:OD⊥BC,OD=3,OB=5,在直角△OBD 中,由勾股定理可得,$BD=4$;在直角$\triangle OBD$中,由三角函数的意义可得:$\tan\angle BOD=\dfrac{BD}{OD}=\dfrac{4}{3}$;又知同弧所对的圆心角是它所对圆周角的2倍;所以可得$\angle BOC=2\angle A$;在等腰三角形OBC中,因为$OD\perp BC$,所以$\angle BOC=2\angle BOD$;等量代换$\angle BOD=\angle A$;因此,$\tan\angle A=\tan\angle BOD=\dfrac{4}{3}$.正确应当选择 D.

3.如图,$\odot O$是等边$\triangle ABC$的外接圆,$\odot O$的半径为4,则等边$\triangle ABC$的边长为_____.

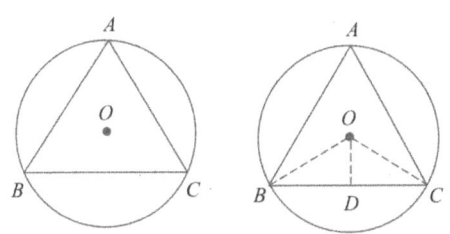

这道题圆内接三角形是特殊的三角形,等边三角形;主要考查的知识点有:等边三角形的性质、垂定定理、同弧所对的圆心角与它所对圆周角之间的关系、直角三角形中的三角函数之间的关系;

具体过程如下:连接OB,OC,过点O作$OD\perp BC$于D,

∴$BC=2BD$.

∵$\odot O$是等边$\triangle ABC$的外接圆,∴$\angle BOC=120°$.

∵$OB=OC$,∴$\angle OBC=\angle OCB=30°$.

∵$\odot O$的半径为4,∴$OA=4$.

∴$BD=OB\cdot\cos\angle OBD=4\times\cos30°=4\times\dfrac{\sqrt{3}}{2}=2\sqrt{3}$.

∴$BC=4\sqrt{3}$,

∴等边$\triangle ABC$的边长为$4\sqrt{3}$.

故答案为:$4\sqrt{3}$.

我们回过来再看2016年的中考数学试题中的第9题:如图,$\odot O$的半径为4,$\triangle ABC$是$\odot O$的内接三角形,连接OB,OC.若$\angle BAC$与$\angle BOC$互补,则弦BC的长为( )

A.$3\sqrt{3}$

B.$4\sqrt{3}$

C.$5\sqrt{3}$

D.$6\sqrt{3}$

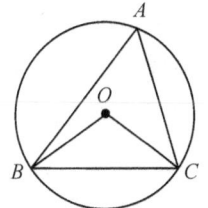

可以看到这道题只是将上面第 3 题的特殊三角形变成一般三角形,而加上了一个角的条件:$\angle BAC$ 与 $\angle BOC$ 互补,其他条件不变,所求的结论也没变;出题者对上面的题进行了深入的研究才做出这样的改动的.在上一题求 BC 长的过程中,我们只用到等边三角形的一个角 $\angle A = 60°$,其他等边三角形的条件都没用上,所以,将圆内接等边三角形改为圆内接一般的三角形,而当 $\angle BAC$ 与 $\angle BOC$ 互补时,又因为 $\angle BOC = 2\angle BAC$,从而可得 $\angle BAC = 60°$,这样就转化成上一道题了.

解:过点 O 作 $OD \perp BC$ 于 D,则 $BC = 2BD$,

∵ $\triangle ABC$ 内接于 $\odot O$,$\angle BAC$ 与 $\angle BOC$ 互补,

∴ $\angle BOC = 2\angle A$,$\angle BOC + \angle A = 180°$,∴ $\angle BOC = 120°$,

∵ $OB = OC$,∴ $\angle OBC = \angle OCB = = 30°$,

∵ $\odot O$ 的半径为 4,

∴ $BD = OB\cos\angle OBC = 4 \times \sqrt{3}/2 = 2\sqrt{3}$,

∴ $BC = 4\sqrt{3}$

故选 B.

这道题共考查了以下几个知识点:垂径定理、同弧所对的圆心角与它所对圆周角之间的关系、直角三角形中的三角函数.

从知识的生成过程可以看这几道题,先从特殊的简单题到一般稍加难度的题,再由此变成加大难度的特殊题,通过对这个特殊题的分析,将其变成一般题;从这几道题的解答过程中,我们总结出解答这一类题的方法和思路:(1)对于已知圆的半径、弦心距、弦长这三个量中的两个,求另一个量的问题;(2)对于已知圆的半径、弦心距、弦长这三个量中的一个,又知道一个角的大小,求某一量的问题.这样的两类型题我们都可以想办法将已知量集中在一个直角三角形中,利用勾股定理或三角函数之间的关系达到解答的目的.当然这样的题一般要作辅助线.

我们不妨将 2016 年中考数学试题的第 9 题做这样的改变:

如图所示,已知 $\triangle ABC$ 为 $\odot O$ 内接三角形,$BC = 4\sqrt{3}$,连接 OB,OC.若 $\angle BAC$ 与 $\angle BOC$ 互补,求 $\odot O$ 的半径.

垂径定理、同弧所对的圆心角与它所对圆周角之间的关系、直角三角形中的三角函数;这几个知识点都是初中要考查的重点知识,将这几个重点知识融入一道中考题中,而且将条件全部一般化,可见出题者是经过缜密思考才将其作为中考题的.从这样一个小题中,我们可以清楚地展现出小题不小,考查的是多个重点知识的恰当融合.因此,每一道中考题都有一定的研究价值.

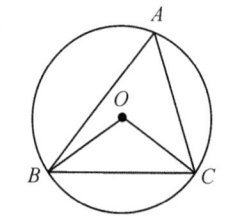

学困生较多时,如何进行合作学习?

近几年来兴化学校的生源在发生着变化,我们学校地处县区,离西安、咸阳较近,交通便利,较好的学生都选择到西安咸阳上学;每个班的学困生越来越多.针对这一问题,我们正在实践着探索着,摸索出一套方法:

(一)首先要合理分组.教师根据学生性别、成绩、能力、爱好等方面的特点,将班级学习划分成若干学习小组.分组时,要保证组内学生好、中、差搭配适当;对于学困生较多的,一定在组内建立优帮差的对子;并在评价激励积分上,对结成的对子要有体现,学困生进步的,不但要给学困生积分,而且也要给帮扶的优等生积分.

(二)让学困生有效地融入小组合作学习中是关键.1.一对一地让优等生对学困生进行课前预习辅导,让学困生胸有成竹.2.要为学困生营造一个宽松、优越的学习环境,让学困生积极地参与小组合作交流.小组发言时让学困生先说,这样他们就可以选择简单的,容易理解的回答.让他们有话说,有机会说,同时教师也应及时参与到小组合作的学习中去,并对学困生的学习情况及时地进行鼓励、引导和帮助,让学困生充分体会到合作学习的乐趣.3.发放展示卡,用展示卡才能在课堂上发言,每人每节课两张,每人发言一次收回一张,用完不准代替小组发言.这样优秀的学生就会把简单问题让给学困生去回答,复杂问题自己再出手.当然在课堂上我们更要鼓励学困生对较难问题说出自己的观点.4.让优等生学会倾听.倾听,是合作学习的基础,不管采取任何活动方式,能听、会听是最根本的.合作学习时,优等生思维敏捷,表达能力强,处于合作学习的优势.在他们内心深处有一种对学困生看不起的因素,认为学困生的想法对他们帮助不大,说不说无所谓,干不干不碍事,只要自己会了,小组的任务就完成了.当学困生发言时,他们处于一种不耐烦的状态,极易伤害学困生的自尊心,把想说的话又吞回肚里.为了解决这一问题,可采取让优等生对学困生的回答进行点评,他们的错在哪里?如何纠正?正确的观点是什么?

(三)有效地评价激励.要善于发现学困生的闪光点,及时予以肯定;在积分上,小组派优等生展示,比如给1分,中等生给2分,学困生生则给3分,若想得分多,尽量让学困生代表本组发言.我们在教育评价中要考虑学生特点,针对不同的评价对象,找到适合学生发展的评价方法.合理的教学评价能激发学生上进,调节学生行为,指出学生努力的方向;不合理的评价不仅不能促进学生的学习,甚至会妨碍学生潜能的发挥.

1.给学困生创造得到肯定的机会,及时发现和表扬他们的点滴进步.任何人都需要得到别人的承认,学困生尤其需要.因此,教师千万不能让学生给自己定型为学困生,教师要找到适当的方法,如老师的一个会心的微笑、一个赞许的点头、一次亲切的抚摸,都是他们极大的动力.2.确定合理的评价目标,为学困生确定适合他们的评价标准,让他们获得成功的体验.由于学困生自身的特殊性,与优秀学生相比较,他们获得成功的体验是不多的,这就需要老师针对学困生的特点为他们提供成功的机会.评价他们最好不进行横向比而进行纵向比,注重发展学生的个性.3.慎重使用否定评价,以免挫伤学困生的积极性,使他们产生消极情绪.每个学生都渴望得到教师真诚的信任、尊重和帮助,他们渴望教师的爱心.

(四)有效的展示方式可以培养学生的合作学习能力.在课堂教学中,多数学困生不喜欢举手发言,其实有时也没有机会轮到他们发言,久而久之,对上课所学内容毫无兴趣,成为课堂学习的陪客,我在课堂教学中,非常重视让学困生发言.比如,新课一开始复习旧知识时发言机会、例题讲完后巩固练习的发言机会以及复习课上的发言机会,我都会优先留给学困生.开始他们不举手或很少举手,回答时吞吞吐吐,声音很低,但坚持一段时间后,他们就逐渐会比较自觉地举手,现在我们班的数学学困生在平时上课时发言很积极,只要他们会一般就会举手,而且发言时越来越爽快,声音也越来越响亮.其次我在课堂教学中,经常选一些学困生到黑板上板演,主要是课后练一练以及练习中的基本题.开始几次他们往往会因为胆怯而出错,到后来会慢慢习惯,甚至抢着板演.课堂上将继续寻找时机多对学困生的课堂表现予以肯定鼓励,让他们增加自信心;在作业批改时,将会继续用一些富有针对性、指导性、鼓励性强的语言评价他们,激励他们按时、独立完成作业;每次测试后将继续帮助他们分析,肯定好的地方,找出不足,点出下一步奋斗的目标等不断地对学困生给予关注、帮助,促使他们不断进步.

总之,对于学困生我们要不放弃、有耐心、有爱心,他们一定会有较大进步的.事实也证明了这点:我们班从初一开始各科都排在年级最后,经过我们所有代课老师的坚持,始终坚持不放弃一个,对于能力差的学困生,我们利用课间时间为他们辅导,给他们找优等生及时给予辅导等方式,提高了他们的学习积极性;对于留守儿童,缺少父母疼爱的学生,我们在学习生活细节上给予关爱;对于浮躁不安的学生,我们会耐心地教导他们,让他们能安心学习.经过两年的努力,这个班的每一名学生都很自信阳光,学习成绩由原来的年级最后一名,提升到在年级七个班中排名第二.我们更期待他们在毕业这一年更辉煌的成绩.

有效评价培养学生合作学习能力

随着课改的深入,现如今我校高效课堂正如火如荼地进行着.新课程背景下课堂教学也有了很大的变化:它打破了传统教学的模式,真正把主动权交给了学生,而学生也从被动的旁观者转变为积极的参与者.在老师的带领下,学生能积极参与、体验、享受课堂上的快乐,通过先自学,然后合作、探究、交流、展示、点评、解决疑难问题,大大地提高了学生的积极性和学习效率;交流展示是整个课堂的主旋律,学生的动应贯穿于整节课堂的始终.通过学生的动口、动手、动脑,来展示成果,以达到活跃思维、锻炼勇气、培养能力、塑造人格的目的.教师要有全员学生参与的意识,调动更多学生的学习热情,让学生无拘无束地"动",随心所欲地"说",在课堂的零干扰状态下主动求知,以学促教.教师要鼓励学生大胆阐述自己与别人不同的见解和意见.

一、课堂展示类型

1.组内小展示

由小组长组织在组内进行的展示,对学中尚未解决的问题或一些生成性的问题,解决最为基础的问题.并由小组长将组内交流还未解决的问题由学习组长汇报给老师,便于教师把握学情,为班内大展示做好铺垫.

2.班内大展示

一要有展示,二要有点评.展示时小组选派代表在班内展示带有共性的问题,易错的问题.展示时一般由 B 层、C 层同学展示,由 A 层同学负责点评或拓展.教师要适时追问、点拨、启发、引导学生,对课堂进行调控.点评时,点评的内容则应该是具有针对性、拓展补充性.对展示组的人员参与度、精彩度、准确度、团结协作等方面的优点与不足进行点评、打分.

每节课可任定一组为点评组,其他组为展示组(点评组和展示组可轮流担任).

二、如何对学生的展示进行有效的点评

1.合理构建小组,即小组的划分

"展示与思考同在,质疑与探索同行",构建小组互帮互学机制是高效课堂共享智慧的重要保障.为了对所展示知识点进行更有效的点评,小组的构建应考虑差生与优生的搭配,把学生分为 A、B、C 三对学习伙伴,让他们对展示内容进行充分的讨论之后,让 B、C 层展示,A 层点评,使点评更高效.

2.对点评学生进行课前培训

为了使点评更高效,确保学生点评时重点突出、点评到位,课前老师要对这些点评学生进行"手把手"培训.告诉他们哪些是重点、易考点,点评时对重点、考点突出强调;哪些是只需了解的,一点而过.同时点评时语言要简洁扼要,声音要洪亮,仪态要大方,要给学生一种可以信任和依赖的感觉.

3.老师要精讲点拨,精益求精,努力提高自身文化底蕴

在要求学生用简洁的语言点评时,教师也要做到.教师要敢于放手,特别是对学生已点评清楚的内容,没有必要再讲;对于一些重点、易考点,学生点评没有到位时,教师可着重强调和重点点拨.这就无形中要求教师在课下一定要做好充分的备课,并且在课余时间给自己充电,以便在课堂上做到游刃有余,点评时更加精彩到位.同时教师要用赏识性语言对学生进行评价(人的内心深处都有一种根深蒂固的需要,那就是渴望被人赏识,同样学生也是如此),即使学生回答得有点偏离主题,你也不能一票否决,这样会挫伤学生的各方面的积极性的,还要用画龙点睛的手法对规律性东西进行总结,更要用狙击手的做派,对展示质疑过程中的没有解决的问题进行瞄准、射击.

三、在课堂展示过程中坚持做到以下几点

1.展示课堂"三允许":允许学生出错;允许学生保留不同看法;允许学生向教师质疑、提意见.

2.展示课堂"四不讲":学生能说的不讲,学生能研究出来的不讲,学生能自己操作的不讲,学生能自己得出的结论不讲.

3.展示课堂"五转移":由过去以教师为主体的课堂向现在以学生为主体转移,由过去的讲明白向现在的学生自悟明白转移,由教师提问为主向学生提问为主转移,由强制性课堂管理向科学自主开放式管理转移,由过去教师演示向现在的学生自己参与教学实验转移.

4.展示课堂"六让":书本让学生看,思路让学生讲,问题让学生提,规律让学生找,结论让学生想,实验让学生做.

5.学生在课堂中展示对教师的要求更高:我们将课堂还给了学生,让学生尽情展示,并不是说就和老师没有关系了,不是说老师可以像放羊一样,看着学生就可以了,而是对老师提出了更高的要求:宏观掌控课堂,能对所有学生明察秋毫,及时引导思维四散的学生,朝着既定目标前进,适时点拨误入迷途的学生,时刻关注表现异常需要帮助的学生,做好幕后引导引领的工作.

当然教无定法,展示和点评也不应固于模式,所以要灵活运用,适合自己的才是最好的.展示是一个动态的、多元的过程,需要教师加以指导、引导和培训.要根据具体的教学内容灵活多变地确定汇报展示的形式,使汇报展示成为课堂的一大"亮点".请老师用好赞扬、鼓励和批评,只有这样才能挖掘学生的潜能,发挥学生的特长,帮助学生认识自我,建立自信,并建立和谐的师生关系,使孩子们在一种愉悦、宽松的气氛中学习.只有这样他们才敢于表现,敢于质疑,敢于争论.评价是无形的激励,恰当的评价能促进学生课堂展示水平的提高,它直接影响到学生课堂展示的积极性和课堂教学的效果,多给学生鼓励,多用赞美的语言、多用欣赏的眼光鼓励学生积极参与.

谈在小组合作后学生如何进行有效展示

从课堂效果和学生发展来看,"展示"这一环节既可以检查学生对知识的理解、掌握情况,又可以检查各小组的合作互助情况,同时也给学生的素质发展提供了一个锻炼展示的平台,它应当是课堂中最精彩最关键的一环.但如果操作不好就会耗时、费力,不仅不能在课堂上完成学习任务,也直接影响学生的学习兴趣和学习效果.

一、为了展示更有效,在小组合作学习中,必须做到:"两分钟措施""互不干扰措施""一个声音措施"逐步让学生形成合作学习习惯,掌握合作学习的技巧和技能,培养学生合作学习能力.

1."两分钟措施":在小组交流或全班展示时,学生要提前组织语言,发言时简明、有条理,尽量不要超过两分钟,这样既有助于规范学生用语精练,又能让更多的同学有参与讨论的机会.

2."互不干扰措施":在组内交流时,学生交流发言的声音要适中,以本组同学能够听清为标准,不能影响其他组同学的学习活动.在课堂上,对学生发言的一般要求是合作学习畅所欲言,展示学习简洁凝练.

3."一个声音措施":在小组合作学习中,学生要在小组长的组织下交流,发言时一个人发言,其他人注意倾听,与自己的见解进行比较、分析、补充、质疑.

二、汇报展示时学生要体现动、全、活、趣.动,就是要让学生从肢体到思维均要动起来;全,全员参与,整体联动;活,灵活多变,有灵动性,而不死气沉沉;趣,即生动有趣,学生愿意、乐意去做.常见的汇报展示形式如下:

1.朗读课文展示

组长进行分工,通过朗读对文本进行解读.朗读形式可以多种多样:男女分角色、表演读、齐读、范读、轮读、挑战读、组长引读等.

2.讲解

由小组内一人进行主讲,其他人进行补充.讲解时要从表面深入中心,找重点词句,谈体会,谈感悟.学生研学后,由一组代表汇报,其余小组补充.这样不仅让每个小组展示汇报了研学的成果,还培养了学生的倾听能力.

3.释疑

由汇报小组回答其他小组的提问和质疑.在汇报展示时要做到汇报小组全员参与,集体释疑,互相补充.

4.课本剧表演展示

在思考理解到位的基础上,小组分工进行表演,通过表演进行汇报展示.比如邱春秀老师上《鲸》一文时,小组成员分工明确,一人读,其余成员表演,做出鲸呼吸时生动有趣的情态.

5.辩论会展示

由汇报小组回答其他小组的提问和质疑时,提出具有争议性的问题,每组派代表现场辩论.全班分成两派,汇报时非常激烈,学生在不断争辩中明白了道理,受到了启发.

三、展示要注意以下几个问题.

1.学生在独立思考基础上进行交流.

2.明确目标,需要展示的是哪些部分和哪些内容.

3.展示提升:讲解问题、思路、方法、过程、关键点、易错点、规律、变式等都可作为展示内容.

在此环节,教师要注意以下几点:

一是要注意聆听学生讲解.注意调动和引发学生思考,如问:你同意他的观点吗?还有没有更好的方法?有没有其他方法?等等.

二是教师要引领优秀学生总结解题规律和解题方法.

三是要关注展示学生,有展示学生的站姿、语序、肢体语言等,有展示学生知识内容是否正确,要对展示学生进一步追问.还要更关注倾听学生:是否认真倾听,是否再做其他事情,教师要注意及时纠正.

4.穿插总结:学生可以结合展示内容进行补充完善,形成结合或口诀.教师要结合学生展示,进行点评和总结提升.

5.达标测试:结合课堂进行灵活处理.

小组汇报展示是一个动态的、多元的过程,需要教师加以指导、引导和培训.要根据具体的教学内容灵活多变地确定汇报展示的形式,使汇报展示成为课堂的一大"亮点".

青年教师是学校的希望

——让青年教师尽快成为培养学生合作学习能力的行家

青年教师是学校可持续发展的基础,因此青年教师的培养至关重要.教师成长是终身学习发展的过程,应是职前教育、新任教师培养和职后培训的整体.实践说明,优秀教师的教学内容处理能力、运用教学方法和手段的能力、教学组织、语言表达能力、教育科研能力与学生交往能力,这几种能力的形成主要在新任教师培养和职后培训.为加强教师队伍建设,提高青年教师的综合素质,促进青年教师尽快成为思想过硬、业务精良的教育教学能手,尽快成为在自己的课堂培养学生合作学习能力的主力军,从而展现自己的学科魅力.我们做了如下工作:

(一)思想政治方面

提高青年教师思想政治素质,是培养青年教师成长成才的首要环节.除进行必要的集中理论学习外,更重要的是要把思想政治素质的教育贯穿于日常各项工作过程中,及时给予正确的引导,帮助他们树立正确的人生观、世界观和价值观,从而使他们不断加强对自身的严格要求,正确理解教师的本质内涵,发挥教书育人的积极性,树立崇高的使命感和责任感,为人师表,以身立教.培养他们热爱教育事业、热爱教育工作的思想,帮助他们牢固树立爱岗敬业精神,巩固专业思想,遵守职业道德,为人师表,率先垂范.

(二)教学方面

1.指导编写导学案:导学案是讲课的基础,要求青年教师认真备课,写好教案是一个极重要的环节.青年教师通过对教材的刻苦钻研及阅读有关参考文献、图书资料,通过分析思考,对教学内容有深刻理解后才能写好导学案.导学案不是教材内容的翻版,导学案的好坏,关系讲课的质量,因此导师指导青年教师编写并审阅他们的导学案是非常必要的.

2.师徒结对,形成一帮一的教学氛围:根据学科情况给每一位青年教师找一位教学经验丰富、责任心强的教师形成一帮一;师徒之间签订协议书,明确师徒两人各自的任务和职责,并定期检查实施情况.双边听课:青年教师应从"扎实基本功、丰富教学经验、授课灵活生动、调节课堂气氛、浓缩教学内容、调动学生学习兴趣"等各种教学风格中去选择相应的教师观摩听课;通过模仿探索,并逐步形成自己的风格.青年教师在观摩教学的过程中重点要掌握教学活动中教师的主导作用、课堂教学与美感教育的关系、启发式教学与吸引学生的方法等,扎扎实实地从教学工作所必须具备的思想和业务素质去分析研究教学工作的规律,从而做到有目的、有计划地系统听取有经验老教师的课程,做好听课记录,学习老教师在课堂上如何组织教学内容,如何运用教学方法、教学手段、掌握教学环节,如何运用教学语言和表情,正确对待学生个性的差异,实行因材施教.导师根据具体情况有选择性地听课.导师听课了解青年教师教学情况,发现问题及时指出,并且就具体内容讲法进行探讨,使他们尽快熟悉教学内容及教学方法,把握尺度,成长更快.导师不仅注意青年教师的理论教学,还要随时了解他们的实验课教学效果.

(三)学校领导对青年教师的课进行诊断

为了让青年教师尽快适应教学,成为培养学生合作学习能力的行家,校长组织学校领导随时推门去听青年教师的课,每一位领导将学校所有青年教师的课逐个听一遍;同时组织青年教师座谈会,座谈会在教研主任梁洋洋的主持下进行,兴化学校的巨校长、袁主任、张主任及青年教师所对应的导师参加了会议.在座谈会上校领导对青年教师的课逐个进行点评,使青年教师要明确一节高效课应具备的条件,在课堂上如何发挥学生的主体作用,培养学生的合作学习能力,指出他们今后应努力的方向,并带领大家学习了高效课堂的标准.青年教师一致表示今后要扎扎实实地从教学工作所必须具备的思想和业务素质去分析研究教学工作的规律,从而做到有目的、有计划地系统听取有经验老教师的课程,做好听课记录,学习老教师在课堂上如何组织教学内容,如何运用教学方法、教学手段、掌握教学环节,如何运用教学语言和表情,正确对待学生个性的差异,实行因材施教.

青年教师的培养是一项长期的工作,我们要扎扎实实地做好这项工作.通过培养,使青年教师努力钻研业务,提高课堂教学质量,有扎实的基本功;不断学习语言和教学法的理论;了解本学科的发展趋势和前沿信息;有严谨治学态度和缜密科研方法;注重团结协作,教学科研相结合,从根本上提高学术水平;掌握现代媒体技术,勇挑重担,在课程建设与教学改革中成长.

教研篇

研究着——让课题成为解决教学困惑的桥梁

问题即课题,课题是以问题解决为研究目标的研究活动.为了改变教师的教学理念,让课堂教学更有效,此处围绕教师在高效课堂实践中存在的问题,就课题研究方面总结了如下几点:首先教师通过学习有关课题研究方面的知识不断充实自己,遇到问题请教名师团队中的名师,与他们交流学习;其次通过走出去参加有关课题的专题培训,与优秀的导师近距离对话,解决自己研究课题过程中的困惑,掌握研究课题的方法和思路.本人主持完成的"十三五"规划课题"信息技术环境下初中数学切片教研与微课应用的研究",解决了中考复课中有效利用信息技术录制微课,帮助更多的学生理解数学中考的重点和难点知识;陕西省学科带头人专项省级课题"数学课堂中培养初中生合作学习能力的实践研究",探索出数学课堂中培养初中生合作学习能力的方法和思路;咸阳市级课题"数学课堂有效分组培养初中生合作学习能力的实践研究",找到了通过有效分组培养初中生合作学习能力的方法.除了自己主持完成了多项课题外,更重要的是带领工作室成员和学校的全体教师研究课题,通过对大家进行课题专项培训及单独指导等方式,让教师们明确研究课题的目的、方法、流程,使课题研究常态化.教师们从不会研究到主持完成县级、市级、省级课题,从个别教师参与研究课题到全员参与研究课题,提升了教师研究课题的能力,培养了大家交流学习的习惯.

课题研究的过程是个人思维不断升华的过程,遇到教学中的问题通过课题研究进行解决成为常态.此处以陕西省学科带头人专项省级课题"数学课堂中培养初中生合作学习能力的实践研究"的研究过程为例.

一、课题的背景

《数学课程标准》(2011版)"合作学习"中,要求遵循认识规律,努力为学生创造自主探究、合作交流的空间,为师生营造教学创新的氛围,为师生互动式教学提供丰富的资源,促进现代信息技术与数学课程的整合,改进教材的呈现方式,提高学生学习数学的兴趣,培养学生的合作学习能力,可以提高学生学习数学的兴趣,因为兴趣是最好的老师.

培养学生的合作学习能力,目前国内研究的很多,国内核心期刊中主要以课例呈现为主,只有极少的实践与理论相结合的研究.如:黄文雅在《初中数学课堂教学小组合作学习存在的问题及对策研究》中,提出了六个对策,对于这六个对策在实践中能不能实施?实施的效果如何?需要不断地进行理论研讨,并在自己的实际教学中去验证.要把师生的合作学习培养成一种能力,还需要在实践中经历观察、实验、猜测、验证、推理、计算、证明等活动过程,不断地探索.

本课题拟对中学生数学课堂学生学习过程中合作学习因素进行挖掘并整合,以寻

求更为适合当前中学生数学课堂中,学生合作学习的能力培养的方法.因此,这里将主要探讨以下两个方面的问题:

(1)通过文献调研、教师访谈、学生问卷了解当前中学生数学学习中合作学习的现状与问题,分析影响中学生合作学习的因素.

(2)以调查结果为依据,以课堂教学为主线,提出中学生数学课堂培养学生合作学习能力的策略.

二、研究的意义和价值

(一)研究意义

合作学习,是教学中学生学习的一种组织形式,是学生在团队中为了完成共同的学习任务,按照明确的责任分工进行的互助式学习,通常以小组学习为主要形式.合作学习是当今教育改革的主流之一,是新课程大力倡导的重要学习方式.合作学习是时代发展的必然要求,因为合作学习既是一种学习方式,也是一个教学目标,更是一种生活态度,使学生在学习中学会合作,在合作中学会生存.我们的教育教学活动更应该努力创设合作学习的情境,切实为学生养成合作学习能力搭建舞台.

(二)研究价值

1.提高学生自学能力.这才是教学最本质的要求,也是教学的根本目的,最大限度地发挥双方的能动性和创造性,才能充分发挥教学活动的最大效应,达到最佳的教学效果.

2.以课题促进教师的专业化发展.本课题研究涉及11名教师、3个县区、5所学校.按照课题的方向,研究结果均要经过其他跨县区团队的实证检验,旨在课题的研究更加关注区域的代表性,并能充分发挥团队的智慧,进而促使团队成员进一步对影响学生合作学习及改善数学教学的研究方向进行聚焦,并最终通过科学严谨的研究成果,引领一线教师对学生合作学习因素高度关注和科学培养,有效提高教学的水平,推进基础教育课程改革的深入发展.

三、课题研究的理论依据

(一)教学互动理论

所谓互动,基本上有三种互动的方式,即生生互动、师生互动和师师互动."互动"是合作学习教学思想的最主要思想.通过对合作学习的心理学研究表明,在合作学习过程中,具有明显的积极互动,即指积极的相互依存关系,个人与集体息息相关,只有集体成功自己才成功,因此,这种互动是一种积极的相互依赖的活动.

(二)主体性教育理论

主体教育理论认为人的主体性是人的自然性和社会性的最本质的特征.培养和发展人的主体性,说到底就是要通过启发、引导受教育者的教育需求,创造和谐、宽松、民主的教育环境,有目的、有计划地组织、规范各种教育活动,从而把受教育者培养成为自主地、能动地、创造性地进行认识和实践活动的社会主体.

(三)建构主义学习理论

建构主义学习理论认为学生是认知的主体,是知识意义的主动建构者,在教学过程中教师只是学生意义建构的帮助者而非知识的灌输者,教师要构建有效的、平等的师生对话和生生对话的课堂氛围,实行协作学习开发学生差异资源,改善课堂教学评价体系,实现学生在最近发展区内个性的发展和对知识的主动意义建构.

(四)合作学习理论

合作教学理论认为每个学生由于发展水平、兴趣爱好不同,对同一事物有不同的理解和认识深刻上的差异,而这种差异正是学生间可以进行交往与合作学习的前提."只有在有交往、有知识和经验存在差异的人的场合,才会有教学的出现"(季亚琴科).合作学习的优越性体现在:首先合作学习能够促进学生间在学习上的互相帮助、共同进步.其次,合作学习还能激励学生个体发挥出自己的最高水平.另外,合作学习更有利于促进学生智力、能力和社会情感的和谐发展.

四、开展调研,理清现状

2010年开始兴化学校在兴平市教育局的领导下,已经开始进行课堂中学生合作学习能力的探索,不管是刚开始学习山东昌乐二中的"二七一"高效课堂模式,还是学习杜郎口中学的"三三六"高效课堂模式,都是督促教师能将学生作为课堂的主体,培养学生的合作学习能力,从而提高学生的综合能力和综合素质.

前期研究时,我校为了让教师尽快改变教学观念,真真正正以学生为主体开展教学,培养学生的合作学习能力,拟定了我校特有的"三五二"高效课堂模式,让学生通过独学、对学、群学,培养学生课堂学习的探究能力及合作学习的能力.在研究的过程中,我们对学生和教师进行了问卷和访谈,发现目前我校"培养学生的合作学习能力"具体表现为:

(1)学生合作学习的积极性不高;合作学习只是走过程、做样子,没有实质上的收获,达不到合作学习的真正效果.

(2)教师的观念没有从根本上改变,有领导或老师听课时,就可以在课堂上注重学生的合作学习,能认真组织课堂,以学生为主体,通过探究学习、合作学习充分发挥学生的主体作用;没有人听课时,马上变成一节自导自演的课,在课堂上只是标榜自己,不管学生反应.

经过课题组成员抽丝剥茧,分析原因,发现存在的问题有以下七个问题:

(1)随意分组讨论,不注重小组成员搭配的合理性;

(2)学生的合作参与度不均衡,缺乏合作的主观意识;

(3)合作内容不适合;

(4)忽视合作学习中的弱势群体;

(5)教师角色不到位;

(6)评价不全面,缺少有效的评价方法;

(7)缺少有效的展示方式.

五、开展研究,提出对策

(一)合理安排好小组合作学习的对象

1.确定小组人数.每一小组可以分为四到六人,每组人数太少,每位同学要分担的任务较多,在一定的时间内不能较好地完成任务,人数太多,又会让有的同学无所事事,两者都不利于学习,提高学习效率.

2.搭配小组成员.我们将班内学生均分为优、中、差三类,从每类学生中选两个学生组成六人学习小组,按学习成绩记为 A、B、C 三类,号码分别为 A1、A2、B1、B2、C1、C2,其中 A 号同学的成绩最高,C 号同学的成绩最低,并从中挑选组织协调能力较强且认真负责的同学为组长.组长负责分配任务、组织讨论、安排展示、督促作业等.在对学时,简单题可以让差生给优生讲,复杂题让优生给差生讲.

3.进行合理分工并轮流.教师可以安排组织能力强的同学作为组长,组长直接对教师负责.组长根据问题对小组成员进行分工,当然,在学生掌握了一定的小组合作技能后,分工之间可以互相轮流,这样可以尽量地让每个学生体验到各自的价值和担任不同角色的感受,帮助学生建立任务感和责任心.

(二)有效展示小组合作学习的成果

1.展示内容

展示内容贵在精,必须是学生深入探究的问题,每一个问题,按照什么方式和思路展示,在课前都应该有适当的预设,每一个问题都有它的教学价值,只是展示的程度需要教师掌控,小组代表进行展示时不应只是把题目的解答过程简单地给大家讲解一遍,而应重点展示本小组是如何发现解决问题思路的,是如何克服在解题过程中遇到的障碍和困难的,要把本组最有特色的东西讲出来,我们在设计预习作业时应该善于捕捉重、难点和易错点等有讨论价值的内容,将那些主干知识、重点内容及有思考价值,并对发展学生能力有较大帮助的问题,作为学生进行小组合作研讨和展示交流的重点.

2.展示方式

(1)用好口头展示.并不是小组合作学习的所有成果都要面面俱到地通过黑板板书的形式来体现,展示的形式既可以是书面板书,也可以口头表达,在某些情况下,口头表达要比书面板书更省事更有效.比如在辨认有理数乘方中的底数、指数、表示意义时,口头表达比书面板书更简洁有效.

(2)学困生优先展示.在小组合作学习的教学实践中,体现学困生优先展示的原则.可以用积分来帮助实现这一原则,如果 A 号同学上去展示的话,最多只能为本组赢得三分的加分,C 号同学上去展示成功的话,则可以为本组赢得多达六分的加分,于是课堂上许多小组为了取得更多的分数,往往会选取 C 号同学上去展示.这样就会让小组为了荣誉,使 C 号同学全力以赴,钻研学习,向 A 号同学请教,而 A、B 号同学也会耐心为 C 号同学讲解.

(3)合作展示.通常是小组内合作展示,比如两人同时展示,让其中一人书写或操作,另一人同时检查或讲解,有时为了提高效率还可采用以一个小组为主,其他小组完善补充,也可将总的学习任务分解成几个问题分别由不同小组展示.

(4)大展示和小展示的运用."小展示"指小组内由学科组长组织的展示,组员将学习成果在小组内进行展示汇报.小展示的目的:一是组员分享群学的学习收获;二是暴露独学中尚未解决的问题,并将学习收获和疑问板书在暴露区,便于组间互学和教师掌握学情.

"大展示"指小组在全班范围内进行展示汇报,一般由教师组织,也可由学生代表组织.大展示就是要展示在独学、对学、群学后小组没有完成的知识点和小展示中暴露的没有完全掌握的知识点、易错点.大展示展示的内容是全班范围内具有共性的问题或重点内容,深层展示包括学习的方法总结、规律探寻,学习的新发现、新思考、新感悟或新的成果展示等.

(三)关注小组合作学习的评价

1.评价的方式是多样化的.要充分体现学生主体地位,然后教师评价力求全面科学,而又具有激励性.

(1)教师与学生之间的评价交流.教师的评价对学生有很强的引导性,不但能让学生正确地认识自我,树立信心,而且对于学生的相互评价具有榜样模范作用,有利于让学生发现同学的优点,促进相互合作.教师评价时要关注学生的个性差异,不要用完美无缺的答案作为评价结果的唯一标准,而要根据学生的回答情况,分析其中积极的因素,采用鼓励性语言,发挥评价的激励作用,可以从学生的学习品质、思维品质和心理品质等角度进行评价,但同时还要指出下一次需要改进的地方.

(2)学生与学生之间的评价交流.学生之间的评价交流可采用自我评价交流和互相评价交流的形式,如让学生自评、生生互评、组间互评.学生在自我评价交流中,教师要善于引导学生思考自己在问题解决过程中的成功之处和不足之点进行自我评价.同时要引导学生"三对照".一是对照自己的认识和同学的认识有何异同;二是对照自己的认识和课本上的结论有何不同;三是对照自己和同学的解题思路与方法是否相同、不同在何处、哪种方法简洁.学生在互相评价交流中,教师要鼓励学生贵在参与,讲多讲少不苛求,说对说错不要紧,允许学生有想法就说,有意见就提,达到取长补短之目的.

2.评价的内容要全面.第一要评价学生参与探究性学习活动的态度,第二要评价学生在探究活动中的方法技能掌握情况,第三要评价学生在创新精神和实践能力的发展情况,第四要评价在学习活动中所获得的体验情况,第五要评价学生的学习结果.

3.评价积分制.实行任务型教学和差异性教学,对每一节课、每个小组的每个学习任务完成情况进行记录,并进行积分,同时大幅度降低对学困生的要求.在下课后,学习委员将课堂上各小组的得分统计下来,以一周为单位评出本周的优秀小组,每月也会评出本月优秀小组进行表扬和奖励.

(四)熟练掌握小组合作学习的技能

在合作型学习的过程中,学生不仅可以相互间实现信息与资源的整合,不断地扩展和完善自我认知,而且还可以学会交往,学会参与,学会倾听,学会尊重他人,因此熟练掌握小组合作学习的技能,有效进行小组合作尤为重要.

1.给学生独立思考的时间.在课堂上合作学习之前,应给学生充分的独立思考的时间.这是学生对知识和问题内化的过程,在这个过程中学生对接触的内容进行初步的感知,进而形成自己的解决方案.

2.人人都能参与讨论.教师可以设置由简到难有梯度的问题,在操作活动中,具体分工,每人都有任务,或鼓励学困生展示等,通过这些方式,让每个学生在合作学习中都要发言,即便没有找到解决问题方案的学生,在听了别人的发言之后,也要针对自己思考中的障碍进行反思.

3.确保课堂有序性.要想使合作学习最有效,教师必须在课堂有序性上下功夫,在备课的时候教师要设计好课堂上合作学习的每一个环节,无论是师生合作,还是生生合作,教师都要做到心中有数,使课堂上的交流活而不乱.

4.保持教师主导地位.《数学新课标》指出,在数学活动的探索过程中,教师是学生数学活动的组织者、引导者、合作者.在合作学习过程中,教师要摆正自己的位置,在学习小组发表自己的见解和指导要恰到好处,学会倾听,善于鼓励,放心让学生去做,学生会的教师不讲.指导少而精,是教师主导地位的具体体现.

六、课题研究结果

经过一年的课题探究,在课题组全体成员的努力下,本课题完成了课题研究任务,基本达到了预期目标,已经形成了初步成果,取得了较好的实验效果.经过总结归纳,具体分为以下几个方面.

(一)教师方面

1.教师教学观念的转变.通过本课题的研究,更新了教师教学观念,巩固并加深了教师对新课程改革的理解,拓宽了教师对教学方式改变的思路,促进了教师综合素质的提高.

2.促进教学相长.教师的教与学生的学密不可分,同样,教师的督导和学生督促缺一不可.良好的习惯在相互监督和相互学习中逐步养成.

3.培养了教师的教育科研意识.在本次研究过程中,牢固树立校本研究的思想,本着从教学工作的实际问题出发,以解决实际问题为宗旨,让教师们从行动研究中尝到了甜头,利于今后真正做到教与研的有机结合.

4.从课题研究实施到现在,课题组能及时总结教学实践中一些具有参考价值的经验及存在的问题,主动撰写教学反思、案例、论文等.

5.教师能通过不同的方式培养学生的合作学习能力:分组讨论、有效评价、有效展示等等,取得了一定的成效.

(二)学生方面

1."数学课堂中培养初中生合作学习能力的实践研究"课题的研究,使学生学习兴趣大大提高,学生在课堂的参与度很高,学生运用课堂所学的知识和技能的能力明显提高,从而取得显著成效.

2.学生的课堂综合能力有明显提高.学生的胆子大了,合作学习的意识有了明显的提高,在合作过程中遇到问题也能想办法解决.许多从来不爱发言的学生在教师和组长的引导下会主动地发言.组长能按照组员的实际情况进行有效分工,并组织组员在课堂中有效讨论.培养了学生的创新意识和实践能力.通过合作学习,学生们信心增强了,学生搜集、处理、运用信息的能力得到了培养.

(三)实践成果

1.子课题"课堂中有效评价培养初中生合作学习能力的实践研究"成果;

2.子课题"课堂中分组讨论培养初中生合作学习能力的实践研究"成果;

3.子课题"课堂中有效展示培养初中生合作学习能力的实践研究"成果;

4.形成典型的培养学生合作学习能力的教学设计、教学反思等教学实践集;

5.通过网上讨论形成培养学生合作学习能力的教学设计及讨论过程网上讨论集;

6.课题会议记录册;

7.有关培养合作学习的论文集;

8.在一年研究过程中取得的荣誉集.

七、课题研究反思

1.课题研究的成功之处

(1)本研究主要是以基础学科为载体,将具有普遍指导意义的合作学习理论及学习动机理论运用到这一特定的学科上,掌握中学生合作学习的特点和影响因素,探寻培养初中学生数学课堂合作学习能力的方法.

(2)本研究在合作学习理论学习的基础上,更加重视培养学生合作学习的实证性和可操作性的研究,旨在为一线教师提供一套具有可操作性的培养中学生合作学习的方法.

(3)本研究涉及范围广、人员多,其中,课题成员中有三位学校的科研主任、一名校级领导、一名陕西省级名师,有自己的名师团队,经验丰富;更利于研究工作的开展,而且课题之间有分工又有协作,利于资源共享、团队建设、师资提升.

(4)经过进一步研究和探讨,我们将培养学生合作学习能力进行了归类和整理,在本课题中着力解决以下问题:教师进行合作学习的策略研究,如何有效培养学生在课堂上的合作学习能力.

(5)本研究采取对比实验,一方面针对不同县区研究培养学生合作学习能力的策略,分析其共性与差异,并提出一些相关的教学建议;另一方面针对研究结果在不同学校实践,以期了解其可推广性与差异性,总结共性,提出研究前景.

2.存在问题

(1)课堂组织困难重重.我们学校班级学生人数过多(70人左右),分组较多且每组人数太多,课堂秩序很难维持,加之学生学习基础、学习习惯、纪律观念等良莠不齐,为合作学习带来很多困难.

(2)教师观念转变不彻底.教师的观念和能力在一定程度上阻碍了课题研究的顺利实施.如:应试教育的思想在某种程度上影响了课题的有效开展.一部分教师担心合作学习影响考试成绩,仍然采用传统教学方式,只在有领导或教师听课时,才注重学生的合作学习,没有人听课时,依然在课堂上以自己为主体,无视学生的合作探究.

总之,尽管我们在课题研究过程中遇到很多困难,但我们仍要坚持本课题研究内容,要在今后的教学工作中加大宣传力度,把研究的成果、好的做法加以巩固与推广,并往下延伸.今后继续加强教师科研能力的培训和指导.实验教师要学中研、研中学、做中研、研中做,写中研、研中写.面对尚未解决的一些困难,争取在以后的工作中加以解决.

通过本课题的持续研究全体教师的教学观念得到转变,能以学生为主体展开课堂教学,课堂效果突出,教学成果明显提升,师生都有自信心,学生在课堂中能主动发言、主动展示.

在课题研究中我们找到了问题解决的方法,在具体研究中看到了原本不可逾越的问题得到解决的思路,体会到课题研究的真正意义和价值,认识到课题研究是解决教学困惑的桥梁;这也是我们这几年一直坚持做课题的原动力,这种动力会继续持续下去,因为只要在教学中钻研,一定会有不同的困惑出现,再通过课题研究解决一个一个矛盾,无形中提升了教师驾驭课堂的能力,使教师的主阵地——课堂内涵越来越丰富多彩.

附 录

奋斗着——让每一个年轻教师更精致

从2016年5月至今,在陕西省教育厅、咸阳市教育局、兴平市教育局领导的决策下,通过层层选拔,陆续成立了陕西省初中数学梁洋洋工作坊、咸阳市初中数学梁洋洋名师工作室、兴平市初中数学梁洋洋名师工作室,为我们初中数学教师搭建了"名师工作室"发展平台,这对于青年教师无疑是一个很好的学习成长的机会,对于我也是前所未有的挑战.感谢所有领导,感谢名师工作室的所有老师们!自工作室成立以来,我带领名师工作室所有成员,勤勤恳恳、默默奉献,对工作尽职尽责,努力把工作室打造成一个"研究的平台、成长的阶梯、辐射的中心",并且圆满地完成了领导交给的教学及其业务任务,得到大家的一致好评.

做老师,就意味着一辈子做学生.你读了多少书,写了多少文章,和同行进行了多少次交流与互动,参加了多少次培训,就是给自己播下多少学习的种子.只有播下学习的种子,教师才能永葆激情,才能追求卓越!成为名师工作室主持人后,我特别重视个人及工作室成员素质的培养,利用业余时间,鼓励所有成员进行读书活动,分享读书心得;参与各种培训,不断地提升自我;带领工作室成员参加了兴平市教育局组织的电子白板培训、中考复课研讨会、同课异构及同课同构等活动;三次走进上海参加培训,一次去杭州,多次去西安学习,每次坚持每天写培训心得,并将心得分享给工作室成员,让他们线上学习.在提升了个人业务能力的同时,也让我明白:一个人可以走得快,但一群人一定会走得很远!这也坚定了我带好一个团队的信心.

成立梁洋洋工作室后,首先制定了工作室制度、工作室培养方案、工作成员考核方案、相关的管理办法.同时要求每位成员按照工作室的要求和自己的工作实际,实行自学、集中学习、网上学习交流等多种形式,努力提高自己及成员们在教育教学上各个方面的能力.为了发挥辐射带动作用,梁洋洋工作室QQ讨论群、梁洋洋名师工作室公众号、梁洋洋工作室微信群三个网络平台同时进行.我们有一支积极向上的团队,每月对成员进行考核,从每月的考核表中,能体现出所有成员的成绩.

我多年连续承担咸阳市教育局组织的"名师大篷车"的送教任务及暑期中小学骨干教师的培训任务;在每次承担的咸阳市"名师大篷车"的送教任务时,我作为初中数学组的组长,带领工作室骨干成员三次走进两个县区,通过课堂诊断、教学交流、同课异构、专题报告等形式,对两个县区初中数学进行培养,辐射带动,取得了良好的效果.在每次活动中,至少听课30节,辐射8所学校,大型交流讨论12场,同课异构4次,课堂诊断报告4场,得到两个县区领导及参加教师的一致好评,同时得到咸阳市教育局来志宏科长的赞誉.记得在淳化交流会开完后,已经很晚了,县区的王老师到处打听我们的住处,晚上赶到宾馆,和我的团队一直交流到11点多.这样的例子会在每年每次培训中发生.走进多所学校,进行教学研讨,培养带动;针对我们学校的实际,每一年请来省级学带、省优秀能手,对我们学校的教育教学进行指导,对工作室成员的课进行交流,年轻教师收获很大;组织工作室成员开展同课异构、同题异构、同课同构等活动,不断促进年轻成员尽快成长;每年3月到6月,最主要的一项工作是微型课的培训及做大赛评委.每年至少组织培训共10次,交流次数更多,目的想通过微型课的培训、磨课、交流等形式能提升年轻教师驾驭课堂的能力和准确把握教材和课标的能力.为了培养更多的青年教师成长,近几年利用暑期和周末,在咸阳市为咸阳地区的数学骨干教师做了微型课体验式培训及高效课堂的体验式培训,我们的目的就是想让更多的老师通过转变角色,体会高效课堂给学生带领的快乐.学生快乐地学,教师轻松地教.这也正是我带领我的团队要实现的最终目标.通过培训转变了教师的理念,能在课堂中以学生为主体展开教学,有效地组织学生在课堂中通过合作学习,增加生生之间师生之间的沟通和交流,课堂效果明显突出;2016年"一师一优课、一课一名师"晒课中我的四名坊员获奖,其中周满宏、南娇艳荣获部级优课,成绩喜人.2017年"一师一优课、一课一名师"晒课中,我的一节《垂径定理》课程获得部级优课.

为了辐射更广,从2016年梁洋洋工作坊成立以来,我们一直坚持利用好交流平台,梁洋洋工作坊的QQ讨论群200多名成员,来自15个县区的教师聚集在一起,每周四在工作坊的QQ讨论群里,围绕不同的主题按任务定时展开讨论.

第一年讨论的具体主题有:

1.认识二元一次方程组(第一课时)陕西省咸阳市兴平兴化学校　梁洋洋

2.陕西省梁洋洋工作坊简报讨论迸发智慧的火花　主持人:梁洋洋

3.立方根教学设计　兴化学校　杨维

4.梁洋洋工作坊(室)第24期简报　主编:梁洋洋　杨维

5.有理数的加法(一)兴平市庄头初级中学　张伟

6.陕西省梁洋洋工作坊(室)线上教学研讨简报(31期简报)　主编:张伟

7.字母能表示什么　华兴中学　白莉

8.梁洋洋工作坊(室)第37期简报　主编:梁洋洋　白莉

9.应用一元一次方程——打折销售　陕西省咸阳市乾县灵源初中　胡淑庆

10.在交流中学习,在学习中成长　主编:梁洋洋　胡淑庆

11.《整式的加减》教学设计　兴化学校　张卫卫

12.用心交流、共同进步　主编:梁洋洋　张卫卫

13.北师版九年级上册第四章《黄金分割》　兴化学校　周满宏

14.集思广益　携手共进　主编:梁洋洋　周满宏
15.一次函数的图象　兴化学校　张明伟
16.集思广益　群策群力　主编:梁洋洋　张明伟
17.用配方法求解一元二次方程　陕柴中学　刘璇
18.集思广益　共同进步　主编:梁洋洋　刘璇
19.《30°,45°,60°角的三角函数值》教学设计　阜寨初级中学　李浩丽
20.陕西省梁洋洋工作坊(室)第64期学习简报　主编:李浩丽
21.应用二元一次方程组——鸡兔同笼　兴化中学　杨登菊
22.陕西省梁洋洋工作坊(室)第72期简报　主编:梁洋洋　杨登菊
23.相似三角形的性质(一)　兴化学校　张巧嫣
24.群策群力　卓越成长　主编:梁洋洋　张巧嫣
25.一定是直角三角形吗　兴化学校　张雅蓉
26.陕西省梁洋洋工作坊(室)第77期学习简报　责编:张雅蓉
27.平行线的判定　庄头中学　南娇艳
28.梁洋洋工作坊(室)第79期简报　主编:梁洋洋　南娇艳
29.《心中有他人》导学案　兴化学校　赵勤
30.梁洋洋工作室(坊)第81期简报　兴化学校　赵勤
31.《茅屋为秋风所破歌》　兴化学校　王旭化
32.兴平市梁洋洋工作室第82期简报　兴化学校　王旭化

为了给工作室年轻教师鼓气,我带头主持了第一次主题讨论活动,具体的讨论成果如下:

认识二元一次方程组(第一课时)

【教学目标】

(1)使学生会判断二元一次方程(组),能判别一组数是否是二元一次方程(组)的解;(2)会根据实际问题找出等量关系,建立二元一次方程或二元一次方程组的数学模型;(3)通过加深对概念的理解,提高对"元"和"次"的认识;(4)能够由一元一次方程(解)定义的类比,得出二元一次方程(解)的定义,并通过变与不变对比,学会辩证统一地看待问题.

【教学重点、难点】

重点:使学生会判断二元一次方程(组);能判别一组数是否是二元一次方程(组)的解;

难点:会根据实际问题找出等量关系,建立二元一次方程或二元一次方程组的数学模型.

【教学过程】

一、预习检测(用6分钟,前三道题独立完成,小组长检查,后两道题各小组长带着全组共同完成)

1.下列方程是一元一次方程的是(　　)

A.$2x+y=8$；　　　　B.$x^2-5=4$　　　　C.$1/x=8$　　　　D.$5x-8=2$

2.下列哪一个x的值是一元一次方程$3x-6=6$的解(　　)

A.$x=1$　　　　B.$x=2$　　　　C.$x=3$　　　　D.$x=4$

3.写出多项式$xy-2x-1$中各项及各项的次数.

4.老牛的包裹数比小马的多2个;老牛从小马背上拿来1个,老牛的包裹数就是小马的2倍.它们各驮了多少包裹呢？（等量关系用文字等式写出）

由老牛的包裹数比小马的多2个,可得等量关系是＿＿＿＿＿＿＿＿＿＿＿＿＿；

老牛从小马背上拿来1个,老牛的包裹数就是小马的2倍,可得等量关系是＿＿＿＿＿＿＿＿＿＿＿＿＿＿＿＿＿＿＿.

5.昨天,我们8个人去红山公园玩,有大人和儿童,买门票一共花了34元.每张成人票5元,每张儿童票3元,你知道他们到底去了几个成人、几个儿童呢？（等量关系用文字等式写出）

由8个人去红山公园玩,有大人和儿童,可得等量关系是＿＿＿＿＿＿＿＿＿＿＿＿＿；

买门票一共花了34元.每张成人票5元,每张儿童票3元,可得等量关系是＿＿＿＿＿＿＿＿＿＿＿＿＿＿＿＿＿＿＿；

设计意图:为本节课用类比一元一次方程的定义得出二元一次方程的定义、用一元一次方程的解的含义类比得到二元一次方程的解的定义奠定基础;本节课的难点是:会根据实际问题找出等量关系,为了让难点能突破,在预习检测中设计了4、5两道题,在课前预习时也将这两个问题作为重点,将课堂的难点分解.充分调动学生学习的积极性.

二、合作学习

(一)情景导入[用6分钟;注意:(1)一个组准备派两名同学在板上展示两道题,一个书写,另一个检查;(没有展示任务的,组长带领组员在组内讲解);(2)板上展示完后,组内其他成员共同商议,如何讲解并定讲解人;(3)由一名学生面向全班进行讲解.]

1.学生结合图片配音讲故事:请同学们找出故事中的等量关系.设老牛驮了x个包裹,小马驮了y个包裹,用每一个等量关系列一个方程.

2.昨天,我们8个人去红山公园玩,有大人和儿童,买门票一共花了34元.每张成人票5元,每张儿童票3元,你知道他们到底去了几个成人、几个儿童呢？请同学们找出故事中的等量关系.设去了x个成人,y个儿童,用每一个等量关系列一个方程.

设计意图:这是本节课的难点,用配音讲故事的方式激发学生学习的兴趣,引发学生的兴趣,引出紧紧抓住学生心弦的情境,唤起学生的求知欲望,燃起学生智慧的火花,使学生积极主动地思维;再有预习中对这两个问题的合作学习,学生很容易列出方程,建立了方程模型;为下一阶段学习打下基础,让学生又明确数学都来源于实际生活,为生活服务.通过小组成员的展示和有效的评价,充分体现小组合作,提升学生解决问题的能力;对小组比较明确地分工,人人有事做,事事有人干,能提高学生的参与性.

三、探究新知(10分钟)

1.想一想:$x-y=2$　$x=2(y-1)$　$x+y=8$　$5x+3y=34$

上面所列方程:(1)各含有几个未知数?(2)含有未知数的项的次数是多少?(3)方程两边是否是整式?(类比一元一次方程的定义得出二元一次方程的定义)

2.二元一次方程的定义:含有两个未知数,并且所含未知数的项的次数都是1的方程叫做二元一次方程.

3.当堂训练1:请判断下列各方程中,哪些是二元一次方程、哪些不是?并说明理由.

(1)$x^2+y=20$；　(2)$3x-1/y=5$；　(3)$3a-4b=7$；　(4)$xy=1$

4.利用微课得出二元一次方程组的意义:

二元一次方程组的定义:含有两个未知数的两个一次方程所组成的一组方程,叫做二元一次方程组.

二元一次方程组的特点:

(1)由两个一次方程组成；

(2)整个方程组含有两个不同的未知数；

(3)各方程中同一字母必须代表同一量.

5.当堂训练 2:判断下列方程组是否是二元一次方程组:① $\begin{cases} x+y=2, \\ xy=1, \end{cases}$
② $\begin{cases} 2x-y=5. \\ x=2. \end{cases}$

设计意图:通过类比一元一次方程的定义得出二元一次方程的定义,并通过当堂训练巩固二元一次方程的定义;相关的概念类比、分析,分清它们的异同点,并注意适用范围,小心隐含陷阱,帮助学生从中反省,以激起对知识更为深刻的正面思考,使获得的概念更加精确、稳定和易于迁移.再通过微课让学生明确二元一次方程组的意义及二元一次方程组的特点,并通过当堂训练及时巩固它的意义.概念一旦获得,如不及时巩固,就会被遗忘.巩固概念,首先应在初步形成概念后,引导学生正确复述.这里绝不是简单地要求学生死记硬背,而是让学生在复述过程中把握概念的重点、要点、本质特征.

四、合作探究

根据情景二的方程进行探究:(10分钟,要求:先完成第1题,各组只判断 x,y 的

一组值是不是两个方程的解,并选定讲评的学生;第2题每一小组说出符合x,y的一组值);

1.下列每组x,y的值哪些满足二元一次方程(1)$x+y=8$;哪些满足二元一次方程(2)$5x+3y=34$?

($x=1,y=7$) ($x=2,y=6$) ($x=5,y=3$) ($x=2,y=8$)

2.你还能写出方程$x+y=8$的解吗?由此可得出什么结论.

3.既适合方程(1)$x+y=8$又适合方程(2)$5x+3y=34$的一对x,y的值是多少?

二元一次方程的一个解:适合一个二元一次方程的一组未知数的值,叫做这个二元一次方程的一个解.(一个二元一次方程有无数个解)

二元一次方程组的解:二元方程组中各个方程的公共解,叫做这个二元一次方程组的解.

4.当堂训练3:

(1)下列四组数值中,哪些是二元一次方程$x-3y=1$的解?

(A)$\begin{cases}x=2,\\y=3;\end{cases}$ (B)$\begin{cases}x=4,\\y=1;\end{cases}$ (C)$\begin{cases}x=10,\\y=3;\end{cases}$ (D)$\begin{cases}x=-5,\\y=-2.\end{cases}$

(2)二元一次方程组$\begin{cases}x+2y=10,\\y=2x\end{cases}$的解是( )

(A)$\begin{cases}x=4,\\y=3;\end{cases}$ (B)$\begin{cases}x=3,\\y=6;\end{cases}$ (C)$\begin{cases}x=2,\\y=4;\end{cases}$ (D)$\begin{cases}x=4,\\y=2.\end{cases}$

设计意图:通过类比一元一次方程解的意义得出二元一次方程的解的意义,在运用的过程中理解二元一次方程的解有无数多个;再结合二元一次方程组的意义得出二元一次方程组解的意义及二元一次方程组解的特点.当堂训练加深对概念的理解,培养学生的数学能力及对数学概念的深刻理解,是提高学生解题能力的基础;反之,也只有通过解题,学生才能加深对概念的认识,才能更完整、更深刻地理解和掌握概念的内涵和外延.

五、达标测评(8分钟)

请同学们独立快速完成下列练习题,5分钟后老师公布答案,对子互批,组长统计答题结果:

1.下列四个方程组中,是二元一次方程组的是( )

(1)$\begin{cases}x^2+2y=10,\\y=2x;\end{cases}$ (2)$\begin{cases}2xy=19,\\y-4x=7;\end{cases}$

(3)$\begin{cases}\dfrac{1}{x}+2y=10,\\y+7x=9;\end{cases}$ (4)$\begin{cases}x+4y=10,\\x-y=8.\end{cases}$

2.二元一次方程组$\begin{cases}3x+2y=12,\\x+y=5\end{cases}$的解是( )

A. $\begin{cases} x=4, \\ y=3; \end{cases}$　　B. $\begin{cases} x=2, \\ y=3; \end{cases}$　　C. $\begin{cases} x=3, \\ y=2; \end{cases}$　　D. $\begin{cases} x=3, \\ y=3. \end{cases}$

3.今有鸡兔同笼,上有三十五头,下有九十四足,问鸡兔各有几只?可列一个方程组:设鸡由 x 只,兔有 y 只.

设计意图:通过测评,了解学生对本节课重点知识、难点知识的掌握情况,以便课后辅导有针对性.

六、谈一谈本节课的收获,你有什么疑惑?（3分钟）

七、布置作业（2分钟）

分类布置作业:必做题:习题5.1　1、2、3题

选做题:4、5题

这是一节概念课,概念是反映客观事物本质属性的思维形式.数学概念,就是事物在数量关系和空间形式方面的本质属性,是人们通过实践,从数学所研究的对象的许多属性中,抽出其本质属性概括而形成的.它是进行数学推理、判断的依据,是建立数学定理、法则、公式的基础,也是形成数学思想方法的出发点.学习概念就是为了在理解的基础上应用概念.而且当概念与知识、方法结合起来应用的时候,对学生的能力就是一种挑战,也是一次学力提升的机会.

一个多小时的讨论,18个人的团队,大家彻底被这样的集体力量所征服,每一个人收获都很大.首先使这节课的思路更清晰,为培养学生课堂合作学习能力提供了更具体的做法,也让我们看到了未来教学发展更广阔的前景.今天热烈的讨论情景,让我们有理由相信:在不久的将来,我们团队的年轻教师很快能成长成咸阳市级名师、省级名师,他们不但会在自己的岗位上发挥应有的作用,并且能辐射带动更多的教师尽快成长.

这样的线上讨论使工作室的成员在教学能力方面得到一定的提升,善于在教学中反思、总结形成论文,并在杂志上发表;另外可以使工作室成员在教学实践活动中培养学生合作学习的能力;最后辐射带动更多的学校,让所有教师能更新教学理念,提高教育教学水平.也坚定了工作室坚持将线上讨论继续做下去的决心.

随着工作室的壮大,QQ 群线上讨论活动也越来越正式.2016－2017年度,为了提高讨论效率,工作室出台了线上讨论活动的实施方案,如下所示:

陕西省梁洋洋名师工作坊QQ群以网络为载体,开展教育教学研究活动,集聚成员集体智慧.在过去的一年中,初步实现工作坊"畅谈教育理想,分享教学经验,反思研究过程,共享学习资源"的美好愿望,关注教学前沿,重视典型引领,促进专业成长,构建学习共同体,努力使工作坊成为"思想的集聚地,名师的孵化地",同时,把先进的教学理念和教学模式融入具体的教学实践中,指导教学过程中运用合作学习的模式,效果显著.

为充分发挥名师的专业引领、带动、辐射作用,加速教师专业化发展,培养造就更多的优秀教师,更好地为教育教学工作服务,特制订本工作坊QQ群活动实施方案.

一、指导思想

以党的教育方针为指导,深入贯彻落实科学发展观,把教师队伍作为教育事业科学发展的第一资源,以培养高层次教育教学专业人才为核心,建设本工作室,旨在发挥名师的示范、引领、辐射作用,打造数学学科骨干教师团队,引领教师队伍整体素质提升.

总体目标:

鉴于本学期各个县、市、省级教学能手比赛在即,同时本学期也面临中考,特制订本学期 QQ 群活动的总体目标:

(1)微型课的示范与研讨(2月中旬—4月底).在团队中培养更多的名师,促进中青年教师专业成长.

(2)中考复课中的合作学习(5月份—6月底).把合作学习用于中考复课教学实践中,提高教育质量,深化高效课堂改革.

二、具体要求

(1)微型课的示范与研讨:针对各县、市、省级教学能手比赛的要求,上好微型课是非常重要的.因此,特安排本工作坊省级名师先进行微型课的设计示范,大家在工作群里学习研讨,提升自我,进而再上微型课,实现名师引领,同伴互助.

(2)中考复课中的合作学习:针对九年级中考复课的课型,选择性地运用小组合作学习的教学模式,教师设计教学案例,本工作坊成员积极参与,互相学习,共同提升.

三、工作坊 QQ 群活动安排表

结合上述实施方案,将具体活动分配至工作室的老师,便形成了每学期的活动安排表.

梁洋洋名师工作室 QQ 群活动安排表

(2016—2017 学年第一学期)

2016 年 9 月

序号	主持人姓名	时间	序号	主持人姓名	时间
1	梁洋洋	2016 年 9 月 8 日	10	刘 璇	2016 年 11 月 24 日
2	杨 维	2016 年 9 月 22 日	11	李浩丽	2016 年 12 月 1 日
3	张 伟	2016 年 9 月 29 日	12	杨登菊	2016 年 12 月 8 日
4	白 莉	2016 年 10 月 13 日	13	张巧嫣	2016 年 12 月 15 日
5	胡淑庆	2016 年 10 月 20 日	14	张雅蓉	2016 年 12 月 22 日
6	张卫卫	2016 年 10 月 27 日	15	南娇艳	2016 年 12 月 29 日
7	周满宏	2016 年 11 月 3 日	16	赵 勤	2017 年 1 月 5 日
8	张明伟	2016 年 11 月 10 日	17	王旭化	2017 年 1 月 12 日
9	梁洋洋	2016 年 11 月 17 日			

续表

活动要求：
1.主持人(安排中的教师)就准备好的一节课与大家进行探讨,侧重如何培养学生的合作学习能力和每个设计环节的意图.
2.大家在QQ群跟帖,就设计中你认为的优缺点进行研评,写出优点原因或缺点改进设计,全部文字展示.
3.主持人将大家讨论过程截图,写一份简报;将修改后的课上传共享.
4.交流时间:每周四晚8:00—9:00,不见不散!

梁洋洋名师工作室QQ群活动安排表

(2016—2017学年第二学期)

2017年2月

序号	主持人	主评人	时间	序号	主持人	主评人	时间
1	金西平	梁洋洋	2017年2月16日	10	南娇艳	梁洋洋	2017年4月20日
2	梁 莉	金西平	2017年2月23日	11	赵 勤	金西平	2017年4月27日
3	张 伟	梁 莉	2017年3月2日	12	胡淑庆	梁 莉	2017年5月11日
4	张雅蓉	白 莉	2017年3月9日	13	白 莉	白 莉	2017年5月18日
5	张卫卫	胡淑庆	2017年3月16日	14	周满宏	胡淑庆	2017年5月25日
6	杨登菊	张 伟	2017年3月23日	15	张巧嫣	张 伟	2017年6月1日
7	杨 维	王旭化	2017年3月30日	16	王旭化	白 莉	2017年6月8日
8	张嫒丽	杨 维	2017年4月6日	17	张明伟	李浩丽	2017年6月15日
9	刘 璇	李浩丽	2017年4月13日	18	李浩丽	杨 维	2017年6月22日

活动要求：

1.序号是1—11的主持人提前准备好一节微型课进行讨论,序号是12—18提前准备好一节九年级复习课进行讨论;主持人(安排中的教师)就准备好的一节课与大家进行探讨,侧重如何培养学生的合作学习能力和每个设计环节的意图.

2.主评人全程掌握讨论的时间及过程,衔接好主持人与参评人讨论中问题的设置及解答,让讨论要有实效;结束后写出结束语,并公布参加本次有效讨论的人员名单.

3.大家在QQ群跟帖,就设计中你认为的优缺点进行研评,写出优点原因或缺点改进设计,全部文字展示.

4.主持人将大家讨论过程截图,写一份简报;将修改后的课上传共享.

5.交流时间:每周四晚8:00—9:00,不见不散!(网上讨论完后,王旭化老师就整个网上讨论写一份总结)

姓 名	分配任务
梁洋洋 李浩丽 任娟峰	整式、分式方程及分式运算;课题申报书、结题报告

续表

姓　名	分配任务
白　莉　王　红	三视图、与圆有关的最值;结题报告
杨　维　南娇艳	角、相交线与平行线、简单的尺规作图;结题报告
胡淑庆　张巧嫣	一元一次不等式组、有关测量的实际应用问题;调查问卷及问卷分析(学生和教师)
王　红　白　莉	一次函数的图像与性质、统计;开题报告
金西平　张　伟	平移与旋转、一次函数的实际应用问题;立项书
周满宏　张明伟	三角形的相关性质与判定、圆的综合题;成果鉴定书、研究成果
梁洋洋	二次函数与几何图形的综合题、以几何图形为背景的综合与实践问题
李　媛　张卫卫	科学计算器的使用、概率;课题总计划和总结、每阶段计划和总结
张媛丽　张雅蓉	二次函数的图像与性质、反比例函数的图像与性质;每阶段计划和总结
刘　璇　梁　莉	实数的相关概念及运算、平行四边形的性质与判定、中期报告

梁洋洋名师工作室QQ群活动安排表

(2017—2018学年第一学期)

2017年9月

坊　　主：　梁洋洋
收集审阅整理：　王旭化　赵勤

序号	主持人姓名	时间	序号	主持人姓名	时间
1	梁洋洋	2017年9月14日	10	南娇艳	2017年11月23日
2	金西平	2017年9月21日	11	梁　莉	2017年11月30日
3	张　伟	2017年9月28日	12	胡淑庆	2017年12月7日
4	李浩丽	2017年10月12日	13	白　莉	2017年12月14日
5	张卫卫	2017年10月19日	14	周满宏	2017年12月22日
6	王　红	2017年10月26日	15	张巧嫣	2017年12月29日
7	杨　维	2017年11月2日	16	杨登菊	2018年1月11日
8	张媛丽	2017年11月9日	17	张明伟	2018年1月18日
9	刘　璇	2017年11月16日	18	张雅蓉	2018年1月25日

续表

1.交流时间：每周四 8：00—22：00
2.活动要求：
①主持人(安排中的教师)每周四早晨 8：30 之前就准备好的一节课以 word 文档形式上传并与大家进行探讨,侧重如何培养学生的合作学习能力和每个设计环节的意图.
②每位老师利用个人全天闲余时间(22：00 以前)下载并认真审阅课题,大家在 QQ 群跟帖,就设计中你认为的优缺点进行研评,写出优点原因或缺点改进设计,全部文字展示,主持人及时与大家沟通.
③晚上或第二天主持人尽快将大家讨论过程截图,写一份简报;并依据大家的意见修改课题,将修改后的课题及时上传到指定 QQ 群中赵勤收集,王旭化审简报,共同做好整理工作.
④坊主全盘负责,就阶段性(每隔 4—5 周)问题提出建设性意见,做好坊员协调工作.

梁洋洋名师工作室 QQ 群活动安排表

（2017－2018 学年第二学期）

2018 年 3 月

序号	主持人姓名	时间	序号	主持人姓名	时间
1	刘 璇 梁 莉	2018 年 3 月 22 日	7	金西平 张 伟	2018 年 5 月 17 日
2	梁洋洋 任娟峰	2018 年 3 月 29 日	8	周满宏 张明伟	2018 年 5 月 24 日
3	白 莉 王 红	2018 年 4 月 12 日	9	梁洋洋 李浩丽	2018 年 5 月 31 日
4	杨 维 南娇艳	2018 年 4 月 19 日	10	李 媛 张卫卫	2018 年 6 月 7 日
5	胡淑庆 张巧嫣	2018 年 4 月 26 日	11	张嫒丽 张雅蓉	2018 年 6 月 14 日
6	王 红 白 莉	2018 年 5 月 10 日			

活动要求：

1.主持人(安排中的教师)就分配好的两个中考知识点与大家进行探讨(探讨前由两位主持人先同课同构、集体备课),侧重于①考：该知识点中考如何考；②错：学生在学习中易错部分,并举例说明；③得：主持人在本知识点群总结的方法和技巧及个人经验；④惑：主持人在备这部分知识点中,对处理教材或与学生互动设计不满意的部分与大家进行交流；

2.两位主持人每人负责一个知识点,大家在周四一天就主持人的以上四点发表个人见解,两位主持人之间也可以相互讨论,全部文字展示；

3.杨登菊老师将每个人发表的观点复制在 word 文档里,包括主持人的,进行汇总；

4.主持人截图写一份简报；

5.交流时间：每周周四,不见不散.(赵勤和杨登菊负责资料的整理和工作室的宣传工作)

梁洋洋名师工作室 QQ 群活动安排表

（2018－2019 学年第一学期）

2018 年 9 月

序号	领读人姓名	时间	序号	领读人姓名	时间
1	梁洋洋 金璇	2018 年 9 月 13 日	10	张 伟	2018 年 11 月 22 日
2	金西平	2018 年 9 月 20 日	11	张明伟	2018 年 11 月 29 日
3	杨 维	2018 年 9 月 27 日	12	马 兰	2018 年 12 月 6 日
4	周满宏	2018 年 10 月 11 日	13	张雅蓉	2018 年 12 月 13 日
5	白 莉	2018 年 10 月 18 日	14	康 艳	2018 年 12 月 20 日
6	梁 莉	2018 年 10 月 25 日	15	张卫卫	2018 年 12 月 27 日
7	任娟峰	2018 年 11 月 1 日	16	南娇艳	2019 年 1 月 3 日
8	李浩丽	2018 年 11 月 8 日	17	张媛丽	2019 年 1 月 10 日
9	王 红	2018 年 11 月 15 日	18	刘 璇 张巧嫣	2019 年 1 月 17 日

活动要求：

1.本学期我们将通过 QQ 群，共同学习数学理论知识：初中数学新课程标准解读；

2.每周四有胡淑庆老师将周三领读任务用 word 形式发送到 QQ 群；

3.领读人（安排中的教师）就分配好的领读任务按照上边安排的时间（周四）在 QQ 群中用语音领读；

4.其他成员在周四一天内用语音在 QQ 群中跟读，领读人周五进行统计参与人员名单，并公布在群中；

5.主持人截图写一份简报；

6.交流时间：每周周四，不见不散.(赵勤和杨登菊负责资料的整理和工作室的宣传工作).

梁洋洋名师工作室 QQ 群活动安排表

（2018－2019 学年第二学期）

2019 年 2 月

序号	时间	课题	主备人	主评人
1	2019 年 3 月 7 日	反比例函数的图像及其性质	金 璇	白 莉 梁洋洋
2	2019 年 3 月 14 日	分式方程	夏 虹	康 艳 南娇艳
3	2019 年 3 月 21 日	平行四边形的性质与判定（特殊平行四边形）	李浩丽	杨 维

续表

序号	时间	课题	主备人	主评人
4	2019年4月11日	统计	梁丽	王欢 张伟
5	2019年4月18日	有关测量的实际应用问题	赵扬帆	张雅蓉
6	2019年4月25日	一次函数的实际应用问题	张媛丽	张卫卫
7	2019年5月9日	概率	王红	周满宏
8	2019年5月23日	圆的综合题(23题)	叶佩	张明伟
9	2019年6月6日	二次函数与几何图形的综合题(24题)	马兰	刘璇 任娟峰
10	2019年6月13日	以几何图形为背景的综合与实践问题(25题)	王清梅	胡淑庆 王亚风

活动要求:
1.主备人(安排中的教师)就分配好的中考知识点与大家进行讨论(讨论前主备人将自己备的教学设计或导学案发送QQ群).
2.主评人(安排中的教师)将主备人的讨论稿第一时间进行主评,文字展示;工作室其他成员跟评,并由主评人写本期简报.
3.杨登菊老师收集教学设计或导学案及主评人和跟评人的评价并装订成册(设计、评价分开装订).
4.赵勤老师对工作室成员每月进行考核.

可以看出,线上讨论活动越来越规范,得到的反响也越来越好.坚持只为了年轻的你能更精致,通过每学期一个主题的探讨,特别是对中考考点如何考、考什么、如何做的交流,让群里所有老师明确中考方向,每个考点基本的思路和做题方法更清晰;通过对课标的领读、跟读,理论上理解课标,更有利于理解教材及编者的意图;直击课堂,每一个课堂再现的探讨都离不开对教学方法及学生学习方法的研究,在学习中年轻教师的教学思路更灵活,教学方法多样化.

有人会经常问我:你每天忙碌着,带着一群人不知疲倦地工作,你的收入一定很高吧? 当听到没有任何待遇时,当事人会用异样的目光看着我,我只能说,因为爱所以爱.

梁洋洋工作室成立以来,带领大家经过不懈努力,通过网上讨论及课堂实践,培养了不少的省级教学能手、市级教学能手和县级教学能手,工作室成员的整体素质有较大的提升,这对于我们数学人来说只是冰山一角,为了辐射更多的数学人共同成长,我们必须坚持着、创新着……

在关注留守儿童方面,我们也献出了自己的一片爱心.我们利用有限的假期,随壹基金关爱团,对留守儿童进行心理辅导及爱心辅导夏令营活动,让更多的留守儿童身心健康,安心学习.而在2020年疫情期间带领工作室成员对15名医护人员及公安人员子女进行了一对一辅导,其中对逆行英雄兴平市人们医院护士长岳战妮的女儿高一萍建立独立钉钉辅导群,得到社会的关注.兴平市人民医院、兴平妇联、咸阳妇联都进行了报道.我很自豪:我们也为疫情做出自己一点贡献.坚信:只要人人献出一点爱,世界将变成美好的人间.

一、理论为导向,强化基本功

每一位年轻教师的成长中,都离不开理论知识的支撑.刚开始上班的老师会觉得每节课很简单,一节课很快就完成了教学任务;但随着时间的推移,老师的经验越来越丰富,会感到每一个知识点都不好讲,最关键是想讲好很难.在教学过程中经验的积累无形中也在进行理论学习,一节课不再只停留在将知识说完就行,而在考虑教材的目标是什么?这样讲学生能否接收?这样出示问题学生能理解不?设计的学习方法学生能否适应?⋯⋯

经验越多考虑得越多,会有压力,原来学的理论知识不够用了,想不断地提升自己的理论知识,会与积极向上的一群人,有共同目标的一群人,不知疲劳地不断学习、探讨、交流⋯⋯在一段时间中会感觉需要学习的太多了,这正好就是最佳的职业状态.

二、课堂为依托,提升真能力

在基本掌握了课标、读懂教材的基础上,开展了以课堂为主阵地的系列活动;微型课是课堂教学过程的再现,与常态课不同的是它时间短.具体过程和常规课堂教学是一样的,也就是教师在讲台上把教学过程进行展示,其间包括老师问题的提出、课堂活动的安排、学生合作解决问题等过程都要再现.有完整的教学环节,包括引入课题、内容讲授(练习)、总结和作业布置四个步骤.因而教师语言要求生动、富有感染力,更应做到精练.

课堂是老师的主阵地,课堂是对老师综合能力的考验,只有在课堂上才能体现一名老师的真正实力.优秀老师上示范交流课,青年教师在听课与探讨中会不断成长,再通过青年教师的汇报课、同课异构、同课同构,交流反思,将会让更多的青年教师收获颇丰.

三、课堂中找问题,课题中求进步

在课堂教学、同伴交流学习中、自我反思中、批改作业中⋯⋯都会发现种种问题,问题即课题,个人在实践教学中不断反思,能找到解答的方法,就作为小课题去研究,在实践中不断完善,形成固定的思路和方法,指导其他教师不断进步,达到研究课题的目的.对于一个人的能力没办法完成的课题,作为大课题,发挥集体的智慧,通过调查问卷了解研究问题师生的现实问题,设计研究方案,经过共同实践、探讨、反思、再实践、再反思、再探讨,形成一定解决问题的思路,在实践过程中了解思路的应用价值,确定有一定推广价值的,将不断推广,并结合实际不断完善.

一朵花有一朵花盛开的时间,一棵树有一棵树成材的年限,让每一个今天都优于昨天,改变就会在你意想不到的时候发生.

后 记

  出书原本对于我来说,是从未想过的事情.而三年前的一次培训彻底改变了我的想法.彼时是2018年,我参加陕师大组织的省级学科带头人三段式培训,记得是在一个下午,主讲专家苏争艳教授带领大家学习讨论,围绕主题我们都提前准备了发言稿,定好了发言顺序,排在第一位的我发言的题目是"'错误资源'为什么会这么红",由于准备充分,发言得到了大家的阵阵掌声和苏教授的赞许,我正在心里暗暗为大家的认可和开了个好头感到高兴时,苏教授突然问我:"你的一级目录和二级目录设计了吗?"我愣住了,因为一开始只是想着将自己的心得整理成一篇文章跟大家分享,没有考虑过目录的事情.正要回答,就听到大家在说:"苏教授,我们准备的是一篇文章,没有什么一、二级目录……"苏教授笑了:"你们对自己的要求太低了,大家都是有着多年实战丰富经验的老师,应当把自己的心得积累按照一本书的思路来准备,才不枉费多年的耕耘."听罢这话,大家和我一样都心里犯着嘀咕:我们能写书吗?文科老师还可以,理科老师不太可能吧……苏教授好像看出了大家的困惑,从大家的疑惑和不自信出发,开始了拉家常式的培训,谈及她个人如何自一个乡村的初中教师成长为大学教授的历程,聊到她身边的优秀教授的付出与成果,她让我们明白:没有做不到的只有不想做的,只要有付出一定会有成效,只有不断地给自己定更高的目标才能发现自己有多优秀.我也就是从那时开始萌生出了写书的想法,并付诸行动.

  经过几年的沉淀,这本书终于完成了,首先要感谢省、市、县、校领导搭建的各种成长的平台,给予的信任,提高了我个人的认识,让我能敢想敢做,大胆地将自己的设想付诸行动;要特别感谢工作室所有成员的大力支持,特别是优秀工作室成员——省级教学能手们,你们是我这几年坚持的动力,看到你们的每一个进步成长,都让我更有动力和决心要不断提高自己,继续带好这个团队;同时,也非常感谢家人的理解和陪伴,从成立工作室后,在校期间要首先保证完成学校的各项教学任务,因此工作室工作和撰写书籍的事只能利用在家的时间完成,幸得有家人全方位的支持,才让我有足够充裕的时间来安心完成想做的事情;最后,很感念自己这么多年来仍然对当初选择的教师职业保持着一腔热血,这也是长久以来能支持我不断钻研前行的原动力,自己的课要精彩,工作室成员的课也要出彩,搭建一个平台,带出一支队伍,带领年轻教师共同成长,才能给更多的孩子上好课做好领路人,这也是我们这些一线普通教师心底最质朴的愿望,让孩子们听到更好的课.

梁洋洋
2021年3月1日